D1723640

Sprache und Kommunikation in der beruflichen Bildung

WISSEN – KOMPETENZ – TEXT

Herausgeben von Christian Efing, Britta Hufeisen
und Nina Janich

Band 9

*Zu Qualitätssicherung und Peer Review
der vorliegenden Publikation*

Die Qualität der in dieser Reihe
erscheinenden Arbeiten wird vor der
Publikation durch die Herausgeber
der Reihe geprüft.

*Notes on the quality assurance
and peer review of this publication*

Prior to publication, the quality
of the work published in this series
is reviewed by the editors
of the series.

Christian Efing (Hrsg.)

Sprache und Kommunikation in der beruflichen Bildung

Modellierung – Anforderungen – Förderung

Bibliografische Information der Deutschen Nationalbibliothek
Die Deutsche Nationalbibliothek verzeichnet diese Publikation
in der Deutschen Nationalbibliografie; detaillierte bibliografische
Daten sind im Internet über http://dnb.d-nb.de abrufbar.

Gedruckt auf alterungsbeständigem,
säurefreiem Papier.

ISSN 1869-523X
ISBN 978-3-631-66096-6 (Print)
E-ISBN 978-3-653-05507-8 (E-Book)
DOI 10.3726/978-3-653-05507-8

© Peter Lang GmbH
Internationaler Verlag der Wissenschaften
Frankfurt am Main 2015
Alle Rechte vorbehalten.
Peter Lang Edition ist ein Imprint der Peter Lang GmbH.

Peter Lang – Frankfurt am Main · Bern · Bruxelles · New York ·
Oxford · Warszawa · Wien

Diese Publikation wurde begutachtet.

www.peterlang.com

Inhalt

Förderkonzepte für die Berufsschule

Förderkonzepte für Betriebe und Hochschulen

Christian Efing (Wuppertal)

Aktuelle Themen, Tendenzen und Herausforderungen im Bereich *Sprache und Kommunikation in der beruflichen Bildung*

Statt eines Vorwortes

Der vorliegende Band „Sprache und Kommunikation in der beruflichen Bildung" geht schwerpunktmäßig zurück auf die „Fachtagung Sprachen" im Rahmen der 18. Hochschultage Berufliche Bildung am 19./20. März 2015 an der Technischen Universität Dresden, die unter dem Oberthema „Bedeutungswandel der beruflichen Bildung durch Akademisierung?" durchgeführt wurden. Er präsentiert einerseits weitgehend vollständig die dort gehaltenen Vorträge, er wurde aber andererseits zusätzlich um weitere Beiträge zu thematisch einschlägigen aktuellen Themen angereichert.

Der ursprüngliche Titel und das ursprüngliche Rahmenthema der „Fachtagung Sprachen" in Dresden lautete „Jenseits von PISA: Diagnose und Förderung sprachlich-kommunikativer Kompetenzen in der beruflichen Bildung in den Bereichen Schreiben, Sprechen, Zuhören". Ziel war es, die sprachlichen Dimensionen *Schreiben, Sprechen* und *Zuhören* aus dem Schatten der Dominanz des Lesens heraus und in den Fokus der fachdidaktischen Diskussion zu führen. Denn seit Aufnahme der PISA-Studien dominiert – sicherlich auch aus Gründen der einfacheren Operationalisierbarkeit – (auch) im Bereich der beruflichen Bildung die Diagnose und Förderung der *Lese*kompetenz die Diskussion um die sprachlich-kommunikativen Kompetenzen. Erst in den letzten Jahren rücken endlich auch zunehmend, aber immer noch nicht sehr umfangreich, die produktiven Kompetenzen *Schreiben* und *Sprechen* sowie die rezeptive Kompetenz des *Zuhörens* in den Blickpunkt des Interesses und der Forschungsbemühungen. Die Fachtagung wollte diesbezüglich einen Überblick über den aktuellen Stand der Diskussion und Forschung in Sachen Diagnose und Förderung sprachlich-kommunikativer Kompetenzen in diesen Bereichen geben.

Als aktuelle Themen, Tendenzen und Entwicklungen des Bereiches *Sprache und Kommunikation in der beruflichen Bildung* lassen sich schlagwortartig etwa folgende festhalten:

1. die Erweiterung des Forschungs- und Förderungsfokus' vom Lesen (etwa Becker-Mrotzek/Kusch/Wehnert 2006, Efing 2006, Schiesser/Nodari 2007, Ziegler/Gschwendtner 2010, Keimes/Rexing 2011) auch auf das Schreiben[1] und Sprechen (Weber 2014);

2. die Erweiterung der Förderkonzepte generell von einer einzigen sprachlichen Dimension (tendenziell Lesen oder Fachsprache) auf eine ganzheitliche, umfassende Förderung, die oft einhergeht mit einer Erweiterung der rein sprachlich-kommunikativen auf eine interkulturelle Perspektive (vgl. etwa in Bayern „Berufssprache Deutsch – Berufsspezifische Sprachförderung für Jugendliche in Ausbildung und in Klassen der Berufsorientierung und Berufsvorbereitung"[2] und „Bildungssprache Deutsch für berufliche Schulen"[3] oder in Baden-Württemberg „Gemeinsam stark durch Sprache", Pucciarelli 2013). Dabei bietet sich insbesondere eine integrierte Schreib-und Leseförderung an[4];

3. die Erweiterung der Perspektive von der Förderung spezieller Gruppen (z.B. Zweitsprachler) auf die Förderung aller BerufsschülerInnen;

4. die Ausweitung der Förderung vom Deutsch-/Sprachunterricht auf den sprachsensiblen, integrativen Fachunterricht (vgl. etwa Leisen 2013, Kimmelmann 2012);

5. die Ausweitung der Sprachförderung von der Berufsschule auch auf den Betrieb (vgl. Bethscheider/Eberle/Kimmelmann 2013 sowie Zimmer in diesem Band);

6. die Umfokussierung von der Intervention im Rahmen von Modell- und Förderprojekten an Berufsschulen zur Prävention im Rahmen eines ausbildungsvorbereitenden Deutschunterrichts (vgl. Efing 2013a, 2013b);

7. die Umfokussierung von sprachlich-kommunikativen Kompetenzen und deren Diagnose zur Erhebung sprachlich-kommunikativer Anforderungen in Berufsschule und Betrieb (vgl. Efing 2015 sowie Werner/Efing/Clauss, Settelmeyer/ Widera, Steffan in diesem Band) als Basis für eine empirisch fundierte Modellierung von Curricula und Förderkonzepten (vgl. Efing 2013c);

8. die Umfokussierung von den basalen Sprachdimensionen Lesen, Schreiben, Sprechen, Zuhören auf berufsrelevante sprachliche Register (vgl. Efing 2014 sowie Efing in diesem Band).

---

1   https://www.zhaw.ch/de/forschung/personen-publikationen-projekte/detailansicht-projekt/projekt/1360/; siehe auch Steffan in diesem Band.

2   www.isb.bayern.de/berufsschule/uebersicht/berufssprache-deutsch/.

3   www.mercator-institut-sprachfoerderung.de/foerderung/forschungsprojekte/bildungssprache-deutsch-fuerberufliche-schulen/.

4   Vgl. https://www.zhaw.ch/de/forschung/personen-publikationen-projekte/detailansichtprojekt/projekt/2562/.

Die aktuellen gesellschaftlichen Entwicklungen allerdings setzten auch ganz andere Themen auf die Tagungsordnung, die sich, aus der Praxis kommend, der Fachdidaktik geradezu aufdrängen. Die Hochschulen müssen sich hier drängender Probleme und Herausforderungen annehmen, die derzeit in der Praxis – zum Teil notdürftig, wenn auch deswegen noch lange nicht unangemessen – angegangen werden, für deren Bearbeitung oder gar Lösung allerdings noch die didaktischen Konzepte im Hintergrund fehlen. Eine theoretisch-didaktische Fundierung sowie eine wissenschaftlichen Begleitung des Umgangs mit diesen Problemen und Herausforderungen ist unerlässlich, weil nur dies die Angemessenheit der Problemlösungsansätze klären kann – und weil die genannten Herausforderungen sicherlich keine sind, die sich in absehbarer Zeit erledigt haben werden. Zu diesen genannten Herausforderungen zählen vor allem:

1. *Die aktuelle Flüchtlingssituation in Deutschland*:
   Im Rahmen dieser Flüchtlingssituation sehen sich die Bundesländer und die Berufsschulen in Deutschland relativ unvorbereitet mit immer größer werdenden Gruppen von Flüchtlingen konfrontiert, die oft ohne jegliche Deutschkenntnisse – und zudem traumatisiert – an die Berufsschulen kommen, wo die jungen Flüchtlinge beruflich qualifiziert werden sollen, um später in den Arbeitsmarkt integriert werden zu können. Vor bzw. parallel zu solch einer fachlich-beruflichen Qualifizierung ist als Voraussetzung allerdings die sprachliche Förderung im Deutschen als Zweit- oder Fremdsprache unverzichtbar und eine Art Nadelöhr für die weitere Qualifizierung. Die oft als sog. „Null-Anfänger" ohne jegliche Deutschkenntnisse nach Deutschland kommenden Flüchtlinge sollen innerhalb kürzester Zeit nicht nur die deutsche Umgangs-, Alltags- und Schriftsprache, sondern auch berufsbezogenes Deutsch lernen. Konzepte für den Umgang mit solchen (großen) Flüchtlingsgruppen fehlen, die Lehrkräfte an Berufsschulen müssen in der Praxis und ohne Rückgriff auf (da fehlende) Konzepte Deutschunterricht für Flüchtlinge konzipieren und gestalten. Wie solch ein Deutschunterricht aussehen kann, schildert der Beitrag von *Petra Schappert*. Mittlerweile entstehen in verschiedenen Bundesländern parallel zu entsprechenden Fortbildungen und Fachtagungen aber auch Projekte und Studiengänge zur Deutschlehrerausbildung, die genau diese Situation in den Blick nehmen.

2. *Die Verlagerung von Arbeits- und Ausbildungsplätzen ins (außer-)europäische Ausland* sowie *die Anwerbung ausländischer Auszubildender aufgrund des Fachkräftemangels* in Deutschland:
   Das Thema Deutsch als Zweit- und Fremdsprache in der beruflichen Bildung erlangt auch hier durch diese Situation eine große aktuelle Relevanz. Innerhalb

Deutschlands geht es darum, wie (z.B. aus Spanien) angeworbene Auszubildende und Fachkräfte schnell, *on the job* und parallel alltägliches und berufsbezogenes Deutsch lernen; im Ausland, in dem outgesourcte Filialen deutscher
Firmen, deutsche Tochterunternehmen und Zulieferer für deutsche Firmen
eigenes Personal ausbilden, das Kontakt zu deutschen Firmen, aber eventuell
vor der Ausbildung noch keinen Deutsch-als-Fremdsprache-Unterricht an der
allgemein bildenden Schule im Ausland erhalten hat, geht es ebenfalls darum,
sog. „Null-Anfängern" gleichzeitig allgemeine wie berufsbezogene sprachlich-
kommunikative Kompetenzen zu vermitteln. In diesem Kontext stellt sich etwa
die Frage, ob, wie und ggf. ab welchem (Lern-)Alter ein frühes Fachfremd-
sprachenlernen möglich ist – mit dieser Frage setzt sich der Beitrag von *Paweł
Szerszeń* auseinander – und wie eine berufsweltbezogene kommunikative Kompetenz (in der Fremdsprache) zu modellieren ist (Beitrag *Efing*).

3. *Die prekäre Situation von Zweitsprachlern in deutschen Unternehmen*:
   Eine fünf Jahre alte Expertise im Auftrag des Bundesamtes für Migration und
   Flüchtlinge, durchgeführt durch das Deutsch Institut für Erwachsenenbildung
   (DIE) (Grünhage-Monetti 2010), zeigt, dass es auch bei bereits bestehenden
   Arbeitsverhältnissen von Deutsch-Zweitsprachlern für diese wichtig ist, sich
   sprachlich im (Berufs-)Deutschen weiterzubilden, um die Sicherheit des Ar-
   beitsplatzes nicht zu gefährden und Aufstiegschancen zu wahren. Die berufliche
   Aus- und Weiterbildung in berufsbezogenen Deutsch-als-Zweitsprache-Fä-
   higkeiten bleibt daher nach wie vor aktuell. In diesem Kontext ist der Beitrag
   von *Veronika Zimmer* angesiedelt, der zugleich ein zweites aktuelles Thema
   der Sprachförderung berührt, nämlich *die außerschulische Sprachförderung im
   Betrieb*.

4. *Die Erhebung der realen sprachlich-kommunikativen Anforderungen einer
   Ausbildung*:
   Lange Zeit war unbekannt, worauf allgemeinbildende Schulen ihre SchülerInnen eigentlich sprachlich-kommunikativ vorbereiten sollen – zumindest fehlte
   den Curricula eine empirische Basis, die zunächst die realen Anforderungen
   einer Berufsausbildung erhoben und dann in Lehr-Lern-Inhalten abgebildet
   hätte. Dies führte dazu, dass die Curricula nicht zwangsläufig die in der Ausbildungsrealität relevanten sprachlich-kommunikativen Kompetenzen fokus-
   sierten oder dass die Anforderungen von Kriterienkatalogen wie etwa dem des
   Nationalen Paktes für Ausbildung höhere sprachlich-kommunikative Kompetenzen als Indikator für Ausbildungsfähigkeit ansetzten und verlangten, als für
   die Erlangung eines Ausbildungsplatzes oder das erfolgreiche Absolvieren einer
   Ausbildung überhaupt nötig sind (vgl. exemplarisch für die Schreibkompetenz
   Baumann 2014). Mittlerweile liegen für die Berufsausbildung erste solcher

Anforderungserhebungen vor (vgl. etwa Efing 2015), weitere, methodisch unterschiedlich erhobene präsentiert dieser Band in den Beiträgen von *Birgit Werner/Christian Efing/Marleen Clauss, Nina Pucciarelli, Anke Settelmeyer/ Christina Widera* und *Felix Steffan*.

5. *Die Evidenzbasierung sprachlicher Fördermaßnahmen durch Wirksamkeitsanalysen*:
Seit der Diskussion um die PISA-Studien haben die Deutschdidaktik, die Bildungswissenschaften und andere Disziplinen einen deutlichen Empirisierungsschub erfahren, der sich stark auch auf die Evaluation und Wirksamkeitsanalyse von Förderansätzen richtet. Welche Fördermaßnahmen sinnvoll und effektiv für welche Zielgruppe sind, wird nicht mehr theoretisch diskutiert, sondern auf Basis von Wirksamkeitsanalysen (vgl. etwa Schneider et al. 2013) empirisch erhoben. Der Beitrag von *Maik Philipp* widmet sich diesem Thema mit Bezug auf die Schreibförderung.

Aus den genannten Herausforderungen und Themen ergibt sich als ein Schwerpunkt des Bandes, der sich durch mehrere Beiträge zieht, der Bereich der berufsbezogenen Sprachförderungen in den Bereichen Deutsch-als-Zweitsprache und Deutsch-als-Fremdsprache. Doch die Gliederung des Bandes folgt nicht dieser Unterteilung, die quer zu anderen Aspekten liegt, sondern einem Dreischritt aus

a) *theoretischer Modellierung berufsrelevanter sprachlich-kommunikativer Kompetenzen und Ansätze* (Beiträge *Efing, Szerszeń*),
b) *Erhebung sprachlich-kommunikativer Anforderungen einer Ausbildung und daraus resultierender Förderbedarfe* (Beiträge *Werner/Efing/Clauss, Pucciarelli, Settelmeyer/Widera, Steffan*) sowie
c) dem umfassendsten Teil: der theoretischen (Beitrag *Philipp*) und praktischen *Darstellung und Diskussion von Förderansätzen*. In diesem dritten Bereich ist dabei zu differenzieren nach Förderansätzen für die Berufsschule (Beiträge *Philipp, Nill, Kahleyss/Wiazewicz, Nill, Riedel, Schappert*) gegenüber Förderansätzen für die Hochschule (Beiträge *Pospiech, Fies*) und den Betrieb (Beitrag *Zimmer*).

Die Herkunft der BeiträgerInnen garantiert dabei einen interdisziplinären wie überinstitutionellen Blick auf die Herausforderungen: Neben der Perspektive der Hochschule als Forschungs- wie Lehr-/Förderinstitution (*Efing, Szerszeń, Werner/ Efing/Clauss, Pucciarelli, Steffan, Philipp, Riedel, Pospiech, Fies*) finden sich die Blickwinkel der außeruniversitären Bildungsforschung und -politik (*Settelmeyer/ Widera [BIBB], Kahleyss/Wiazewicz [Sven Walter Institut der Gesellschaft für Berufsbildende Maßnahmen (GFBM) gGmbH]), Zimmer [DIE]*), der Studienseminare für die zweite Phase der Lehrerausbildung (*Nill*) und der Schulen (*Schappert*).

Die Texte sind angesichts der unterschiedlichen Themen, Perspektiven und Herkunft der BeiträgerInnen unterschiedlich stark theoretisch oder praxisnah bzw. abstrakt oder konkret auf Fördermaßnahmen ausgerichtet und bedienen genau damit das Ziel der Tagung und des Sammelbandes, Theorie und Praxis zusammenzubringen und sowohl theoretische Hintergründe zu beleuchten und Konzeptionen zu entwickeln als auch konkrete Anregungen für die Förderung zu geben. Diese Ausrichtung steht in der Tradition der Hochschultage Berufliche Bildung, deren Anspruch es ist, die Theorie/Wissenschaft der hochschulischen Didaktik und die (schulische wie außerschulische) didaktische Praxis in der beruflichen Bildung zusammenzubringen.

Allen BeiträgerInnen gilt mein großer Dank für die hervorragende und unkomplizierte Zusammenarbeit. Ein ebensolcher Dank gilt meinen beiden studentischen Hilfskräften Larissa Schlößer und Laura Hain für die akribische Durchsicht aller Beiträge, die stets nicht nur mit einem wachsamen Auge für die sprachformalen Korrekturen einherging, sondern auch immer mit wertvollen inhaltlichen Rückfragen und Anmerkungen.

Literatur

Baumann, Katharina (2014): „Man muss schon ein bisschen mit dem Schreiben zurechtkommen!" Eine Studie zu den Schreibfähigkeiten von Auszubildenden im unteren beruflichen Ausbildungssegment im Kontext von Ausbildungsreife. Paderborn.

Becker-Mrotzek, Michael/Kusch, Erhard/Wehnert, Bernd (2006): Leseförderung in der Berufsbildung. Duisburg.

Bethscheider, Monica/Eberle, Manuela/Kimmelmann, Nicole (2013): Förderung sprachlich-kommunikativer Fähigkeiten in der betrieblichen Ausbildung. In: bwp@ Spezial 6 – Hochschultage Berufliche Bildung 2013, Fachtagung 18, hrsg. v. Efing, Christian, 1–16. Verfügbar unter: http://www.bwpat.de/ht2013/ft18/bethscheider_etal_ft18-ht2013.pdf (Zugriff am 16.9.2015).

Efing, Christian (2006): Baukasten Lesediagnose, hrsg. vom Institut für Qualitätsentwicklung. Wiesbaden.

Efing, Christian (Hrsg.) (2013a): Ausbildungsvorbereitung im Deutschunterricht der Sekundarstufe I. Die sprachlich-kommunikativen Facetten von „Ausbildungsfähigkeit". Frankfurt/Main u.a.

Efing, Christian (2013b): Ausbildungsvorbereitender Deutschunterricht an allgemeinbildenden Schulen? –Legitimation und Definition. In: Efing 2013a, 11–38.

Efing, Christian (2013c): Schulische Vorbereitung auf berufliches Sprachhandeln. Die Sprachbedarfsermittlung – ein Ansatz auch für die Erstsprachendidaktik?! In: Der Deutschunterricht 4, 82–87.

Efing, Christian (2014): Berufssprache & Co.: Berufsrelevante Register in der Fremdsprache. Ein varietätenlinguistischer Zugang zum berufsbezogenen DaF-Unterricht. In: InfoDaF 4 (Themenreihe „Vermittlung von Fachsprachen"), 415–441.

Efing, Christian (2015/im Druck): Sprachlich-kommunikative Anforderungen in der dualen Berufsausbildung. In: Daase, Andrea/Ohm, Udo/Mertens, Martin (Hrsg.): Interkulturelle und sprachliche Bildung im mehrsprachigen Übergangsbereich. Münster, 57–81.

Grünhage-Monetti, Matilde (2010): Expertise: Sprachlicher Bedarf von Personen mit Deutsch als Zweitsprache in Betrieben. Bonn. Verfügbar unter http://www.bamf.de/SharedDocs/Anlagen/DE/Publikationen/Expertisen/expertise-sprachlicher-bedarf.pdf?__blob=publicationFile (Zugriff am 16.9.2015).

https://www.zhaw.ch/de/forschung/personen-publikationen-projekte/detailansicht-projekt/projekt/1360/ (Zugriff am 16.9.2015).

https://www.zhaw.ch/de/forschung/personen-publikationen-projekte/detailansicht-projekt/projekt/2562/ (Zugriff am 16.9.2015).

Keimes, Christina/Rexing, Volker (2011): Förderung der Lesekompetenz von Berufsschülerinnen und Berufsschülern – Bilanz von Fördermaßnahmen. In: Zeitschrift für Berufs- und Wirtschaftspädagogik 107/1, 77–92.

Kimmelmann, Nicole (2012). Sprachförderung im Fachunterricht – Möglichkeiten in der beruflichen Bildung. In: Scharrer, Katharina/Schneider, Sibylle/Stein, Magit (Hrsg.): *Übergänge von der Schule in Ausbildung und Beruf bei jugendlichen Migrantinnen und Migranten. Herausforderung und Chancen. Bad Heilbrunn*, 190–202.

Leisen, Josef (2013): Handbuch Sprachförderung im Fach – Sprachsensibler Fachunterricht in der Praxis. Stuttgart.

Pucciarelli, Nina (2013): „Gemeinsam stark durch Sprache" – Förderung der Sprachkompetenz und der interkulturellen Kompetenz von Auszubildenden im Rahmen eines berufsschulspezifischen Projekts. In: bwp@ Spezial 6 – Hochschultage Berufliche Bildung 2013, Fachtagung 18, hrsg. v. Efing, Christian, 1–16. Verfügbar unter: http://www.bwpat.de/ht2013/ft18/pucciarelli_ft18-ht2013.pdf (Zugriff am 16.9.2015).

Schiesser, Daniel/Nodari, Claudio (2007): Förderung des Leseverstehens in der Berufsschule. Bern.

Schneider, Hansjakob et al. (2013): Wirksamkeit von Sprachförderung. Expertise, erstellt von der Pädagogischen Hochschule FHNW, Zentrum Lesen und der Universität zu Köln sowie dem Mercator Institut für Sprachförderung und Deutsch als Zweitsprache im Auftrag der Bildungsdirektion des Kantons Zürich (Hrsg.). Zürich 2013. Verfügbar unter: http://www.mercator-institut-sprachfoerderung.de/fileadmin/user_upload/Expertise_Sprachfoerderung_Web_final_03.pdf (Zugriff am 16.9.2015).

Weber, Peter (2014): Verkaufsgespräche führen lernen in der Schule. Eine linguistische Untersuchung. Radolfzell. Verfügbar unter: http://www.verlag-gespraechsforschung.de/2014/pdf/verkaufen.pdf (Zugriff am 16.9.2015).

www.isb.bayern.de/berufsschule/uebersicht/berufssprache-deutsch/ (Zugriff am 16.9.2015).

www.mercator-institut-sprachfoerderung.de/foerderung/forschungsprojekte/bildungssprache-deutsch-fuer-berufliche-schulen/ (Zugriff am 16.9.2015).

Ziegler, Birgit/Gschwendtner, Tobias (2010): Leseverständnis als Basiskompetenz: Entwicklung und Förderung im Kontext beruflicher Bildung. In: Zeitschrift für Berufs- und Wirtschaftspädagogik 106/4, 534–555.

Modellierung

Christian Efing (Wuppertal)

Berufsweltbezogene kommunikative Kompetenz in Erst- und Fremdsprache – Vorschlag einer Modellierung

Abstract This paper takes its cue from the question whether there is a labor world related communicative competency (for native and foreign language speakers) and, assuming there is one, how one could model it usefully and with regard to existing concepts of general communicative proficiency on the one hand, and the more profession-specific modes of communicative competence on the other. The paper will more specifically take into consideration these existing models as well as models of labor world related registers such as *Berufssprache* and special languages to elicit the linguistic and communicative requirements of the labor world in general. It pleads for the notion of a labor world related communicative competence to be established in academic discourses and the field of professional practice: a competence which, more precisely, relates to no specific professional sector but rather to the labor world at large. The notion, or concept, to be developed will provisionally be entitled *labor world specific communicative proficiency* (*berufsweltbezogene kommunikative Kompetenz*). Its defining features include, among other things, the command of labor world related registers, genres and speech acts.

1. Hinführung

Der Frage, was kommunikative Kompetenz im Beruf ausmacht und ob oder inwieweit für die Bewältigung der stetig steigenden kommunikativen Anforderungen im Beruf eine allgemeine, d.h. auf die Alltagssprache bezogene kommunikative Kompetenz ausreicht, hat sich der Autor bereits einmal gewidmet (Efing/Janich 2007). Im Folgenden soll die Beantwortung dieser Frage nach berufsbezogener kommunikativer Kompetenz erneut, aber unter einer anderen Perspektive (v.a. auf relevante Register) und insbesondere im Hinblick auf eine Fremdsprache nachgegangen werden.

Zu berufsbezogener kommunikativer Kompetenz – in Abgrenzung zu fach- und berufs*spezifischer* kommunikativer Kompetenz, im Weiteren *berufsweltbezogene kommunikative Kompetenz* genannt, – wird in den letzten Jahren viel geschrieben und geforscht, auch aus direkter Anwendungsperspektive im Rahmen der Ausbildung. Eine einheitliche Modellierung, eine allgemein akzeptierte und damit breit rezipierte Definition des Gegenstandsbereiches, auf die sich zukünftige Forschung stützen kann, gibt es bislang jedoch noch nicht. Dies mag u.a. daran liegen, dass sich vielfältige Disziplinen mit ihren je unterschiedlichen Perspektiven, Erkenntnisinteressen und empirischen Methoden mit berufsbezogener kommunikativer Kompetenz beschäftigen, z.b. die Linguistik und die (Erst-, Zweit-und Fremd-) Sprachendidaktik sowie die Berufs- und Wirtschaftspädagogik. Dabei finden sich Ansätze, die sich, wie hier, explizit der theoretischen Modellierung von berufsbezogener kommunikativer Kompetenz widmen (Efing/Janich 2007, Kiefer 2013), wie auch Forschungsarbeiten, die der theoretischen Modellierung des untersuchten Konstrukts weniger Aufmerksamkeit schenken und berufsbezogene kommunikative Kompetenz eher vorwissenschaftlich, unterminologisch, alltagssprachlich auffassen.

Zu diesem Problem gesellt sich ein ganz basales weiteres: Berufsweltbezogene kommunikative Kompetenz lässt sich sinnvollerweise nur auf der Grundlage einer eindeutigen Definition des *Kompetenz*begriffs sowie einer soliden Modellierung von allgemeiner, berufsweltunabhängiger kommunikativer Kompetenz modellieren. Doch bereits hier gehen die Konzepte z.T. – je nach Disziplin und Forschungsinteresse – sehr weit auseinander (Efing 2014a). Und auch die Frage danach, ob kommunikative Kompetenz in der Erstsprache identisch oder Basis ist für eine (interkulturelle) kommunikative Kompetenz in einer Zweit- oder Fremdsprache, oder ob diese separat, also unabhängig voneinander, modelliert werden müssen, spielt in die Definitionsproblematik hinein. Schließlich gilt zu klären, ob berufsweltbezogene von fach-/berufsspezifischer kommunikativer Kompetenz zu trennen oder mit dieser vergleichbar/identisch ist, d.h., ob es *eine* berufsübergreifend verallgemeinerbare berufsweltbezogene kommunikative Kompetenz gibt, oder ob berufs- und fachbezogen viele spezifizierte Modelle von beruflicher kommunikativer Kompetenz anzusetzen sind. In Efing/Janich (2007: 8) wurde noch die Position vertreten, die „Komplexität und Diversität des Bedingungsgefüges beruflicher Kommunikation [spreche] *gegen* weitere Versuche, berufsbezogene kommunikative Kompetenz in einer Allgemeindefinition fassen zu wollen und stattdessen *für* die Entwicklung konkreter *berufsspezifischer Kommunikationsprofile*". Hier nun aber wird der Versuch unternommen, zu zeigen, dass eine Modellierung allgemein berufsweltbezogener kommunikativer Kompetenz doch möglich und sinnvoll ist auf Basis generell berufsweltbezogener kommunikativer Anforderungen (insbesondere Berufssprache).

Dieser Beitrag möchte für dieses Vorhaben im Folgenden zunächst einen Vorschlag für eine Definition von *Kompetenz* sowie für eine Modellierung allgemein von kommunikativer Kompetenz unterbreiten, ehe, ausgehend von der Darstellung existierender Modellierungen von berufs(welt)bezogener kommunikativer Kompetenz, ein eigener Vorschlag für ein Modell berufsweltbezogener kommunikativer Kompetenz erarbeitet wird.

2. Definition und Modellierung von (kommunikativer) Kompetenz

2.1 Der Kompetenzbegriff

Seit Jahren ist der Kompetenzbegriff zu einem inflationär verwendeten und dadurch potentiell vagen, inhaltsleeren Begriff avanciert, dessen theoretische Basis für das hier zu entwickelnde Modell daher kurz dargelegt werden soll. In der Didaktik in Deutschland sowie insbesondere in der Deutschdidaktik rekurriert man, wenn man *Kompetenz* theoretisch fundieren möchte, fast durchgängig auf die Weinert'sche Definition (Weinert 2002: 27f.)[1], die über die sogenannte Klieme-Expertise auch in die schulischen Bildungsstandards eingeflossen ist und hervorhebt, dass zur Kompetenz erlernbare kognitive Fähigkeiten und Fertigkeiten zur Problemlösung (Wissen und Können) sowie motivationale und volitionale Aspekte (Bereitschaft) zu zählen sind. Hierbei wird nicht nur die Performanz, die Fähigkeit zur Anwendung und Umsetzung, (bei Chomsky noch getrennt von der Kompetenz,) essentieller Bestandteil der Kompetenz(-definition) selber, sondern auch die Nützlichkeit und Brauchbarkeit von Wissen und Fähigkeiten in wechselnden Situationen. Dass Wissen ein Repertoire an konkreten Fähigkeiten und Fertigkeiten ist und dass die Motivation zum Handeln essentieller Kompetenzbestandteil ist, war dabei schon lange vor Weinert in der Tradition des Hymes'schen Kompetenzbegriffs (vgl. etwa Rubin 1990: 96) oder in der arbeitspsychologische Kompetenztheorie von Frei/Duell/Baitsch (1984, übernommen nach Vonken 2005: 32) Grundlage der Kompetenzdefinition. Ein weiterer Aspekt spielt in diesem Zusammenhang eine wichtige Rolle: Kompetenzen sind komplementär auf Anforderungen bezogen, die sie sozusagen spiegeln: Kompetent ist ein Mensch, der in der Lage ist (über die innere Selbstorganisationsdisposition verfügt), eigenständig neue, wechselnde, tendenziell von außen gesetzte (bspw. berufliche) Anforderung(ssituation)en bzw. Handlungsanforderungen in einer Domäne zu bewältigen. Gerade im Bereich der beruflichen Bildung ist dieser Kompetenzbegriff (Kompetenz als Befähigung zur handelnden Bewältigung komplexer Anforderungssituationen), der sich bereits in Leontjews Tätigkeitstheorie findet (Vonken 2005: 32), stark verbreitet (vgl. etwa Wittmann 2001, Erpenbeck/von Rosenstiel 2007, Schaper 2008, Seeber/Nickolaus 2010).

---

1   Eine Auseinandersetzung mit dem Kompetenzbegriff in der Berufsbildung und Berufs- und Wirtschaftspädagogik findet sich etwa bei Arnold/Schüßler 2001, Ertl 2005, Ertl/Sloane 2005.

2.2 Der Begriff der kommunikativen Kompetenz

Der Begriff der kommunikativen Kompetenz, spätestens seit den 1970ern eines der Hauptziele der Deutschdidaktik, ist seit Ende der 1960er Jahre virulent, seit ihn insbesondere Hymes und Habermas – mit Bezug auf und in Abgrenzung zu Chomskys Begriff der *linguistic competence* – in die wissenschaftliche Diskussion eingeführt haben. Obwohl er damit weit älter ist als die oben dargelegte Definition des Kompetenzbegriffs, ist er mit dieser problemlos vereinbar; und obwohl auch der Begriff der kommunikativen Kompetenz bisweilen inflationär und unterminologisch-vorwissenschaftlich verwendet wird, lässt sich zeit- und disziplinenübergreifend ein Konsens (in Hymes'scher Tradition) ausmachen, was unter dem Begriff aus theoretischer Sicht zu subsummieren ist. Dieser Konsens, der problemlos etwa zum Begriffsverständnis im Gemeinsamen Europäischen Referenzrahmen für Sprachen passt und auch Basis der hier zu entwickelnden Modellierung von berufsweltbezogener kommunikativer Kompetenz ist, wird nun kurz und überblicksartig dargestellt (vgl. ausführlich Efing 2014a).

- Kommunikative Kompetenz ist demnach eine eigenständige Kompetenz und nicht als Teilkompetenz einer Sozial- oder Interaktionskompetenz anzusehen.
- Sie bezieht sich auf die gesprochene und geschriebene Modalität sowie auf produktive, rezeptive und reflexive Prozesse. Hieraus ergeben sich die vier Grunddimensionen des Sprechens, Hörverstehens, Schreibens und Lesens. Doch nicht nur verbale, sondern auch para- (Prosodie) und nonverbale (Mimik, Gestik, Proxemik) Kommunikationsformen sowie Gebärdensprachen mit konventioneller Bedeutung fallen unter die kommunikative Kompetenz.
- Kommunikative Kompetenz changiert zwischen den Polen „Routine" und „Flexibilität" bzw. „Musterbefolgung/Konformität" und „Musterbruch/Kreativität". Die eigenständige, flexible, aber prinzipiengeleitete situationsadäquate Handhabung (und das Erkennen) von sprachlichen Varianten auf Basis eines umfangreichen Stil- und Registerrepertoires und in Passung zur jeweiligen (auch unbekannten) Kommunikationssituation gehört so elementar zur kommunikativen Kompetenz wie die Kenntnis und Reproduktionsfähigkeit der sprachlichen Routinen und Text- und Diskursarten einer Sprachgemeinschaft.
- Beurteilt und definiert wird kommunikative Kompetenz vor allem anhand von zwei Kriterien: a) (seitens des Rezipienten) der (Kontext-, Situations-, Themen-, Adressaten-, Domänen-, Ziel-, Norm-, Erwartungs-)Angemessenheit (Akzeptabilität, Adäquatheit) und b) (seitens des Produzenten) der Effektivität hinsichtlich der Erreichung des kommunikativen Handlungsziels.

Vor diesem Hintergrund lässt sich kommunikative Kompetenz als mehrmodulares Konstrukt in Teilkompetenzen untergliedern: in eine Sprachsystemkompetenz (grammatische Kompetenz), eine soziolinguistische Kompetenz (Repertoire, Varietäten-, Registerbeherrschung und -bewusstheit, Fähigkeit zum flexiblen Code-Switching), eine pragmatische Kompetenz (zur Zielerreichung), eine Text-/Diskurskompetenz (Textstrukturierungskompetenz) sowie in eine strategische und eine soziale/soziokulturelle Kompetenz.

Zwei Kurzdefinitionen, zwischen denen immerhin mehr als 25 Jahre liegen, sollen den Begriff (und seine Kontinuität) abschließend verdeutlichen:

„*Communicative competence* involves knowing not only the language code but also what to say to whom, and how to say it appropriately in any given situation. Further, it involves the social and cultural knowledge speakers are presumed to have which enables them to use and interpret linguistic forms." (Saville-Troike 2003: 18)

„[C]ommunicative competence can be defined as the ability of an interactant to choose among available communicative behaviors in order that he may successfully accomplish his own interpersonal goals during an encounter while maintaining the face and line of his fellow interactants within the constraints of the situation." (Wiemann 1977: 198)

Mit dieser Darstellung des Begriffs der kommunikativen Kompetenz im Anschluss an die Tradition von Dell Hymes wurde sich implizit gegen einen Anschluss an den Begriff nach Habermas entschieden. Nachdem man in der Berufspädagogik (siehe die Arbeiten von Karlheinz Geißler, Vonken 2005: 22), in der berufsschulbezogenen Deutschdidaktik (Schrader/Trampe 2002) und sogar in der Berufspraxis (Elzer/Sciborski 2007) lange Zeit Habermas als Kronzeugen für den Begriff der kommunikativen Kompetenz in Anspruch nahm und nachdem sich die Fremdsprachendidaktik bisweilen auch auf Habermas und Hymes zugleich berief, hat Schmenk die beiden 2005 eindrucksvoll als „false friends" und ihre jeweiligen Konzepte von kommunikativer Kompetenz als miteinander inkompatibel überführt. Zugleich wurde das Habermas'sche Konzept als Grundlage für didaktische Zwecke ungeeignet entlarvt, da es am abstrakten gesellschaftlichen Ideal orientiert, sozialromantisch verklärend, soziokulturell unabhängig und damit utopisch sei und einem „allzu naive[n] Glaube[n] an die Möglichkeit herrschaftsfreier Kommunikation in real existierenden Klassenzimmern" folge (Schmenk 2005: 63–77). Wuttke unterstreicht in ihrer Kritik diesen Vorwurf der Realitätsferne und betont, dass Habermas mit seinem Kommunikationsbegriff, der rein auf verständigungsorientierte Kommunikation abhebe und strategische, erfolgsorientierte Kommunikation ausschließe, aus einer Perspektive der beruflichen Bildung wenig zielführend sei, da es hier nicht nur um innerbetriebliche Kommunikation im Sinne einer harmonischen Zusammenarbeit gehe, sondern z.b. auch um das aus Unternehmenssicht erfolgreiche, strategische Führen von Verkaufs- und Verhandlungsgesprächen. Folge berufsbezogener Kommunikationsunterricht dem Habermas'schen Konzept von kommunikativer Kompetenz, erziehe man eventuell zu einem „in diesem Sinne kommunikativ kompetenten Partner, möglicherweise aber nicht zu einem beruflich erfolgreichen Menschen" (Wuttke 2005: 95f.).

Kilian/Lüttenberg (2009: 256) kritisieren aus anderer Perspektive, dass der Habermas'sche Kompetenzbegriff mit dem aktuellen bildungswissenschaftlichen Kompetenzbegriff „nicht vereinbar" sei, da er „nicht in Bezug auf messbare Standards oder individuelle Fähigkeiten formuliert" sei.

Das Konzept der kommunikativen Kompetenz in Hymes'scher Tradition hingegen bietet problemlos didaktische Einsatz- bzw. Umsetzungs- und diagnostische Operationalisierungsmöglichkeiten, wie nicht zuletzt der Gemeinsame Europäische Referenzrahmen für Sprachen belegt.

2.3 Kommunikative Kompetenz im mehrsprachigen Kontext

Arbeiten zur kommunikativen Kompetenz in einer Fremdsprache oder im mehrsprachigen Kontext gibt es zahlreich (z.B. GER 2001, Schmenk 2005, Werlen/ Weskamp 2007); sie lassen sich relativ nahtlos an die Arbeiten zur kommunikativen Kompetenz in der Erstsprache anschließen und haben als theoretischen Bezugspunkt ebenfalls oft Hymes oder Habermas und werden daher hier nicht noch einmal gesondert aufgearbeitet; insbesondere der Gemeinsame Europäische Referenzrahmen für Sprachen, der ebenfalls vage Deskriptoren für die berufliche Domäne enthält, darf sicherlich als bekannt vorausgesetzt werden. Eine spezielle Forschungsrichtung, die sich aus der Fragestellung nach Fremdsprachen im kommunikativen Haushalt eines Individuums entwickelt hat, ist die der interkulturellen kommunikativen Kompetenz (vgl. etwa Luchtenberg 1999). Doch auch die Aspekte und Fragestellungen dieser Forschung scheinen problemlos als Ausdifferenzierungen speziell fokussierter Bereiche (z.B. der soziokulturellen Teilkompetenz) des oben skizzierten Modells zur kommunikativen Kompetenz (in der Erstsprache) begreifbar und benötigen keine neue, andere Modellierung des Begriffs der kommunikativen Kompetenz. Dies mag eine weitere Definition von kommunikativer Kompetenz verdeutlichen, die bereits zentrale Fragestellungen der interkulturellen Kommunikation – und auch der Berufswelt – für die Erstsprache aufwirft: „Kommunikative Kompetenz bezieht sowohl das Wissen wie auch die Erwartungen ein, wer in einer bestimmten Situation sprechen darf und wer nicht, wann man sprechen darf und wann man schweigen sollte, mit wem man reden darf und wie man zu Personen mit verschiedenem Status und unterschiedlichen Rollen reden darf. Ebenso schließt er die an die Situation angemessenen Formen des nonverbalen Verhaltens ein, die Routinen des Redezugwechsels im Gespräch, die Form des Fragens nach oder Erteilens von Information, wie Bitten gestellt, Angebote unterbreitet, Hilfe oder Mitarbeit angeboten, Befehle formuliert, Disziplin eingefordert werden kann und so weiter – also alles, was mit dem Gebrauch der Sprache und anderer Dimensionen in besonderen sozialen Situationen zu tun hat" (Saville-Troike 1982: 21)

3. Berufsweltbezogene kommunikative Kompetenz

Im Folgenden sollen zunächst bestehende Definitionen und Modellierungen von berufs(welt)bezogener kommunikativer Kompetenz dargestellt werden, ehe ein eigener Vorschlag für die Modellierung berufsweltbezogener kommunikativer Kompetenz präsentiert wird. Dabei ist in jedem Fall generell die Domäne „Beruf/Berufswelt" Bezugspunkt; es geht also nicht um die Modellierung kommunikativer Kompetenzen bzw. eines Kommunikationsprofils (Janich 2007), die/das ein Sprecher in einem spezifischen Berufsbild benötigt (so etwa Kiefer 2013 für die internationale Steuerberatung). Solch eine berufsspezifische kommunikative Kompetenz könnte man auf Basis der skizzierten Begriffe von Kompetenz und kommunikativer Kompetenz definieren als das Verfügen über die Fähigkeiten und Fertigkeiten, um den einzelnen konkreten, spezifischen kommunikativen Anforderungen (schriftlich wie mündlich, produktiv wie rezeptiv) in einem spezifischen Beruf (inkl. Ausbildung) gerecht werden zu können. Unter berufsweltbezogener kommunikativer Kompetenz hingegen soll hier in einer ersten Definition verstanden werden das Verfügen über die Fähigkeiten und Fertigkeiten, um den generellen, verallgemeinerbaren, fachunabhängigen kommunikativen Anforderungen (schriftlich wie mündlich, produktiv wie rezeptiv) in der Berufswelt gerecht werden zu können – den Anforderungen also, die als eine Art Schnittmenge aller/vieler Berufe aufgefasst werden können (Gehaltszettel lesen, Gespräche mit dem Chef führen usw.). Fachkommunikative, berufsspezifische kommunikative Kompetenz ist also eine Spezifizierung der berufsweltbezogenen kommunikativen Kompetenz in dem Bereich eines konkreten Faches/Berufes, die einhergeht mit einer sprachlich-kommunikativen Spezifizierung, die nicht übertragbar ist auf andere Fächer/Berufe mit ihren jeweiligen kommunikativen Anforderungen (an Textsorten/-muster, Registern usw.). Kruse/Jakobs (1999: 21) formulieren diesen Gedankengang vergleichbar für die Schreibkompetenz:

„Schreibkompetenz [setzt sich] nicht nur aus allgemeinen, sondern auch aus spezifischen Kenntnissen und Fähigkeiten zusammen. Wer kompetent Briefe schreiben kann, ist deshalb nicht per se auch im Abfassen journalistischer Texte kompetent. Andererseits gibt es auch Kompetenzen, die sich übertragen lassen bzw. die gleichermaßen in allen Texten benötigt werden, z.b. Strukturierungs-fähigkeit."

Die Modellierung von berufsweltbezogener kommunikativer Kompetenz nimmt genau diese auf verschiedene Berufe übertragbaren Kompetenzen in den Blick und vermittelt sozusagen als Zwischeninstanz zwischen allgemeiner und berufsspezifischer kommunikativer Kompetenz im Rahmen eines mittleren Spezi-alisierungsgrades im Bereich der Domäne „Beruf" (statt bspw. „Familie"). Die von Kruse/Jakobs (1999) angesprochene Strukturierungsfähigkeit ist dabei zunächst einmal Teil der allgemeinen kommunikativen Kompetenz, und zwar nach o.a. Modell speziell Teil der Text-/ Diskurskompetenz, während das Schreiben jour-nalistischer Texte eine berufsspezifische kommunikative Kompetenz bedeutet; die zu modellierende berufsweltbezogene kommunikative Kompetenz befindet sich genau zwischen beiden Ebenen. Über fachkommunikative und berufsspezifische kommunikative Kompetenz hinaus ist es vermutlich sogar sinnvoll, eine betriebs-spezifische kommunikative Kompetenz anzusetzen, die darin bestünde, die kom-munikativen Anforderungen eines speziellen Betriebs zu bewältigen, z.B. im Sinne der Kommunikation im Rahmen der jeweiligen, auch kommunikativ gestalteten, corporate identity (bspw. durch corporate wording usw.). Da solch eine betriebs-spezifische kommunikative Kompetenz aber wohl nur durch den Betrieb selbst bzw. die dortige sprachlich-kommunikative Enkulturation in der betrieblichen Diskursgemeinschaft zu vermitteln ist, machen Modellierungen kommunikativer Kompetenz auf diesem Spezialisierungsniveau didaktisch wenig Sinn (höchstens für innerbetriebliche Fortbildungen).

3.1 Kommunikative Kompetenz im Beruf in bisherigen Arbeiten

Ein kurzer Überblick soll exemplarisch zeigen, wie in vorgängiger Forschung *kommunikative Kompetenz* im Beruf beschrieben wurde. Zumeist wird *kommu-nikative Kompetenz* dort als grundlegende Schlüsselqualifikation beschrieben, die für unternehmensinterne wie -externe, für fachliche wie soziale Kommunikation relevant ist, für kooperations- und teambezogene, für koordinierende, für ver-kaufsbezogen überzeugende Sprechhandlungen usw.

Baumann beschäftigt sich zwar nicht mit berufsbezogener, aber mit fachkommu-nikativer (und damit im Prinzip berufsfeldbezogener) kommunikativer Kompetenz, die jedoch keine berufsspezifische Komponente in sich trägt. Baumann definiert:

„Unter fachkommunikativer Kompetenz wollen wir die Fähigkeit der je-weiligen Lerner verstehen, (mutter- und/oder fremdsprachliche) Fachtexte als interkulturell, sozial, situativ und funktional bestimmte, sachlogisch gegliederte, semantisch strukturierte, linear-sequentiell sowie hierarchisch organisierte sprachliche Einheiten zu produzieren bzw. zu rezipieren." (Baumann 2000: 159).

Baumann, der sein Modell also sehr eng auf eine einzige Textsortengruppe begrenzt ("Fachtexte"), setzt zur genaueren Beschreibung der so definierten fachkommunikativen Kompetenz neun Teilkompetenzen an (Baumann 2000: 160–170), die weit über rein sprachlich-kommunikative Fähigkeiten im eigentlichen Sinne hinausgehen: eine interkulturelle Teilkompetenz, eine soziale Teilkompetenz, eine Teilkompetenz des Fachdenkens, eine fachliche Teilkompetenz, eine funktionale Teilkompetenz, eine textuelle Teilkompetenz eine stilistische Teilkompetenz, eine textsyntaktische Teilkompetenz sowie eine lexikalisch-semantische Teilkompetenz. An diesem Vorschlag zeigt sich, dass fachkommunikative Kompetenz weitgehend als eine "allgemeinsprachliche Kompetenz plus" verstanden werden kann.

Ein erheblich konkreteres, auf berufliches Handeln bezogenes Modell, das "sozial-kommunikative Handlungskompetenz" modelliert, stammt von Euler/ Reemtsma-Theis (1999). Sie betonen die Wichtigkeit reflexiver Prozesse für die kommunikative Kompetenz, insbesondere, wenn es zu Irritationen und Deutungsschwierigkeiten in der Interaktion kommt. Beispielhaft führen sie 16 konkrete Teilkompetenzen für die Situation "Verkaufsgespräche in einem Einzelhandelsgeschäft kundenorientiert führen" auf, z.B. die Kompetenz zur Paraphrasierung der Kundenwünsche (Sachebene), die Kompetenz zur (nonverbalen) Signalisierung von Zuwendung und Hilfsbereitschaft, die Kompetenz zur Reflexion der Wirkung von Zeitdruck und Wartezeit auf die Kommunikation mit dem Kunden, die Kompetenz zur Umsetzung veränderter Verhaltensweisen in der Kundenkommunikation (z.B. ‚unverschämten Kunden' energischer entgegenzutreten oder auf abschätzig empfundene Kundenäußerungen nicht impulsiv zu reagieren).

Bereits in früheren sogenannten Schlüsselqualifikationsansätzen wurde *Kommunikationsfähigkeit* oft durch sehr konkrete Teilfähigkeiten definiert. So verweist Wittmann auf die Arbeiten von Reetz (1990, 1993, 1994), der die Kooperations-, Konfliktregelungs-, Verhandlungs-, Moderations- und Präsentationsfähigkeit als berufliche relevante kommunikative Fähigkeiten anführt, wobei diese generell zu unterschieden seien in sozial- und marktkommunikative Fähigkeiten (Wittmann 2001: 84).

Wittmann, die die Kundenkommunikation von Auszubildenden in der Bank untersucht, folgt dem oben skizzierten (anforderungs- und handlungsbezogenen) Kompetenzbegriff, wobei sie herausstellt, dass die berufliche Handlungsfähigkeit sich v.a. darin zeigt, dass man den speziellen institutionellen Anforderungen entsprechen kann; hierin liegt also ein deutlicher Fokus auf der Verwertbarkeit und

dem Nutzen für die Institution, während der allgemeine Begriff der (kommunikativen) Kompetenz eher den persönlich-individuellen Nutzen einer Kompetenz
betont. Beruflich kommunikativ kompetent ist demnach also derjenige, der in
seiner Berufsrolle, ggf. als spezifischer Funktionsträger, für ein Unternehmen
erfolgreich handelt – dabei aber auch seinen individuellen Qualifikationsvorteil
im Auge behält (Wittmann 2001: 53–55). Bezüglich der Modellierung der *kommunikativen* Kompetenz arbeitet Wittmann die gängigen Ansätze verschiedener
Disziplinen im deutschsprachigen Raum auf. Aus dem Bereich der Linguistik fällt
auf, dass sie sich sehr sinnvoll u.a. auf Ophoff (1986: 52f.) bezieht. Dieser Ansatz
stellt die beherrschten Register in den Vordergrund, die mit denen des Interak-
tionspartners in Beziehung zu setzen sind. Die Registerverwendung richtet sich
dabei „nach ihrer Funktionalität für die sprachlich-kommunikative Anpassung
an den Kommunikationspartner unter den Aspekten Thema, Ziele, Inhalte etc."
(Wittmann 2001: 634). Register beinhalten demnach kommunikative Handlungsmuster für bestimmte Interaktionssituationen, die vom Individuum (zumindest
unbewusst) als Routinen beherrscht werden und abgerufen werden können
und also nicht jedes Mal neu gebildet werden müssen (Wittmann 2001: 67). Da
sich Kommunikation im Beruf durch eine typische Kombination aus verschiedenen Registern auszeichnet (Efing 2014b), ist ein registerbezogener Ansatz bei
der Modellierung berufsweltbezogener kommunikativer Kompetenz sicherlich
sinnvoll.

Des Weiteren bezieht sich Wittmann auf Oksaars (1994) Ansatz der interak-
tionalen Kompetenz als die „Fähigkeit, in Interaktionssituationen verbale und
nichtverbale kommunikative Handlungen zu vollziehen und zu interpretieren,
gemäß den soziokulturellen und soziopsychologischen Regeln der Gruppe"
(Oksaar 1994: 74), wobei *die Gruppe* im beruflichen Kontext als *die berufliche
Diskursgemeinschaft* zu konkretisieren wäre. Hilfreich für die hier vorzuneh-
mende Modellierung fremdsprachlicher berufsweltbezogener kommunikativer Kompetenz ist an Oksaars Ansatz auch die Betonung der kulturbezogenen
Regeln von Kommunikation, wodurch deutlich wird, dass im Kontext hiervon die
soziokulturelle Kompetenz eine besondere Relevanz im Vergleich zu den anderen
Teilkompetenzen der kommunikativen Kompetenz einnehmen muss. Während
Oksaar also die *Relevanz der sozialen Gruppe* in den Vordergrund stellt, betont
Ophoff *die Relevanz der Situation,* die im beruflichen Kontext jeweils auch eine
besondere ist (insbesondere hierarchisches und/oder ökonomisches Abhängig-
keitsverhältnis).

Ein dritter sinnvoller Bezug Wittmanns in der Modellierung von kommunikativer Kompetenz für den Beruf ist der auf das etwa von Günthner (1995) vertrete-
ne Konzept der kommunikativen Gattungen. Auch hier besteht kommunikative

Kompetenz in der Fähigkeit zur Produktion von Äußerungen mit einer hohen Akzeptabilität in der jeweiligen Situation. Die Kenntnis von kommunikativen Gattungen als in einer Diskursgemeinschaft verfestigte Text- und Diskursarten bildet demnach einen Kern kommunikativer Kompetenz und beeinflusst v.a. in institutionellen Kontexten den (Miss-)Erfolg von Äußerungen, da dieses Text- und Diskursartenwissen den Interagierenden einen Orientierungsrahmen bei der Kommunikation und Interpretation sozialer Bedeutung gibt (Günthner 1995: 193, Wittmann 2001: 67f.). Da sich Kommunikation im Beruf hochgradig durch domänenspezifische Text- und Diskursarten und Sprechhandlungsmuster aus- zeichnet, ist dies ein sinnvoller Ansatz für die Modellierung berufsweltbezogener kommunikativer Kompetenz.

Nach Diskussion weiterer (bspw. Habermas), auch psychologischer Ansätze kommt Wittmann für ihre Untersuchung zu folgender Definition, die leider in der Differenziertheit hinter den aufgearbeiteten Modellen zurück bleibt: „Kommuni- kative Kompetenz' wird verstanden als ein individuelle Ressourcen (Wissen, Kön- nen, Fähigkeiten, Routinen, emotionale Aspekte) organisierendes Konstrukt, das auf die *Entsprechung kommunikativer Handlungsanforderungen* in der jeweiligen Kommunikationssituation bezogen ist. Es beinhaltet sowohl verbale als auch non- verbale Aspekte auf unterschiedlichen Ebenen der Vermittlung von Botschaften (Sach-, Beziehungs-, Selbstoffenbarungs-, Appellebene)." (Wittmann 2001: 93). Voraussetzung hierfür ist erst einmal eine „adäquate *Wahrnehmung* von Hand- lungsanforderungen als Voraussetzung für kommunikatives Handeln", und dies wiederum setzt reflexives Metawissen über Kommunikation und die Bewusstheit ihrer Situations- und Kontextspezifik voraus (ebd. 94).

Wesentlich einseitiger theoretisch fundiert in Bezug auf ein konkretes Konzept von kommunikativer Kompetenz (und zwar das von Habermas) ist das Lehrbuch von Elzer/Sciborski (2007), das kommunikative Kompetenzen im Beruf definiert als „Fähigkeiten, professionelles Fachwissen mit kommunikativen Methoden in einer sozial definierten Situation unmittelbar anzuwenden. Sie stellen den Kitt zwischen den Basiskompetenzen dar. Idealtypisch ist diese Kommunikation ver- ständnisorientiert im Sinne eines herrschaftsfreien Diskurses." (ebd. 49) D.h., dass Elzer/Sciborski, wie Baumann, berufliche kommunikative Kompetenz als eine „allgemeine kommunikative Kompetenz plus" verstehen, wobei sich das „Plus"

„aus der Aufgabe und Berufsrolle ableitet. Zur sprachlichen Kompetenz ge- hört es, sich in den verschiedenen sozialen Situationen adäquat zu verhalten, den 'Sprachcode' dem Umfeld und den Kommunikationspartnern entsprechend zu wählen. [...] Die Wahl des Sprachcodes ist ein Erkennungszeichen für soziale Kompetenz und 'soziale Intelligenz'. Gruppen und Berufe zeichnen sich durch eine Fachsprache aus, die vielfältige Funktionen hat; sie hat eine identifikatorische

Funktion nach innen ('er ist einer von uns', 'wir reden die gleiche Sprache', eine Person wird anhand von signifikanten Termini als Insider identifiziert) und eine exklusive Funktion nach außen (Außenstehende sollen von der Verständigung ausgeschlossen werden)" (ebd. 46f.).

Interessant ist hier der Fokus auf der Funktion der Register Fach- und Berufssprache für die berufliche Identität. Auch Braunert (etwa 2014) beispielsweise betont immer wieder die identifikatorische und integrative Funktion der Berufssprache für die Integration des Individuums in die berufliche Diskursgemeinschaft.

Elzer/Sciborski setzen dabei in Abhängigkeit der Kenntnis von Theoriewissen über Kommunikation drei Niveaustufen kommunikativer Kompetenz an: 1) nichtprofessionelles Niveau (Lebenserfahrung, Alltagswissen, -kommunikation im privaten/beruflichen Bereich, small talk, Laienberatung); 2) semi-/paraprofessionelles Niveau (allgemeine Kenntnisse der Kommunikation und evtl. ein Training in Gesprächsführung im Rahmen einer Fachausbildung/eines Studiums, in der/dem theoretische Grundlagen erworben und evtl. exemplarische Übungen durchgeführt wurden); 3) professionelles Niveau (fundierte Theoriekenntnisse über Kommunikation und praktische Ausbildung durch Anleitung oder Supervision im Rahmen einer spezialisierten Zusatz- oder Fachweiterbildung, bspw. Krisenintervention bei suizidalen Patienten) (ebd. 50). Der Berufsbezug bleibt hier sehr vage und unkonkret, zumal kommunikative Kompetenz eben an das Theoriewissen über Kommunikation gekoppelt wird.

Andere wissenschaftliche Beiträge (insbesondere der Angewandten Linguistik und der Sprachdidaktik) versuchen sich berufsbezogener kommunikativer Kompetenz dadurch zu nähern, dass sie erst einmal nur eine sprachliche Dimension der sprachlich-kommunikativen Anforderungen im Beruf oder sogar nur eine kommunikative Gattung in den Fokus nehmen (etwa die Gesprächskompetenz: z.B. Becker-Mrotzek/Brünner 2004; die Schreibkompetenz: z.B. Jakobs/Lehnen/Schindler 2005; die Gesprächssorten der betrieblichen Besprechungen: z.B. Brünner 2000). Doch verlangen die meisten Berufsfelder von den Beschäftigten kommunikative Kompetenz in mehr als nur einer Fertigkeit bzw. in Bezug auf mehr als nur eine Text-/Diskursart. Eine umfassende, berufsunspezifische Definition von kommunikativer Kompetenz im Beruf, eine Explizierung der konkreten sprachlichen Fähigkeiten, die in der Berufswelt benötigt werden, fehlt also bisher weitgehend.

Auch ein Blick auf die Studie zur „Adult Literacy" von Murray/Kirsch/Jenkins (1998), der man einen Berufsweltbezug unterstellen müsste, bringt wenig Konkretes. Literacy wird dort mit Verweis auf Kirsch/Jungeblut (1986) definiert als: „Using printed and written information to function in society, to achieve one's goals, and to develop one's knowledge and potential." (ebd. 106). Etwas konkreter werden als Teilkompetenzen eine prose literacy (in etwa „Sachtext-/Gebrauchstext-Kompetenz"), eine document litercay (Kompetenz zur Lektüre nicht-linearer Texte wie Tabellen, Listen...) sowie eine quantitative literacy (Kompetenz zum Verstehen und Verarbeiten von Zahlen in Dokumenten) genannt, die – wohl aus Gründen der Operationalisierbarkeit für eine Testung – sehr undifferenziert und rein auf die rezeptive kommunikative Kompetenz ausgelegt sind.

Fazit: Es gibt viele gute Ansätze, aber kein einheitliches, breit rezipiertes Konzept von berufsweltbezogener kommunikativer Kompetenz in der Erstsprache, auf das sich die Fremdsprachenforschung stützen könnte. Diese hat dennoch gute Vorschläge unterbreitet, wie kommunikative Kompetenz im Beruf in einer Fremdsprache definiert und modelliert werden könnte.

3.2 Fremdsprachliche kommunikative Kompetenz im Beruf

Kiefer ist der Ansicht, eine „grundsätzliche Unterscheidung zwischen zu entwickelnden kommunikativen Kompetenzen in der Muttersprache und in der Fremdsprache [sei] auch für die fach- bzw. berufsbezogene Kommunikation im engeren Sinne nicht zielführend, insofern hier wie dort die Aufmerksamkeit der Kommunikationspartner in erster Linie auf - den Kommunikationsanlass (eine gegebene Ausgangssituation) und ein Kommunikationsziel, - die zu übermittelnde bzw. auszutauschende Information, - den Verlauf der Kommunikation, das Verhalten des Gegenübers gerichtet ist." (Kiefer 2011: 16). Dennoch sollen hier kurz separat und exemplarisch einige fremdsprachenbezogene Ansätze zur Modellierung von kommunikativer Kompetenz im Beruf aufgezeigt werden, die die Vergleichbarkeit mit den Ansätzen zur Erstsprache allerdings in der Tat bestätigen.

Kiefer (2013: 37) selbst, der sich in seiner Arbeit zum Berufsfeld der internationalen Steuerberatung intensiv mit verschiedenen Modellierungen kommunikativer Kompetenz auseinandersetzt, definiert berufsbezogene kommunikative Kompetenz mit Bezug auf Deutsch als Fremdsprache wie folgt:

„Unter *berufsbezogener kommunikativer Kompetenz* verstehe ich das Verfügen über und das der Sache/dem Arbeitsgegenstand/dem zugrundeliegenden Fachgebiet angemessene, bewusste, willentliche, zielgerichtete Anwenden fachlichen, berufspraktischen und sozialen Wissens sowie die Beherrschung jener sprachlichen Mittel und Fertigkeiten einschließlich der Regeln und Normen ihrer Anwendung, mit Hilfe derer ein Sprachanwender den spezifischen Anforderungen gerecht werden kann, die an ihn, seine Position, sein Aufgabengebiet bzw. seinen Arbeitsplatz in Institutionen oder Unternehmen vor dem Hintergrund ihres Tätigkeitsschwerpunktes, ihrer strategischen Ziele, der hier herrschenden Organisationsstrukturen, der internen Arbeits- und Informationsabläufe, der jeweiligen soziokulturellen Besonderheiten bzw. des sozikulturellen [sic] Umfelds, in die sie eingebunden sind, im Kontakt mit anderen Akteuren (im Innern) bzw. Beteiligten an Arbeits- und Geschäftsbeziehungen (von außen) gestellt werden." Die zugrunde liegende anforderungsbezogene Kompetenzdefinition sowie das zugrunde liegende Modell kommunikativer Kompetenz gehen konform mit den oben vertretenen Definitionen, jedoch ist die entsprechende Definition vor dem Hintergrund des berufsfeldspezifischen Erkenntnisinteresses der Arbeit klar fach-/berufsspezifisch ausgerichtet und kann damit nicht Grundlage für eine Definition generell berufsweltbezogener kommunikativer Kompetenz sein. Auf Basis seiner theoretischen Auseinandersetzung mit Konzepten kommunikativer Kompetenz sowie empirisch im Rahmen einer Sprachbedarfsermittlung gewonnener Ergebnissen stellt Kiefer (2011: 263ff.) schließlich folgende beruflich benötigte kommunikative Teilkompetenzen zusammen, denen er detaillierte Listen mit spezifischen Fähigkeiten zuordnet: 1) Dienstleistungskompetenz, Prozesskompetenz, sozial-kooperative Kompetenz, 2) Fach-, Methoden-, Feldkompetenz, 3) Informationserschließungs- und -verarbeitungskompetenz, Medienkompetenz, 4) Argumentationskompetenz, Entscheidungs- und Durchsetzungskompetenz, 5) Sprachkompetenz (Fremdsprache), 6) Register-, Stil-, Variationskompetenz (Fremdsprache), 7) Sprachstrategische Kompetenz, 8) Textkompetenz, 9) Gesprächskompetenz. Die benannten Teilkompetenzen liegen dabei auf unterschiedlichen Abstraktionsebenen: Während bspw. die Register- und Variationskompetenz, vergleichbar der o.g. soziolinguistischen Teilkompetenz sowie die sprachstrategische Kompetenz eine sehr grundlegende, allgemeine Kompetenz bezeichnen, ist etwa die Argumentationskompetenz, die auf eine singuläre Sprechhandlung abzielt, sehr spezifisch und könnte auch unter der Gesprächskompetenz subsummiert werden. Dienstleistungs- und Durchsetzungskompetenz klingen nach spezifischen berufsrelevanten Ausprägungen von sozialer Kompetenz.

Weber/Becker/Laue (2000) koppeln ihr Konzept von kommunikativer Kompetenz im Beruf – vergleichbar zum, aber ohne Bezug auf das Konzept der kommunikativen Gattungen von Günthner (1995) – eng an die Beherrschung der jeweils berufsrelevanten Text- und Diskursarten: Sie konzipieren „kommunikative Kompetenz in beruflichen Handlungsbereichen nicht als kontextlose und additive Reihung segmentierter Teil- oder Minimalfertigkeiten, sondern als ein mehr oder weniger umfangreiches, gegliedertes Repertoire an Text- und Gesprächskompetenzen […,…] als das Vermögen, Elemente des Sprachsystems in sinnvoller und kommunikativ wirksamer Form zur Realisierung gesellschaftlichen und partnerbezogenen Handelns zu verwenden" (Weber/Becker/Laue 2000: 46). Die Beherrschung der domänenspezifischen kommunikativen Routinen, der beruflich immer wiederkehrenden kommunikativen Handlungsmuster auch unterhalb der Ebene der Text- und Diskursarten, ist dabei Bestandteil der kommunikativen Kompetenz. Mit dieser Konzeptualisierung beziehen sich die Autoren auf Widdowson (1989: 135), der definiert:

„Communicative competence ist [sic] not so much a matter of knowing rules for the composition of sentences and being able to appropriately employ such rules as it is knowing a stock of partially pre-assembled patterns, formulaic framework, and a kit of rules, so to speak, and being able to apply the rules to make whatever adjustments are according to contextual demands" (zitiert nach Weber/ Becker/Laue 2000: 155). Weiterer Bezugspunkt sind Pawly/Snyder (1983: 208):

"Prefabricated patterns form a high proportion of the fluent stretches of speech [...] The speaker can do the work of constructing larger pieces of discourse by expanding on, or combining ready-made constructions [...] Pragmatic competence accounts for the speakers ability to continue to access these forms as pre-assembled chunks, ready for a given functional use in an appropriate context" (zitiert nach Weber/Becker/Laue 2000: 155).

In dieser Beschreibung der funktionsbezogenen Verwendung von vorgefertigten kommunikativen Mustern scheint implizit der Registerbegriff auf, da dieser auf „die unauflösliche Verbindung von Kontext und sprachlich-kommunikativen Mustern" (Dittmar 2004: 216) zielt. Und die Registerkompetenz bzw. insbesondere – neben der Beherrschung der Fachsprache – die Beherrschung des fachunspezifischen Registers der Berufssprache, die das berufsübergreifend relevante Sprachhandeln in den typischen beruflichen Handlungsfeldern umfasst, stellt Braunert (z.B. 1999, 2000, 2007, 2014) stark in den Vordergrund, wenn es um die Vermittlung berufsrelevanter kommunikativer Fähigkeiten geht.

Schließlich sei noch der Ansatz von Kuhn (2007) vorgestellt. Als Basis für berufliches Sprachhandeln unterscheidet Kuhn (2007: 51) fünf Teilbereiche fremdsprachlicher kommunikativer Kompetenz: die Wahrnehmungskompetenz, die Informationsverarbeitungskompetenz, die Argumentationskompetenz, die Kooperationskompetenz sowie die Substitutionskompetenz.

Wie bei Kiefer scheinen diese Teilkompetenzen nicht alle auf derselben kategoriellen Ebene zu liegen (z.B. könnte man das Sammeln von Informationen auch der Methodenkompetenzen zuschlagen), und sie wirken z.T. sehr spezifisch (warum eine Argumentations-, aber keine Diskussions-, Präsentationskompetenz?), lassen sich aber größtenteils einfach in etablierte Schemata/Konzepte einordnen (die Substitutionskompetenz etwa als strategische Kompetenz).

Über diese generelleren Konzeptionen hinaus finden sich im praxisnahen Kontext von Weiterbildungen Listen von konkreten zu fördernden „Sprachhandlungskompetenzen", wie etwa: „Sich an (Team-)Besprechungen zu Wort melden und eigene Ansichten, Ideen einbringen können", „(Einfache) Dienstleistungsgespräche, z.b. im Verkauf oder in der Gastronomie, führen können", „(Innerhalb von beruflichen Hierarchien) Fragen, z B. zu Arbeitsabläufen, betrieblichen Gepflogenheiten, stellen und beantworten können", „Formulare ausfüllen können; mit einfachen Angaben zur Person bis hin zum Ausfüllen von komplexen Formularen, mit denen Stellensuchende auf dem Weg in den Arbeitsmarkt häufig konfrontiert sind", „Einen Arbeitsrapport bzw. einen einfachen Lernrapport ausfüllen können", „Notizen zuhanden von Arbeitskolleginnen und Arbeitskollegen […] machen können" (Maurer/Ferraro 2010: 11). Der Gemeinsame Europäische Referenzrahmen (GER 2001: 59) für Sprachen nennt für die Domäne *Beruf* etwa folgende Anforderungen/Kompetenzen: Stellenanzeigen lesen, Arbeitsplatzbeschreibung lesen, über rechtliche Stellenhintergründe (Urlaub, Kündigungsfrist etc.) informieren, Bewerbungsbrief schreiben, Sicherheitsvorschriften verstehen, Unfallmeldung, Sozialleistungen beantragen.

Auf wissenschaftlich-theoretischer und empirischer Basis und zu didaktischen Zwecken legt solch eine systematische, umfassende Kompetenz- und Fähigkeitsliste auch Kiefer (2011, 2013) als Ergebnis seiner Untersuchung im Berufsfeld der internationalen Steuerberatung vor.

4. Berufsweltbezogene kommunikative Kompetenz in der Fremdsprache – Vorschlag für eine Modellierung

Auf Basis der in Kapitel 2 dargelegten Begriffe/Konzepte von (kommunikativer) Kompetenz sowie in Auseinandersetzung mit den in Kapitel 3 zusammengefassten Modellen von kommunikativer Kompetenz im Beruf (in einer Fremdsprache) soll hier nun ein Vorschlag präsentiert werden, wie berufsweltbezogene kommunikative Kompetenz in einer Fremdsprache modelliert werden kann. Dabei wird davon ausgegangen, dass

- berufsweltbezogene kommunikative Kompetenz auf allgemeiner kommunikativer Kompetenz basiert und daher in Anlehnung an deren Modellierung modelliert werden muss; hierfür wird das in Kapitel 2.) dargelegte Konzept zugrunde gelegt und muss lediglich in Hinblick auf die Berufswelt spezifiziert werden;
- berufsweltbezogene kommunikative Kompetenz in Erst- und Fremdsprache sich nicht grundlegend voneinander unterscheiden und daher berufsweltbezogene kommunikative Kompetenz in einer Fremdsprache in Anlehnung an diejenige in der Erstsprache modelliert und dabei lediglich spezifiziert werden muss;

- die allgemeinen Beschreibungsebenen des Konzepts der kommunikativen Kompetenz (Routine/Flexibilität, Angemessenheit, Effizienz) auch im Rahmen der Berufswelt gelten, nur hier natürlich tendenziell anders parametrisiert werden (d.h., Angemessenheit bzgl. der Situation, Funktion und des Adressaten bezieht sich hier jeweils auf die berufliche(n) Domänen und Handlungszusammenhänge[2]).

4.1 Berufsweltbezogene vs. allgemeine kommunikative Kompetenz

Die Spezifizierung von *berufsweltbezogener* gegenüber *allgemeiner kommunikativer Kompetenz* betrifft vor allem die Teilkompetenzen der soziolinguistischen, der Text-/Diskurs- und der sozialen/soziokulturellen Kompetenz. Die letzten beiden sind insofern zu spezifizieren, als in der Berufswelt das Erlernen der sozialen Werte und Regeln der beruflichen Diskursgemeinschaft im Rahmen der beruflichen/betrieblichen Sozialisation sowie die Beherrschung neuer, generell berufswelttypischer Textsorten(-muster) (z.b. Bedienungsanleitung, Arbeitsplan, Team-/Mitarbeiterbesprechung,…) die allgemeine kommunikative Kompetenz spezifizieren muss. Diese Ebene der Text- und Diskursarten (vgl. auch Günthner 1995, Weber/Becker/Laue 2000) als zentraler Definitionspunkt berufsweltbezogener kommunikativer Kompetenz ist zugleich eine vermittelnde Abstraktionsebene zwischen der sehr abstrakten Ebene der sogenannten, angeblich berufsübergreifenden Handlungsfelder (Braunert 2000, 2007) und der Ebene der sehr konkreten, sehr detaillierten und nur berufsspezifisch anzugebenden Listen von Einzelkompetenzen und -fähigkeiten (vgl. etwa Kiefer 2011).

Gleichzeitig ist die Fähigkeit zum kreativen Umgang mit Text-/Diskursmustern in beruflicher Kommunikation angesichts der Relevanz und Zunahme von standardisierten kommunikativen Formaten sicherlich weniger wichtig als im Alltag, da die Standardisierung stattdessen eine sichere Kenntnis und Beherrschung der wiederkehrenden kommunikativen Routineformeln und Handlungsmuster verlangt, deren Repertoire flexibel beherrscht, aber nicht zwangsläufig kreativ verändert werden muss. Da die Verwendungsdomäne bei berufsbezogener kommunikativer Kompetenz klar eingegrenzt ist, wird der Erwerb der zusätzlichen Spezifizierung in gewisser Weise erleichtert. Die kommunikative Entfernung der Text- und Diskursarten vom Alltag und natürlichen Sprachgebrauch aufgrund eines z.T. extremen Spezialisierungs- und Standardisierungsgrades (bspw. Textsorte Berichtsheft) kann allerdings auch eine große Herausforderung bedeuten,

---

2   Dazu, welche spezifischen Kontextfaktoren berufliche Kommunikation beeinflussen, vgl. etwa Brünner 2000: 8–19 und Kiefer 2011: 54–64.

zumal diese domänenspezifische Ausdifferenzierung der allgemeinen kommunikativen Kompetenz, auf der die berufsweltbezogene aufbaut, erst sehr spät
einsetzt, wenn fast alle anderen Ebenen des Erwerbs der kommunikativen Kompetenz weitgehend abgeschlossen sind.

Die soziolinguistische Kompetenz, zu der v.a. eine Varietäten- und Registerkompetenz zählen, ist insofern zu spezifizieren, als in der Berufswelt ein ganz spezifi-
sches, neues Registerrepertoire vonnöten ist, das im Alltag weitgehend irrelevant
ist. Als die zentralen berufsrelevanten Register können dabei gelten: Umgangs-,
Bildungs-, Berufs- und Fachsprache (Efing 2014b).

Das Register der Fachsprache ist im Rahmen der Modellierung einer generell
berufsweltbezogenen kommunikativen Kompetenz nicht ganz so relevant, da spezifische Fachsprachen logischerweise kein Bestandteil dieses Modells sein können.
Allerdings ist ein generelles Wissen um fachübergreifende fachsprachliche Spezifika (wie z.B. morphologische, syntaktische, textuelle Spezifika wie für das Deutsche
Mehrfachkomposita, Nominalisierungen, Nominalstil, unpersönlicher Passivstil,
hohe Textkomprimierung…) sicherlich sinnvollerweise bereits Teil einer fach- und
berufsunspezifischen berufsweltbezogenen kommunikativen Kompetenz.

Insbesondere das Register der Berufssprache jedoch scheint fach- und berufsübergreifend zentral und damit der Kern einer berufsweltbezogenen kommunikativen Kompetenz zu sein. Daher soll im Folgenden nach einer kurzen generellen
Definition des Registerbegriffs erläutert werden, was unter Berufssprache zu
verstehen ist.

4.1.1 Der Registerbegriff

Register sind, wie oben nur kurz angedeutet, funktional gebunden an rekurrente
Kommunikationssituationen, deren Rahmenbedingungen (Ort, Zeit, Umstände,
Kommunikationspartner, institutionelle Zwecke, Medium) – spezifische (eigene)
oder nur typische (hochfrequente) – erwartbare, konventionalisierte Formen des
Sprachhandelns bedingen. Im Gegensatz zu Varietäten wie etwa Dialekten, deren
sprachliche Charakteristika an soziale Gruppen gebunden sind (*variation according to user*), liegt bei Registern eine sprachliche Variation „according to use", also
eine Sprachgebrauchsvarietät, vor (Hymes 1979: 177, Dittmar 2004: 216). Geht
man davon aus, dass berufssprachliches Handeln immer unter institutionellen
Bedingungen und zu institutionellen Zwecken in immer wiederkehrenden typischen Kommunikationssituationen und -konstellationen (der Interaktionspartner
und -rollen) stattfindet, dann ist davon auszugehen, dass sich für die funktionale
Bewältigung dieser berufssprachlichen Aufgaben feste, ebenfalls wiederkehrende
kommunikative Muster herausgebildet haben, die man der hier vorgenommenen

Charakterisierung nach als Register bezeichnen kann und die ihren Niederschlag in Grammatik und Wortschatz ebenso wie in der pragmatischen Interaktionssorganisation finden. Register sind demnach zu beschreiben als „durch *Rollen, Situation* und *Redegegenstand* festgelegte konventionelle Gebrauchsmuster" (Dittmar 2004: 217, 223).

Es gibt einen weiteren Ansatz der Registereinteilung, der nicht aus dem anglo-amerikanischen Raum stammt, sondern eher in der romanistischen Sprachwissenschaft verbreitet ist. Demnach werden als Register auch unterschiedliche, überindividuelle Stillagen wie beispielsweise ein intimes/familiales, ein informell-öffentliches oder ein formelles Register unterschieden, wobei Fachsprachen dann oft als abstraktestes, komplexestes Register angesehen werden. Solch ein Registerbegriff ist hilfreich, wenn man etwa einem Fremdsprachler vermitteln möchte, wie man in bestimmten Rollen- und Hierarchiekonstellationen kommuniziert (mit dem Chef, mit Kollegen, mit Untergebenen usw.).

Überraschenderweise kommen selbst Arbeiten, die ausführlich eine theoretisch und didaktisch fundierte Auseinandersetzung mit verschiedenen berufsrelevanten Registerbegriffen angehen, zu dem Ergebnis, dass „die Versuche einer Differenzierung nach Fach-, Berufs- und Alltagsprache als obsolet gelten können" (Kuhn 2007: 125), dass also die Registerkategorie und -frage für den berufsbezogenen DaF-Unterricht irrelevant ist. Dabei scheinen Register(wahl)fragen, fast intuitiv einsichtig, zentral u.a. für Aspekte der Experten-Laien-Kommunikation und der Mehrfachadressierung in Diskursen und Texten. So erwähnt auch Kiefer (2011: 266, s.o.) die Notwendigkeit einer Register-, Stil- und Variationskompetenz (in der Fremdsprache) als Bestandteil der berufsbezogenen kommunikativen Kompetenz.

4.1.2 Das Register der Berufssprache[3]

Die sprachlichen Erscheinungsformen, die man in der beruflichen Kommunikation beobachtet hat und die zwar der Domäne Beruf zugeordnet, aber nicht als fachsprachlich in einem engeren Sinne klassifiziert werden, sondern auch eine gewisse Nähe zur alltäglichen Umgangssprache/gesprochenen Standardsprache aufweisen, werden mittlerweile seit einigen Jahren unter dem Begriff der *Berufssprache* subsummiert, auch wenn die Existenz eines eigenen Registers *Berufssprache* bisweilen abgestritten (vgl. etwa Braunert 2014) bzw. sie als rein didaktisches Konstrukt aufgefasst wird (Roca/Bosch 2005: 80). Dort, wo der Begriff dennoch Akzeptanz und Verwendung findet, suggeriert er bisweilen eine Einheitlichkeit,

---

3 Vgl. Efing 2014b.

die in seiner Anwendung und Auslegung nicht ansatzweise gegeben ist; bislang fehlt es an einem klar definierten und breit akzeptierten einheitlichen Verständnis von Berufssprache, die derzeit demnach auch nicht als kohärentes Register angesehen werden kann. Da das Ansetzen eines Registers *Berufssprache* aber sinnvoll ist, soll im Folgenden nach einer Diskussion bestehender Auffassungen des Begriffs der Vorschlag für ein bestimmtes, klar umrissenes Verständnis und eine konkrete Definition von Berufssprache gemacht werden.

Die Bandbreite der Definitionen und der Auslegung des Begriffs *Berufssprache* ist groß: Einerseits gibt es die Gruppe derjenigen, die von einer so großen Nähe der Register *Berufs- und Fachsprache* ausgehen, dass sie auf eine klare terminologische Differenzierung verzichten und durchgehend nur die summarische Paarformel „Berufs- und Fachsprache" verwenden (vgl. etwa Dannerer 2008, Grünhage-Monetti 2010). Grund für solch eine quasi-synonyme, gleichsetzende Verwendung ist wohl auch die wissenschaftlich noch ausstehende systematische Abgrenzung der beiden Register (Dannerer 2008: 22), insbesondere eine einheitliche und verbreitet akzeptierte Modellierung von *Berufssprache*. Diejenigen, die eine große Nähe zwischen Fach- und Berufssprache postulieren, weisen beiden Registern vergleichbare Funktionen zu (etwa Präzision, Eindeutigkeit, Explizitheit, Ökonomie; Dannerer 2008: 26) und sehen Berufssprache(n) als sehr spezialisiert und (berufs-, fach- bzw. sogar betriebs-)spezifisch an (bspw. Ammon 2000, Dannerer 2008: 23f.; daher auch die Verwendung der Pluralform). Demnach wäre(n) Berufssprache(n) im Prinzip nichts anderes als (eine) Fachsprache(n) auf einem vertikal gesehen relativ niedrigen Abstraktionsniveau, vermutlich vergleichbar der/den so genannten Werkstattsprache(n) im Sinne einer mündlich realisierten fachlichen Umgangssprache (im Vergleich etwa zu wissenschaftlichen Fachsprachen). Die fachlichen bzw. fachterminologischen Aspekte rücken dabei auf diesem Registerniveau und aufgrund der Betriebsspezifik in die Nähe eines (betriebsspezifischen) bildhaften und deutlich mit Sozialfunktionen versehenen Berufsjargons; d.h., dass Berufssprache(n) in dieser Perspektive als eine Form von Gruppensprache(n) und damit als Soziolekt gelten kann/können (Ammon 2000).

Die „Gegenposition" bezüglich der Modellierung des Registers der Berufssprache – dann tendenziell im Singular – vertritt eine breite, recht unspezifische Auffassung, sieht Berufssprache aber gleichzeitig – zumal mit Blick auf DaF-Lerner und ihr durch die Berufssprache zu fundierendes soziales und fachliches Prestige – als ein recht formelles, prestigeträchtiges Register (Braunert 2000: 156; 2014). Berufssprache wird hier als berufs(feld)übergreifendes Register in großer Nähe nicht nur zur schriftlichen Standardsprache (in beruflichen Kontexten), sondern auch zur Bildungssprache gesehen, weshalb sich vereinzelt auch der Begriff der *Berufsbildungssprache* findet, der den Blick allerdings (zu) stark verengt auf die (konzeptionell) schriftsprachlichen Anteile an der Berufssprache, während andere Autoren (Braunert 2014) mit Berufssprache tendenziell eher die mündliche Kommunikation am Arbeitsplatz verbinden. Braunert (2014: 49) definiert exemplarisch: „Als Sprache am Arbeitsplatz („Berufssprache") versteht man […] die *Gesamtheit aller sprachlichen Mittel zur persönlichen und sachlichen Integration in den Betrieb und ins betriebliche Umfeld, zur sprachlichen Sicherung der betrieblichen Funktionsübernahme.*"

Demnach werden unter Berufssprache

- die fach- und berufsübergreifenden, (überbetrieblich) konventionalisierten und funktional motivierten sprachlichen Parallelen in Lexik, Wortbildung (bspw. Abkürzungen, Kurzwörter, Kompositionen) und Syntax (Passivkonstruktionen…),
- vergleichbare formelle Wendungen mit hoher Produktivität (Braunert 2000: 156) sowie vor allem
- die gemeinsamen/vergleichbaren sprachlichen Handlungsmuster und Mitteilungsabsichten (ERKLÄREN, ANLEITEN, DEFINIEREN/BENENNEN, KLASSIFIZIEREN, UNTERSCHEIDEN, BEGRÜNDEN/ARGUMENTIEREN, BESCHREIBEN, VERGLEICHEN, VERALLGEMEINERN, BILANZ ZIEHEN, TEXTE ZUSAMMENFASSEN/BEWERTEN…, u.a. Braunert 2014) sowie
- vergleichbare Textsorten und Darstellungsformen (Bericht, Dokumentation, Tabellen, Formulare…)

subsummiert, die in vielen Berufen relevant und hochfrequent sind und damit berufsweltbezogene, aber fachunspezifische Anforderungen darstellen und damit auch fachunspezifisch vermittelt werden können. Hiermit konformgehend stellt auch Funk (2010: 1148) zurecht fest, dass „ein Großteil des Wortschatzes berufsfeldübergreifend relevant und frequent" ist und folgert daraus, ohne damit explizit auf das Register *Berufssprache* abzuzielen, aber dieses implizierend: „Diese Wörter sind wegen ihrer beruflichen und umgangssprachlichen Polyvalenz im berufsvorbereitenden Unterricht von besonderem Interesse." Mit Blick auf die vergleichbaren sprachlichen Handlungsmuster fordert er zudem, im berufsvorbereitenden Unterricht „weniger auf den Bereich der meist fachbezogenen Nomen als auf die Bereiche der Verben, die berufliche Handlungen beschreiben, hinzuweisen." In allen Berufsfeldern gebe es etwa Verben der Bedeutungsbereiche der quantitativen Relationen, Definitionen, Stoff- und Produktbeschreibungen, Arbeitsanweisungen usw. (Funk 2010: 1148).

Solche fach- und berufsfeldübergreifenden sprachlichen Parallelstrukturen jenseits des reinen Fachwortschatzes werden bisweilen auch heute noch unter dem Begriff der Fachsprachen abgehandelt (Ohm/Kuhn/Funk 2007: 101, Kuhn 2007: 112).

Es wird hier jedoch dafür plädiert, sie sinnvoller dem Register der Berufssprache zuzuordnen, da sie in jedem Beruf vorkommen und Sprachhandlungen wie ERKLÄREN, ANWEISEN, BEGRÜNDEN und BESCHREIBEN alles andere als genuin fachlich sind, sondern generell relevant im Beruf und sogar im Alltag. Diese „un-fach(sprach)liche" Perspektive wird gestützt durch empirisch basierte Versuche, generell berufliche Kommunikation am Arbeitsplatz einem begrenzten Set von berufs- und branchenübergreifend gültigen Sprachhandlungsfeldern als „Standard-Inventar der Kommunikation am Arbeitsplatz" in allen Berufen und Tätigkeitsfeldern zuzuweisen (Braunert 2000: 158–160, Braunert 2007: 225f., Grünhage-Monetti 2010: 31ff.), die als wiederkehrende Mitteilungssituationen/Sprachhandlungen wiederum die kommunikativen Anforderungen und damit die Auswahl an (vergleichbaren, wiederkehrenden) sprachlichen Mitteln steuern. Dieser Beschreibungsansatz, der rekurrente Sprachhandlungssituationen mit damit verknüpften konventionalisierten Sprachmustern verbindet, impliziert die Legitimation dafür, Berufssprache nach o.a. Definition als eigenständiges Register zu konzipieren.

Fassen wir zusammen: Berufssprache kommt medial mündlich wie schriftlich vor. Sie kann als eigenständiges, berufs(feld)übergreifendes Register auf einem Kontinuum zwischen Standard- und Fachsprache konzipiert werden, das im Bereich der Sprachhandlungsmuster große Schnittmengen mit der Bildungssprache hat; sie ist arbeits- bzw. berufs(welt)bezogener als die Standardsprache und konkreter praxis- bzw. handlungsbezogen als Fachsprachen. Weder fach- noch berufs- oder betriebsspezifische Ausdrücke (im Sinne von Fachwortschatz und Berufsjargonismen) sind Bestandteil des Registers *Berufssprache*. Stattdessen ist es gekennzeichnet durch ein Set typischer berufsbezogener Sprachhandlungen (ANLEITEN/INSTRUIEREN, ERKLÄREN, DEFINIEREN…), Textsorten (Bericht, …) und Darstellungsformen (Tabellen, Formulare…), die für zahlreiche Berufstätigkeiten als charakteristisch gelten können. Selbst fachunspezifisch und auf den Redemitteln der Allgemeinsprache basierend, kann Berufssprache dabei als eine Art Plattform oder Ummantelung bzw. sprachliches Umfeld für die Verwendung verschiedener anderer Register oder Varietäten gesehen werden, etwa für fachsprachliche und berufsspezifische Anteile, insbesondere Fachterminologie, oder Berufsjargonismen – so, wie in der Schule die Bildungssprache die sprachliche Ummantelung/Hintergrundfolie bzw. die Plattform für die Verwendung der Fachsprachen in den Sachfächern bildet. Dabei ist Berufssprache etwas anderes als die Summe der in einer konkreten Situation miteinander vermischten Varietäten und Register, denn sie weist in Form der o.g. registertypischen Sprachhandlungen, Textsorten und Darstellungsformen eigene, registerkonstituierende sprachlich-kommunikative Besonderheiten auf. Darüber hinaus begründen auch die Funktionen des berufssprachlichen Sprachhandelns den Status als eigenständiges Register: Das Ziel der Verwendung von Berufssprache ist die effektive, angemessene Kommunikation in beruflichen Kontexten, die nicht nur das berufliche (Sprach-)Handeln, sondern auch die soziale Integration des Sprechers in den Betrieb und das Arbeitsumfeld gewährleisten soll. Die Berufssprache, nicht die Fachsprache, ist das Register, in dem sich die berufliche Sprachhandlungskompetenz eines Individuums als „Bewältigung unterschiedlicher sprachlicher und kultureller Anforderungen des Arbeitsalltags" (Kuhn 2007: 118) zeigt; das Register der Berufssprache ermöglicht es demnach, im Beruf sprachlich zweckrational erfolgreich und angemessen handeln zu können – auch ohne zwangsläufig auf Fachsprache zurückzugreifen. Hierfür bedarf es nach Kuhn (ebd.) vor allem soziopragmatischen und kulturellen Wissens, da „die berufliche Verständigung [...] immer auch in einem bestimmten kulturellen, sozialen und humanen Kontext stattfindet. Dieser Kontext kann – etwa bei Vertragsverhandlungen – zum ausschlaggebenden Faktor für das Gelingen werden" (Fluck 1992: 176[4]). Während (wechselnde, tendenziell aber sicherlich mehrere verschiedene) Fachsprachen in ganz bestimmten beruflichen Situationen sicherlich unerlässlich sind für eine präzise Verständigung und Wissensvermittlung, ist die Berufssprache das Register für generelle wiederkehrende berufliche Abläufe und Handlungen; während Fachsprache eng an Fachleute gebunden ist und nur in deren Verwendung untereinander ihre volle Funktion und Semantik entfaltet, müssen *Berufssprache* alle Arbeitnehmer sprechen, die gemeinsam arbeiten, auch wenn sie – etwa bei Schnittstellenarbeiten zwischen Kollegen unterschiedlicher Abteilungen und Fachgebiete, also außerhalb eines Faches bzw. über Fächergrenzen hinweg, z.B. bei der Kommunikation mit der Buchhaltung, Personalverwaltung etc. – nicht einem gemeinsamem Fach angehören. Während Fachsprache der Kommunikation über Fachinhalte, der Wissensaneignung und dem Wissensaustausch dient (kulminiert im kondensierten, präzisen, ökonomischen Fachterminus), hat Berufssprache eine stärker personen- und handlungsbezogene Ausrichtung (Braunert 2000: 162) und dient der Koordination von Arbeitsabläufen sowie generell „der betrieblichen Funktionsübernahme und der sozialen Integration ins Unternehmen (sprachliches Handeln, Interaktion *in* Situationen)" (Braunert 2014). Berufssprache umfasst damit die fachübergreifenden Sprachhandlungen (und die damit verbundenen sprachlichen Mittel) im Sinne einer Schnittmenge allen beruflichen Handelns, die bereits in Form berufswelttypischer Handlungsfelder

---

4 Bereits Kuhn (2007: 118) beruft sich in diesem Argumentationszusammenhang auf dieses Zitat von Fluck.

(bspw. Unterweisung, Sicherheit, [Störungen der] Arbeitsabläufe, Qualitätskontrolle, Produktübergabe und Ausführung…; Braunert 2000: 158–160, Braunert 2007: 225f., Grünhage-Monetti 2010: 33) gefasst wurden.

4.2 Berufsweltbezogene kommunikative Kompetenz in der Erst- vs. Fremdsprache

Die Spezifizierung von berufsweltbezogener kommunikativer Kompetenz in der Erst- gegenüber der Fremdsprache betrifft vor allem die Teilkompetenzen der Sprachsystem-, der strategischen und der sozialen/soziokulturellen Kompetenz. Der Bereich der sozialen/soziokulturellen Kompetenz betrifft in diesem Fall nicht die Werte und Regeln der beruflichen Diskursgemeinschaft, sondern die der Sprachgemeinschaft der Zielsprache; in diesem Fall könnte man daher alternativ von einer interkulturellen kommunikativen Kompetenz sprechen, die hier zur kommunikativen Kompetenz in der Erstsprache hinzutreten muss. Allerdings betont Knapp (2007: 69), dass berufliche Diskursgemeinschaften ohnehin „gleichsam in Zwischenräumen von Nationalkulturen angesiedelt sind", so dass die auch vom Erstsprachler zu erlernende Kultur der Diskursgemeinschaft die Frage nach der Kultur der Sprachgemeinschaft der Zielsprache weitgehend marginalisiert: die Kultur eines Berufsfeldes/Betriebs, nicht eines Landes/einer Sprachgemeinschaft muss erlernt und beherrscht werden, unabhängig von der Frage, ob die Sprache Erst- oder Fremdsprache ist.

Jedoch muss man sich in einer Fremdsprache generell besonders bewusst sein, dass es schwerer ist, aus dem Gesagtem das Gemeinte zu erschließen und dass leichter (und wie/wo) Missverständnisse entstehen können – und wie man sie verhindern oder auflösen kann. Die Deutung der Äußerung des Gesprächspartners muss man demnach möglichst lange offen lassen bzw. bereit sein, vorgenommene Deutungen retrospektiv zu revidieren (Knapp 2007: 70).

Die sprachsystematische Teilkompetenz ist gegenüber der kommunikativen Kompetenz in der Erstsprache insofern zu modifizieren, als zwar von einem Erstsprachler eine hundertprozentige Sprachsystemkompetenz erwartet und diese bei Defiziten sanktioniert wird, bei einem Fremdsprachler hingegen Defizite in der Sprachsystemkompetenz durchaus nachgesehen werden, wenn die Verständigung – und im Beruf: die Effizienz der Verständigung – nicht gefährdet ist. Defizite in der Sprachsystemkompetenz der Zielsprache kann ein Fremdsprachler also durch eine gut ausgebildete pragmatische und strategische Kompetenz kompensieren, also wenn er über Kompensationsstrategien verfügt, beispielsweise den Wechsel auf die metakommunikative Ebene, um die eigenen Ziele dennoch zu erreichen. Da das zentrale Register der berufsweltbezogenen kommunikativen Kompetenz, die Berufssprache, wie die Bildungssprache im Bereich der CALP (nach Cummins) zu verorten ist, diese CALP aber kommunikative Fähigkeiten bezeichnet, die tendenziell von der Erst- auf eine Fremdsprache übertragbar sind („common underlying proficiency", dual ice berg model), dürfte für einen Fremdsprachler bezüglich der Beherrschung der Berufssprache zumindest auf lange Sicht kein Problem und kein Unterschied zu Erstsprachlern bestehen. Auch bezüglich des Registers der Fachsprache weiß man heutzutage, dass deren Erwerb zumeist weder Erst- noch Zweit- und Fremdsprachlern Probleme bereitet (Efing 2014b). Eine analoge Argumentation lässt sich für die berufswelttypischen Text- und Diskursarten und ihre Textmuster führen. Da auch Erstsprachler diese erst spät, im Laufe der beruflichen Sozialisation, erlernen, haben Fremdsprachler hier nur geringfügige Nachteile gegenüber Erstsprachlern und diese dürften nicht in qualitativ anderen Schwierigkeiten, sondern nur in einer stärkeren Ausprägung angesichts einer tendenziell geringer ausgeprägten Sprachsystemkompetenz liegen. Wie also bereits zuvor angesprochen (Kiefer 2011: 16), sind die Unterschiede zwischen einer berufsweltbezogenen kommunikativen Kompetenz in der Erst- und in der Fremdsprache gering und lediglich in den Unterschieden begründet, die es generell zwischen der kommunikativen Kompetenz in einer Erst- und einer Fremdsprache gibt. Die nötige Spezifizierung des Konzepts der kommunikativen Kompetenz hin zu einer berufsweltbezogenen kommunikativen Kompetenz ist also für den Bereich der Erst- wie der Fremdsprache als weitgehend identisch zu modellieren.

5. Fazit

Im vorliegenden Artikel wurde ein Modell von kommunikativer Kompetenz in der Berufswelt entworfen, das berufs- und fachübergreifend Gültigkeit beansprucht. Ausgehend von der Aufarbeitung bestehender Definitionen, Modelle und Konzeptionen zur (kommunikativen) Kompetenz (im Beruf und in der Fremdsprache) wurde ein Vorschlag unterbreitet, wie berufsweltbezogene kommunikative Kompetenz (in einer Fremdsprache) modelliert werden kann. Dabei wurde einen Kompetenzbegriff plädiert, der Kompetenz als die Fähigkeit zur eigenständigen, flexiblen Bewältigung von (komplexen) Handlungssituationen definiert. Dieses Kompetenzverständnis ist problemlos vereinbar mit dem skizzierten Modell kommunikativer Kompetenz in Anschluss an die Tradition nach Dell Hymes (1979), das als Grundlage für das hier entwickelte Modell gewählt wurde. Dieses Modell kommunikativer Kompetenz wiederum ist problemlos auf eine Erst- wie auf eine Fremdsprache zu beziehen und bietet eine gute Basis für eine Spezifizierung hin zu einer berufsweltbezogenen kommunikativen Kompetenz, die, wie sich herausgestellt hat, für die Erst- wie für die Fremdsprache weitgehend identisch zu modellieren ist. Berufsweltbezogene gegenüber allgemeiner kommunikativer Kompetenz zeichnet sich demnach vor allem durch die flexible Beherrschung des berufsunspezifischen Registers der Berufssprache aus; hinzu kommt das Wissen um fachübergreifende fachsprachliche Spezifika sowie um generell berufswelttypische, wiederkehrende Text- und Diskursarten sowie kommunikative Handlungssituationen. Damit sind insbesondere die soziolinguistische und die Text-/Diskurskompetenz die Teilkompetenzen, in denen sich die Spezifizierung von einer allgemeinen hin zu einer berufsweltbezogenen kommunikativen Kompetenz zeigt. Die soziale/soziokulturelle Teilkompetenz wird durch die Sozialisation in der beruflichen Diskursgemeinschaft weiter spezifiziert.

Der Unterschied von berufsweltbezogener kommunikativer Kompetenz in der Erst- gegenüber der Fremdsprache wurde vor allem an der sprachsystematischen, der strategischen sowie der sozialen/soziokulturellen Teilkompetenz festgemacht. Nicht gesondert thematisiert wurde dabei der kommunikative Sonderfall (wenngleich er häufig vorkommen dürfte), dass beide Kommunikanten in einer dann kulturentbundenen[5] Fremdsprache sprechen, was v.a. auf Kommunikationssituationen mit Englisch als lingua franca zutrifft (Knapp 2007) und besondere Anforderungen stellt.

Berufsweltbezogene kommunikative Kompetenz kann als Basis für eine weiter zu spezifizierende berufs- oder gar betriebsspezifische kommunikative Kompetenz angesehen werden. Während letztere nicht übertragbar auf andere Berufe/Betriebe ist, ist die berufsweltbezogene kommunikative Kompetenz hingegen, einmal erworben, tendenziell Grundlage für alle Berufe.

Literatur

Ammon, Ulrich (2000): Berufssprache. In: Glück, Helmut (Hrsg.): Metzler Lexikon Sprache. Stuttgart/Weimar, 106.

Arnold, Rolf/Schüßler, Ingeborg (2001): Entwicklung des Kompetenzbegriffs und seine Bedeutung für die Berufsbildung. In: Franke, Guido (Hrsg.): Komplexität und Kompetenz. Ausgewählte Fragen der Kompetenzforschung. Bonn, 52–74.

Baumann, Klaus-Dieter (2000): Die Entwicklung eines integrativen Fachsprachenunterrichts – eine aktuelle Herausforderung der Angewandten Linguistik. In: Ders./Kalverkämper, Hartwig/Steinberg-Rahal, Kerstin (Hrsg.): Sprachen im Beruf. Stand – Probleme – Perspektiven. Tübingen (= Forum für Fachsprachen-Forschung 38), 149–173.

---

5 „Interkulturelle Kommunikationskompetenz für den Beruf muss in erster Linie sprach- und kulturübergreifend sein." (Knapp 2007: 69).

Becker-Mrotzek, Michael/Brünner, Gisela (Hrsg.) (2004): Analyse und Vermittlung von Gesprächskompetenz. Frankfurt/Main u.a. (= forum Angewandte Linguistik 43).

Braunert, Jörg (1999): Allgemeinsprache, Berufssprache und Fachsprache – ein Beitrag zur begrifflichen Entwirrung. In: Zielsprache Deutsch 30, 98–105.

Braunert, Jörg (2000): Die Handlungsfelder der beruflichen Kommunikation. Bericht über die Erhebung des Sprachbedarfs am Arbeitsplatz. In: Fachsprache 3–4/22, 153–166.

Braunert, Jörg (2007): „Wirtschaftsdeutsch", sprachliche Handlungsfelder der beruflichen Kommunikation und lebensnaher Deutschunterricht. In: Kiefer, Karl-Hubert u.a. (Hrsg.): Wirtschaftsdeutsch vernetzt. Neue Konzepte und Materialien. München, 217–236.

Braunert, Jörg (2014): Ermittlung des Sprachbedarfs: Fachsprache und Kommunikation am Arbeitsplatz. In: Kiefer, Karl-Hubert/Efing, Christian/Jung, Matthias/Middeke, Annegret (Hrsg.): Berufsfeld-Kommunikation: Deutsch. Frankfurt am Main, 49–66.

Brünner, Gisela (2000): Wirtschaftskommunikation. Linguistische Analyse ihrer mündlichen Formen. Tübingen (= Reihe Germanistische Linguistik 213).

Dannerer, Monika (2008): Beschreibungsmöglichkeiten der Fach- und Berufskommunikation im Deutschen. In: ÖDaF-Mitteilungen 1/1, 22–36.

Dittmar, Norbert (2004): Register. In: Ammon u.a. (Hrsg.): 1. Halbbd./HSK 3.1, 216–226.

Efing, Christian (2014a): Kommunikative Kompetenz. In: Grabowski, Joachim (Hrsg.): Sinn und Unsinn von Kompetenzen. Fähigkeitskonzepte im Bereich von Sprache, Medien und Kultur. Leverkusen/Opladen, 93–113.

Efing, Christian (2014b): Berufssprache & Co.: Berufsrelevante Register in der Fremdsprache. Ein varietätenlinguistischer Zugang zum berufsbezogenen DaF-Unterricht, in: InfoDaF 4/2014, S. 415–441.

Efing, Christian/Janich, Nina (2007): Kommunikative Kompetenz im Beruf. Eine Einführung ins Themenheft. In: Der Deutschunterricht 1/2007, 2–9.

Elzer, Matthias/Sciborski, Claudia (2007): Kommunikative Kompetenzen in der Pflege. Theorie und Praxis der verbalen und nonverbalen Interaktion. Bern.

Erpenbeck, John/von Rosenstiel, Lutz (2007): Vorbemerkung zur 2. Auflage. In: Erpenbeck, John / von Rosenstiel, Lutz (Hrsg.): Handbuch Kompetenzmessung. Erkennen, verstehen und bewerten von Kompetenzen in der betrieblichen, pädagogischen und psychologischen Praxis. Stuttgart, XI–XV.

Ertl, Hubert (2005): Das Kompetenzkonzept: Zugänge zur Diskussion in der deutschen Berufs- und Wirtschaftspädagogik. In: Ertl, Hubert/Sloane, Peter F. E. (Hrsg.): Kompetenzerwerb und Kompetenzbegriff in der Berufsbildung in internationaler Perspektive. Paderborn, 4–20.

Ertl, Hubert/Sloane, Peter F. E. (2005): Einführende und zusammenführende Bemerkungen: Der Kompetenzbegriff in internationaler Perspektive. In: Ertl, Hubert/Sloane, Peter F. E. (Hrsg.): Kompetenzerwerb und Kompetenzbegriff in der Berufsbildung in internationaler Perspektive. Paderborn, 22–45.

Euler, Dieter/Reemtsma-Theis, Monika (1999): Sozialkompetenzen? Über die Klärung einer didaktischen Zielkategorie. In: Zeitschrift für Berufs- und Wirtschaftspädagogik 95/2, 168–198.

Fluck, Hans-R. (1992): Didaktik der Fachsprachen. Aufgaben, und Arbeitsfelder, Konzepte und Perspektiven im Sprachbereich Deutsch. Tübingen.

Funk, Hermann (2010): Berufsorientierter Deutschunterricht. In: Krumm, Hans-Jürgen/Fandrych, Christian/Hufeisen, Britta/Riemer, Claudia (Hrsg.): Deutsch als Fremd- und Zweitsprache. Ein internationales Handbuch. Berlin, 1145–1152.

GER Europarat/Rat für kulturelle Zusammenarbeit (Hrsg.) (2001): Gemeinsamer Europäischer Referenzrahmen für Sprachen: Lernen, lehren und beurteilen. Berlin/München.

Grünhage-Monetti, Matilde (2010): Expertise: Sprachlicher Bedarf von Personen mit Deutsch als Zweitsprache in Betrieben. Verfügbar unter www.ssoar.info/ssoar/files/usbkoeln/2011/741/07-2010_expertise_sprachlicher%20bedarf%20von%20personen%20mit%20deutsch%20als%20zweitsprache%20in%20betrieben.pdf (Zugriff am 17.4.2012).

Günthner, Susanne (1995): Gattungen in der sozialen Praxis. Die Analyse ‚kommunikativer Gattungen' als Textsorten mündlicher Kommunikation. In: Deutsche Sprache 23, 193–218.

Hymes, Dell (1979): Soziolinguistik. Zur Ethnographie der Kommunikation. Frankfurt am Main.

Jakobs, Eva-Maria/Lehnen, Katrin/Schindler, Kirsten (2005): Schreiben am Arbeitsplatz. Wiesbaden (= Schreiben – Medien – Beruf 1).

Janich, Nina (2007): Kommunikationsprofile in der Unternehmenskommunikation. Eine interdisziplinäre Forschungsaufgabe. In: Reimann, Sandra/ Kessel, Katja (Hrsg.): Wissenschaften im Kontakt. Kooperationsfelder der Deutschen Sprachwissenschaft. Tübingen, 317–330.

Kiefer, Karl-Hubert (2011): Kommunikative Kompetenz im Berufsfeld der internationalen Steuerberatung. Möglichkeiten ihrer Vermittlung im fach- und berufsbezogenen Fremdsprachenunterricht unter Einsatz von Fallsimulationen. Verfügbar unter http://opus.kobv.de/tuberlin/volltexte/2011/3139/pdf/kiefer_karlhubert.pdf (Zugriff am 17.4.2012).

Kiefer, Karl-Hubert (2013): Kommunikative Kompetenzen im Berufsfeld der internationalen Steuerberatung. Fremdsprachen bezogene Bedarfsanalyse am Beispiel der Auslandsniederlassung eines deutschen Beratungsgesellschaft. Frankfurt am Main u.a.

Kilian, Jörg/Lüttenberg, Dina (2009): Kompetenz. Zur sprachlichen Konstruktion von Wissen über Wissen und Können im Bildungsdiskurs nach PISA. In: Felder, Ekkehard/Müller, Marcus (Hrsg.): Wissen durch Sprache. Theorie, Praxis und Erkenntnisinteresse des Forschungsnetzwerkes „Sprache und Wissen". Berlin/New York, 245–278.

Knapp, Karlfried (2007): Mehrsprachigkeit im Beruf und die Rolle interkultureller Kompetenz. In: Der Deutschunterricht 1/2007, 62–71.

Kruse, Otto/Jakobs, Eva-Maria (1999): Schreiben lehren an der Hochschule: Ein Überblick. In: Kruse, Otto/Jakobs, Eva-Maria/Ruhmann, Gabriele (Hrsg.): Schlüsselkompetenz Schreiben. Konzepte, Methoden kommunikativer Kompetenz, Projekte für Schreibberatung und Schreibdidaktik an der Hochschule. Neuwied, 19–34.

Kuhn, Christina (2007): Fremdsprachen berufsorientiert lernen und lehren. Kommunikative Anforderungen der Arbeitswelt und Konzepte für den Unterricht und die Lehrerausbildung am Beispiel des Deutschen als Fremdsprache. Verfügbar unter www.db-thueringen.de/servlets/DerivateServlet/Derivate-13903/Kuhn/Dissertation.pdf (Zugriff am 17.4.2012).

Luchtenberg, Sigrid (1999): Interkulturelle kommunikative Kompetenz. Kommunikationsfelder in Schule und Gesellschaft. Opladen/Wiesbaden.

Maurer, Ernst/Ferraro, Tindaro (2010): Deutsch für den Arbeitsmarkt. In: AkDaF Rundbrief 60/2010, 7–14. (Verfügbar unter http://www.akdaf.ch/html/rundbrief/rbpdfs/60_deutsch_fuer_arbeitsmarkt.pdf, (Zugriff am 17.2.2012)).

Murray, T. Scott/Kirsch, Irwin S./Jenkins, Lynn B. (1998): Adult Literacy in OECD Countries. Technical Report on the First International Adult Literacy Survey. Washington.

Ohm, Udo/Kuhn, Christina/Funk, Hermann (2007): Sprachtraining für Fachunterricht und Beruf. Fachtexte knacken – mit Fachsprache arbeiten. Münster.

Roca, Francisca/Bosch, Gloria (2005): Deutsch für den Tourismus im Spannungsfeld zwischen Gemein-Berufs- und Fachsprache. In: Encuentro 15, 79–85.

Rubin, Rebecca B. (1990): Communication competence. In: Phillips, Gerald M./Wood, Julia T. (Hrsg.): Speech communication: Essays to commemorate the 75th anniversary of the Speech Communication Association. Carbondale, Edwardsville, 94–129.

Saville-Troike, Muriel (2003): The Ethnography of Communication. An Introduction. Blackwell Publishing.

Saville-Troike, Muriel (1982): The Ethnography of Communication. An Introduction. Oxford.

Schaper, Niclas (2008): (Arbeits-)psychologische Kompetenzforschung. In: Fischer, Martin/Spöttl, Georg (Hrsg.): Forschungsperspektiven in Facharbeit und Berufsbildung. Strategien und Methoden der Berufsbildungsforschung. Frankfurt am Main, 91–115.

Schmenk, Barbara (2005): Mode, Mythos, Möglichkeiten oder Ein Versuch, die Patina der Lernziels ‚kommunikative Kompetenz' abzukratzen. In: Zeitschrift für Fremdsprachenforschung 16/1, 57–87.

Schrader, Heinrich/Trampe, Wilhelm (2002): Kommunikative Kompetenz als Schlüsselqualifikation im Deutschunterricht an berufsbildenden Schulen. In: Josting, Petra/Peyer, Ann (Hrsg.): Deutschdidaktik und berufliche Bildung. Baltmannsweiler, 28–41.

Seeber, Susan/Nickolaus, Reinhold (2010): Kompetenz, Kompetenzmodelle und Kompetenzentwicklung in der beruflichen Bildung. In: Nickolaus, Reinhold u.a. (Hrsg.): Handbuch Berufs- und Wirtschaftspädagogik. Bad Heilbrunn, 247–257.

Vonken, Matthias (2005): Handlung und Kompetenz. Theoretische Perspektiven für die Erwachsenen- und Berufspädagogik. Wiesbaden.

Weber, Hartmut/Becker, Monika/Laue, Barbara (2000): Fremdsprachen im Beruf. Diskursorientierte Bedarfsanalysen und ihre Didaktisierung. Aachen.

Weinert, Franz E. (2002): Vergleichende Leistungsmessungen in Schulen – eine umstrittene Selbstverständlichkeit. In: Weinert, Franz E. (Hrsg.): Leistungs-messungen in Schulen. Weinheim / Basel, 17–31.

Werlen, Erika/Weskamp, Ralf (Hrsg.) (2007): Kommunikative Kompetenz und Mehrsprachigkeit. Diskussionsgrundlagen und unterrichtspraktische Aspekte. Baltmannsweiler.

Wiemann, John M. (1977): Explication and test of a model of Communicative Competence. In: Human Communication Research 3, 195–213.

Wittmann, Eveline (2001): Kompetente Kundenkommunikation von Auszubil-denden in der Bank. Eine theoretische und empirische Studie zum Einfluß betrieblicher Ausbildungsbedingungen. Frankfurt u.a.

Wuttke, Eveline (2005): Unterrichtskommunikation und Wissenserwerb. Zum Einfluss von Kommunikation auf den Prozess der Wissensgenerierung. Frankfurt am Main.

Paweł Szerszeń (Warschau)

Das Erlernen einer Fremdsprache: einer Gemein- oder einer Fachsprache? Einige Bemerkungen zum Beginn des Fachsprachenunterrichts und zu Möglichkeiten von dessen Umsetzung

Abstract Nowadays an effective everyday communication implies at least a basic knowledge of a foreign language. The research of the languages for special purposes since the last decades has been done above all with (text)linguistic background, and less intensive with the focus of teaching. This brought only some practical steps with it that could contribute to a more effective language learning. The main aim of this paper is to discuss the point of an early start of language (for special purposes) acquisition as well as the possibilities of putting its elements in the early stages of the (foreign) language acquisition, and taking into consideration the current trends of the research and didactics. Herewith I try to revise the common opinion about the necessity of learning the common language before learning the language for special purposes.

1. Einführung

Wir leben in einem Zeitalter, in dem die Fähigkeit, Fachsprachen zu verwenden, nicht nur darüber entscheidet, inwieweit wir uns in der Arbeitswelt zurechtfinden können, sondern auch in zunehmendem Maße die effektive alltägliche Kommunikation betrifft. Die seit einigen Jahrzehnten betriebene Fachsprachenforschung, die sich vor allem auf den Bereich der (text)linguistischen Überlegungen, in geringerem Maße jedoch auch auf glottodidaktische Schwerpunkte konzentriert, hat leider nicht viele konkrete Maßnahmen erbracht, die zum effektiven Fachsprachenlernen beigetragen haben. Hauptziel dieses Beitrags ist es, die Zweckmäßigkeit der Frühförderung von Fach(fremd)sprachenerwerb sowie die Möglichkeiten der Platzierung seiner Elemente in den früheren Phasen des (Fremd-)Gemeinsprachenerwerbs[1] unter besonderer Berücksichtigung der aktuellen Trends in der

---

1   Der Terminus „Gemeinsprache", der in der polnischen Gegenstandsliteratur u.a. von. Grucza (2004) verwendet wird, kann hier mit dem im deutschsprachigen Sprachraum geläufigeren Terminus „Standardsprache" vereinbar sein. Somit wird im weiteren Teil des Aufsatzes auf die Doppelnennung Gemeinsprache/Standardsprache zumeist verzichtet.

polnischsprachigen Fachsprachenforschung und -didaktik zu reflektieren. In den im Folgenden dargestellten Überlegungen verzichte ich somit aus heuristischen Gründen darauf, eine umfassende Präsentation und Analyse der diesbezüglichen deutschsprachigen Literatur vorzunehmen, die einige von mir diskutierte Schwerpunktbetrachtungen aufgreifen und mancherorts beleuchten. In diesem Rahmen ist u.a. auf folgende in Deutschland existierende Ansätze zur frühen Vermittlung von Fachsprache für den Beruf zu verweisen wie etwa Funk/Ohm 1991, Funk 2003, 2010, Efing 2013, Roelcke 2009, 2013, Kuhn 2007, 2013 oder eine Reihe Publikationen zur Abgrenzungsdiskussion Fachsprache/Gemeinsprache mit einem Plädoyer für Berufssprachen (Braunert 1999, 2007, 2013).

Zu Beginn sei darauf hingewiesen, dass der ein wenig provokativ klingende Titel dieses Beitrags nicht von ungefähr ist. Die Lerner müssen bei der Wahl eines geeigneten Sprachkurses jeweils entscheiden, ob sie die Gemein- oder eine konkrete Fachsprache erlernen möchten. Beim Entscheiden sind sie sich nicht zwangsläufig darüber im Klaren, dass sie auch bei der Wahl der Gemeinsprache zugleich zum Teil eine bzw. Elemente anderer Fachsprachen mitwählen und umgekehrt, d.h. man lernt viel von der Gemeinsprache/Standardsprache, wenn man eine Fachsprache gewählt hat. Mit anderen Worten wird nun folgende These aufgestellt: Beim Erwerb beliebiger (Fremd-)Sprachen erlernt man nicht nur die Elemente der sogenannten Gemeinsprache, sondern auch eine Reihe fachsprachlicher Elemente.

Im weiteren Teil des Beitrags wird versucht, kurz zu erklären, worin der Fachsprachenerwerb besteht. In Bezug darauf werden zunächst in Anlehnung an Grucza (2004, 2008) die Wirklichkeitsbereiche der Gemein- und Fachsprache mit besonderer Berücksichtigung ihrer Gemeinsamkeiten und Unterschiede spezifiziert. Daraufhin werden Beispiele der Fachtextelemente, die im Erwerb der Gemeinsprachen verwendet werden, genannt.

Ferner werden die Fragen eines optimalen Zeitpunkts für die Einführung von Elementen der Fachsprachendidaktik im gemeinsprachlichen Unterricht sowie von deren möglichen Zielsetzungen und Inhalten aufgegriffen. Zum Abschluss wird die Durchführbarkeit eines früheren Fach(fremd)sprachenunterrichts im Rahmen des gemeinsprachlichen Lernens unter besonderer Berücksichtigung geeigneter Methoden reflektiert.

Zum Schluss werden einige Überlegungen zur zukünftigen Ausrichtung der Forschung in dem o.g. Bereich formuliert.[2]

---

2   Mein ganz besonderer Dank gilt Christian Efing für seine wertvollen Hilfestellungen und Anregungen zum Entstehen dieser Publikation.

2. Gemeinsprache und Fachsprache – Gemeinsamkeiten und Unterschiede

Um Gemeinsamkeiten und Unterschiede zwischen der Gemein- und Fachsprache zu beschreiben, kann man auf zwei in der polnischen Gegenstandsliteratur grundlegende Konzeptionen (Grucza 2004: 29) der Fachsprachen zurückgreifen, die Beziehungen zwischen Fachsprache und Gemeinsprache wiederspiegeln. Laut der ersten werden die Fachsprachen u.a. als *Varianten, (funktionale) Arten* oder *Stile* der Gemeinsprache/Standardsprache, laut der zweiten als „Subsprachen" aufgefasst. Die Anhänger der ersten Denkweise betrachten somit die Fachsprachen als „gleichwertig" mit der Gemeinsprache, die Befürworter der zweiten interpretieren sie als eigenständige „Untersprachen" (Subsysteme) (z.B. Handke/ Rzetelska-Feleszko 1977: 149; Grucza 2004: 29ff.; Olszewska 2010; Ligara/Szupelak 2012: 21ff.; vgl. hierzu die auf ähnliche Ergebnisse hinweisende Diskussion in der deutschsprachigen Gegenstandsliteratur, nach der die Fachsprachen als Varietäten, Register bzw. Funktiolekte erfasst werden: u.a. Löffler 2010, Braunert 2013).

Nach der zweiten Konzeption, die erstmals in den Arbeiten Gruczas (Grucza 1991, 1994, 2002) exponiert wurde, fungieren die Gemeinsprache und Fachsprache nicht als funktional kompatibel, sondern eher als einander ergänzende (komplementäre) und von daher weitgehend (funktional) unterschiedliche, also in gewisser Hinsicht autonome Entitäten (Grucza 2004: 31).

Wenn man das Phänomen der Fachsprache näher betrachten will, scheint es besonders sinnvoll auf die letztgenannte Konzeption der Fachsprache hinzudeuten, die in der anthropozentrischen Sprachentheorie von Grucza eingebettet ist. Nach der o.g. Theorie besteht die Fachsprache, wie auch jede Sprache, wirklich lediglich als Idiolekt eines konkreten Menschen, in unserem Fall eines Fachmanns (in Form seines Fachidiolekts). Im Zusammenhang damit scheint es sinnvoll herauszufinden, was die einzelnen Fachidiolekte mit dem gemeinsprachlichen Idiolekt (Grundidiolekt) verbindet, und zwar einerseits auf der Ebene der beide Idiolekte konstituierenden Elemente und andererseits auf der Ebene ihrer Funktionen (Grucza 2004, 2010).

Um das erste Problem zu lösen, sollte festgehalten werden, dass ein Fachidiolekt keine Variante eines Grundidiolekts und auch keine Variante eines ihm gleichwertigen Idiolekts ist, denn nur ein Grundidiolekt kann als volle (komplette) wirkliche Sprache im linguistischen Sinne fungieren, d.h. als so eine, die über eine eigene Phonemik, Graphemik, Grammatik und einen eigenen Wortschatz verfügt.[3] Ein

---

3 Vor dem Hintergrund der neuesten linguistischen Forschung gelten die Grammatik und Lexik, die zuvor als generell separate Entitäten aufgefasst wurden, als durchdringend und ergänzend (Szerszeń, 2010b).

Fachidiolekt basiert somit auf der gleichen Phonemik, Graphemik oder Grammatik wie Grundidiolekte, weswegen er mit ihnen eng verbunden ist. Mit anderen Worten: Wenn man über einen gewissen Umfang des Wissens im Bereich der gegebenen Gemeinsprache verfügt, sollte und muss man im Prozess des Fachsprachenerwerbs, oder anders gesagt, des Erwerbs eines Fachidiolekts, nicht z.B. seine ganze Phonemik und Graphemik rekonstruieren. Auf der Ebene der beide Idiolekte konstituierenden Elemente gelten also als Verbindungselemente in erster Linie: Phonemik, Graphemik, Morphemik, Grammatik[4] sowie (gemeinsprachliche) Lexik, wohingegen als unterschiedliche Elemente Fachlexik und Fachtexttemik fungieren, wie in der folgenden Abbildung Gruczas dargestellt.

Abb. 1: Bereiche der konstitutiven Elemente von Fach- und Grundidiolekt (nach Grucza 2012)

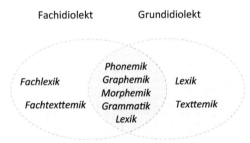

Die Fachidiolekte kann man nicht, im linguistischen Sinne, als vollständige (komplette) Idiolekte[5] betrachten, weswegen festzustellen ist, dass jeder Fachidiolekt mit einem Grundidiolekt verbunden ist.

Nach der Meinung Gruczas (2008: 150, 2012) sind die Unterschiede zwischen den Fachidiolekten und dem Grundidiolekt nicht allein auf der Ebene ihrer konstitutiven Elemente festzustellen, sondern auch auf der Ebene ihrer Funktionen. Die Fachidiolekte zeichnet ihre kommunikative und auch, gewissermaßen sogar in erster Linie, ihre kognitive Funktion aus. Mit anderen Worten: Der grundsätzliche Unterschied zwischen den Fachidiolekten und dem Grundidiolekt besteht darin, dass die Fachidiolekte kognitive Funktionen erfüllen, was für den Grundidiolekt nicht gilt.

---

4   Zwischen den Fachsprachen und den Gemeinsprachen bestehen somit vor allem Unterschiede quantitativer, nicht qualitativer Natur (u.a. Berdychowska 2008).

5   Nach Berdychowska gilt jedoch die Fachsprache, die neben den sprachlichen auch die außersprachlichen Zeichenrepräsentationen des Fachwissens mit einschließt, als ein autonomes semiotisches System (Berdychowska 2010: 63).

In funktionaler Hinsicht sind also die Fachidiolekte als vollständige (komplette) Idiolekte zu betrachten, obwohl sie das in sprachsystematischer Sicht als solche gar nicht sind. Ihre funktionale Autonomie im Vergleich zum Grundidiolekt sowie zu anderen Idiolekten fußt darauf, dass man sich nicht in gleichem Maße eines Fachidiolekts und des Grundidiolekts oder verschiedener Fachidiolekte in Bezug auf denselben Bereich der Wirklichkeit bedienen kann (Grucza 2008: 150ff.; Grucza 2012).[6]

Zusammenfassend ist Grucza zuzustimmen, der zum Schluss kommt, dass die Gemeinsprache und Fachsprachen nicht funktional kompatibel, sondern komplementär sind und vor allem in funktionaler Hinsicht als weitgehend getrennte (autonome) Entitäten fungieren können (Grucza 2010: 54, 2012: 50).

3. Elemente der Fachtexte im gemeinsprachlichen Unterricht

Dass die Fach- und Gemeinsprachen als komplementär anzusehen sind, wirkt sich enorm auf deren Vermittlung sowie die Modellierung von deren Erwerb aus. Im Fachsprachenunterricht werden nämlich zugleich gemeinsprachliche Elemente angeeignet und umgekehrt (auf die konkreten Beispiele der hier beschriebenen Situation komme ich im Folgenden zu sprechen).

Daher kann man die These aufstellen, dass der fachsprachliche Unterricht zeitlich nicht immer dem gemeinsprachlichen Unterricht folgen muss, da er sich nicht selten fast gleichzeitig vollzieht.

So werden SchülerInnen z.B. beim gemeinsprachlichen Unterricht im Primarbereich (in der Grundschule) und zunehmend auch im Gymnasium oder (polnischen) Lyzeum mit Elementen der Fachsprachen konfrontiert, wie etwa

---

6   Nach der aktuellen Fachsprachenforschung sind große Diskrepanzen zwischen den einzelnen Fachsprachen im Ausdrucksbereich festzustellen. Nach Schwenk (2010) ist die Natur der Ausdrucksfachlichkeit sehr komplex und im Falle mancher Disziplinen, wie etwa Medizin, unterscheidet man zwischen der eigentlichen Ausdrucksfachlichkeit, also der Expertenfachsprachlichkeit, die in Form von Einheiten wahrzunehmen ist, die durch Fachleute/Experten verwendet werden, und der sog. „fachlichen Gemeinsprachlichkeit", die durch Laien repräsentiert wird. Die erste wird v.a. im Fachdiskurs ausgeprägt (z.B. Fachzeitschriften), die zweite findet in solchen kommunikativen Konstellationen Anwendung, wie etwa Fachmann – angehender Fachmann, Fachmann-Laie oder Laie-Laie. Nichtsdestotrotz scheint die Feststellung von Schwenk nicht auf alle Fachdisziplinen zuzutreffen, die nicht selten verschiedene Grade der Entwicklung der Ausdrucksfachsprachlichkeit an den Tag legen oder oft Einheiten der erstgenannten Kategorie mit denen der zweiten koexistieren lassen.

mit Fachwortschatz, ausgewählten Gebrauchstextsorten sowie manchen (vereinfachten) Kategorien von Fachtexten, die in der Zukunft der SchülerInnen, in veränderter Form, auch in deren Fachkommunikation eingesetzt werden (vgl. auch die o.g. Abgrenzungsdiskussion Fachsprache/Gemeinsprache mit einem Plädoyer für Berufssprachen, Braunert 1999, 2007, 2013).

Zu den im Prozess des Erlernens der Gemeinsprache weit verbreiteten Gebrauchstextsorten[7] gehören z.b.: Liste (Verzeichnis, z.b. Einkaufsliste), Plan (Stundenplan, Tagesablauf, Fahrplan), Bahnauskunft, Karte (z.b. Visitenkarte, Telefonkarte, Kinokarte), Piktogramm, Diplom, Menü, Kochrezept, Tutorial, Zeugnis, Umfrage, Formular, E-Mail, enzyklopädisches Stichwort, Werbetext (z.b. Werbebroschüre, Werbeslogan), Beschreibung/Bericht (z.b. Projektbericht, Geburtstagsbericht), Pressemitteilung, Note (Biografienote), Lebenslauf, Kommentar (z.b. Sportkommentar im Radio), Tagebuch, Grafik, Diagramm, Schema (z.B. z.T. Computerinterface, Raumfahrzeug, Körperteile, Verkehrsmittel, Schulsystem in Deutschland), Einladung (z.b. zur Schulparty), Personenausweis (z.b. Mitgliedskarte), Wettervorhersage, Presseartikel (z.b. für die Schulzeitung, z.T. Umweltschutz, Mülltrennung, Ernährungsgewohnheiten in Deutschland), Kaufangebot, Verkaufsangebot, Interview (z.b. mit einem Medizinprofessor) usw.

Die Textsortenanalyse[8] hat u.a. ergeben, dass in Lehrwerken ein großes Repertoire an Gebrauchstexten und Fachtexten sensu stricto zu erkennen ist, d.h. solchen, die in der Fachkommunikation verwendet werden (z.B. Verkaufs-, Kaufangebot, Bericht, Diagramm, Schema etc.). Die Anzahl und Komplexität der ersten und zweiten wächst mit dem Wissensstand der Lerner.

---

7   Die hier präsentierte Aufzählung von Textkategorien (Textstorten) entstand aufgrund einer früheren Analyse (Szerszeń 2010a) populärer DaF-Lehrbücher (unter besonderer Berücksichtigung von Textsorten), die durch den polnischen Bildungsminister zum Schulgebrauch zugelassen wurden und für die polnischen Lerner im Alter von 10–16 Jahren bestimmt sind. In der o.g. Analyse wurden v.a. die DaF-Serie *Dein Deutsch* (über 10 Bände), *Dachfenster T. 1, 2*, *Ping Pong T. 1, 2, 3* sowie *Wer Wie Was Mega T. 1, 2* mitberücksichtigt.

8   Obwohl das Repertoire an Textkategorien in Lehrbüchern relativ breit ist, so ist die Gesamtzahl konkreter Texte nicht so imposant, was u.a. auf den begrenzten Programmrahmen sowie auf die gedruckte Form der Lehrbücher zurückzuführen ist. Eine optimale Lösung für Probleme solcher Art scheint die Nutzung von Online-Ressourcen zu sein. Und obwohl die Internetquellen manche Nachteile aufweisen, wie etwa nicht immer ausreichende sprachliche Qualität und Angepasstheit an die Curricula, so gelten die Internettexte als solche, die die strukturellen Veränderungen in (idio- und poly-) Hinsicht am schnellsten registrieren lassen (Szerszeń 2010a).

In dieser Hinsicht kann man auch auf die Curricula hinweisen, in denen schon recht früh explizit Vorgaben zur Behandlung von Fachsprachen formuliert werden (siehe u.a. der Erwerb und Gebrauch sprach- und literaturreflexiver Fachterminologie, Produktion und Rezeption informierender Texte, Rezeption von Arbeitsanweisungen in den deutschen Curricula für die Grundschule (Roelcke 2009, 2013), die größtenteils auch in den polnischen Curricula Berücksichtigung finden).

Der Bedarf an gut fundierten Fachsprachenkenntnissen bei jungen Lernern ergibt sich auch aus einer Pilotstudie des Verfassers, die in einer 20-köpfigen Gruppe von SchülerInnen (am Gymnasium in Koczargi Stare bei Warschau) und einer über fünfmal so starken Gruppe von StudentInnen im Jahr 2013 an der Fakultät für Angewandte Linguistik in Warschau durchgeführt wurde. 50% der Studierenden und die Hälfte der SchülerInnen stellten fest, dass der Fachsprachenunterricht in der Oberschule (poln. Lyzeum/Technikum – etwa ab dem 15. Lebensjahr) starten soll, 36% der Studierenden (10% der SchülerInnen) waren der Meinung, dass hiermit erst im Hochschulbereich zu beginnen ist. Noch weniger, nämlich 10% der Studierenden (20% der SchülerInnen), meinten, der Fachsprachenunterricht solle im Gymnasialbereich (etwa ab dem 12. Lebensjahr) anfangen, wohingegen etwa 4% der Studierenden (20% der SchülerInnen) sich für dessen Beginn schon in der Grundschule aussprachen.

4. Möglichkeiten der Umsetzung des frühen Fachsprachenlernens im Rahmen des gemeinsprachlichen Unterrichts

4.1 Ziele und Inhalte

In Anbetracht der o.g. Feststellungen kann eine Reihe von Fragen formuliert werden, darunter u.a.:

- Wann sollte man mit dem Fachsprachenunterricht anfangen?
- Kann man, und wenn ja: dann in welchem Maße, den Fachsprachenerwerb früher, d.h. schon im Prozess des Erlernens der Gemeinsprache, anleiten?
- Welche Zielsetzungen sind hier zu beachten?
- Welche Elemente/Inhalte sollten zuerst, welche später vermittelt werden?

Was die Antwort auf die letzte Frage anbetrifft, so findet man in der Gegenstandsliteratur einige Hinweise. Nach Buhlmann und Fearns (2000: 179) hat sich im Fachsprachenunterricht die folgende Sequenz bei der Förderung von Fertigkeiten bewährt (bei idealisierter Annahme, dass SchülerInnen alle Fertigkeiten gleichmäßig zu entwickeln haben): 1. Vermittlung der wesentlichen Fachlexik (u.U. notwendiger morphologischer und syntaktischer Mittel). 2. Vermittlung der Lesefertigkeit, 3. Vermittlung der Hörkompetenz, 4. Festigung oder Vermittlung von grammatikalischen Mitteln, die für die Sprachproduktion notwendig sind, 5. Vermittlung schriftlicher Kompetenz, 6. Vermittlung mündlicher Kompetenz.[9]

Unter Berücksichtigung des Obigen kann man annehmen, dass bereits in den jüngeren Klassen der Grundschule Elemente der Fachlexik (z.b. Namen von Pflanzen, Bäumen, Krankheiten) einzuführen sind. Der Prozess der Einführung dieser Termini ist mit den in anderen Fächern zu vermittelnden Lerninhalten korrelierbar (wie etwa Biologie, Erdkunde, Physik) und sollte immer kontextabhängig erfolgen. Die Erlernbarkeit fachsprachlicher Inhalte hängt somit stark mit Lernerinteressen und dem behandelten/zu behandelnden Lernstoff zusammen.

Die (bewusste) Vermittlung von syntaktischen Mitteln sollte in dem Moment beginnen, wenn die SchülerInnen in die Phase der sog. *formalen Operationen* eintreten (d.h. ab etwa 11 Jahre, also zu Beginn der Entwicklung von abstraktem Denken). Parallel dazu werden zumeist die grammatischen Strukturen der Muttersprache vermittelt.

Es sei daran erinnert, dass schon in recht frühem Kindesalter die Rezeption einiger Gebrauchstextsorten, wie etwa Plan, Schema, Diagramm, Graph, Karte usw., eingeübt werden kann, deren Anzahl und Komplexität mit dem Alter und/ oder der Allgemeinentwicklung sowie mit zunehmendem Kommunikationsbedarf der Lerner steigt.

Zusammenfassend ist festzustellen, dass der optimale Anfang des Fachsprachenerwerbs nur schwer zu bestimmen ist. Dieser Tatsache liegen mehrere Ursachen zugrunde, wie etwa der nicht leicht zu bestimmende Unterschied zwischen den Entitäten Fachsprache vs. Gemeinsprache, die Spezifik der Sprachen als Idiolekte und Polylekte, die sich in ihren Produkten (Texten) manifestiert, die breit zu erfassende Spezifik der jeweiligen Fachdisziplin sowie manche Unterschiede in der Gemein- und (Fach-)Sprachentwicklung einzelner Lerner.

---

9   Dieser ziemlich schematische Ansatz kann nicht in allen glottodidaktischen Gefügen Anwendung finden, weil die Lerner äußerst selten das gleiche Niveau der Sprachfertigkeiten in der Anfangsphase aufweisen (z.B. im Fall mancher Fachsprachenkurse). Außerdem kommt es selten vor, dass das gleiche Niveau aller Kompetenzen oder Fertigkeiten bezweckt wird. Viel häufiger ist es notwendig, ein gewisses Maß an konkreten Kompetenzen oder Fertigkeiten (z.B. Leseverstehen) zu erreichen (Buhlmann/Fearns 2000: 179).

Unabhängig von den oben genannten Schwierigkeiten kann schon recht früh die Bereitschaft der SchülerInnen, einige charakteristische Strukturen von Fachsprachen/-texten zu erkunden, beobachtet werden. Bereits die SchülerInnen im Kindesalter sind, trotz erheblicher Defizite im Bereich des abstrakten Denkens, in der Lage, die mit dem Curriculum zusammenhängenden (fach-)lexikalischen Strukturen oder manche Gebrauchstextmuster zu erlernen, während lediglich die älteren Lerner die Elemente der Grammatik und komplexere Textstrukturen erwerben können.

In der Reflexion der Ziele und Inhalte der frühen Fachsprachendidaktik scheinen jedoch neben der produktiven Anwendung auch weitere Aspekte eine besondere Rolle zu spielen, wie etwa die Herausbildung von kognitiven und ethischen Kompetenzen, die neben strukturellen (formalen und funktionalen) und pragmatischen Schwerpunkten zur effektiven Fachkommunikation beitragen und in den Bildungsstandards nicht selten auftauchen, aber nicht systematisch behandelt werden (Roelcke 2013: 339).

4.2 Methoden

Wenn man die Möglichkeiten der Umsetzung des frühen Fachsprachenlernens im Rahmen des/parallel zum gemeinsprachlichen Unterricht(s) bedenkt, spielt u.a. die Reflexion über die Methoden, die in der Fachsprachendidaktik eingesetzt werden, eine besondere Rolle. In Bezug darauf ist zunächst festzustellen, dass es im fachsprachlichen Unterricht, so wie es für den gemeinsprachlichen Unterricht der Fall ist, keine einzige optimale Methode geben kann. Mit anderen Worten: die AutorInnen der meisten Ansätze und/oder Methoden schöpfen in der Regel aus bereits bestehenden Ideen/Erfahrungen von Didaktikern der Gemeinsprachen, indem sie entweder manche ihrer Elemente berücksichtigen oder beiseite lassen. Viele von den unten erwähnten Methoden scheinen jedoch auch im frühen Fachsprachenlernen einsetzbar zu sein, wobei festzustellen ist, dass die Anwendung von jedem Ansatz erst in konkreten Lernumgebungen erprobt werden soll.

Zu den zumeist anwendbaren Perspektiven, die zugleich der Notwendigkeit einer ständigen fachsprachlichen Kommunikation Rechnung tragen, gehört v.a. die kommunikative Perspektive (kommunikativer Ansatz und die Kommunikationsmethode sowie ihre besondere Ausprägung in Form der diskursiven Methode, Szerszeń 2014: 122ff.), die interkulturelle Perspektive (z.B. Zhao 2002: 116) – als natürliche Folge der Reflexion der Didaktiker über die Rolle der kulturellen Phänomene im Prozess des Fachsprachenlernens und die Möglichkeiten der Gestaltung interkultureller (Fach-)Kompetenzen – sowie die Integrationsperspektive, die außer der Entwicklung von breit gefassten Sprachkompetenzen die Gestaltung von Fachwissen (integrativer Ansatz) berücksichtigt.[10]

4.2.1 Kommunikativer Ansatz

Im Fall der kommunikativen Perspektive ist die Kommunikation als Ziel und zugleich als Weg zur Kommunikation zu verstehen (Butzkamm 1989: 146; Krumm 1989: 29; Komorowska 2000: 159ff.). Aufgrund dessen scheinen bei der Wahl konkreter Lerninhalte empirisch überprüfbare Kommunikationsbedürfnisse von Studierenden (im Bereich Fachkommunikation) ausschlaggebend zu sein. Diese Bedürfnisse sollten ständig überprüft werden und mit den Kompetenzprofilen der Absolventen in den jeweiligen Bildungsgängen (also auch mit den Curricula) vereinbar sein. Im Idealfall werden sie auch mit den durch Arbeitgeber geforderten Kompetenzprofilen potenzieller Mitarbeiter abgestimmt.[11]

Gemäß der oben genannten Perspektive soll im Prozess des Fachsprachenerwerbs u.a. darauf geachtet werden, dass der (Fach-)Wortschatz und grammatische Strukturen nicht isoliert, sondern in konkreten kommunikativen Situationen präsentiert werden, wobei die Sprachproduktion kontextzusammenhängend und -bildend zu erfolgen hat (Bolten 1992: 274, Funk 2010: 1149f.). Bei der Organisation des Lehrprozesses sollten Arbeitsformen wie *Gruppenarbeit* und *Diskussionen* Einsatz finden; die Rolle des Lehrers bleibt somit begrenzt auf die Bildung von Lehrsituationen, Organisation des Lernprozesses, Moderation sowie Beratung der Lerner in Problemfällen.

Um effektive Kommunikation innerhalb des Unterrichts trainieren zu können (vor allem in der frühen Phase des Fachsprachenlernens), scheint die Verwendung des diskursiven Ansatzes[12] von Bedeutung zu sein, der infolge der Weiterentwicklung und detaillierten Ausarbeitung des kommunikativen Ansatzes zu

---

10 Zu den Methoden des Fachsprachenlernens gab es eine rege Diskussion (u.a. Morgenroth 1993; Buhlmann/Fearns, 1987, 2000; Schneider 1989; Fluck 1992).

11 Wie die Ergebnisse einiger Studien belegen (z.B. Efing 2010, 2013), entsprechen die durch die Arbeitgeber gemeldeten Arbeitnehmerkompetenzprofile nicht immer den in der Tat wünschenswerten Kompetenzprofilen, die die Arbeit am konkreten Arbeitsplatz erfordert. Nicht selten übertreffen somit die formalen Anforderungen an die künftigen Arbeitgeber die realen Bedarfe und/oder Bedürfnisse.

12 Die weiteren Bemerkungen zum diskursiven Ansatz entstanden auf Basis der Zusatzmaterialien für LehrerInnen, die von den AutorInnen der Lehrwerkserie „Dein Deutsch" (Grucza u.a. 1995a, 1995b) publiziert wurden, sowie unter Berücksichtigung der Ausführungen von Styszyński (1999).

betrachten ist, sowie dessen Erweiterung um die Aufgabenperspektive (mehr dazu vgl. Szerszeń 2014).

Die Anhänger des diskursiven Ansatzes, im Gegensatz zu den Befürwortern des kommunikativen Ansatzes, legen größeren Wert auf die Entwicklung grammatischer Kompetenzen als wichtige Sprachkompetenzen strukturell-systemischer Art. Der Prozess des Spracherwerbs selbst besteht im Schaffen bestimmter Mengen mentaler Muster und Regeln zur Erstellung von Ausdrucksformen (Wörter, Sätze, Texte) und im Nachhinein von Regeln des sinnvollen Umgangs mit ihnen (Styszyński 1999; Dakowska 1996). Dabei geht es also mehr um die Konzentration auf die sprachliche Korrektheit, die u.a. durch das Bewusstwerden von Unterschieden zwischen den einzelnen Sprachsystemen erreicht wird (z.B. im Fall der Lehrwerkserie „Dein Deutsch" zwischen dem polnischen und deutschen Sprachsystem) und um das Verhindern von Fehlern, die aufgrund von diesen Unterschieden auftauchen könnten. Den Anhängern des diskursiven Ansatzes liegt an der Entwicklung einer Reihe von Kompetenzen, darunter der mündlichen Kommunikationskompetenz sowie der Kompetenzen zur Initiierung und Durchführung von Diskursen, wie auch an der Beteiligung an ihnen in jeder Bildungsphase (in entsprechendem grammatischem, lexikalischem und thematischem Bereich). Mit Diskurs beginnen nicht nur die meisten innovativen Lektionen, sondern es enden damit auch (in Form von Mini-Dialogen) alle Lerneinheiten, sodass festzustellen ist, dass der Diskurs sowohl als Hauptziel als auch als Weg zur Diskursfähigkeit fungiert (mehr dazu vgl. Styszyński 1999: 110, Szerszeń 2014: 122ff.).

In Übereinstimmung mit den Hauptprämissen des o.g. Ansatzes sollten im Prozess des Spracherwerbs zur Diskussion anregende Elemente (z.B. Argumente pro und contra, Tabellen, Fragen, Umfragen usw.) verwendet werden, die in weiteren kommunikativen Aktivitäten resultieren sollten und den Ansatz somit um die Aufgabenkomponente bereichern (Diskurs-Task-Ansatz/DT-Ansatz). Mit anderen Worten: Hierbei geht es um die Entwicklung von kommunikativen Kompetenzen durch Diskurs, der an den jeweils aktuellen Stand der individuellen Entwicklung, d.h. an Lernerbedürfnisse und -interessen, angepasst wird und zugleich auf konkrete Aufgaben (Tasks) rekurriert, die den unterschiedlichen Aufgaben in der breit zu erfassenden Fachkommunikation Rechnung tragen.

Ein wichtiger Vorteil des DT-Ansatzes ist die Möglichkeit, ihn in verschiedenen Phasen des (Fremd-)Sprachenlernens anzuwenden (beispielsweise durch die Kombination von verschiedenen Programminhalten anderer Fächer, wie *Erdkunde, Biologie* u.a. oder eine allmähliche Einführung didaktisierter Gebrauchstexte, wie etwa *Wettervorhersage, Bericht* etc. mit dem (Fremd-)Sprachenunterricht) und schrittweise zu den für die späteren Phasen des (Fremd-)Sprachenlernens relevanten Versuchen überzugehen, die darin bestehen, Schüleraktivitäten mit verwandten Aktivitäten in der Fachwelt zu kombinieren (z.b. Organisation von Veranstaltungen, Ausflügen, Versteigerungen, Verkauf verschiedener Gegenstände und Waren). Gleichzeitig sollte die Einführung der für die Allgemeinkommunikation typischen Komponenten nicht vernachlässigt werden, wie etwa *Pläne, Verzeichnisse, Diagramme, Abbildungen, Tabellen* usw., deren Beschreibung (Versprachlichen) als perfekte Vorbereitung für die Fachkommunikation gelten kann.

Eine Schlüsselrolle im Erwerb der für erfolgreichen Diskurs nötigen Kompetenzen sollten *Dialoge* und *Mini-Dialoge* spielen, die auf die konkreten Situationen im Fach rekurrieren (d.h. z.b. darin bestehen, einfache Dinge wie Termine und Veranstaltungsabläufe zu planen, Produktpreise zu erfragen/bestimmen, Bedarf zu erschließen etc.) und gleichzeitig der Vorbereitung für einen breiteren Diskurs dienen, dessen Elemente sie bilden. In diesen Dialogen sollte sowohl allgemeiner Wortschatz wie auch nach und nach, d.h. je nach Grad der Entwicklung von Fachwissen/Fachkompetenz, Fachwortschatz verwendet werden. Als lernförderlich (am Anfang des Lernprozesses dem Diskurs weit unterliegend, aber in späteren Phasen eine immer wichtigere Rolle spielend) erweisen sich Exemplare verschiedener Sorten von Fachtexten, die kontrastiv zu präsentieren sind, zu Beginn in Form von Gebrauchstexten (z.b. Fahrpläne, Fahrkarten, Visitenkarten, Formulare, Diagramme, Tagesabläufe, Interviews mit Spezialisten [wie Arzt, Journalist], Fragebögen, Tests, Lebensläufe etc.) und Fachtexten sensu stricto in didaktisierter Form, dann (nach und nach) in authentischer Form (z.b. Kauf- und Verkaufsangebote, Marktprognosen), ohne die die Berufswelt gar nicht funktioniert.

Während des (Fach-)Fremdsprachenlernens, an dem v.a. die erfahrenen (fortgeschrittenen) Lerner beteiligt sind, sind neben den klassischen Übungselementen auch schrittweise einzugliedernd Elemente der (Fach-)Textanalyse zu benutzen (mehr dazu Szerszeń 2014, 243f.), die dazu dienen, die für Fachtexte typischen Phänomene (z.b. grammatischer, stilistischer und terminologischer Art) in Anlehnung an die aktuellen Forschungsergebnisse der (Fach-)Text(sorten)linguistik zu beleuchten und zu reflektieren.

Um die o.g. Anmerkungen zu dem vorgeschlagenen DT-Ansatz zusammenzufassen, ist darauf hinzuweisen, dass der DT-Ansatz weitere Präzisierungen in theoretischer und praktischer Hinsicht erfordert. Hiermit wird ein Vorschlag dargestellt, der mit aktuellen Trends im (Fach-)Fremdsprachenunterricht vereinbar ist, vgl. Task-Ansätze, CLIL, Szenario-Ansatz u.a., und der zugleich einen großen Wert auf die Entwicklung diskursiver Kompetenzen (als einer besonderen Art kommunikativer Kompetenzen) legt. Sein großer Vorteil besteht darüber hinaus in der Berücksichtigung jüngerer und/oder weniger fortgeschrittener Lerner (z.B. Schart 2010, Sass 2013) sowie, in theoretischer Hinsicht, in der Möglichkeit einer breiteren Implementation der Forschungsergebnisse verschiedener linguistischer Disziplinen, d.h. der (Fach-Textlinguistik, (Fach-)Textsortenlinguistik, der kontrastiven Linguistik, die u.a. komparative Analysen von (Fach-)Texten vornimmt.

4.2.2 Andere Ansätze

Was die interkulturelle Perspektive betrifft, sollte das interkulturelle Fachsprachenlernen nach Zhao (2002: 118), die ihre Erwägungen in erster Linie auf den Wirtschaftssprachenerwerb bezieht, nicht nur auf das Herausgreifen von Unterschieden reduziert werden, die sich in kulturell ausgeprägten Textformen manifestieren, sondern in allen Lernaspekten zum Ausdruck kommen, einschließlich Präsentation von Faktenwissen und Trainingselementen. Je nach Zusammensetzung der Lernergruppen sollten im Falle kulturell heterogener Gruppen Übungen mit Allgemeinelementen samt Kulturstandards ausgewählt werden, wohingegen im Fall von homogenen Gruppen Übungen mit kulturellen Besonderheiten einzusetzen sind, die die Lerner für fremde Kulturen sensibilisieren sollten (Bolten 1992: 272, 2006).

Die Integrationsperspektive, auf die der Integrationsansatz rekurriert, sowie insbesondere der inhaltsorientierte oder aufgabenorientierte Ansatz (z.B. Marsh 2002; Marsh/Maljers/Hartiala 2001; Coyle 2007; Wolff 2009; Badstübner-Kizik 2012, Iluk 2008; Papaja 2006, 2007, 2008; Schart 2010)[13] knüpfen an das in der Pädagogik wohlbekannte Lernkonzept „Learning by Doing" von J. Dewey 1916 an (siehe u.a. handlungsorientierter Ansatz). Einer der Grundsätze der Integrationsperspektive setzt die Verschmelzung von sprachlichen und nicht-sprachlichen Inhalten im glottodidaktischen Prozess voraus, die dank der Verwendung von authentischen Materialien in L2 zwecks Erwerb neuen (außersprachlichen) Wissens erzielt wird und dabei fremdsprachenkompetenzfördernd wirkt. Die ausgewählten Inhalte werden mit den konkreten Bedürfnissen der SchülerInnen korreliert; Anwendung finden sowohl Informationen über Kommunikationspartner, ihre „Mentalität" und breit zu erfassende Kultur des L2-Landes, wie etwa Traditionen, Sitten und Bräuche, als auch Informationen aus anderen Fachgebieten wie Erdkunde, Geschichte u.ä. (mehr dazu Szerszeń 2014: 54).

Der aufgabenorientierte Ansatz scheint, nach Meinung einiger Forscher (Willis 2004; Willis/Willis 2007; Hryniuk 2011, Sowa 2010, 2012; Janowska, 2011), äußerst vielseitig zu sein, v.a. aufgrund seiner Kombinierbarkeit mit einer Vielzahl von Curricula und/oder Unterrichtszwecken, und umso mehr, als er – genauso

---

13 Siehe auch viele Beispiele des CLIL-Ansatzes, z.B. N.N. 2015; Goethe-Institut 2015.

wie der diskursive (oder kommunikative) Ansatz – keinerlei Abstand von den künftigen beruflichen Situationen nimmt.

Der Einsatz von Curricula, deren wichtiger Bestandteil authentische Textsorten sind, die Kontrolle von Lerninhalten sowie die entsprechende Auswahl von Aufgaben und Interaktionsarten spielen eine wichtige Rolle auch bei dem sog. inhaltsorientierten Ansatz. Versuche, die Lerner in eine neue Kultur und Diskursgemeinschaft (Sozialisation der Lerner) „einzuführen" und das Verbinden der Sprachkompetenzentwicklung v.a. auf akademischem Niveau mit dem Erwerb von neuem Wissen (Davison/Williams 2001; Wesche/Skehan 2002; Stoller 2008) sind im Fremdsprachenunterricht kein Novum, worauf u.a. die Positionen von Befürwortern früherer (z.b. natürliche Methode) sowie etwas jüngerer (z.b. kommunikative Methode) glottodidaktischer Konzepte hinweisen (über die Vorteile und die verschiedenen Formen des inhaltorientierten Fremdsprachenunterrichts vgl. Snow/Met/Genesee 1989; Chodkiewicz 2011: 11ff.; Lyster, 2007; Stoller, 2008).[14]

Nach Dakowska (2001: 127) ist das o.g. Konzept sicherlich als wertvolle Ergänzung zu modernen didaktischen Lösungen aufzufassen und bleibt ein Gegenmittel gegen die Armut von Lerninhalten im Fremdsprachenunterricht, aber es kann keineswegs autonom funktionieren u.a. in Bezug auf die die LehrerInnen belastende Vorbereitung von geeigneten Lehr- und Lernmaterialien.

5. Schlussfolgerungen

Um die obigen Ausführungen zusammenzufassen, soll eingeräumt werden, dass die Einbeziehung der oben genannten Perspektiven nicht nur für die Entwicklung der Kompetenz aktiver Teilnahme an Fachkommunikation notwendig zu sein scheint, sondern auch andere Konzepte nicht ausschließt, indem sie u.a. eine Grundlage für die Verwendung von Elementen solcher Ansätze wie dem kognitiven oder konstruktivistischen Ansatz bildet. Modernes Fachsprachenlehren und -lernen sollte somit sowohl Elemente verschiedener didaktischer Konzepte aufgreifen als auch Fachinhalte mit realen Kommunikationssituationen verbinden können.

Neben effektiven Methoden spielt im Fachsprachenlehren und -lernen auch die Auswahl geeigneter glottodidaktischer Materialien, insbesondere von Texten,

---

14 In der Gegenstandsliteratur mangelt es nicht an Kritik des o.a. Ansatzes, vgl. z.B. Wolff 2002, der auf das Problem hinweist, die Sprachkompetenzentwicklung in den Vordergrund zu stellen ohne Rücksicht auf die zu kurz kommenden außersprachlichen Inhalte (siehe auch Stoller 2008; Komorowska 2010; Chodkiewicz 2011; Szerszeń 2014).

eine große Rolle. In diesem Zusammenhang ist zu beachten, dass die Texte, die verwendet werden: a) repräsentativ (modellhaft) für konkrete Kommunikations-situationen sind (es werden solche Exemplare von Textsorten gemeint, die eine bestimmte Fachthematik reflektieren und in einem bestimmten Kontext, d.h. nie isoliert, dargestellt werden); b) dem aktuellen Stand der Sprachkompetenzen ihrer Adressaten entsprechen; c) authentisch oder, nach der Auffassung von Grucza 2000, kommunikationsadäquat sind (mit etwaiger Beteiligung von didaktisierten Texten, die solche Adaptationsmaßnahmen erfahren haben wie Kompression, Selektion, Elaboration oder Exponieren von typologischen Textmerkmalen, u.a. M. Dakowska 2001, Szerszeń 2010a); d) aktuell sind, d.h. auf aktuelle Themen rekurrieren und den aktuellen Stand der Entwicklung der jeweiligen Textsorte wiedergeben (u.a. Zhao 2002: 119ff.).

Nicht ohne Bedeutung sind darüber hinaus die entsprechenden Übungsarten, unter denen v.a. Fallstudien, Szenarien und Simulationen, Projektarbeit u.ä. zu erwähnen sind (u.a. Kiefer 2013, Sass 2013).

Zum Abschluss der in diesem Beitrag vorgenommenen Ausführungen zum (Fach-)Fremdsprachenlehren und -lernen unter besonderer Berücksichtigung von deren Umsetzbarkeit in den früheren Etappen des gemeinsprachlichen (Fremd-)Sprachenunterrichts[15] ist nun auf weitere reflexionsbedürftige For-schungsrichtungen hinzuweisen.

In diesem Zusammenhang ist in erster Linie auf die weitere Suche nach neuen bzw. auf die Reflexion über die bereits bestehenden Methoden des (Fach-)Fremd-sprachenlernens (wie z.B. DT-Methode) hinzuweisen. Hierbei sind u.a. ständig zu entwickelnde und in ihrer Wirksamkeit zu überprüfende E-Learning-Lösungen (z.B. durch solche Maßnahmen wie etwa Eyetracking-Analysen) zu erwähnen, und zwar solche, die größeren Wert auf die Organisation des Lernprozesses und/oder Lerninhalts legen (LMS – Learning Management System, CMS – Content Managament System), oder intelligente Lösungen, die sich auf die neuesten Ergeb-nisse der phonetischen, morphosyntaktischen und semantischen Sprachanalyse stützen. Aufgrund dessen sollten ganzheitliche Konzeptionen zur sprachlichen Ausbildung von Fachleuten entstehen.

Über Forschungsfragen allgemeineren oder modellhaften Charakters (z.B. Modell der Förderung der funktional-pragmatischen Fähigkeit, Efing 2013: 25, Schindler 2013: 175) hinaus sollten zusätzlich detaillierte Fragen formuliert wer-

---

15 Auf die Notwendigkeit einer früheren sprachlichen Lernervorbereitung auf die späte-re Sprachausbildung im Rahmen des Deutsch-als-Muttersprache-Unterrichts in der Sekundarstufe 1 weist u.a. Efing 2013 hin.

den, die z.b. darauf auszurichten sind, inwieweit die in Form einzelner Methoden oder spezieller Werkzeuge zugänglichen Lösungen in konkreten glottodidaktischen Kontexten wirksam sind bzw. was getan werden sollte, um ihre Effizienz zu verbessern. Bei der Reflexion darüber sollte der sogenannte externe Kontext, wie etwa Lernumgebung, d.h. Schule, Lehrer, Arbeitgebererwartungen (u.a. Kuhn 2013: 225), sowie der interne Kontext, der durch den Stand der Allgemein- und Sprachentwicklung von Lernern, deren Bedürfnisse und Interessen determiniert werden, mit ins Kalkül genommen wird.

Die Zukunft des Lernens von Fachsprachen (als Mutter- und Fremdsprachen) ist somit als große Herausforderung für (Glotto-)Didaktiker aufzufassen. Außer der den aktuellen Entwicklungsstand diagnostizierenden Ebene (unter Berücksichtigung der Reflexion rückwärts, d.h. der Anagnose) sollte der ständige Blick in die Zukunft (Prognose) der Entwicklungen im Bereich der Fachsprachendidaktik hinzugezogen werden.

Abschließend sei darauf hingewiesen, dass die Elemente des Fachsprachenerwerbs auch in früheren Phasen des gemeinsprachlichen Lernens möglich sind (im Fall der (Fach-)Lexik sogar in sehr frühen Stadien, d.h. im Primarbereich; im Fall der grammatischen und komplexeren Terminologie- und Textstrukturen erst später).

Literatur

Badstübner-Kizik, Camilla (2012): Inhaltsorientiertes Fremdsprachenlernen in medialen Umgebungen. In: Chudak, Sebastian u.a. (Hrsg.): Posener Beiträge zur Germanistik. Frankfurt/Main, 33–47.

Berdychowska, Zofia (2008): O przesłankach, przejawach i następstwach wielojęzyczności nauki, In: Samsonowicz, Henryk u.a. (Hrsg.): Wielojęzyczność nauki, (Fundacji dyskusje o Nauce 12), FNP. Wrocław/Warszawa, 121–126.

Berdychowska, Zofia (2010): Komunikacja specjalistyczna na studiach filologicznych – podstawy lingwistyczne i profile kompetencyjne. In: Lingwistyka Stosowana, 3, 61–70.

Bolten, Jürgen (1992): Interkulturelles Verhandlungstraining. In: Jahrbuch Deutsch als Fremdsprache 18, 269–287.

Bolten, Jürgen ([6]2006): Interkultureller Trainingsbedarf aus der Perspektive der Problemerfahrungen entsandter Führungskräfte. In: Götz, Klaus (Hrsg.): Interkulturelles Lernen. Interkulturelles Training. München, 57–76.

Braunert, Jörg (1999): Allgemeinsprache, Berufssprache und Fachsprache – ein Beitrag zur begrifflichen Entwirrung. In: Zielsprache Deutsch 30, 98–105.

Braunert, Jörg (2007): „Wirtschaftsdeutsch", sprachliche Handlungsfelder der beruflichen Kommunikation und lebensnaher Deutschunterricht. In: Kiefer, Karl-Hubert u.a. (Hrsg.): Wirtschaftsdeutsch vernetzt. Neue Konzepte und Materialien. München, 217–236.

Braunert, Jörg (2013): Ermittlung des Sprachbedarfs: Fachsprache und Kommunikation am Arbeitsplatz. In: Kiefer, Karl-Hubert/Efing, Christian/Jung, Matthias/Middeke, Annegret (Hrsg.): Berufsfeld-Kommunikation: Deutsch. Frankfurt/Main, 49–66.

Buhlmann, Rosemarie/Fearns, Anneliese [¹1987] (⁶2000): Handbuch des Fachsprachenunterrichts. Unter besonderer Berücksichtigung naturwissenschaftlich-technischer Fachsprachen. Berlin u.a.

Butzkamm, Wolfgang (1989): Psycholinguistik des Fremdsprachenunterrichts: natürliche Künstlichkeit: von der Muttersprache zur Fremdsprache. Tübingen.

Chodkiewicz, Halina (2011): Nauczanie języka przez treść: złożenia i rozwój koncepcji. In: Lingwistyka Stosowana 4, 11–30.

Coyle, Do (2007): Content and language integrated learning: towards a connected research agenda for CLIL pedagogies. In: The International Journal of Bilingual Education and Bilingualism 10/5, 543–562.

Dakowska, Maria (1996): Ocena podejścia komunikacyjnego do nauczania języków obcych z punktu widzenia psycholingwistyki. In: Przegląd Glottodydaktyczny 15, 37–48.

Dakowska, Maria (2001): Psycholingwistyczne podstawy dydaktyki języków obcych. Warszawa.

Davison, Chris/Williams, Alan (2001): Integrating language and content: unresolved issues. In: Mohan, Bernard/Leung, Constant/Davison, Chris (Hrsg.): English as a Second Language in the Mainstream: Teaching, Learning and Identity. Harlow, 51–70.

Dewey, John (1916): Democracy and Education. The Macmillan Company, New York.

Efing, Christian (2010): Kommunikative Anforderungen an Auszubildende in der Industrie. In: Fachsprache 1–2, 2–17.

Efing, Christian (2013): Ausbildungsvorbereitender Deutschunterricht an allgemeinbildenden Schulen? – Legitimation und Definition. In: Efing, Christian (Hrsg.): Ausbildungsvorbereitung im Deutschunterricht der Sekundarstufe I. Die sprachlich-kommunikativen Facetten von „Ausbildungsfähigkeit". Frankfurt/Main, 11–40.

Fluck, Hans-Rüdiger (1992): Didaktik der Fachsprachen. Aufgaben und Arbeitsfelder, Konzepte und Perspektiven im Sprachbereich Deutsch, Tübingen.

Funk, Hermann/Ohm, Udo (1991): Handreichung Fachsprache in der Berufsausbildung. Zur sprachlichen Förderung von jungen Ausländern und Aussiedlern. Bonn: Bundesministerium für Bildung und Wissenschaft.

Funk, Hermann (2003): Deutsch als Fremdsprache – berufsbezogen lernen und studieren. In: Schneider, Günther/Clalüna, Monika (Hrsg.): Mehr Sprache – mehrsprachig mit Deutsch. Didaktische und politische Perspektiven. München, 165–180.

Funk, Hermann (2010): Berufsorientierter Deutschunterricht. In: Krumm, Hans-Jürgen/Fandrych, Christian/Hufeisen, Britta/Riemer, Claudia (Hrsg.): Deutsch als Fremd- und Zweitsprache. Ein internationales Handbuch. Berlin, 1145–1152.

Goethe-Institut (2015): CLIL. Verfügbar unter http://www.goethe.de/ins/it/de/lp/lhr/prk/clil.html (Zugriff am 20.03.2015).

Grucza, Franciszek (1991): Terminologia – jej przedmiot, status i znaczenie, In: Grucza, Franciszek (Hrsg.): Teoretyczne podstawy terminologii. Wrocław, 11–43.

Grucza, Franciszek (1994): O językach specjalistycznych (= technolektach) jako pewnych składnikach rzeczywistych języków ludzkich. In: Grucza, Franciszek/Kozłowska, Zofia (Hrsg.): Języki Specjalistyczne. Warszawa, 7–27.

Grucza, Franciszek u.a. (1995a): Dein Deutsch 1 – podręcznik do nauki języka w szkołach średnich. Warszawa.

Grucza, Franciszek u.a. (1995b): Dein Deutsch 1 – poradnik metodyczny do podręcznika do nauki języka w szkołach średnich. Warszawa.

Grucza, Franciszek (2002): Języki Specjalistyczne – indykatory i/lub determinanty rozwoju cywilizacyjnego. In: Lewandowski, Jan (Hrsg.): Języki Specjalistyczne, 2, Problemy technolingwistyki. Warszawa, 9–26.

Grucza, Sambor. (2000), Kommunikative Adäquatheit glottodidaktischer Texte – Zur Kritik des Authentizitätspostulats. Adekwatność komunikacyjna tekstów glottodydaktycznych. Krytyka tzw. postulatu autentyczności, In: „Deutsch im Dialog"/ „Niemiecki w Dialogu" 2, 73–99.

Grucza, Sambor (2004): Od lingwistyki tekstu do lingwistyki tekstu specjalistycznego. Warszawa.

Grucza, Sambor (2008): Lingwistyka języków specjalistycznych. Warszawa.

Grucza, Sambor (2010): Główne tezy antropocentrycznej teorii języków ludzkich, In: Lingwistyka Stosowana 2, 40–68.

Grucza, Sambor (2012): Fachsprachenlinguistik. Frankfurt/Main.

Handke, Kwiryna/Rzetelska-Feleszko, Ewa (1977): Przewodnik po językoznawstwie polskim 1901–1970, Wrocław.

Hryniuk, Katarzyna (2011): O konieczności uwzględnienia indywidualnych potrzeb uczniów w dydaktyce języków specjalistycznych, In: Piotrowski, Sebastian (Hrsg.): O nauczaniu i uczeniu się języka obcego dla potrzeb zawodowych. Lublin, 81–87.

Iluk, Jan (2008): Międzynarodowy program CLIL i jego realizacja w Polsce, In: Hallo Deutschlehrer 26, 13–15.

Janowska, Iwona (2011): Podejście zadaniowe do nauczania i uczenia się języków obcych. Na przykładzie języka polskiego jako obcego. Kraków.

Kiefer, Karl-Hubert (2013): Kompetenzschulung über digitale Median im fach- und berufsbezogenen FSU an Hochschulen am Beispiel der Internet-Plattform www.fallstudien-portal.de. In: Kiefer, Karl-Hubert/Efing, Christian/Jung, Matthias/Middeke, Annegret (Hrsg.): Berufsfeld-Kommunikation: Deutsch. Frankfurt/Main, 213–232.

Komorowska, Hanna (2000): Nauczanie języków obcych w kształceniu zawodowym. In: Kielar, Barbara u.a. (Hrsg.): Problemy komunikacji międzykulturowej: lingwistyka, translatoryka, glottodydaktyka. Warszawa, 352–371.

Krumm, Hans-Jürgen (1989): Die Rolle der Fachsprache bei der Aus- und Fortbildung von Deutschlehrern. In: Pfeiffer, Waldemar (Hrsg.): Deutsch als Fachsprache in der Deutschlehrerausbildung und -fortbildung, Poznań, 26–43.

Kuhn, Christina (2007): Fremdsprachen berufsorientiert lernen und lehren: Kommunikative Anforderungen an die Arbeitswelt und Konzepte für den Unterricht und die Lehrerausbildung am Beispiel des Deutschen als Fremdsprache. Diss. Jena: Digitale Bibliothek Thüringen. Verfügbar unter http://www.db-thueringen.de/servlets/DerivateServlet/Derivate-13903/Kuhn/Dissertation. pdf (Zugriff am 20.03.2015).

Kuhn, Christina (2013): Fremdsprachenbedarf in Ausbildung und Beruf. In: Efing, Christian (Hrsg.): Ausbildungsvorbereitung im Deutschunterricht der Sekundarstufe I. Die sprachlich-kommunikativen Facetten von „Ausbildungsfähigkeit". Frankfurt/Main, 217–238.

Ligara, Bronisława/Szupelak, Wojciech (2012): Lingwistyka i glottodydaktyka języków specjalistycznych na przykładzie języka biznesu. Podejście porównawcze. Kraków.

Löffler, Heinrich (2010): Germanistische Soziolinguistik. Berlin.

Lyster, Roy (2007): Learning and Teaching Languages through Content. A Counterbalanced Approach. Amsterdam.

Marsh, David (2002): CLIL/EMILE – The European Dimension: Actions, Trends and Foresight Potential. Bruxelles.

Marsh, David/Maljers, Anne/Hartiala, Aini-Kristiina (2001): Profiling European CLIL Classrooms – Languages Open Doors. Jyväskylä.

Morgenroth, Klaus (Hrsg.) (1993): Methoden der Fachsprachendidaktik und-analyse. Frankfurt/Main. u.a.

N.N. (2015): Bilingualer Sachfachunterricht. Verfügbar unter http://www.bili. uni-halle.de/#anchor2537478 (Zugriff am 20.03.2015).

Olszewska, Danuta (2010): Funktionale Typen und stilistische Varianten der Meta-Assertiva in wissenschaftlichen Texten. In: Bilut-Homplewicz, Zofia u.a. (Hrsg.): Text Und Stil. Studien zur Text- und Diskursforschung. Frankfurt/ Main, 165–180.

Papaja, Katarzyna (2006): The Use of L1 in CLIL. In: Glottodidactica, XXXIII. Poznań, 129–137.

Papaja, Katarzyna (2007): Content and Language Integrated Learning – theory and practice. In: Arabski, Janusz u.a. (Hrsg.): PASE Papers 2007, Vol. 1. Katowice, 319–328.

Papaja, Katarzyna (2008): Content and Language Integrated Learning in Geography. In: Donert, Karl u.a. (Hrsg.): Bilingual Geography – aims, methods and challenges. Toruń, 33–41.

Roelcke, Thorsten (2009): Fachsprachliche Inhalte und fachkommunikative Kompetenzen als Gegenstand des Deutschunterrichts für deutschsprachige Kinder und Jugendliche. In: Fachsprache –International Journal of Specialized Communication 31, 8–22.

Roelcke, Thorsten (2013): Fachsprachendidaktik in Haupt-und Realschulen – ein Weg der Ausbildungsvorbereitung, In: Efing, Christian (Hrsg.): Ausbildungsvorbereitung im Deutschunterricht der Sekundarstufe I. Die sprachlich-kommunikativen Facetten von „Ausbildungsfähigkeit". Frankfurt/Main, 319–341.

Sass, Anne (2013): „Wozu sprechen am Arbeitsplatz? Es wird dort ja doch nur gearbeitet!". Szenarien im berufsbezogenen Deutschunterricht. In: Kiefer, Karl-Hubert/Efing, Christian/Jung, Matthias/Middeke, Annegret (Hrsg.): Berufsfeld-Kommunikation: Deutsch. Frankfurt/Main, 199–211.

Schart, Michael (2010): Programmevaluation und Aktionsforschung im Zusammenspiel – theoretische Grundlagen und Ergebnisse eines longitudinalen Forschungsprojekts in einem Intensivsprachprogramm für Deutsch an der Juristischen Fakultät der Keio Universität. Tokyo, 3–107.

Schindler, Kirsten (2013): Schreiben im Beruf, In: Efing, Christian (Hrsg.): Ausbildungsvorbereitung im Deutschunterricht der Sekundarstufe I. Die sprachlich-kommunikativen Facetten von „Ausbildungsfähigkeit". Frankfurt/Main, 173–190.

Schneider, Marion (1989): Lernen in der Bundesrepublik Deutschland. Methoden und Erfahrungen aus den Carl Duisberg Centren. In: Jahrbuch DaF 15, 150–174.

Schwenk, Hans-Jörg (2010): Fachdiskurs und Expertendiskurs, In: Tekst i Dyskurs – Text und Diskurs 3/2010, 181–197.

Snow, Marguerite Ann/Met, Myriam/Genesee, Fred (1989): A conceptual framework for the integration of language and content in second/foreign language instruction, In: TESOL Quarterly 23/2, 201–216.

Sowa, Magdalena (2010): Podejście zadaniowe a kształtowanie kompetencji ucznia w nauczaniu języka obcego dla potrzeb zawodowych, In: Roczniki Humanistyczne KUL, LVIII/2010 5. Lublin, 89–105.

Sowa, Magdalena (2012): Kształtowanie się koncepcji nauczania języka francuskiego dla potrzeb zawodowych, In: Lingwistyka Stosowana 5, 155–172.

Stoller, Fredricka (2008): Content-based instruction. In: van Densen-Scholl, Nelleke/Hornberger, Nancy (Hrsg.): Encyclopedia of Language and Education. 4. Second and Foreign Language Education. Heidelberg, 59–70.

Styszyński, Jan (1999): Metoda dyskursywna a nauczanie języka obcego w warunkach szkoły polskiej, In: Niemiecki w dialogu. Warszawa, 107–111.

Szerszeń, Paweł (2010a): Glottodydaktyka a hiperteksty internetowe, Języki – Kultury – Teksty – Wiedza. Warszawa.

Szerszeń, Paweł (2010b): Nowe kierunki w badaniach nad gramatyką i leksykonem. Instytut Języka Niemieckiego w Mannheim. In: Lingwistyka Stosowana, 3/2010, 257–264.

Szerszeń, Paweł (2014): Platformy (glotto)dydaktyczne. Ich implementacja w uczeniu specjalistycznych języków obcych. (= Studi@ Naukowe 15). Wydawnictwo Naukowe IKL@. Warszawa.

Wesche, Marjorje, Bingham/Skehan, Peter (2002): Communicative, task-based, and content-based instruction. In: Kaplan, Robert (Hrsg.): The Oxford handbook of applied linguistics. Oxford, 207–228.

Willis, Jane (2004): Perspectives on task-based instruction: Understanding our practices, acknowledging different practitioners, In: Leaver, Betty Lou/Willis Jane (Hrsg.): Task-based instruction in foreign language education: Practices and programs. Washington, 3–44.

Willis, Dave/Willis, Jane (2007): Doing Task-Based Teaching. Oxford.

Wolff, Dieter (2002): Tworzenie curriculum i kształcenie nauczycieli w dwujęzycznym nauczaniu przedmiotów niejęzykowych. In: Dakowska, Maria/Olpińska, Magdalena (Hrsg.): Edukacja dwujęzyczna. Przedszkole, szkoła podstawowa i średnia, teraźniejszość i przyszłość. Warszawa, 128–153.

Wolff, Dieter (2009): Strategien im billingualen Sachfachunterricht. In: Fremdsprachen Lehren und Lernen 38, 137–157.

Zhao, Jin (2002): Wirtschaftsdeutsch als Fremdsprache. Ein didaktisches Modell.
Tübingen.

Sprachlich-kommunikative
Anforderungen und Förderbedarf

Birgit Werner (Heidelberg), Christian Efing (Wuppertal) &
Marleen Clauss (Welzheim)

„Sprechen geht eher, das kommt auch immer auf den Jargon an". Analyse ausbildungsbezogener kommunikativer Anforderungen bei Schülern ohne Schulabschluss – Untersuchungen in einem Berufs-Bildungswerk (BBW)

Abstract Nowadays there is a general consensus that vocational training requires communicative competences. The Bundesagentur für Arbeit states that being competent in orthography, dealing with texts and media as well as speaking and listening skills are central prerequisites for training (Bundesagentur für Arbeit 2009: 22 et seq.). Also vocational education and language teaching research declare communicative competence as a necessary qualification for a successful vocational training (Knapp/Pfaff/Werner 2008; Efing 2010; Keimes/Rexing/Ziegler 2011). Graduates of the "Förderschule" have not been considered in studies of this research area. This fact is also emphasized in the education report of the Bundesministerium für Bildung und Forschung – a report of the "Kultusministerkonferenz and the Bundesministerium für Bildung und Forschung". They aim for an inventory of the German educational system (BMBF 2012: 121): In the education report of 2012, a progressive increase of cognitive requirements in vocational training and labor market (s. ib.: 121) is stated, which in this context demonstrates, that the involvement of young people with no higher degree than a "Hauptschulabschluss" in fully qualified training courses is not automatic (s. ib.: 122). In order to counteract the mentioned desideratum, an analysis of communicative requirements, within six different training courses of a "Berufsbildungswerk (BBW)" was made. A BBW offers graduates of the "Förderschule" the opportunity to receive a state-approved vocational training. The results of the analysis are classified according to linguistic patterns of interaction. Four significant linguistic patterns of interaction could be found: Discussions, reports, presentations and language based learning processes. In conclusion the oral conversation competence proved to be the most important dimension of the communicative requirements.

1. Berufliche Ausbildungssituation von Absolventen der Förderschule

Der Berufsbildungsbericht 2012 benennt u.a. Schwierigkeiten im Übergang von der Schule in die Ausbildungsbetriebe als ein aktuell zentrales Problemfeld (BMBF 2012). Die erfolgreiche Gestaltung dieses Übergangs wird in den kommenden

Jahren an Bedeutung gewinnen, da aufgrund des demografischen Wandels mit einem Fachkräftemangel zu rechnen ist. Andererseits ist ein deutlicher Rückgang von Arbeitsstellen mit einem eher niedrigen Qualifikationsniveau zu beobachten (ebd.: 5), sodass das Qualifikationsniveau in der Ausbildung anzuheben ist (BMBF 2012: 80f.).

Diese Befunde markieren ein doppeltes Problemfeld. Einerseits wird von Schulabsolventen ein hohes Qualifikationsniveau erwartet, andererseits verlassen 50.000 Schüler[1] (knapp 6% aller Schüler) die Schule ohne anerkannten Abschluss (Autorengruppe Bildungsberichterstattung 2014: 273). Rund 60% davon sind Abgänger der Förderschule (ebd.). 1,5 Millionen Menschen im Alter zwischen 20 und 29 Jahren haben keinen anerkannten beruflichen Abschluss (BMBF 2012: 80).

Ein erhöhtes Anforderungsniveau in der Ausbildung potenziert die Schwierigkeit, ein Ausbildungsverhältnis aufzunehmen. Dies stellt vor allem Absolventen niedrigerer Bildungsgänge bzw. Schüler ohne Schulabschluss vor besonders große Herausforderungen.

Eine Verbleibsstudie (n = 512) von Basendowski und Werner (2010) zeigt folgende nachschulische Werdegänge bei Abgängern der Förderschule: Unmittelbar nach Schulabschluss nahmen knapp 10% eine Berufs(aus)bildung auf, rund 80% wechselten in eine schulische Berufsvorbereitung, knapp 10% nutzten eine berufsvorbereitende Maßnahme (BvB). Ca. 2% der Schulabgänger begannen keine dieser Maßnahmen bzw. brachen diese ab. Nach den berufsvorbereitenden Maßnahmen, d.h. ein bis zwei Jahre nach Schulabschluss, begannen 50% eine Ausbildung, 20% nutzten wiederholt eine weitere BvB, 10% weitere schulische berufsvorbereitende Maßnahmen. 20% der Jugendlichen brachen die begonnenen Maßnahmen ab (Basendowski/Werner 2010).

Befunde aus der Sprachdidaktik zeigen, dass Ausbildungsabbrüche oft auf eine Überforderung der Jugendlichen gerade im Bereich der sprachlich-kommunikativen Anforderungen einer Ausbildung zurückzuführen sind (Efing 2013: 18).

Verschärft wird diese Situation durch die wachsende Bedeutung der Bildungsstandards in schulischen Prozessen. Besonders nach den Ergebnissen der PISA-Studie und auch im Zuge der Inklusionsdebatte ist eine Zunahme der Priorität von formalen schulischen und beruflichen Bildungserträgen zu beobachten. Die Bildungsstandards der KMK propagieren die Sicherung von gesellschaftlicher

---

1   In diesem Aufsatz werden die Formen *Schüler, Ausbilder* usw. als generisches Maskulinum verwendet, das die weiblichen Vertreterinnen der Schülerschaft, Ausbildungsmeister usw. selbstverständlich mit einschließt.

respektive beruflicher Teilhabe über den Erwerb standardisierter Schulabschlüsse. Gerade Schülern ohne Schulabschluss wird daher genau in Bezug auf diese Teilhabe eine äußerst geringe Chance prognostiziert.

Die von der KMK formulierten Bildungsstandards von 2003, 2004 und 2012 nehmen lediglich die Bildungsabschlüsse Allgemeine Hochschulreife, Realschulabschluss, Hauptschulabschluss sowie den Primarbereich in den Blick (KMK 2012). Im Berufsbildungsbericht 2012 ist daher lediglich von Schülern „mit und ohne Hauptschulabschluss" die Rede (BMBF 2012: 155). Zieldifferente Bildungsgänge werden nicht explizit benannt; Hinweise zu verbindlichen Mindeststandards finden sich kaum.

Entscheidende Impulse erhält diese Diskussion zudem durch die 2009 ratifizierte UN-Behindertenrechtskonvention (kurz: UN-BRK). Artikel 3 betont unter dem Aspekt der „Nichtdiskriminierung" „die volle und wirksame Teilhabe an der Gesellschaft und Einbeziehung in die Gesellschaft" sowie die „Chancengleichheit" (Beauftragter der Bundesregierung für die Belange behinderter Menschen 2010: 14). Artikel 24 verweist darauf, dass „Menschen mit Behinderung nicht aufgrund von Behinderung vom allgemeinen Bildungssystem ausgeschlossen werden" dürfen (ebd.: 36). Darüber hinaus wird auch explizit der Zugang zum tertiären Bildungssystem gefordert: „Die Vertragsstaaten stellen sicher, dass Menschen mit Behinderungen ohne Diskriminierung und gleichberechtigt mit anderen Zugang zu […] Berufsausbildung, Erwachsenenbildung und lebenslangem Lernen haben" (ebd.: 37f.).

Es ist davon auszugehen, dass in allen schulischen und berufsbildenden Maßnahmen – unabhängig von der Zielgruppe – in hohem Maße kommunikative Anforderungen zu bewältigen sind. Die Rolle kommunikativer Kompetenzen für diese Zielgruppe wurde bislang weder innerhalb berufs- noch sonderpädagogischer Studien hinreichend berücksichtigt, geschweige denn empirisch erforscht. Insgesamt ist ein hoher Forschungs-, Entwicklungs- und Reformbedarf sowohl in schulischen Settings als auch im Übergangsmanagement zu konstatieren, der die zielgruppenspezifischen Kompetenzen und Bedarfe erfasst und berücksichtigt.

Um auch dieser Zielgruppe den Übergang von der Schule in eine Ausbildung zu erleichtern, ihre berufliche Teilhabe zu sichern, ist es daher von besonderem Interesse, die Ausbildungsanforderungen gut zu kennen.

2. Zentrale Fragestellung und Forschungsdesign

Aus den genannten Gründen leitet sich die zentrale Fragestellung ab: Über welche kommunikativen Kompetenzen müssen Auszubildende verfügen, um eine Ausbildung erfolgreich bewältigen zu können?

Innerhalb dieser Studie wird exemplarisch die Situation in einem Berufsbildungswerk (BBW) analysiert werden. Andere berufsbildende Maßnahmen bzw. Institutionen vorrangig für junge Menschen ohne Schulabschluss bzw. mit Behinderungen und/oder Benachteiligungen konnten aus forschungsmethodischen Gründen nicht berücksichtigt werden.

In der vorliegenden Untersuchung wurden auf der Basis mehrtägiger Hospitationen, der Dokumentation und Analyse berufsfeldbezogener Text- und Gesprächssorten sowie leitfadengestützter Interviews (n = 12) mit Auszubildenden und Ausbildungsmeistern in sechs verschiedenen Berufsfeldern (Beikoch, Hauswirtschafter, Tischler, Bürokraft, Autowerker, Fahrradmonteur) die kommunikativen Anforderungen analysiert. Dieses Vorgehen konnte bereits in früheren, themenaffinen Studien erprobt werden (Knapp/Pfaff/Werner 2008; Efing 2010). Im Gegensatz zu herkömmlichen Verfahren werden mit diesem Methodenmix die Grenzen einer reinen Inhaltsanalyse von Ordnungsmitteln (Kaiser 2012) aufgehoben.

Die leitfadengestützten Interviews bezogen sich auf Informationen über den Ablauf eines typischen Arbeitstages, dessen situationsspezifischen kommunikativen Anforderungen sowie eine Einschätzungen zur Relevanz sprachlicher Interaktionsmuster. Auch dieses Vorgehen wurde bereits in einer früheren Studie bei Haupt- und Realschulabsolventen in einer dualen Ausbildung erprobt (Efing/Häußler 2011) und für die hier vorliegende Studie adaptiert.

Das Ziel ist es, die ausbildungsbezogenen kommunikativen Anforderungen i.S. einer Sprachbedarfsermittlung (Efing 2014) zu analysieren. Diese beschreiben die Erwartungen der Bildungsträger an Auszubildende. Die Befunde können nachhaltige Impulse für (ausbildungs- und berufs-)vorbereitende schulische Praxis – nicht nur – an Förderschulen geben.

3. Ausbildung im Berufsbildungswerk (BBW)

Das BBW ist ein Kompetenzzentrum für die berufliche Bildung und bietet jungen Menschen mit Förderbedarf die Möglichkeit, eine Ausbildung zu absolvieren. Dadurch soll eine Eingliederung in Beruf und Gesellschaft gewährleistet werden: Das BBW arbeitet nach dem Grundsatz „Integration durch Ausbildung" (BBW 2009) und setzt sich folgendes Ziel: „Lernbehinderte und benachteiligte junge Menschen sollen vollwertige Mitglieder der Gesellschaft werden und sich auf dem Arbeitsmarkt behaupten können." (ebd.).

Im BBW ist generell eine (meist dreijährige) Regelausbildung möglich. In Abhängigkeit von den individuellen Lern- und Leistungsmöglichkeiten der Auszubildenden werden auch vereinfachte zweijährige Ausbildungen angeboten.

Bemerkenswert ist, dass bei der Prüfung des potentiellen Ausbildungsberufs für einen Auszubildenden innerhalb der beruflichen Diagnostik kommunikative Kompetenzen nicht explizit erhoben werden.

4. (Kommunikative) Kompetenz – theoretische Rahmung

Dass kommunikative Kompetenzen in jedem Ausbildungsformat relevant sind, machen u.a. Pätzold (2009), Efing/Janich (2007) und auch der Berufsbildungsbericht 2012 (BMBF 2012) deutlich. Efing betont, dass kommunikative Kompetenzen in einem engen Zusammenhang mit der Ausbildungsreife stehen (Efing 2013: 17ff.) und gerade für diese Zielgruppe relevant sind.

4.1 Der Kompetenz-Begriff

Unter Berücksichtigung aktueller, schier unzähliger Kompetenzdefinitionen wird festgehalten, dass Kompetenzen Notwendigkeiten für kompetente Verhaltens- und Handlungsweisen in bestimmten Situationen und Kontexten darstellen. Sie erfassen sowohl normative Deskriptionen sozialer Handlungsfelder (Basendowski 2013) als auch die dem Individuum verfügbaren oder durch sie erlernbaren kognitiven Fähigkeiten und Fertigkeiten sowie die damit verbundenen motivationalen, volitionalen und sozialen Bereitschaften und Fähigkeiten (Jung 2010; Schaper 2008). Die hier vorliegende Analyse rekurriert auf ein funktionales und pragmatisches Verständnis des Kompetenz-Begriffes.

4.2 Kommunikative Kompetenz

Die Ausführungen basieren auf dem Konzept von kommunikativer Kompetenz in Anlehnung an den Gemeinsamen Europäischen Referenzrahmens für Sprachen (GER, Goethe-Institut Inter Nationes 2001). Es gelten damit für diese Studie folgende Prämissen:

- Kommunikative Kompetenz wird im Sinne einer Sprachverwendung gesehen, die sowohl auf deklaratives Wissen als auch auf prozedurale Fertigkeiten verweist.
- Verschiedene Teildimensionen kommunikativer Kompetenz müssen beachtet werden: Lesen, Verstehen, Zuhören, Sprechen und Schreiben.
- Kommunikative Kompetenz teilt sich in linguistische, soziolinguistische und pragmatische Komponenten auf.
- Persönlichkeitsbezogene Merkmale des Sprachverwenders sind zusätzlich zu berücksichtigen.

– Essentieller Bestandteil kommunikativer Kompetenz sind auch Strategien als „Gelenkstellen zwischen den Ressourcen der Lernenden (Kompetenzen) und dem, was sie mit ihnen tun können (kommunikative Aktivitäten)" (ebd.: 38).

Ausbildungsbezogene kommunikative Kompetenz wird innerhalb dieser Studie in die Teilkompetenzen der Gesprächs-, Text- und Medienkompetenz – und diese wiederum nach produktiver und rezeptiver Beherrschung – unterteilt (Efing 2010). Diese Teilkompetenzen werden nachfolgend kurz skizziert:

4.2.1 Gesprächskompetenz

Der Gesprächskompetenz wird in vielen aktuellen Publikationen eine substanzielle Funktion zugesprochen. „Gesprächskompetenz [...] ist heute mehr denn je eine Schlüsselqualifikation, in den meisten Berufen und im privaten Alltag unentbehrlich" (Becker-Mrotzek/Brünner 2004: 7).

Grundler benennt die Gesprächskompetenz als „Bestandteil allgemeiner Ausbildungsfähigkeit Jugendlicher" und definiert diese als „Eintrittskarte in den Ausbildungsberuf" (Grundler 2013: 93). Brünner sieht in dieser Kompetenz, „in Situationen des beruflichen Handelns sach-, situations- und adressatengerecht sowie zweckangemessen [...] kommunizieren" zu können, die „zentrale Grundlage für beruflichen Erfolg" (Brünner 2007: 39).

Nach Hartung ist die Gesprächskompetenz „die Fähigkeit, die Aufgaben und Anforderungen eines Gespräches erfolgreich zu bewältigen" (Hartung 2004: 49). Dabei verweist er auf die Merkmale „kontextgebunden", „interaktiv", „regelhaft" und „multimodal" (ebd.). Deppermann ergänzt diese Merkmalsliste um die Attribute „prozesshaft" und „pragmatisch" (Deppermann 2004: 18). Grundler schlussfolgert, dass ein erfolgreiches Gespräch eine Art Sammelsurium „kollektiver Leistungen aller Gesprächsteilnehmer" ist (Grundler 2013: 107).

4.2.2 Textkompetenz

Textkompetenz beschreibt „die Fähigkeit, [...] komplexe und rein sprachlich vermittelte Sinnkontexte selbständig durch die Konstruktion mentaler Prozesse aufzubauen, zu prüfen und zu verändern" (Portmann-Tselikas 2007, zit. nach Weidacher 2007: 40). Dies gilt gleichermaßen für rezeptive und produktive Textsorten (Weidacher 2007: 40).

4.2.3 Medienkompetenz

Die Medienkompetenz nimmt Einfluss auf die organisatorische Komponente von Kommunikation (Efing 2011: 75). Sie konzentriert sich hier auf eine eher audiovisuelle bzw. multimedial unterstützende Komponente kommunikativer Fähigkeiten. Kompetenzaspekte wie *Mediennutzung, -kunde, -gestaltung und -kritik* bzw. *individuelle Nutzungs- und Verarbeitungsprozesse* werden nicht berücksichtigt (Grabowski 2014).

5. Zentrale Ergebnisse der Analyse kommunikativer Anforderungen in der beruflichen Ausbildung an einem BBW

An dieser Stelle kann vorab festgehalten werden, dass vor allem die Gesprächs- und die Textkompetenz eine Art Schlüsselposition im Kontext der *kommunikativen Kompetenz* einnehmen.

Über die Medienkompetenz, konkret den Umgang mit Medien – wie bspw. Beamer oder PC – konnten hier kaum Beobachtungen gemacht werden. Innerhalb dieser Studie gab es keinerlei Hinweise darauf, dass in diesem Ausbildungsformat diese Kompetenz relevant ist.

Die im BBW beobachteten berufsübergreifenden ausbildungsrelevanten Gesprächs- und Textsorten fasst Tabelle 1 zusammen.

Tabelle 1: Ausbildungsrelevante Text- und Gesprächssorten

Gesprächssorten: rezeptiv und produktiv	
dialogisch	monologisch
– Besprechungen o informell o formell – Beratungen o telefonisch o Per Mail o face-to-face	– Instruktionen: Arbeitsanweisungen; Unterweisungen – Präsentationen – Berichte
Textsorten	
produktiv	rezeptiv
– Berichte – Beschreibungen – Rezepte – Notizen – Hypertexte – Tabellen – Geschäftsbriefe – Formulare – Zeichnungen	– Informationstafeln – Tabellen – Hypertexte – Graphiken – Lieferscheine – Geschäftsbriefe – Sachtexte – Rezepte – Zeichnungen – Abbildungen

Die folgenden Erläuterungen zu den Ergebnissen integrieren Zitate zu den kommunikativen Anforderungen an die Auszubildenden sowie zu deren Umgang mit den kommunikativen Anforderungen und Erwartungen der Ausbilder. Auch wenn diese nicht repräsentativ sind, lassen sich dennoch generalisierbare kommunikative Grundmuster erkennen.

Die folgenden Interviewausschnitte dokumentieren prototypisch die Bedeutung von Gesprächen mit ihren jeweils unterschiedlichen Charakteristika generell in Ausbildungssituationen.

Ein Ausbildungsmeister (Beikoch) formuliert Folgendes:

Das Sprechen (.) (Pause) Mm (,) das ist mit dem Sprechen (,) der eine der spricht leichter der andere der spricht schwieriger (.) Merk ich ja an mir selber (.) ich bin auch kein sehr kommunikativer Mensch (Lachen)... ne äh ich denk (,) das ist wenn die Jugendlichen aufgetaut sind (,) dann geht das von alleine (.) ist auch ne Beziehungsgeschichte (,) ja (.) und ... man erfährt manchmal viel mehr als man möchte (,) und ... und von denen wo man gerne was wissen möchte da kommt gar nichts (.) da muss man immer bohren (.) das was kommt (.) das ist schon ... es braucht eben Zeit (.) es braucht seine Zeit (.)

Der Ausbildungsmeister thematisiert seine Beobachtung, dass zu Beginn der Ausbildung gerade die Gesprächskompetenz nur unzureichend beherrscht wird. Dies wird auch in dem Interview mit einem Auszubildenden deutlich, der betont, dass der Adressatenbezug sehr wichtig sei und man erkennen müsse, dass das Gegenüber die Art des Gespräches beeinflusse:

Auszubildender Beikoch (1): Okay (.) also ich. red manchmal auch mit dem Chef so (,) wie ein Freund (.) und das ist halt mein Fehler (.) mit denen (-) geh ich halt so um wie mit meinen Freunden halt (.) wir beleidigen (,) ich beleidige halt ab und zu so aus Spaß (.) oder (-) aber ja (.) ... ich muss mich halt ändern so (.) ich weiß (.)

Zuvor antwortet eine Auszubildende auf die Frage nach Schwierigkeiten in Gesprächen folgendermaßen:

Auszubildende Beiköchin: Ja (.) also (,) äh okay ich red halt ganz normal und ich (.),(...) (,) aber (,) ich kann das nicht leiden wenn die zu mir sagen ich muss lächeln und so (.) ich gebe denen ganz normal ihr Essen wie ich's mach (,) und in meinem Vertrag steht halt nicht (,) dass ich da lächeln muss (.)

Interviewer: Okay (-)

Auszubildender Beiköchin: Ganz klar (,) dass ich da meistens Anschiss bekomme und so (.) weil ich lächeln und so weiter aufgehört habe (.) das ist mir egal (.) das bleibt mir überlassen (,) ob ich jetzt heute mal lächel oder nicht (.)

5.1 Gesprächssorten

Die am häufigsten genannten Gesprächssorten – hier geordnet nach ihrer Benennungshäufigkeit – sind Folgende: Besprechung, Instruktion und Präsentation. Sie lassen sich wie folgt charakterisieren.

Besprechung: Bei Besprechungen im Team wird diskutiert, argumentiert, Sachverhalte werden dargestellt und Entscheidungen werden getroffen, die dann auch einer allgemeinen Gültigkeit – zumindest für den Moment – unterliegen. Es muss zuvor deutlich gemacht werden, was der Gesprächsanlass und das Ziel sind. Sie tritt in Gesprächssituationen mit dem Kunden, dem Vorgesetzten und Kollegen auf und verläuft in je unterschiedlichen Kombinationen der Gesprächsteilnehmer.

Instruktion: Unterweisungen und Anweisungen finden im BBW meist in Gruppen statt. Der Unterweisende trägt die Instruktionen im Gegensatz zu einer Beratung monologisch vor. Gibt ein Auszubildender eine Instruktion bzw. berät er einen Kunden, so muss er sich des Adressaten bewusst sein und zielführend sowie dem Vorwissen bzw. Laien- oder Expertentum des Gegenübers angemessen formulieren können. Auch die Fachsprache ist jeweils situations- und adressatenspezifisch einzusetzen.

Präsentation: Der Auszubildende präsentiert alleine oder in einer Gruppe beispielsweise Vorschläge zu einem Sachverhalt. Im Fachkundeunterricht des BBWs sind die Auszubildenden immer wieder dazu aufgefordert, ihre berufs- bzw. arbeitsplatzspezifischen Arbeitsvorgänge zu präsentieren.

5.2 Textsorten

Die Analyse der Textsorten lehnt sich an Efing (2010: 11) an. Die meisten Textsorten sind eine Art Nachschlagewerk für das schnelle Rezipieren, um Informationen über einen Arbeitsvorgang, über das Material oder über Eigenschaften bspw. eines Produktes zu erhalten. Diese Textsorten enthalten „fachsprachlich[e] Merkmale auf lexikalischer […] und syntaktischer" (ebd.) sowie auf symbolischer Ebene (Piktogramme…).

Bei den in den Ausbildungsberufen ermittelten Textsorten (Tabelle 1) handelt es sich überwiegend um nicht-lineare, diskontinuierliche Texte, die sowohl produktiv als auch rezeptiv genutzt werden (müssen). Typische Formate sind beispielsweise Informationstafeln, Tabellen, Rezepte, Lieferscheine, Geschäftsbriefe. Die kommunikative Anforderung besteht darin, das so komprimiert und übersichtlich dargestellte Wissen, die Informationen und deren Aussagewert erfassen zu können. Während im schulischen Deutschunterricht überwiegend Fließ- bzw.

kontinuierliche Texte, basierend auf einer relativ geringen Menge an Sach- und Fachwissen, produziert und rezeptiert werden, finden in der Ausbildung kurze, präzise, pointierte Berichte, Tabellen etc. Anwendung, die üblicherweise zugleich eine enorme Wissensmenge kondensieren (Efing/Häußler 2011: 13). Gerade diskontinuierliche Texte lassen sich als eine besonders herausfordernde Textform charakterisieren. Sie bestehen aus einer Kombination grafischer und textueller Elemente, aus einem Geflecht von Grafiken, Symbolen, Schrift- und Ziffernsymbolen, Icons und häufig auch bewegten Bildern (z.B. webbasierte Lesesituationen). Oft sind diese Codierungen noch mit Maßeinheiten wie Geld und Zeit verbunden. Die in solchen Situationen angebotenen Informationen basieren im Wesentlichen auf schriftsprachlichen und mathematischen Zeichen, d.h. auf unserem kulturell geprägten und konventionellen Zeichen- und Symbolsystem. Es müssen die Einzelelemente (Zahlen, Signalwörter, Schlagzeilen, Firmenlogos, Terme, Wortgruppen usw.) kombiniert und in einen Sinnzusammenhang gesetzt werden. Die Schwierigkeit, sich in diesen Situationen angemessen zu orientieren, besteht sicher nicht in der Anwendung der jeweiligen Einzelkompetenzen wie Lesen, Schreiben und Rechnen, sondern darin, diese Einzelkompetenzen in einen subjektiv bedeutsamen Zusammenhang zu bringen, d.h. unsere basalen schriftsprachlichen und mathematischen Kenntnisse situationsadäquat anzuwenden. Diese Informationen werden erst durch die Berücksichtigung des jeweiligen sozialen Kontextes brauchbar und sinnvoll.

In den Interviews wird betont, dass Texte hier überwiegend Individualproduktionen, d.h. in Einzelarbeit produzierte Texte sind. Gleichzeitig aber sind diese weitgehend durch situationsabhängige Vorgaben standardisiert, z.B. ein Berichtsheft, und vorrangig durch ein Auflisten fachspezifischer Termini charakterisiert. Sie erfordern – mit Ausnahme von E-Mails und Geschäftsbriefen, die hier nur im Berufsfeld *Bürokraft* vertreten waren – keine vollständige Syntax. Es handelt sich weitgehend um Notizen oder Stichworte, die meist tabellarisch dargestellt werden. „Dies ist dabei sicherlich nicht als Erleichterung zu interpretieren, sondern verlangt […] eine großes Abstraktionsvermögen und die Fähigkeit zur […] pointierten Darstellung" (Efing 2010: 11). Diese pointierten Darstellungen werden häufig auch – produktiv wie rezeptiv – mit Zeichnungen, Icon, Logos und Symbolen kombiniert. Zu den zu produzierenden Textsorten merkt ein Ausbildungsmeister an:

Ausbildungsmeister Autowerker: Sie müssen manchmal einen Bericht selber formulieren (-) und schreiben (-) des schon (.) aber des ist eher die Ausnahme (.) ... Und sie werden auch draußen äh ... relativ wenig (,) sie müssen vielleicht mal einen Arbeitszettel ausfüllen (,) so was könnte sein (.) was hab ich jetzt gerade gemacht (-) ...Ja (.) was wird für ein Material gebraucht (-) und solche Geschichten.

Die Rezeption der Textsorten bereitet den Auszubildenden Schwierigkeiten:

> *Ausbildungsmeister Autowerker: Die kriegen des Blatt (,) die müssen selber das Wichtigste rausholen (,) und dann sammeln wir's (,) dann schreiben wir des zusammen (,) ja (') ... Also auch äh aus 4 Seiten 5 Sätze praktisch rauszuziehen was ist wichtig (,) und des ist fast net möglich (.) Ja (.)*

5.3 Exkurs: Die Verwendung von Fachsprache

Quer zu den Teilkompetenzen der kommunikativen Kompetenz liegt die Anforderung, kompetent mit dem Register der Fachsprache(n) umzugehen. Diese ist wichtig und wird mündlich, schriftlich sowie produktiv als auch rezeptiv verwendet. Diesbezüglich wird in den Interviews deutlich, dass Auszubildende und Ausbildungsmeister in ihrer Ansicht über die Notwendigkeit von Fachsprache konform gehen. Sowohl Auszubildende als auch Ausbildungsmeister sehen zwar keine großen Schwierigkeiten in deren Erlernen, erkennen dieses dennoch als einen langwierigen Prozess an, der sich über die gesamte Ausbildungszeit hin erstreckt. Dies wird in einem Austausch von Auszubildenden des ersten Lehrjahres (AK1) und eines Auszubildenden des dritten Lehrjahres (AK2) deutlich:

> *Interviewer: Fällt's dir leicht (') der Umgang mit der Fachsprache (?)*
> *Auszubildender Beikoch (1): Nein (.)*
> *Interviewer: Okay (.) und findest du es aber sinnvoll und hilfreich (,) dass es eigentlich eine Fachsprache gibt (?)*
> *Auszubildender Beikoch (1): Nein (.) ich kann beruhigt auf die Sprache (.) anstatt Julienne kann er doch ganz normal sagen Streifen (.)*
> *Interviewer: Ja (-) was sagst du dazu (?)*
> *Auszubildender Beikoch (2): Ich find's schon manchmal (-) also am Anfang fand ich's auch krass (,) was es für unterschiedliche Wörter gibt (,) zu verschiedenen Begriffen (,) aber in der Zwischenzeit muss ich sagen (-) es ist verständlicher wenn man Fachbegriffe als wenn man jetzt äh sagt man kocht mal mit Brühe (.)*

Die Auszubildenden bestätigen Schwierigkeiten im Umgang mit der Fachsprache gerade in den zu rezipierenden Textsorten:

> *Auszubildender Lackierer: Naah nich so also [.. hier sind halt die (,) sag mr mal die Seiten, die wir kriegen viel schwerer zum [lesen (') weil da sind auch Wörter, die wir eigentlich noch gar nicht noch nie gehört haben.*

Weiter merkt dieser Auszubildende an:

> *Auszubildender Lackierer: Genau (.) Fachsprache (,) fast nie gehört haben (-) und in der Förderschule hatten wir halt nicht so grad so (.) Also Schwierigkeiten hatten wir am Anfang schon (-) ... Aber (,) jetzt geht's einigermaßen.*

5.4 Sprachliche Interaktionsmuster

Bei der Analyse der Gesprächs- und Textsorten wurde deutlich, dass allein diese sachstrukturell charakterisierte Kategorie die konkreten kommunikativen Anforderungen nicht umfassend beschreibt. Basierend auf dem hier zugrunde gelegten Kompetenzverständnis sind diese durch situationsspezifische Faktoren zu ergänzen. In den Interviews wurden naturgemäß jeweils größere Kommunikationseinheiten thematisiert. Tabelle 2 fasst zusammen, welche kommunikativen Anforderungen den jeweiligen sprachlichen Interaktionsmustern zugrunde liegen. Zentrale charakteristische Elemente sind dabei der Adressatenbezug sowie die jeweils verwandten sprachlichen Register (Fachsprache, betriebliche Umgangssprache, Jugendsprache, Standardsprache…).

Wie vor allem in den Interviews erkennbar wurde, nehmen die sprachlichen Interaktionsmuster *Besprechen, Berichten und Präsentieren* – sowohl auf rezeptiver als auch auf produktiver Ebene – breiten Raum ein. Häufig sind diese Kommunikationseinheiten äußerst vielschichtig und umfassen Teilprozesse wie *Notizen angefertigen, Nachfragen stellen, Entscheidungen treffen, Informationen finden* usw. Diese zeitlich parallel laufenden, sich wechselseitig bedingenden Kommunikationseinheiten erfordern mündliches und schriftliches Sprachhandeln. Ein Beispiel stellt die morgendliche Besprechung der Auszubildenden zum Beikoch mit ihrem Ausbildungsmeister dar. Im Team werden die Aufgaben für den jeweiligen Arbeitstag gesammelt und verteilt. Grundlage dafür bildet u.a. der schriftlich vorliegende Speiseplan des Tages. Noch während der Auszubildende dem Ausbildungsmeister zuhört und den Speiseplan liest, macht er sich Notizen, stellt Fragen und/oder formuliert Vorschläge. In solchen Situationen muss der Auszubildende zuhören, die Informationen einordnen und bewerten, gesprächsbegleitend schreiben und lesen, sich einen eigenen Standpunkt bilden und vertreten, seine Meinungen begründen und sich jeweils adressatenbezogen (Ausbilder, andere Auszubildende) artikulieren.

Tabelle 2: Sprachliche Interaktionsmuster in der betrieblichen Ausbildung

Sprachliches Interaktionsmuster	Kommunikative Anforderungen (rezeptiv und produktiv)
Besprechen	– Unterscheidung zwischen informellen und formellen Besprechungen treffen (Adressatenbezug) – Informationen filtern, verarbeiten, integrieren – Informationen und eigene Wissenskonstruktion vermitteln – Argumentieren über bspw. Sachverhalt – Fragen stellen – Zuhören
Berichten	– Sachverhalte mündlich oder schriftlich darstellen (Adressatenbezug) – Dokumentieren von Sachverhalten, Abläufen, Aufträgen
Präsentieren	– Sich selbst, die Tätigkeit oder das Wissen vor einem Gegenüber präsentieren (Adressatenbezug) – Erklären und instruieren
Informieren (Wissenserwerb/ Aneignungsprozesse (über Sprache)	– Deklaratives Wissen und prozedurale Fertigkeiten aneignen – Umgang mit diskontinuierlichen Texten

Allen Beteiligten ist bewusst, dass Kommunikation auch als ein Begleit- bzw. Koordinationsinstrument fungiert. Prototypisch dafür ist folgende Aussage eines Auszubildenden:

Auszubildender Hauswirtschaft: Also man bespricht mehr miteinander (,) das bedeutet die Frau B. kommt zu uns (,) erklärt uns was zu tun ist (,) den ganzen Tag über (,) das bedeutet wir müssen dann auch zuhören können (,) müssen dann auch mitdenken können (-) ja (.) auf jeden Fall (.) und schreiben ist eher unwichtig sagen wir mal so (.) es ist nicht ganz so wichtig (.)

Die Ausbildungsmeisterin bestätigt dies: *Mhm (.) .. also wenn man nicht kommuniziert funktioniert halt die restliche Tätigkeit nicht (.)*

6. Zusammenfassung und Herausforderungen

Die Studie zeigt, dass die kommunikative Kompetenz und hier besonders die *Gesprächskompetenz* eine zentrale Rolle spielt. Sie wird in dieser Form der beruflichen Ausbildung am häufigsten benötigt. Eine Auszubildende bestätigt dies wie folgt:

Auszubildende Bürokraft: Mm viel lesen müssen wir eigentlich nicht (.) (..) ähm das ist hauptsächlich nur so in der Berufsschule dass wir mal was lesen müssen (-)

> *Interviewer: Also schreiben und sprechen überwiegend (.)*
> *Auszubildende Bürokraft: Ja (.) Also es kann mal vorkommen dass wir Berichte lesen müssen*
> *(,) in der Berufsschule (,) äh aber das ist ganz arg selten (.)*

Auch die *Textkompetenz* wird häufig als Anforderung benannt. Im Gegensatz zur Gesprächskompetenz scheint sie aber deutlich geringer ausgeprägt zu sein:

> *Interviewer: Mhm (,) okay (.) ähm können Sie sagen dass es für Sie eine Teilkompetenz (,)*
> *also sei es jetzt Lesen oder Zuhören (,) oder Schreiben und Sprechen (,) wo Sie sagen die ist*
> *wirklich im ungenügenden Bereich (.)*
> *Ausbildungsmeister Hauswirtschaft: Ja (,) ja ja (,) auf jeden Fall (.) Schreiben (,) Schreiben*
> *und Lesen (.) ist (-)*
> *Interviewer: Also diese Basiskompetenzen (')*
> *Ausbildungsmeister Hauswirtschaft: Ja ja ja (.) Sprechen geht eher (,) das kommt auch im-*
> *mer noch ein bisschen darauf an auf den Jargon den sie haben (.) äh ja (.) aber je nachdem*
> *aus welchem Haus sie kommen (.) Sie haben's ja heute Morgen gemerkt (,) (..),(…) schwer (.)*

Die *Medienkompetenz* als dritte Komponente von kommunikativer Kompetenz war in dieser Untersuchung kaum gefordert. Untersuchungen in Betrieben der freien Marktwirtschaft ergeben ein ähnliches Bild (Efing 2010). Weder traditionelle Medien (z.B. Telefon) noch neuere medial gestützte Kommunikationsformen (Computer, E-Mail, PowerPoint) spielen in der Ausbildung eine große Rolle.

Die Relevanz kommunikativer Kompetenzen wird von allen Beteiligten als sehr hoch eingeschätzt. Auf einer Skala von eins bis fünf (,sehr wichtig' bis ,völlig unwichtig') schätzen die Ausbildungsmeister die Relevanz von Kommunikation häufig mit ,eins' (sehr wichtig) ein. Nur ein Ausbildungsmeister bewertet dies lediglich mit drei. Diese Feststellung bestätigt die Befunde von Efing/Häußler (2011) und Efing (2012). In deren Studien schätzen Ausbildungsmeister sowie Auszubildende den prozentualen Anteil der Kommunikation im Vergleich zur handwerklichen Tätigkeit auf 30–40% (Efing/Häußler 2011: 10, Efing 2012: 8).

Wiederholt werden von den Ausbildungsmeistern Defizite bezüglich der Bewältigung der kommunikativen Anforderungen angemerkt.

> *Ausbildungsmeister Beikoch: Also lesen (,) lesen schreiben (,) würde ich sagen ist ungenü-*
> *gend (,) (Pause) zuhören (,) und verstehen ist auch ungenügend (.)*

In den Interviews wurde den Ausbildungsmeistern die Frage gestellt, ob sie die Auszubildenden für ausreichend vorbereitet auf die kommunikativen Anforderungen in der beruflichen Ausbildung durch den Schulbesuch einschätzen. Eine Antwort eines Ausbildungsmeisters steht stellvertretend dafür:

> *Ausbildungsmeister Koch: Ne äh das lernen sie im Laufe der Ausbildung (.) das ist am An-*
> *fang ganz schwach nur (,) bei vielen überhaupt nicht (,) durch sei es durch Schüchternheit*
> *(,) mangelndes Fachwissen sowieso (,) und … ja (,) einfach sie trauen sich nicht (.) und das*

kommt durch (,) wie ich es auch heute Morgen schon angesprochen habe (,) durch Vertrauenschaffen (,) Sicherheitgeben (,).

Der Auszubildende zieht bezüglich der Frage, ob er sich denn auf die kommunikativen Anforderungen in der beruflichen Ausbildung durch die Förderschule gut vorbereitet fühlt, eine negative Bilanz:

Auszubildender Fahrradmonteur: Also nur (-) (,) eigentlich nein (.)
Interviewer: Habt ihr da nicht so Sachen mal gemacht (.)
Auszubildender Fahrradmonteur: Mm (.) nichts (.)

Das berufsvorbereitende Jahr hingegen beschreibt eine Auszubildende als gewinnbringend und ausbildungsnah. Ein Ausbildungsmeister ergänzt dazu:

Ausbildungsmeister Tischler: „In der Schule muss das Wesentliche viel mehr in den Fokus gerichtet werden. Wie kann es sein, dass ein Azubi sein Schreiben innerhalb eines Jahres deutlich verbessern kann? Was hat er dann neun Jahre in der Schule gemacht? Dies bedeutet, dass er immer durch kam. Die Schüler kommen mit unrealistischen Noten und Beurteilungen in die Ausbildung. Wo soll man da ansetzen?"

Wenngleich diese Befunde nicht repräsentativ sind, verweisen sie doch auf eine besorgniserregende Diskrepanz zwischen schulischer und beruflicher Bildung. Diesen Fragestellungen ist in naher Zukunft erheblich mehr Bedeutung zuzumessen.

Eine mögliche relevante Diskursebene stellt dabei die Verwendung des Begriffes *Kompetenzen* dar. Die Diskussion auf schul- und berufspädagogischer Ebene verweist auf grundlegende Diversitäten. In der Schulpädagogik basiert die Planung von Bildungsangeboten auf der fachwissenschaftlichen Logik des Unterrichtsfaches und konzentriert sich auf kognitive Leistungsfähigkeit. Hier folgt die Praxis der Theorie z.B. in Form von Sachaufgaben (Saldern 2011). Intelligentes Handeln wird in der Anwendung expliziten Wissens gesehen; gemessen wird dies anhand von Items wie Merkmalslisten, Begriffssysteme usw. (ebd.). Die Inhalte der Bildungsstandards sind vorrangig durch die Schule bzw. durch die jeweilige Fachdidaktik bzw. die Fachwissenschaft bestimmt, d.h. in Domänen von z.B. Lesen, Mathematik, Naturwissenschaften usw. Demgegenüber steht ein Kompetenzverständnis in der Berufs- und Wirtschaftspädagogik, das seinen Ausgangspunkt im beruflichen Handlungsfeld sucht, d.h. hier geht die Praxis der Theorie voraus. Wissen ist hier das Ergebnis der Reflexion auf intelligentes Handeln. (ebd.).

7. Ausblick

Anhand der Befunde wurde deutlich, dass das Verfügen über kommunikative Kompetenz, im Sinne des GER, großen Einfluss auf die Ausprägung von Ausbildungsreife hat und auch ausschlaggebend für ein erfolgreiches Bestehen in der beruflichen Ausbildung ist. Folgendes Zitat illustriert dies exemplarisch:

Interviewer: für wie wichtig halten Sie denn jetzt die Fähigkeit in dem Berufsfeld gut kommunizieren zu können (.)
Ausbildungsmeister Hauswirtschaft: 70 Prozent äh für eine Vermittlungschance (.)

Erste Schlussfolgerungen aus dieser Untersuchung legen nahe, die Entwicklung einer ausbildungs- und berufsfeldbezogenen *kommunikativen Kompetenz* als eine zentrale Bildungsaufgabe zu begreifen. Deren Entwicklung kann nicht erst in der Phase der Berufsausbildung erfolgen. Berufsfeldbezogene Basiskompetenzen in den Bereichen *Sprechen, Verstehen, Zuhören, Lesen* und *Schreiben* im Sinne einer Grundbildungskompetenz müssen integraler Bestandteil schulischer Bildung werden. Zukünftige Auszubildende sind auf kommunikative Anforderungen so vorzubereiten, dass sie im Sinne einer umfassenden Handlungskompetenz sprachlich kompetent handeln können. Schul- und berufsschulpädagogische Bildungsangebote müssen sich an den je individuell möglichen Anschluss- und nicht vorrangig an den Abschlussmöglichkeiten orientieren. Derartig angelegte Bildungsprozesse verstehen Lernen als individuellen lebenslangen Prozess.

Literatur

Autorengruppe Bildungsberichterstattung (2014): Bildung in Deutschland 2014. Verfügbar unter http://www.bildungsbericht.de/daten2014/bb_2014. pdf (Zugriff am 15.09.2014).

Basendowski, Sven (2013): Die soziale Frage an (mathematische) Grundbildung. Bad Heilbrunn.

Basendowski, Sven/Werner, Birgit (2010): Die unbeantwortete Frage offizieller Statistiken: Was machen Förderschülerinnen und -schüler eigentlich nach der Schule? Ergebnisse einer regionalen Verbleibsstudie von Absolventen mit sonderpädagogischem Förderbedarf Lernen. In: Empirische Sonderpädagogik. 2, 64–88.

BBW – Berufsbildungswerk: http://www.bbw-waiblingen.de/ (Zugriff am 07.12.2012).

BBW – Berufsbildungswerk Waiblingen gGmbH (2009): Bildung und Eingliederung junger Menschen mit besonderem Förderbedarf in Beruf und Gesellschaft. Raum für Chancen. Waiblingen.

Beauftragter der Bundesregierung für die Belange behinderter Menschen (2010): Die UN-Behindertenrechtskonvention. Übereinkommen über die Rechte von Menschen mit Behinderungen. Berlin.

Becker-Mrotzek, Michael/Brünner, Giesela (2004): Einleitung. In: Dies. (Hrsg.): Analyse und Vermittlung von Gesprächskompetenz. Frankfurt am Main, 7–13.

BMBF – Bundesministerium für Bildung und Forschung (2012): Berufsbildungsbericht 2012. Verfügbar unter http://www.bmbf.de/pub/bbb_2012.pdf (Zugriff am 04.12.2012).

Brünner, Giesela (2007): Mündliche Kommunikation im Beruf. Zur Vermittlung professioneller Gesprächskompetenz. In: Der Deutschunterricht 59, 39–48.

Bundesagentur für Arbeit (BA) (Hrsg.) (2009): Nationaler Pakt für Ausbildung und Fachkräftenachwuchs--Kriterienkatalog zur Ausbildungsreife. Verfügbar unter http://www.arbeitsagentur.de/zentraler-Content/Veroeffentlichungen/ Ausbildung/Kriterienkatalog-zur-Ausbildungsreife.pdf (Zugriff am 08.12.2012).

Deppermann, Arnulf (2004): ,Gesprächskompetenz' – Probleme und Herausforderungen eines möglichen Begriffs. In: Becker-Mrotzek, Michael/Brünner, Giesela (Hrsg.): Analyse und Vermittlung von Gesprächskompetenz. Frankfurt am Main, 15–27.

Efing, Christian (2010): Kommunikative Anforderungen an Auszubildende in der Industrie. In: Fachsprache 1–2, 4–19.

Efing, Christian (2011): Kommunikative Kompetenzen an der Schnittstelle Schule--Ausbildung: Zu den sprachlich-kommunikativen Anteilen am Konzept „Ausbildungsfähigkeit". In: Krafft, Andreas/Spiegel, Carmen (Hrsg.): Sprachliche Förderung und Weiterbildung – transdisziplinär. Frankfurt am Main, 69–89.

Efing, Christian (2012): Sprachliche oder kommunikative Fähigkeiten – was ist der Unterschied und was wird in der Ausbildung verlangt? In: BWP – Berufsbildung in Wissenschaft und Praxis 2, 6–9.

Efing, Christian (2013): Ausbildungsvorbereitender Deutschunterricht an allgemeinbildenden Schulen? Legitimation und Definition. In: Efing, Christian (Hrsg.): Ausbildungsvorbereitung im Deutschunterricht der Sekundarstufe I. Sprachlich-kommunikative Facetten von „Ausbildungsfähigkeit". Frankfurt am Main, 11–38.

Efing, Christian (2014): Theoretische und methodische Anmerkungen zur Erhebung und Analyse kommunikativer Anforderungen im Beruf. In: Kiefer, Karl-Huber/Efing, Christian/Jung, Matthias/Middeke, Annegret (Hrsg.): Berufsfeld-Kommunikation Deutsch. Frankfurt am Main, 11–33.

Efing, Christian/Häußler, Marleen (2011): Was soll der Deutschunterricht an Haupt- und Realschulen vermitteln? Empirisch basierte Vorschläge für eine Ausbildungsvorbereitung zwischen zweckfreier und zweckgerichteter Bildung. Verfügbar unter http://www.bwpat.de/ht2011/ft18/efing_haeussler_ft18-ht2011.pdf (Zugriff am 04.01.2013).

Efing, Christian/Janich, Nina (2007): Kommunikative Kompetenz im Beruf. Einführung in das Themenheft. In: Der Deutschunterricht 59, 2–9.

Goethe-Institut Inter Nationes (Hrsg.) (2001): Gemeinsamer Europäischer Referenzrahmen für Sprachen. Berlin.

Grabowski, Joachim (2014). Medienkompetenz. In: Grabowski, Joachim (Hrsg.): Sinn und Unsinn von Kompetenzen. Opladen, 189–210.

Grundler, Elke (2013): Gesprächskompetenz von Haupt- und Realschulabsolventen. In: Efing, Christian (Hrsg.): Ausbildungsvorbereitung im Deutschunterricht der Sekundarstufe I. Die sprachlich-kommunikativen Facetten von „Ausbildungsfähigkeit". Frankfurt am Main u.a., 93–112.

Hartung, Michael (2004): Wie lässt sich Gesprächskompetenz wirksam und nachhaltig vermitteln? Ein Erfahrungsbericht aus der Praxis. In: Becker-Mrotzek, Michael/Brünner, Giesela (Hrsg.): Analyse und Vermittlung von Gesprächskompetenz. Frankfurt am Main, 47–66.

Jung, Eberhard (2010): Kompetenzerwerb. Grundlagen, Didaktik, Überprüfbarkeit. München.

Kaiser, Franz (2012): Sprache – Handwerkszeug kaufmännischer Berufe. In: Berufsbildung in Wissenschaft und Praxis 41, 14–17.

Keimes, Christina/Rexing, Volker/Ziegler, Birgit (2011): Leseanforderungen im Kontext beruflicher Arbeit als Ausgangspunkt für die Entwicklung adressatenspezifischer integrierter Konzepte zur Förderung von Lesestrategien. In: Faßhauer, Uwe u.a. (Hrsg.): Lehr-Lernforschung und Professionalisierung. Perspektiven der Berufsbildungsforschung. Opladen, 37–49.

KMK 2012 – Kultusministerkonferenz: http://www.kmk.org/bildung-schule/qualitaetssicherung-in-schulen/bildungsstandards/dokumente.html (Zugriff am 04.12.2012).

Knapp, Werner/Pfaff, Harald/Werner, Sybille (2008): Kompetenzen im Lesen und Schreiben von Hauptschülerinnen und Hauptschülern für die Ausbildung – eine Befragung von Handwerksmeistern. In: Schlemmer, Elisabeth/Gerstberger, Herbert (Hrsg.): Ausbildungsfähigkeit im Spannungsfeld zwischen Wissenschaft, Politik und Praxis. Wiesbaden, 191–206.

Pätzold, Günter (2009): Kommunikative Kompetenz im Beruf. Formen des Sprachgebrauchs und Berufstätigkeit. In: Berufsbildung 63, 4–7.

Saldern, M. von (2011): Schulleistung 2.0. Von der Note zum Kompetenzraster. Norderstedt.

Schaper, Niclas (2008): (Arbeits-)psychologische Kompetenzforschung. In: Fischer, Martin/Spöttl, Georg (Hrsg.): Forschungsperspektiven in Facharbeit und Berufsbildung. Strategien und Methoden der Berufsbildungsforschung. Frankfurt am Main, 91–115.

Weidacher, Georg (2007): Multimodale Textkompetenz. In: Schmölzer-Eibinger, Sabine/Weidacher, Georg (Hrsg.): Textkompetenz. Eine Schlüsselkompetenz und ihre Vermittlung. Festschrift für Paul R. Portmann-Tselikas zum 60. Geburtstag. Tübingen, 39–55.

Nina Pucciarelli (Hohenheim)

Sprachliche Anforderungen und Fähigkeiten in der kaufmännischen Berufsausbildung – eine empirische Analyse im Rahmen des Projekts „Gemeinsam stark durch Sprache"

Abstract Young people's linguistic deficiencies are a daily problem for teachers and trainers of the German Vocational Training System. In this system language competence is the key to training success and professional and social integration into an increasingly globalised society. Therefore more than ever a concept for diagnosing and supporting language competences has to be developed considering the needs of vocational training and a holistic definition of language competence. Supporting projects, that still exist, often emphasize partial competences or fail due to lack of engagement and difficulties in practical implementation.

The results of the quantitative survey within the project „Gemeinsam stark durch Sprache", questioning trainees, teachers and trainers, base on a holistic view and will be discussed in this paper. It is shown how important language competence is according to the involved persons and which reasons for failure of projects supporting language skills can be specified. This paper concentrates on the identification of productive and receptive language requirements in vocational schools and training companies in order to compare them with the language skills of the trainees. This step allows a detailed list of those partial language competences that are required within the vocational training system, but are a major problem for the trainees. Finally a short preview about how further steps can follow up on these results is given.

1. Der Stellenwert von Sprachkompetenz in der dualen Berufsausbildung

Betrachtet man den Stellenwert, den Sprachkompetenz in der dualen kaufmännischen Berufsausbildung einnimmt, so ist es nicht erst seit PISA unumgänglich, die Rolle dieser wichtigen Kompetenz für alle Beteiligten der dualen Berufsausbildung zu reflektieren. Sprachliche Fähigkeiten sind seit jeher ein bedeutender Bestandteil der kaufmännischen Berufsausübung (Kaschel/Grundmann 2000: 33). Aufgrund der Globalisierung werden Tätigkeiten in den Unternehmen darüber hinaus zunehmend versprachlicht, d.h. sie müssen vermehrt und ggf. auch in verschiedenen Sprachen dokumentiert und Kundenkontakte gepflegt werden. In der Berufsschule ist kein Unterricht ohne Sprache, sei es in Text- oder Gesprächsform, denkbar,

so dass von der Bewerbung für den Ausbildungsplatz bis hin zur Abschlussprüfung von den Auszubildenden mehr denn je sprachlich produktive und rezeptive
Fähigkeiten gefordert werden (Funk/Neuner 1983: 94ff.; Bocksrocker 2011: 2).
Willenberg (2007: 176) nennt ganz allgemein die sprachlichen Anforderungen, die
an einen Auszubildenden gestellt werden: Rechtschreibung und Zeichensetzung
beherrschen, grammatikalisch richtig schreiben und sprechen, wichtige grammatische Begriffe kennen (z.b. *Präsens, Konjunktiv* etc.), wichtigste Inhalte eines
Textes zusammenfassen können, Texte schreiben, überzeugend argumentieren,
Gesprächsführung, Fragen an einen Text stellen sowie ein Kurzreferat nach Stichpunkten halten können. Auch im Schul- und Arbeitsalltag ist kein Miteinander von
MitschülerInnen, LehrerInnen, KollegInnen sowie AusbilderInnen möglich ohne
auf die in diesem Fall soziolinguistische Funktion der Sprache zurückzugreifen
(Bocksrocker 2011: 6).

Dabei unterscheiden sich die sprachlichen Anforderungen an den Auszubildenden, je nachdem ob er sich gerade zu Hause, im Betrieb oder in der Schule
aufhält. Während im privaten Bereich die lokale Umgangssprache bzw. informelle
Familiensprache vorherrschend ist, sind in der Schule die sogenannte „Bildungssprache" und im Berufsleben die Standard- und Fachsprache vorrangig, wobei
die einzelnen Sprachen auch bereichsübergreifend angewendet werden (Neuland
2003: 146; Bocksrocker 2011: 3; Leisen 2013: 349f.).

Gerade die Fähigkeit zur bewussten Unterscheidung dieser verschiedenen Register und das entsprechende Sprachnormbewusstsein ist bei vielen Jugendlichen
jedoch immer weniger vorhanden (Grundmann 2004: 10ff.; Bocksrocker 2011: 2)
und Ausbildungsbetriebe beklagen zunehmend die „Sprachlosigkeit" der Ausbildungsplatzbewerber (Grundmann 2007: 3). Betrachtet man die Gründe für diese
Entwicklung der sprachlichen Fähigkeiten von Jugendlichen, zeigt sich, dass verschiedene Einflussdimensionen hier zusammenspielen (Neuland 2003: 138). So
muss sich die Jugendsprache einerseits von der Standardsprache der Erwachsenen
abgrenzen. Gleichzeitig tragen jedoch die zunehmende Beeinflussung durch die
mediale Welt und der allgemeine Lebenswandel der Gesellschaft, insbesondere
in den Sozialisationsinstanzen *Peer-Group* und *Elternhaus,* dazu bei, dass *Lesen*
immer weniger Bedeutung einnimmt und sich damit auch die Sprachkompetenz
im Allgemeinen verschlechtert hat (Hummelsberger 2004: 39; Peitz 2007: 54f.;
Volmert 2005: 91; Bocksrocker 2011: 3). Den Jugendlichen mit Migrationshintergrund bereitet darüber hinaus der oft ungesteuerte Erwerb der komplexen Sprache
Deutsch große Probleme und erschwert den Erwerb von fachlichen Kompetenzen
aufgrund der doppelten Aufgabe von Sprachlernen und Sachlernen (Mansel 2007:
90f.). Für den Auszubildenden selbst, der sich in seiner Identitätsfindungsphase

befindet, nimmt Sprachkompetenz als Basis der Handlungskompetenz eine aus-bildungserfolgsrelevante Stellung ein und bildet dadurch auch die Basis für die weitere berufliche und soziale Integration in die Gesellschaft (Bocksrocker 2011: 4; Pucciarelli 2013: 2). Es stellt sich daher die Frage, welchen Stellenwert Sprach-kompetenz (und die Förderung derselben) an den unterschiedlichen Lernorten des Dualen Systems heute tatsächlich einnimmt.

1.2 Der Stellenwert von Sprachkompetenz in der Berufsschule

Zwar weisen die „aktuellen Paradigmen" der berufsschulischen Unterrichtspraxis, wie *handlungsorientierter Unterricht, Schlüsselqualifikationskonzept* und *Lernfel-dorientierung*, die durch die Europäisierung der Berufsbildung entstanden sind, trotz ihrer Unterschiedlichkeit in der Umsetzung, alle auf eine große Betonung der kommunikativen Kompetenzen der SchülerInnen hin (Schweger 2000: 96f.; Efing 2013b: 139), was zeigt, dass hier der Sprachkompetenz durchaus ein gro-ßer Stellenwert zugeschrieben wird. Jedoch liegt die Gestaltung der Lehrpläne in Anlehnung an den Rahmenlehrplan in der Verantwortung des jeweiligen Bundeslandes, wodurch Sprachkompetenz auch ganz unterschiedlich curricular verankert wird, was wiederum Einfluss auf die Ausgestaltung des Unterrichts nimmt (Bocksrocker 2011: 10; Pucciarelli 2013: 4). Gerade an den Fachtexten in den Berufsschulen zeigt sich, dass die Fachsprache, die Informationsdichte und die Komplexität den Auszubildenden seit der Umstellung auf Lernfelder zuneh-mend Probleme bereiten (Efing 2006b: 55). Dieser sprachlichen Probleme und damit der Notwendigkeit der Förderung der Sprachkompetenz scheint man sich an den Berufsschulen zwar durchaus bewusst zu sein (Frey 2007: 188). Da jedoch Förderprojekte meist auf die Initiative der Lehrenden an den Schulen angewiesen sind, bleibt es bei Versuchen Einzelner, die oftmals aus zeitlichen Gründen nicht fortgesetzt werden können, an der geringen Anzahl an Deutschunterrichtsstun-den scheitern oder nicht wissenschaftlich validiert sind (Bocksrocker 2011: 11ff.). Das zeigen auch die empirischen Ergebnisse einer quantitativen Befragung aller LehrerInnen einer kaufmännischen Berufsschule in Baden-Württemberg im Rah-men des Projekts „Gemeinsam stark durch Sprache" (Abb. 1).

Abb. 1: Stellenwert von Sprachkompetenz nach Aussage der Lehrkräfte (eigene Darstellung)

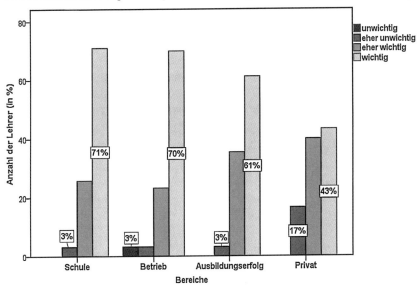

Die Lehrkräfte sollten hier den Stellenwert der Sprachkompetenz in den einzelnen Bereichen im Leben des Auszubildenden (Schule, Betrieb, Ausbildungserfolg und Privatleben) beurteilen (von „unwichtig" bis „wichtig"). Es zeigt sich, dass 71% der befragten LehrerInnen Sprachkompetenz sowohl für die Berufsschule als auch für den Ausbildungsbetrieb (70%) als wichtig einstufen und ebenso für den Ausbildungserfolg insgesamt (61%). Im privaten Bereich dagegen wird Sprachkompetenz in ihrer Wichtigkeit noch nicht so stark wahrgenommen, wie es in den anderen Bereichen der Fall ist. 17% der Lehrkräfte sehen hier Sprachkompetenz sogar als eher unwichtig für den Auszubildenden an, vermutlich unter der Annahme, dass Jugendliche mit Migrationshintergrund innerhalb der Familie und der Peer-Group auch mit weniger guten oder gar mangelhaften Sprachkenntnissen zurechtkommen bzw. oftmals in ihrer Muttersprache sprechen (Mansel 2007: 105). Der Aspekt, dass Sprachkompetenz jedoch maßgeblich zur sozialen Integration in die Gesellschaft beiträgt (Grundmann 2007: 21; Pucciarelli 2013: 6), wird hier somit teils vernachlässigt, was zeigt, dass die verschiedenen Funktionen, die Sprachkompetenz einnimmt, eventuell nicht präsent sind.

Insgesamt aber ordnen die befragten LehrerInnen (bis auf wenige Ausnahmen) der Sprachkompetenz einen hohen Stellenwert zu und es stellt sich die Frage, warum dennoch in dieser Berufsschule bisher spezifische Förderprojekte zur Sprachkompetenz unterblieben sind. Die Ergebnisse zur Frage nach den Gründen für das

Scheitern bzw. wie in diesem Fall Unterbleiben von bisherigen Förderprojekten (Abb. 2) bestätigt, dass überwiegend Zeitmangel die befragten LehrerInnen (80%) daran hindert, eine Förderung auszuarbeiten und zu implementieren.

Abb. 2: Hinderungsgründe für die Implementierung einer Sprachförderung nach Aussage der LehrerInnen (eigene Darstellung)

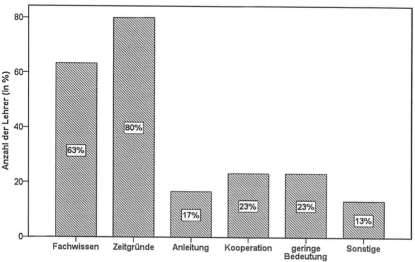

Aber auch das fehlende sprachwissenschaftliche Fachwissen stellt zusammen mit dem daran anschließenden notwendigen fachdidaktischen Fachwissen (verbunden mit der Frage, wie eine solche Förderung überhaupt auszugestalten ist, welche Bereiche der Sprache sie umfassen soll und wie sie dann angewendet wird) einen ausschlaggebenden Grund für 63% der Lehrkräfte dar, von denen nur wenige DeutschlehrerInnen sind und damit auch nur wenige auf sprachdidaktische Methoden zurückgreifen können. Als weitere Hinderungsgründe erweisen sich eine schlechte Kooperation mit den Ausbildungsbetrieben (23%) und damit weitgehende Unkenntnis bezüglich der Frage, welche sprachlichen Anforderungen dort gestellt werden, die geringe Bedeutung von Sprachkompetenz im Lehrerkollegium (ebenso 23%), die fehlende Anleitung durch die Schulleitung (17%) und der Personalmangel (genannt unter Sonstiges mit 13%).

1.3 Der Stellenwert von Sprachkompetenz im Ausbildungsbetrieb

Betrachtet man den Ausbildungsbetrieb als weiteren und wichtigen Lernort der dualen Berufsausbildung, zeigt sich, dass gerade durch die netzwerkstrukturierte

Ausrichtung der Unternehmen im Zuge der Globalisierung die kommunikativen Anteile der Steuerungs-, Planungs- und Verwaltungstätigkeiten stark zugenommen haben und die sprachlichen Fähigkeiten *Lesen, Schreiben, Hören* und *Sprechen* inzwischen Teil eines jeden Arbeitsschrittes sind, so dass berufliche Handlungsfähigkeit ohne sprachliche Handlungsfähigkeit nicht mehr möglich ist und Beruf und Sprache mehr denn je interdependent sind (Kolb/Wyss Kolb 2002: 40f.; Forner/Habscheid 2006: 7; Forner 2006: 27; Grundmann 2004: 8). Insbesondere Schulabgänger aus den Haupt- und Realschulen können diesen gestiegenen Anforderungen nicht gerecht werden, so dass viele Ausbildungsplätze nur noch von Abiturienten besetzt werden oder sogar unbesetzt bleiben (Bosch 2010: 40). Dies verschärft nicht nur das Problem der Suche der Betriebe nach qualifizierten Fachkräften und Auszubildenden und damit den Fachkräftemangel (wie erneut vom Berufsbildungsbericht 2015 bestätigt wurde, BMBF 2015), sondern auch die Konkurrenzsituation unter den Bewerbern auf dem Ausbildungsstellenmarkt, vor allem derjenigen mit Hauptschulabschluss, die nicht selten unversorgt vom Ausbildungssystem zurückbleiben. Es stellt sich die Frage, wie das verschenkte Potential an Auszubildenden durch eine qualifiziertere berufliche Bildung genutzt werden kann (Krone 2010: 27ff.; Münk 2010: 189f.). Die Förderung der Sprachkompetenz und damit der beruflichen Handlungskompetenz kann hierzu den Schlüssel darstellen. Sprachkompetenz ist nicht nur eine wesentliche Grundlage für das erfolgreiche berufliche Arbeiten und das Lernen in der Berufsschule, sondern auch für das lebenslange Lernen, welches durch den rasanten Verfall berufsspezifischer Kenntnisse unabdingbar geworden ist (Drommler u.a. 2006: 2). Ein Blick auf die Ergebnisse der innerhalb des Projekts befragten 125 Ausbildungsunternehmen, die mit der kaufmännischen Berufsschule kooperieren (Abb. 3), zeigt, dass auch hier, und noch deutlicher als bei den Lehrkräften, Sprachkompetenz in ihrer Wichtigkeit in allen Bereichen wahrgenommen wird. Dabei nimmt Sprachkompetenz für die AusbilderInnen in den Bereichen Betrieb und Ausbildungserfolg einen größeren Stellenwert ein (wichtig für 82% der befragten AusbilderInnen) als für die Berufsschule (71%). Für 56% der befragten AusbilderInnen – und damit deutlich mehr als bei den Lehrkräften – stellt Sprachkompetenz eine wichtige Kompetenz für das Privatleben des Auszubildenden dar. Die Gründe für diese Einschätzungen könnten darin zu sehen sein, dass AusbilderInnen die direkte Anschlussmöglichkeit bzw. Übernahmechancen der jungen Auszubildenden nach der Berufsausbildung miterleben. Sie wissen um die soziale Auswirkung des beruflichen Erfolgs auf das Privatleben und damit den Zusammenhang von beruflichem Status und sozialer Integration in die Gesellschaft (Grundmann 2007), die ebenso ohne Sprachkenntnisse nicht möglich ist. Gerade in den Betrieben sind berufliche Positionen viel mehr auch sozial bewertet als es

an der Schule der Fall ist, wo die meisten MitarbeiterInnen den Beamtenstatus
haben und damit gleichgestellt sind.

Abb. 3: Stellenwert von Sprachkompetenz nach Aussage der AusbilderInnen (eigene Darstellung)

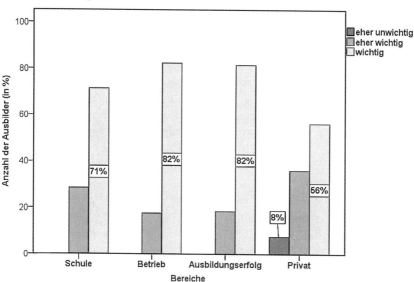

Doch trotz der durchweg positiven Einschätzung der Rolle von Sprachkompetenz
in den genannten Bereichen zeigt auch hier die Frage nach der Sprachförderung
im Betrieb, dass, wenn überhaupt, fremdsprachliche und nicht muttersprachliche
Fähigkeiten, insbesondere im Rahmen von interkulturellen Kompetenztrainings,
gefördert werden. Die Hinderungsgründe sind ähnlich wie die der LehrerInnen
(Abb. 4). Auch hier spielt der Zeitmangel eine wesentliche Rolle (64%). Ein weiterer
und überraschender Punkt ist die angebliche geringe Bedeutung der Sprachkompetenz in den Betrieben (45%). Dieser Umstand lässt sich daraus erklären, dass
die Unternehmensleitung andere Kompetenzen betont als die AusbilderInnen,
wie beispielsweise fremdsprachliche Fähigkeiten, die im Zuge der Globalisierung
und der Außenwirkung des Unternehmens von Wichtigkeit sind (ILS 2010). Die
befragten AusbilderInnen dagegen, nach deren Einschätzung Sprachkompetenz
einen wichtigen Stellenwert für die gesamte Ausbildung einnimmt (Abb. 3), stehen in direktem Kontakt mit den Auszubildenden und erleben deren Fähigkeiten
und Defizite. Die Förderung der Weiterentwicklung ihrer Auszubildenden steht
hier nicht nur unter betrieblichen Gesichtspunkten im Vordergrund, sondern

auch unter dem Aspekt der gesellschaftlichen Verantwortung verbunden mit einer Förderung von betriebsübergreifenden Kompetenzen (Efing 2013a: 16). Als weitere Gründe für fehlende Projektinitiativen zur Sprachförderung wurden neben dem mangelnden Fachwissen zur Implementierung (25%) die fehlende Anleitung durch die Vorgesetzten und eine mangelhafte Kooperation mit der Berufsschule genannt (jeweils 23% der befragten AusbilderInnen).

Die dargestellten Gründe erhärten den Eindruck, dass Sprachförderprojekte ohne eine entsprechende wissenschaftliche Anleitung und Vorgabe schon alleine aus Zeitgründen und fehlendem Fachwissen nicht entstehen werden, so dass der Blick auf den Stellenwert und die Forschungsmotivation zur Sprachkompetenz im Wissenschaftsbereich fällt.

Abb. 4: Hinderungsgründe für die Implementierung einer Sprachförderung nach Aussage der AusbilderInnen (eigene Darstellung)

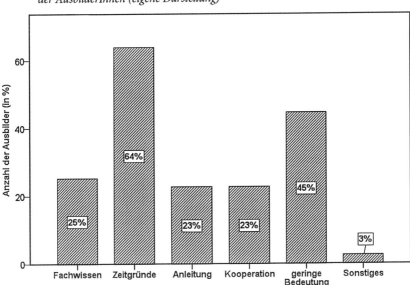

2. Eine ganzheitliche Betrachtung von Sprachkompetenz in der Wissenschaft

Betrachtet man die wenigen bestehenden Projekte, die empirische Forschung um sprachliche Förderdiagnostik betreiben, zeigt sich, dass diese Konzepte und die angewandten Diagnoseinstrumente meistens nur einzelne sprachliche Teilkompetenzen wie das Lesen und/oder Schreiben berücksichtigen oder für den Übergang von der Schule in den Beruf und damit nicht für den Berufsschulunterricht konzipiert sind (Förmig: Bumerang, Döll 2011: 7, Gogolin u.a. 2011: 87f.; VOLI: Baukasten Lesediagnose, Efing 2006a: 4ff., Biedebach 2006: 15ff.; Leseförderung in der Berufsbildung: LTB[3], Becker-Mrotzek/Kusch/Wehnert 2006: 45ff., Drommler u.a. 2006: 35; Deutschförderung in der Lehre, Nodari/Schiesser 2003: 10f.; lea. – Literalitätsentwicklung von Arbeitskräften, Quante-Brandt/Anslinger/Grabow 2008: 3). Drei weitere Projekte dagegen aus dem In- und Ausland beziehen mehrere sprachliche Teilkompetenzen, ausgerichtet an den vier sprachlichen Aktivitäten *Lesen, Schreiben, Hören* und *Sprechen,* in ihre Konzepte mit ein und werden dadurch der Forderung nach einer ganzheitlicheren Betrachtungsweise von Sprachkompetenz eher gerecht. Sowohl bei Berufssprache Deutsch in Bayern (Diagnose durch VERA 8-RS) (Sogl/Reichel/Geiger 2013), bei SPAS in Berlin (Diagnose durch Texteasy 5.0) (Andreas u.a. 2010) als auch bei „Sprache als eine berufliche Kompetenz" in Südtirol (Nitz 2009; Bocksrocker 2011: 13) steht der sprachsensible Fachunterricht in Zusammenarbeit mit dem Deutschunterricht und damit die Abstimmung der Lehrkräfte bezüglich der Lehrinhalte im Vordergrund. Diese Projekte führen damit Ideen fort, die bereits Jahre zuvor in Projekten wie dem Berliner Projekt „Sprachförderung in MDQM" (Grundmann 2008: 117) oder dem Projekt VERLAS (Kitzig u.a. 2008) ihren Ursprung fanden. Sie zeigen jedoch auch, dass die konkrete Umsetzung langwierig ist und offenbar letztendlich nur vorgefertigte Materialien im Unterricht Anwendung finden. Solche wurden bisher hauptsächlich nur für den gewerblichen und hauswirtschaftlichen Bereich entwickelt (Bocksrocker 2011: 13.). Auch die Frage nach einem für den berufsschulischen Bereich passenden Diagnoseinstrument, das lernprozessbegleitend eingesetzt wird und an welches die Fördermaterialien anschließen (Kleber 1992: 17), kann noch nicht zufriedenstellend beantwortet werden.

Ausgehend von der fehlenden Sprachförderung an kaufmännischen Berufsschulen in Baden-Württemberg analysiert die Dissertationsarbeit der Autorin im Rahmen des Projekts „Gemeinsam stark durch Sprache" daher die sprachlichen Anforderungen sowohl in der Berufsschule als auch im Ausbildungsbetrieb exemplarisch für sieben kaufmännische Ausbildungsberufe mit dem Ziel, eine detaillierte Betrachtungsweise von benötigter Sprachkompetenz zu ermöglichen und damit sowohl rezeptive und produktive Kompetenzen als auch die beteiligten Lernorte der dualen Berufsausbildung gleichermaßen einzubeziehen.

3. Analyse der sprachlichen Anforderungen und Fähigkeiten in der dualen Berufsausbildung

Die Analyse von sprachlichen Anforderungen und Fähigkeiten in der dualen Berufsausbildung setzt voraus, dass das Konstrukt Sprachkompetenz präzise und

transparent definiert wird, um einen daran anknüpfenden Einsatz von Diagnose-
verfahren und Förderinstrumentarien zu ermöglichen. Die Basis für die Inhaltsanalyse und die empirische Erhebung in diesem Projekt stellt eine ganzheitliche
Definition von Sprachkompetenz im Sinne eines Komponentenmodells dar, die
Sprachkompetenz in die Hauptkompetenzen *Text- und Gesprächskompetenz*, die
sprachlichen Aktivitäten *Schreiben, Sprechen* (produktiv), *Lesen* und *Zuhören*
(rezeptiv) als auch die Grundkompetenzen der Sprachkompetenz (linguistisch,
soziolinguistisch, sprachlogisch und strategisch) unterteilt (Bocksrocker 2011: 5f.;
Pucciarelli 2013: 7; Europarat 2001; Coseriu 2007: 3ff.; Nodari 2002: 10f.). Ausgehend von dieser Definition wurden mittels einer qualitativen Inhaltsanalyse
nach Mayring (2003) die Ausbildungsordnungen, Rahmenlehrpläne, die baden-
württembergischen Bildungspläne, der Deutschlehrplan für die Berufsschule,
die Bildungsstandards für die Hauptschule sowie der Gemeinsame Europäische
Referenzrahmen für Sprachen (GER) hinsichtlich sprachlicher Anforderungen in
den einzelnen Ausbildungsjahren für sieben kaufmännische Ausbildungsberufe
analysiert, um anschließend diese curricularen Anforderungen für die jeweiligen
sprachlichen Teilkompetenzen zu operationalisieren und sie bei Auszubildenden,
Lehrkräften und AusbilderInnen in einem schriftlichen Fragebogen abzufragen.
Dabei wurden vier Items je sprachlicher Teilkompetenz als Fähigkeit operationalisiert und mit einer 4er-Skala mit „trifft nicht zu" bis „trifft zu" bei den Auszubildenden abgefragt. Dieselben Items wurden, als Anforderung operationalisiert,
bei Lehrkräften und AusbilderInnen mit einer 4er-Skala von „nie" bis „immer"
abgefragt, um die Häufigkeit der Anforderungen im Unterrichtsgeschehen bzw.
im Betriebsalltag erfassen zu können.

Im Folgenden sollen nun die ersten Ergebnisse der Befragung und damit die
sprachlichen Anforderungen in der Berufsschule und im Ausbildungsbetrieb aufgezeigt werden. Dabei ist vorab anzumerken, dass erstens die schriftliche Befragung
der Auszubildenden, Lehrkräfte und AusbilderInnen nicht als Zufallsstichprobe,
sondern als eine Vollerhebung an einer baden-württembergischen Berufsschule erfolgte und damit nur bedingt von einer repräsentativen Studie gesprochen
werden kann (siehe Kriterien für die Repräsentativität einer Studie nach Bortz/
Döring 2006: 397ff.). Experteninterviews mit zahlreichen Lehrkräften und Schul-
leiterInnen aus anderen Berufsschulen sowie AusbilderInnen aus verschiedenen
Unternehmen zeigen, dass hier die Ausbildungssituationen und Erwartungen an
Auszubildende ähnlich sind. Daher können die Ergebnisse unter Vorsicht auch
auf andere Schulen und Betriebe übertragen werden. Zweitens muss angemerkt
werden, dass nicht alle Items der jeweiligen sprachlichen Teilkompetenzen ausreichend trennscharf waren (Ausschlusskriterium: Trennschärfe $r_{it} < 0.4$; Kelava/
Moosbrugger 2012: 86). Für eine rein deskriptive Darstellung, wie in diesem Paper,

können die einzelnen Teilkompetenzen jedoch beibehalten werden und geben einen guten Überblick über die geforderten Teilkompetenzen in Berufsschule und Ausbildungsbetrieb. Für weitere, insbesondere hypothesenprüfende Arbeiten müssen unter Berücksichtigung der Item- und Faktoranalyse die einzelnen Teilkompetenzen entsprechend der zugrundeliegenden Definition von Sprachkompetenz zu einer sprachlichen Grundkompetenz (umfasst linguistische Kompetenz mit Grammatik, Wortschatz, Aussprache und Orthographie, soziolinguistische Kompetenz, sprachlogische Kompetenz und strategische Kompetenz) sowie einer sprachlichen Hauptkompetenz (umfasst Schreibkompetenz, Lesekompetenz, Kommunikationskompetenz (Sprechen) und Rezeptionskompetenz (Hören)) zusammengefasst werden.

Abb. 5: Sprachliche Anforderungen in der Berufsschule (eigene Darstellung)

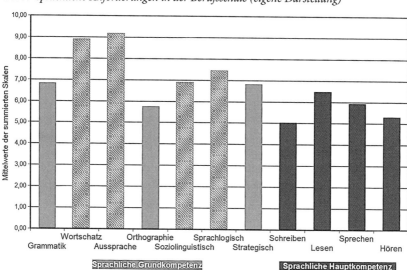

Abbildung 5 zeigt die sprachlichen Anforderungen in der Berufsschule, die laut Aussage der befragten Lehrkräfte bestehen. Wie aus dem Schaubild hervorgeht, sind es gerade die sprachlichen Teilkompetenzen der Grundkompetenz (Wortschatz, Aussprache, soziolinguistische Kompetenz und sprachlogische Kompetenz: siehe schraffierte Balken), die mehr eingefordert werden als die Teilkompetenzen der sprachlichen Hauptkompetenz. Anders als in Efing (2013a) aufgrund von teilnehmenden Beobachtungen in Ausbildungsbetrieben konstatiert (und betrachtet man *Grundkompetenz* und *Hauptkompetenz* im Vergleich), liegt der Fokus der sprachlichen Anforderungen in der Wahrnehmung der befragten Lehrkräfte

eher auf den sprachlich-systematischen Grundkompetenzen und damit nicht auf
den funktionalen Sprachhandlungs-/ Hauptkompetenzen (wie funktionale Lese-
und Schreibkompetenz) (ebd.: 23). Innerhalb der linguistischen Kompetenz sind
Wortschatz und Aussprache weit mehr gefordert als Grammatik und Orthographie. Dies deckt sich mit den Ergebnissen bestehender Untersuchungen, nach
denen Grammatik und Orthographie längst nicht so sehr wie erwartet für den
Ausbildungserfolg relevant sind (ebd.; Efing 2012; Knapp/Pfaff/Werner 2008: 202).
Weitere von den Lehrkräften geforderte Teilkompetenzen sind die soziolinguistische Kompetenz, also die Fähigkeit, verschiedene Sprachregister situationsadäquat
entsprechend der Berufszugehörigkeit anzuwenden (Europarat 2001: 118ff.), und
die sprachlogische Kompetenz, der kompetente Umgang mit verschiedenen Text-
und Diskursarten (Nodari 2002: 12). Dies entspricht den von Efing geforderten
Inhalten für einen ausbildungsvorbereitenden Deutschunterricht an Haupt- und
Realschulen (Efing 2013a: 23). Innerhalb der sprachlichen Hauptkompetenz
nimmt die (funktionale) Lesekompetenz (Ziegler u.a. 2012) bei den rezeptiven
Kompetenzen und die Kommunikationskompetenz (Sprechen) bei den produktiven Kompetenzen einen höheren Stellenwert ein als *Hören* und *Schreiben*.

Betrachtet man die sprachlichen Anforderungen der AusbilderInnen (Abb. 6),
zeigt sich, dass hier das Hauptaugenmerk ebenso auf der linguistischen Kompetenz,
insbesondere Grammatik, Wortschatz und Aussprache (siehe Schraffur), und damit auf der Sprachsystematik liegt. Wider Erwarten stellt in den Betrieben ebenso
die Lesekompetenz (auch schraffiert) eine häufig geforderte Kompetenz dar, was
mit der zunehmenden Verschriftlichung von Arbeitstätigkeiten zusammenhängen
kann und die Forderung nach Förderung der funktionalen Kommunikationsfähigkeit (Efing 2013a: 23) bestätigt. So werden entsprechend den Ergebnissen in den
Betrieben häufiger rezeptive Kompetenzen (*Lesen* und *Hören*) gefordert als produktive (*Schreiben* und *Sprechen*). Gerade bei der Einweisung in praktische Tätigkeiten kommen schriftliche Schulungsunterlagen (Großbetriebe) und mündliche
Einweisungen (klein- und mittelständische Betriebe) zum Einsatz, die rezeptive
Kompetenzen vom Auszubildenden fordern (Efing 2013b: 132).

Abb. 6: Sprachliche Anforderungen im Ausbildungsbetrieb (eigene Darstellung)

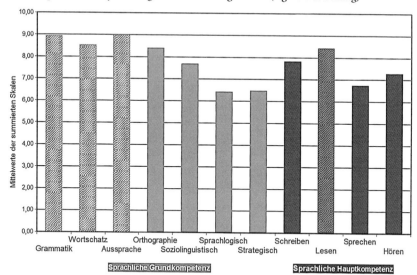

Es bleibt festzuhalten, dass sowohl in der Berufsschule als auch im Ausbildungsbetrieb für die befragten ausbildenden Personen (oftmals konträr zu der zu beobachtenden Ausbildungsrealität/ zum Unterrichtsalltag) grundlegende sprachsystematische Fähigkeiten im Fokus stehen und damit an erster Stelle korrekte Sprache im Wortlaut und entsprechend der Situation gefordert wird. Sie bilden die Basis für sprachliche Hauptkompetenz und damit Sprachhandlungskompetenz. Doch gerade das *Wie* der Sprache sowie die Fähigkeit, Sprache situationsgebunden korrekt anzuwenden, bereiten den Auszubildenden Probleme, wie auch Abbildung 7 bestätigt.

Abb. 7: Sprachliche Fähigkeiten der Auszubildenden (Selbsteinschätzung)
*   (eigene Darstellung)*

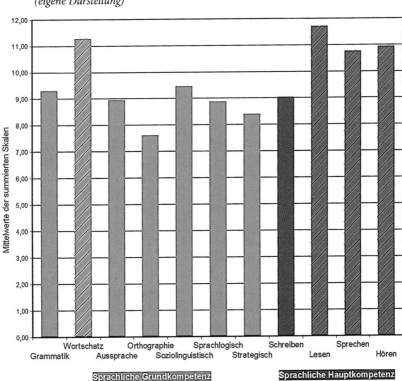

Die Auszubildenden sehen ihre Stärken in der sprachlichen Anwendung, der sprachlichen Hauptkompetenz (*Lesen, Hören* und *Sprechen*, siehe Schraffur), weniger in der sprachlichen Grundkompetenz (mit Ausnahme des Wortschatzes). Zu erklären ist dieser Umstand dadurch, dass die Anwendung von Sprache im Gespräch mit Kunden und Vorgesetzten, bei Telefonaten oder beim Lesen von Texten vielleicht erst einmal leichter fällt, auch wenn sie nicht korrekt ausgeführt wird. Die gute Einschätzung der eigenen Fähigkeiten im Bereich *Wortschatz* (ebenso schraffiert) lässt sich vermutlich darauf zurückführen, dass die Auszubildenden durchaus mit einer hohen Anzahl an Fachtermini und Abkürzungen konfrontiert werden und den Auszubildenden deren Anwendung als sinnvoll erscheint und die Arbeit erleichtert (Efing 2013b: 135). Die Auszubildenden sehen ihre sprachlichen Fähigkeiten jedoch gerade in den von der Berufsschule und den Betrieben gestellten Anforderungsbereichen als weniger gut an, was bestätigt, dass sie den

Anforderungen an den beiden Lernorten auch aus ihrer eigenen Sicht und bedingt durch die entsprechenden Rückmeldungen ihrer Ausbildenden kaum gerecht werden können. Dass die Einschätzung der Auszubildenden jedoch nicht willkürlich, sondern durchaus überlegt erfolgte und ehrlich war, zeigt die Frage nach dem Wunsch nach verstärkter Förderung in den einzelnen Bereichen. Bei den sprachlichen Teilkompetenzen (der Grundkompetenz) *Grammatik, Rechtschreibung* sowie *soziolinguistische* und *sprachlogische Kompetenz* gab es bei ca. 60% der Auszubildenden einen eindeutigen Förderungswunsch, was darauf schließen lässt, dass die Auszubildenden diese Kompetenzen als für die Ausbildung wichtig einstufen und ihre Defizite darin erkannt haben. Der Wunsch der Auszubildenden nach Förderung für den soziolinguistischen Bereich und zwar am Lernort *Betrieb* zeigt außerdem, dass hier erstens die notwendigen Kenntnisse um situationsgebundene Registerwechsel wohl noch häufiger, insbesondere im Hinblick auf Fachjargon (Efing 2013b: 135), gefordert sind als in der Schule (man denke an die Vielzahl der verschiedenen Personen wie Lieferanten, Kunden, Kollegen, Vorgesetzte, die dem Auszubildenden begegnen) und zweitens, dass durchaus auch der Betrieb als Förderinstanz bei den Auszubildenden wahrgenommen wird. Kein Förderwunsch besteht dagegen bei der strategischen Kompetenz sowie den rezeptiven Hauptkompetenzen *Lesekompetenz* und *Hörverständnis,* was darauf schließen lässt, dass der Vorteil und die Funktion, beispielsweise von Lesestrategien, die einer Person ermöglichen Texte auf das Wesentliche zu reduzieren und solche Strategien anschließend auch auf Gehörtes, z.B. bei Telefonaten, zu übertragen, noch nicht erkannt und gelernt wurden bzw. auch ein Level bedienen, dem die Auszubildenden (noch) nicht gerecht werden können.

Die ersten deskriptiven Ergebnisse dieser schriftlichen Befragung lassen vermuten, dass generell Berufsschulen und Ausbildungsbetriebe, vielleicht auch schon aus einer gewissen Resignation heraus, den Fokus eher auf das *Wie* der Sprache legen, während die Auszubildenden gerade hier ihre Probleme haben und Sprache lediglich *irgendwie* anwenden. Es gilt daher die sprachliche Grundkompetenz als Basis für jede weitere Sprachhandlungskompetenz zu fördern. Ein wichtiger Punkt ist hier sicherlich der Anteil an Auszubildenden mit Migrationshintergrund mit Deutsch als Zweitsprache. Dadurch nimmt die Forderung nach einer verstärkten Förderung von grundsprachlichen Fähigkeiten sicher noch einmal eine neue Dimension an. Auch die Frage nach Fach- und/oder Handlungssystematik, die bisher auf der Mesoebene der Lernfelder und Fächer verortet war (Clement 2013; Kremer 2003), wird nun auch auf die konkrete inhaltliche und didaktische Mikroebene und die Frage nach Sprachsystematik und/oder Sprachhandlung weitergeleitet und stellt Lehrkräfte vor eine große Herausforderung. Auch sie müssen Teil einer nachhaltigen Sprachförderung sein. Die Ergebnisse dieser

Erhebung zeigen mitunter, wie weit die in der Ausbildungsrealität beobachtbaren sprachlichen Anforderungen von den durch LehrerInnen und AusbilderInnen als wichtig eingestuften sprachlichen Fähigkeiten abweichen können und begründen damit eine Sprachförderung, die nicht nur die Defizite der Auszubildenden in den Blick nimmt, sondern ebenso das Sprachbewusstsein bzw. die Sensibilisierung der LehrerInnen und AusbilderInnen für tatsächliche sprachliche Prozesse im Ausbildungsgeschehen.

4. Ausblick

Dass Sprachkompetenz einen enormen Stellenwert in der Berufsschule, im Ausbildungsbetrieb und damit auch für den Ausbildungserfolg einnimmt, ist unumstritten und auch bestätigt durch die Umfragen bei LehrerInnen und AusbilderInnen im Rahmen des Projekts. Das Scheitern vieler Projekte ist mitunter dem Zeitfaktor und dem hohen finanziellen Aufwand geschuldet und es stellt sich somit die Frage, wie trotz oder gerade aufgrund des engen zeitlichen Korsetts, bedingt durch Curricula, der geringen Anzahl an Deutschstunden und den Arbeitszeiten der Auszubildenden eine praktikable Förderdiagnostik implementiert werden kann. Vermutlich muss aus diesen Gründen bereits in der Ausbildungsvorbereitung (also an Haupt- und Realschulen) entsprechende Vorarbeit geleistet, diese dann aber konsequent in der Berufsausbildung fortgeführt werden. Dass hier nicht nur der Deutschunterricht alleiniger Förderort sein kann, bestätigten die befragten LehrerInnen und AusbilderInnen. Dennoch muss hier der Schwerpunkt mehr auf grundsprachliche und damit sprachsystematische Fähigkeiten gelegt werden, die dann im sprachsensiblen Fachunterricht funktional angewendet werden sollten. FachlehrerInnen benötigen dazu aber Hilfestellungen, wenn nicht sogar vorgefertigte Materialien, die für den kaufmännischen Bereich bisher kaum bestehen. Das Projekt „Gemeinsam stark durch Sprache" möchte an diesen Ergebnissen anknüpfen. Ziel ist es dabei eine Sprachförderung zu implementieren, der eine entsprechende Diagnostik vorausgeht und welche die Förderung von sprachlicher Grundkompetenz als Basis weiterer sprachlicher Fähigkeiten in den Vordergrund stellt.

Literatur

Andreas, Torsten u.a. (2010): Integrierte Sprachförderung in der Berufsvorbereitung und -ausbildung. Modellprojekt an Berliner berufsbildenden Schulen (SPAS). Verfügbar unter http://sven-walter-institut.gfbm.de/wp-content/uploads/Modellprojekt-Integrierte-Sprachfoerderung-GFBM-SPAS.pdf (Zugriff am 26.06.2012).

Becker-Mrotzek, Michael/Kusch, Erhard/Wehnert, Bernd (2006): Leseförderung in der Berufsbildung. Duisburg.

Biedebach, Wyrola (2006): Der Modellversuch „Vocational Literacy (VOLI) – Methodische und sprachliche Kompetenzen in der beruflichen Bildung". Konzeption – Erfahrungen – bisherige Ergebnisse. In: Efing, Christian/Janich, Nina (Hrsg.): Förderung der berufsbezogenen Sprachkompetenz – Befunde und Perspektiven. Paderborn, 15–32.

Bocksrocker, Nina (2011): Sprachkompetenz als Basis der Handlungskompetenz – zur Notwendigkeit eines erweiterten Lernfeldkonzepts. In: bwp@ Berufs- und Wirtschaftspädagogik – online, Ausgabe 20, 1–22. Verfügbar unter http://www.bwpat.de/ausgabe20/bocksrocker_bwpat20.pdf (Zugriff am 27.06.2011).

Bortz, Jürgen/Döring, Nicole (2006): Forschungsmethoden und Evaluation für Human- und Sozialwissenschaftler. Heidelberg.

Bosch, Gerhard (2010): Zur Zukunft der dualen Berufsausbildung in Deutschland. In: Bosch, Gerhard/Krone, Sirikit/Langer, Dirk (Hrsg.): Das Berufsbildungssystem in Deutschland. Aktuelle Entwicklungen und Standpunkte. Wiesbaden, 37–61.

Bundesministerium für Bildung und Forschung (2015): Berufsbildungsbericht 2015. Verfügbar unter http://www.bmbf.de/pub/Berufsbildungsbericht_2015.pdf (Zugriff am 01.06.2015).

Clement, Ute (2003): Fächersystematik oder Situationsorientierung als curriculare Prinzipien für die berufliche Bildung? In: bwp@ Berufs- und Wirtschaftspädagogik – online, Ausgabe 4. Verfügbar unter http://www.bwpat.de/ausgabe4/clement_bwpat4.pdf (Zugriff am 01.03.2011).

Coseriu, Eugenio (2007): Sprachkompetenz – Grundzüge der Theorie des Sprechens. Tübingen.

Döll, Marion (2011): Sprachstandsdiagnostik bei Jugendlichen mit Migrationshintergrund. Verfügbar unter http://www.bamf.de/SharedDocs/Anlagen/DE/Downloads/Infothek/Themendossiers/Dialogforum-7/dialogforum-7-lernerfolge-2011-sprachstandsdiagnostik.pdf (Zugriff am 01.04.2012).

Drommler, Rebecca u.a. (2006): Lesetest für Berufsschüler/innen. LTB-3 Handbuch. Duisburg.

Efing, Christian (2006a): Baukasten Lesediagnose: Inklusive Arbeitsmaterialien auf CD-ROM. Wiesbaden.

Efing, Christian (2006b): „Viele sind nicht in der Lage, diese schwarzen Symbole da lebendig zu machen." – Befunde empirischer Erhebungen zur Sprachkompetenz hessischer Berufsschüler. In: Efing, Christian/Janich, Nina (Hrsg.): Förderung der berufsbezogenen Sprachkompetenz – Befunde und Perspektiven. Paderborn, 33–70.

Efing, Christian (2012): Sprachliche oder kommunikative Fähigkeiten – was ist der Unterschied und was wird in der Ausbildung verlangt? In: Berufsbildung in Wissenschaft und Praxis 41/2, 6–9.

Efing, Christian (2013a): Ausbildungsvorbereitender Deutschunterricht an allgemeinbildenden Schulen? – Legitimation und Definition. In: Efing, Christian (Hrsg.): Ausbildungsvorbereitung im Deutschunterricht der Sekundarstufe I. Die sprachlich-kommunikativen Facetten von „Ausbildungsfähigkeit". Frankfurt/Main, 11–38.

Efing, Christian (2013b): Sprachlich-kommunikative Anforderungen in der betrieblichen Ausbildung. In: Efing, Christian (Hrsg.): Ausbildungsvorbereitung im Deutschunterricht der Sekundarstufe I. Die sprachlich-kommunikativen Facetten von „Ausbildungsfähigkeit", Frankfurt/Main, 123–145.

Europarat, Rat für kulturelle Zusammenarbeit (2001): Gemeinsamer europäischer Referenzrahmen für Sprachen: lernen, lehren, beurteilen. Berlin.

Forner, Werner (2006): Zum Sprachbedarf in Handel und Industrie. In: Forner, Werner/Habscheid, Stephan (Hrsg.): Sprachliche und fachliche Kompetenzen: Zwei Seiten eines Blattes? Theorie und Vermittlung der Sprache, Bd. 43. Frankfurt/Main, 25–48.

Forner, Werner/Habscheid, Stephan (2006): Zur Einführung. In: Forner, Werner/Habscheid, Stephan (Hrsg.): Sprachliche und fachliche Kompetenzen: Zwei Seiten eines Blattes? Theorie und Vermittlung der Sprache, Bd. 43. Frankfurt/Main, 7–14.

Frey, Hanno (2007): Kann eine Vermittlung von Lesestrategien die Lesekompetenz verbessern? In: Willenberg, Heiner (Hrsg.): Kompetenzhandbuch für den Deutschunterricht – auf der empirischen Basis des DESI-Projekts. Baltmannsweiler, 188–198.

Funk, Hermann/Neuner, Gerhard (1983): Zur Arbeit mit Fachtheorietexten im Unterricht mit ausländischen Jugendlichen am Beispiel des Berufsfeldes „Textil". In: Hoberg, Rudolf (Hrsg.): Sprachprobleme ausländischer Jugendlicher – Aufgaben der beruflichen Bildung. Frankfurt/Main, 91–114.

Gogolin, Ingrid u.a. (2011): Förderung von Kindern und Jugendlichen mit Migrationshintergrund, Förmig, Bilanz und Perspektiven eines Modellprogramms. Münster.

Grundmann, Hilmar (2004): Das duale berufliche Ausbildungssystem – noch der „Fels in der internationalen Brandung"? In: Grundmann, Hilmar (Hrsg.): Der Deutsch- und Fremdsprachenunterricht zwischen Lebensbezug und Berufsbezug, Dokumentation der 13. Hochschultage Berufliche Bildung 2004. Bielefeld, 13–30.

Grundmann, Hilmar (2007): Sprachfähigkeit und Ausbildungsfähigkeit – Der berufsschulische Unterricht vor neuen Herausforderungen. Baltmannsweiler.

Grundmann, Hilmar (2008): Die Förderung der Sprachfähigkeit als Beitrag zur Verbesserung der Ausbildungsqualität in Schule und Beruf. In: Bals, Thomas/ Hegmann, Kai/Wilbers, Karl (Hrsg.): Qualität in Schule und Betrieb – Forschungsergebnisse und gute Praxis. Nürnberg, 110–119.

Hummelsberger, Siegfried (2004): Fremde Erst- und Zweitsprachen: Ein unterschätztes Potenzial (nicht nur) für den Berufsschulunterricht. In: Grundmann, Hilmar (Hrsg.): Der Deutsch- und Fremdsprachenunterricht zwischen Lebensbezug und Berufsbezug, Dokumentation der 13. Hochschultage Berufliche Bildung 2004, Bielefeld, 31–46.

Institut für Lernsysteme – ILS (2010): forsa- Studie 2010 - Betriebliche Weiterbildung macht Unternehmen innovativ. Verfügbar unter: http://www.ils.de/forsa-studie_2010_betriebliche_weiterbildung_macht_unternehmen_attraktiv.php. (Zugriff am 13.04.2015).

Kaschel, Manfred/Grundmann, Hilmar (2000): Zwischen Ärmel- und Bildschirmschoner – Über die traditionelle Reduktion des kaufmännischen Deutschunterrichts auf den Schriftverkehr. In: Grundmann, Hilmar (Hrsg.): Zum Deutschunterricht an berufsbildenden Schulen – historische und aktuelle Entwicklungen. Berlin, 33–56.

Kelava, Augustin/Moosbrugger, Helfried (2012): Deskriptivstatistische Evaluation von Items (Itemanalyse) und Testwertverteilungen. In: Moosbrugger, Helfried/Kelava, Augustin (Hrsg.): Testtheorie und Fragebogenkonstruktion. Heidelberg, 75–102.

Kitzig, Reinhard u.a. (2008): Basiskompetenzförderung im Kontext berufsfachlichen Lernens. Bochum.

Kleber, Eduard W. (1992): Diagnostik in pädagogischen Handlungsfeldern. Einführung in Bewertung, Beurteilung, Diagnose und Evaluation. Weinheim, München.

Knapp, Werner/Pfaff, Harald/Werner, Sybille (2008): Kompetenzen im Lesen und Schreiben von Hauptschülerinnen und Hauptschülern für die Ausbildung – eine Befragung von Handwerksmeistern. In: Schlemmer, Elisabeth/Gerstberger, Herbert (Hrsg.): Ausbildungsfähigkeit im Spannungsfeld zwischen Wissenschaft, Politik und Praxis. Wiesbaden, 191–206.

Kolb, Werner/Wyss Kolb, Monika (2002): Kompetenzorientierter Sprachunterricht als Antwort auf die Anforderungen der Wissensgesellschaft: der neue Rahmenlehrplan (RLP) der schweizerischen Berufsmaturitätsschulen. In: Grundmann, Hilmar (Hrsg.): Zum Bildungs- und Erziehungsauftrag des Deutsch- und Fremdsprachenunterrichts an berufsbildenden Schulen. Bielefeld, 39–48.

Kremer, H.-Hugo (2003): Handlungs- und Fachsystematik im Lernfeldkonzept. In: bwp@ Berufs- und Wirtschaftspädagogik – online, Ausgabe 4. Verfügbar unter http://www.bwpat.de/ausgabe4/kremer_bwpat4.pdf (Zugriff am 01-03-2011).

Krone, Sirikit (2010): Aktuelle Problemfelder der Berufsbildung in Deutschland. In: Bosch, Gerhard/Krone, Sirikit/Langer, Dirk (Hrsg.): Das Berufsbildungssystem in Deutschland. Aktuelle Entwicklungen und Standpunkte. Wiesbaden, 19–36.

Leisen, Josef (2013): Sprachsensibler Fachunterricht und Sprachförderung im Fachunterricht – ein Weg der Ausbildungsvorbereitung. In: Efing, Christian (Hrsg.): Ausbildungsvorbereitung im Deutschunterricht der Sekundarstufe I. Die sprachlich-kommunikativen Facetten von „Ausbildungsfähigkeit". Frankfurt/Main, 343–368.

Mansel, Jürgen (2007): Ausbleibende Bildungserfolge der Nachkommen von Migranten. In: Harring, Marius/Rohlfs, Carsten/Palentien, Christian (Hrsg.): Perspektiven der Bildung – Kinder und Jugendliche in formellen, nicht-formellen und informellen Bildungsprozessen. Wiesbaden, 99–116.

Mayring, Philipp (2003): Qualitative Inhaltsanalyse – Grundlagen und Techniken. Weinheim.

Münk, Dieter (2010): Festgemauert in der Erden? Der Europäische Integrationsprozess und die berufliche Bildung in der Bundesrepublik Deutschland. In: Bosch, Gerhard/Krone, Sirikit/Langer, Dirk (Hrsg.): Das Berufsbildungssystem in Deutschland. Aktuelle Entwicklungen und Standpunkte. Wiesbaden, 189–219.

Neuland, Eva (2003): Subkulturelle Sprachstile Jugendlicher. Tendenzen der Substandardisierung in der deutschen Gegenwartssprache. In: Neuland, Eva (Hrsg.): Jugendsprache – Jugendliteratur – Jugendkultur. Reihe: Sprache – Kommunikation – Kultur, Frankfurt/Main, 131–148.

Nitz, Siegfried (2009): Sprachunterricht in der Berufsbildung – Nachzeichnung eines didaktischen Entwicklungsprozesses. In: Die berufsbildende Schule 61/4, 112–114.

Nodari, Claudio (2002): Was heisst eigentlich Sprachkompetenz? In: Barriere Sprachkompetenz. Dokumentation zur Impulstagung vom 2. Nov. 2001 im Volkshaus Zürich, SIBP Schriftenreihe Nr. 18, 9–14.

Nodari, Claudio/Schiesser, Daniel (2003): Das Projekt: Deutschförderung in der Lehre. Verfügbar unter http://www.iik.ch/wordpress/downloads/downloadDZ/Deutschfoerd_Lehre.pdf (Zugriff am 01.03.2011).

Peitz, Christian (2007): Bildungsziel: Sprachkompetenz – Möglichkeiten und Perspektiven einer interdisziplinären Sprachförderung. Berlin.

Pucciarelli, Nina (2013): „Gemeinsam stark durch Sprache" – Förderung der Sprachkompetenz und der interkulturellen Kompetenz von Auszubildenden im Rahmen eines berufsschulspezifischen Projekts. In: bwp@ Spezial 6 – Hochschultage Berufliche Bildung 2013, Fachtagung 18, 1–16. Verfügbar unter http://www.bwpat.de/ht2013/ft18/pucciarelli_ft18-ht2013.pdf (Zugriff am 01.09.2013).

Quante-Brandt, Eva/Anslinger, Eva/Grabow, Theda (2008): Erweiterung beruflicher Handlungskompetenzen durch förderdiagnostische Bestimmung von Lese- und Schreibkompetenzen benachteiligter Jugendlicher und junger Erwachsener. In: bwp@ Berufs- und Wirtschaftspädagogik – online, Ausgabe 14, 1–17. Verfügbar unter http://www.bwpat.de/ausgabe14/quante-brandt_etal_bwpat14.pdf (Zugriff am 01.08.2011).

Schweger, Hans-Jürgen (2000): Deutsch an der Berufsschule – Aufgaben und Perspektiven der sprachlichen Fächer im Kontext der Profilbildung einer modernen Berufsschule. In: Grundmann, Hilmar (Hrsg.): Deutsch- und Fremdsprachenunterricht an beruflichen Schulen – Chancen und Perspektiven. Bielefeld, 95–103.

Sogl, Petra Reichel, Philipp/Geiger, Robert (2013): „Berufssprache Deutsch" – Ein Projekt zur berufsspezifischen Sprachförderung im Unterricht an der Berufsschule bzw. Berufsfachschule. In: bwp@ Spezial 6 – Hochschultage Berufliche Bildung 2013, Fachtagung 18, 1–11. Verfügbar unter http://www.bwpat.de/ht2013/ft18/sogl_etal_ft18-ht2013.pdf (Zugriff am 01.01.2015).

Volmert, Johannes (2005): „Jugendsprache – Jugendkultur – und ihre Erforschung". In: Der Deutschunterricht 3, 85–91.

Willenberg, Heiner (2007): Erhellende Resultate des DESI-Projekts für den Unterricht. In: Willenberg, Heiner (Hrsg.): Kompetenzhandbuch für den Deutschunterricht – auf der empirischen Basis des DESI-Projekts. Baltmannsweiler, 175–180.

Ziegler, Birgit u.a. (2012): Diagnostik „funktionaler Lesekompetenz". In: bwp@ Berufs- und Wirtschaftspädagogik – online, Ausgabe 22, 1–19. Verfügbar unter http://www.bwpat.de/ausgabe22/ziegler_etal_bwpat22.pdf (Zugriff am 26.06.2012).

Anke Settelmeyer & Christina Widera (Bonn)

Anforderungen ermitteln – ein Beitrag zur Diagnose und Förderung sprachlich-kommunikativer Kompetenzen

Abstract Although communicative competence is regarded as one of the most important factors for success in education, training and profession, little is known about the communicative requirements in vocational education and training (VET). The aim of a research project that is carried out by the Federal Institute for vocational education and training is to identify the oral and written requirements in the two learning venues of the German dual system of VET, companies and VET schools. A multi-method-approach is applied to determine the requirements of three selected training occupations and factors influencing them.

In this paper first results of the analyses of VET-Curricula are presented. They indicate that the curricula contain multiple references to linguistic and communicative requirements. However, their formulations are often vague. Further examinations, as for instance participant observation and qualitative interviews, need to be performed, to complete the linguistic and communicative requirements of vocational education and training.

1. Sprache und Ausbildung

Sprachlich-kommunikative Kompetenzen gelten als elementare Voraussetzung für den Erwerb beruflicher Handlungskompetenz und für berufliches Handeln. Sie bilden die Grundlage für Bildungsprozesse nicht nur im allgemeinbildenden Schulwesen, sondern auch in der beruflichen Bildung. Aufgrund ihrer Bedeutung für die Beschäftigungsfähigkeit wird muttersprachliche Kompetenz bzw. Kompetenz in der Landessprache als eine von acht Schlüsselkompetenzen im Europäischen Referenzrahmen „Schlüsselkompetenzen für lebenslanges Lernen" genannt. Dabei wird betont, dass sie über die allgemeinbildende Schule hinaus auch in der Berufsausbildung und der Erwerbstätigkeit weiter zu entwickeln ist (Europäische Kommission 2007: 1).

Gleichwohl liegen nur wenige Erkenntnisse über die sprachlich-kommunikativen Kompetenzen vor, die Auszubildende in der beruflichen Ausbildung benötigen. Auch von Seiten der Berufsbildungsforschung wird es daher als erforderlich angesehen, die konkreten sprachlichen Fähigkeiten, die in einzelnen Berufen benötigt werden, zu explizieren (Efing/Janich 2007: 7; Janich 2007: 318; Pätzold 2009: 4; Steuber 2012: 302; Knapp/Pfaff/Werner 2008: 205; Efing 2013).

Efing und Janich (2007: 7) halten berufsspezifische Analysen für notwendig, da es weder eine „einheitliche Funktion von Sprache und Kommunikation im Beruf" gibt, noch „die sprachlich-kommunikativen Anforderungen jedes Berufsfeldes identisch" sind. Berufsübergreifende Definitionen sprachlich-kommunikativer Kompetenz können der „Komplexität und Diversität des Bedingungsgefüges beruflicher Kommunikation" daher nicht gerecht werden (Efing/Janich 2007: 8).

Um Modelle der im Beruf benötigten Kompetenzen zu entwickeln, werden in der Kompetenzforschung häufig zunächst Anforderungsanalysen erstellt (Schmidt-Rathjens/Sonntag 2005). Für die Modellierung sprachlich-kommunikativer Kompetenzen werden Daten über die sprachlich-kommunikativen Anforderungen benötigt, die Beschäftigte im Berufsalltag bewältigen müssen. Da Anforderungen in spezifischen Situationen gestellt werden, sind auch die kontextuellen und situativen Bedingungen, ggf. zusätzlich die subjektiven Bewertungen der Anforderungen, z.B. durch Stelleninhaber und Vorgesetzte, zu erheben (Haider 2008; Radspieler 2014). Auf der Grundlage solcher Anforderungsanalysen können diagnostische Instrumente und Maßnahmen zur sprachlichen Förderung entwickelt werden.

Bislang liegen nur für wenige Ausbildungsberufe entsprechende Analysen vor: So liegen Arbeiten zu Text- und Gesprächssorten vor, die in der Ausbildung von IndustriemechanikerInnen, MechatronikerInnen, ElektronikerInnen und Technischen ZeichnerInnen in einem Großbetrieb (Efing 2010) und in Klein- und mittelständischen Betrieben (Efing/Häußler 2011) vorkommen. Darüber hinaus wurde in einigen Ausbildungsberufen das Lesen untersucht (Ziegler/Balkenhol/ Keimes/Rexing 2012; Keimes/Rexing/Ziegler 2011; Keimes/Rexing 2011; Ziegler/ Gschwendtner 2010). Um weitere Erkenntnisse über die sprachlich-kommunikativen Anforderungen in der beruflichen Ausbildung zu gewinnen, werden derzeit in einem Forschungsprojekt des Bundesinstituts für Berufsbildung an den Lernorten Betrieb und Berufsschule exemplarisch die drei Ausbildungsberufe Medizinischer Fachangestellter/Medizinische Fachangestellte (MFA), Kraftfahrzeugmechatroniker/Kraftfahrzeugmechatronikerin (Kfz-MechatronikerIn) und Kaufmann/Kauffrau im Einzelhandel (EHK) untersucht (Settelmeyer/Tschöpe/Widera/Schmitz/ Witz 2013).[1] Ziel ist, die für diese Ausbildungsberufe spezifischen Anforderungsprofile zu ermitteln. Analysiert werden hierbei Anforderungen, die an Auszubildende im Hinblick auf das *Schreiben, Lesen, Sprechen* und *Hören* gestellt werden. Zudem

---

1 Näheres zu diesem Forschungsprojekt, z.B. zu den forschungsleitenden Annahmen und dem methodischen Vorgehen, unter: https://www2.bibb.de/bibbtools/de/ssl/dapro.php?proj=2.2.304, www.bibb.de/sk-anforderungen.

werden die kontextuellen und situativen Bedingungen sowie personenbezogene Faktoren benannt, die die Anforderungen beeinflussen. Ein Bestandteil des multi-methodischen Vorgehens ist, die Ordnungsmittel der ausgewählten Ausbildungs-berufe im Hinblick auf sprachlich-kommunikative Anforderungen zu analysieren. Die Ergebnisse dieser Analyse werden im Folgenden vorgestellt.

2. Ordnungsmittel – eine Quelle zur Ermittlung sprachlich-kommunikativer Anforderungen?

Die Ziele, Inhalte und Prüfungsanforderungen von Berufen im dualen System sind in den so genannten „Ordnungsmitteln für die Berufsausbildung" verbind-lich festgelegt: für die betriebliche Ausbildung in der Ausbildungsordnung, für den berufsschulischen Teil im Rahmenlehrplan. Diese Vorschriften beinhalten Mindestanforderungen an Fertigkeiten, Kenntnisse und Fähigkeiten, die für eine qualifizierte berufliche Tätigkeit als grundlegend erachtet werden und in der Aus-bildung vermittelt und erworben werden sollen (Bundesinstitut für Berufsbildung 2014). Da sprachlich-kommunikative Kompetenzen als elementar für den Erwerb beruflicher Handlungskompetenz gelten, ist anzunehmen, dass die Ordnungsmit-tel Hinweise auf die sprachlich-kommunikativen Anforderungen enthalten, die Auszubildende bewältigen müssen. Ziel der hier beschriebenen Untersuchung ist es, diese Annahme zu prüfen. Bevor in Kapitel 4 die Ergebnisse der Analysen dargestellt werden, werden zunächst einschlägige Forschungsergebnisse zusam-mengefasst und es wird der Frage nachgegangen, inwiefern sprachliche und kom-munikative Aspekte in der Definition beruflicher Handlungskompetenz genannt werden, die den Ordnungsmitteln zugrunde liegt.

Vorliegende Untersuchungen zeigen, dass Ordnungsmittel Hinweise auf sprach-liche und kommunikative Anforderungen enthalten. So konnten beispielsweise durch eine Analyse der Ordnungsmittel von 55 kaufmännischen Ausbildungs- und 13 Fortbildungsberufen auf der Grundlage von „Verben, die auf die Verwendung von Sprache hindeuten" (Kaiser 2012: 16), 24 Sprachanwendungsfelder ermit-telt werden, z.B. Auftragsakquise und -abwicklung, Personalführung, Verkauf und Marketing sowie Kundenberatung (ebd.). Die ubiquitäre Verwendung von Sprache in den unterschiedlichsten Tätigkeitsbereichen kaufmännischer Berufe unterstreicht die Bedeutung entsprechender Kompetenzen für Ausbildung und Beruf. Rückschlüsse auf konkrete sprachlich-kommunikative Anforderungen in der beruflichen Ausbildung sind anhand dieser Auswertung jedoch kaum möglich, da die gewählte Systematisierung auf die Generalisierung von Handlungsfeldern mit sprachlichen Anteilen abzielt, nicht jedoch auf eine Beschreibung sprachlich-kommunikativer Anforderungen.

Forschungsarbeiten zum Lesen in der Ausbildung zeigen, dass im berufsschulischen Curriculum für die berufliche Grundbildung des Berufs MaurerIn das Wort ‚lesen' nur in „einem Lernfeld *explizit* genannt wird und zwar im Kontext einer Tätigkeit (das Lesen von Zeichnungen), die im sonst üblichen Verständnis von Lesen eher weniger assoziiert wird" (Keimes/Rexing/Ziegler 2011: 230). Darüber hinaus identifiziert das Autorenteam jedoch in allen Lernfeldern implizite Leseanlässe, d.h. Formulierungen, die darauf schließen lassen, dass Auszubildende bei einer bestimmten Tätigkeit auch lesen müssen, z.B. „Zeichnen eines Baustelleneinrichtungsplans mit Hilfe von Tabellenwerken", „Bestimmung der Zusammensetzung des Betons anhand von Tabellen" und „Anwenden von Vorschriften des vorbeugenden Brandschutzes" (ebd.: 230f.). Vergleichbare Ergebnisse wurden für die Fachstufen und im Ausbildungsrahmenplan ermittelt (ebd.: 231).

Wengel (2013) analysiert die Verben in den Ordnungsmitteln der Berufe GerberIn, AsphaltbauerIn und AugenoptikerIn. Dabei stellt er fest, dass sprachlich-kommunikative Anforderungen häufig „sehr allgemein" (ebd.: 162) beschrieben werden; nur wenige Wörter, z.B. *beschriften*, lassen eindeutige Rückschlüsse auf Schreibhandlungen zu. Zudem sei es unerlässlich, die konkrete Umsetzung der in den Ordnungsmitteln genannten Anforderungen im Unterricht bzw. im Betrieb zu berücksichtigen. Anforderungen, die „sich direkt aus dem Unterrichtsgeschehen" (ebd.:148) ergeben und davon beeinflusst werden, z.B. von den gewählten unterrichtlichen Sozialformen, den schulischen Vorerfahrungen und vorhandenen Kenntnissen im Schreiben und Lesen sowie der Motivation der Auszubildenden, bezeichnet Wengel als unmittelbar. Davon unterscheidet er mittelbare sprachlich-kommunikative Anforderungen, die durch Politik und Wirtschaft formuliert werden und sich in Lehrplänen, Rahmenlehrplänen und Ausbildungsverordnungen niederschlagen.

Anknüpfend an diese Ergebnisse wird in den folgenden Kapiteln die Annahme, dass die Ordnungsmittel Hinweise auf sprachlich-kommunikative Anforderungen enthalten, weiter geprüft.

3. Sprachlich-kommunikative Kompetenz und berufliche Handlungskompetenz

Bevor die Ordnungsmittel der ausgewählten Ausbildungsberufe auf sprachlich-kommunikative Anforderungen hin analysiert werden, wird zunächst geprüft, ob bzw. inwiefern in der Definition von beruflicher Handlungskompetenz sprachlich-kommunikative Aspekte ausdrücklich genannt werden.

In den Ausbildungsordnungen wird auf die Bestimmung beruflicher Handlungsfähigkeit im Berufsbildungsgesetz (BBiG 2005) verwiesen. Dort wird ausgeführt, dass die Berufsausbildung berufliche Handlungsfähigkeit vermitteln soll, d.h. die Fertigkeiten, Kenntnisse und Fähigkeiten, die zur Ausübung einer qualifizierten beruflichen Tätigkeit in einer sich wandelnden Arbeitswelt notwendig sind (BBiG 2005, § 1 Abs. 3). Eine nähere Bestimmung dieses Konstrukts findet sich in den Rahmenlehrplänen (Sekretariat der Kultusministerkonferenz 2007: 10f. bzw. 2011: 15f.), in denen berufliche Handlungskompetenz in die Dimensionen Fach-, Selbst- und Sozialkompetenz unterteilt wird (Sekretariat der Kultusministerkonferenz 2011:16). In allen Dimensionen werden Methoden-, Lernkompetenz und kommunikative Kompetenz als immanenter Bestandteil angesehen.

Während in den Definitionen von Fach- und Human-[2] bzw. Selbstkompetenz sprachlich-kommunikative Aspekte nicht ausdrücklich thematisiert werden, enthalten die Definitionen der Sozial-, Lern- und kommunikativen Kompetenz entsprechende Bezüge. Sozialkompetenz wird definiert als die „Bereitschaft und Fähigkeit, soziale Beziehungen […] zu gestalten, […] sowie sich mit anderen […] auseinanderzusetzen und zu verständigen" (ebd.: 15). Die damit einhergehenden Handlungen können mündlich, z.B. im persönlichen Gespräch, und schriftlich, z.B. per E-Mail, erfolgen. Die Definition von kommunikativer Kompetenz als die „Bereitschaft und Fähigkeit, kommunikative Situationen […] zu gestalten", indem „eigene Absichten und Bedürfnisse sowie die der Partner" dargestellt werden (ebd.: 16), verweist insbesondere auf die Bedeutung mündlicher Ausdrucksfähigkeit. Ob hierunter auch Situationen zu fassen sind, in denen Lese- und Schreibkompetenzen eingesetzt werden, erschließt sich nicht eindeutig. Lernkompetenz als „Bereitschaft und Fähigkeit, Informationen über Sachverhalte und Zusammenhänge selbstständig und gemeinsam mit anderen zu verstehen, auszuwerten und in gedankliche Strukturen einzuordnen" sowie „Lerntechniken und -strategien zu entwickeln" (ebd.: 16) setzt voraus, zuhören und sich mündlich ausdrücken zu können, ohne dass dies ausdrücklich benannt wird.[3]

Zusammenfassend ist festzuhalten, dass die Definitionen von Sozial-, Lern- und kommunikativer Kompetenz Hinweise auf sprachlich-kommunikative Aspekte enthalten. Allerdings sind sie so allgemein formuliert, dass sie unterschiedliche

---

2 *Humankompetenz* wurde in der Handreichung für die Erarbeitung von Rahmenlehrplänen 2011 (Sekretariat der Kultusministerkonferenz 2011) durch den Begriff *Selbstkompetenz* ersetzt.

3 Die Definition im Rahmenlehrplan für den Ausbildungsberuf *Kaufleute im Einzelhandel* folgt einer mittlerweile nicht mehr gebräuchlichen Unterteilung in Fach-, Personal- und Sozialkompetenz sowie Methoden- und Lernkompetenz. Kommunikative Kompetenz ist in dieser Fassung noch kein Bestandteil der Definition beruflicher Handlungskompetenz.

Interpretationen zulassen: So wird Kommunikation häufig nur mit mündlichen Äußerungen in Verbindung gebracht; sie kann jedoch auch Schriftliches umfassen. Die Definitionen beruflicher Handlungskompetenz spiegeln die Bedeutung sprachlich-kommunikativer Kompetenzen für den Erwerb beruflicher Handlungskompetenz und die Ausübung beruflicher Tätigkeiten nur bedingt wider.

4. Sprachlich-kommunikative Anforderungen in den Ordnungsmitteln ermitteln

Ziel der Analyse ist, sprachlich-kommunikative Anforderungen in den Ordnungsmitteln zu identifizieren und sie den vier grundlegenden Dimensionen des sprachlichen Handelns zuzuordnen: dem *Lesen, Schreiben, Sprechen* und dem *(Zu)Hören*. Die Begriffe sprachliches Handeln und Sprachhandlung werden im Folgenden verwendet, um deutlich zu machen, dass die Rezeption und Produktion sprachlicher Äußerungen als Teil absichtsvollen, zielorientierten und bewussten beruflichen Handelns verstanden werden, bei dem kontextuelle und situative Gegebenheiten sowie personale Aspekte berücksichtigt werden und das ggf. in der beruflichen Ausbildung (weiter)entwickelt werden muss.[4]

Die Analyse umfasst drei aufeinander aufbauende Untersuchungsschritte, deren Ergebnisse im Folgenden dargestellt werden. Im ersten Analyseschritt werden die sprachlich-kommunikativen Anforderungen bestimmt, die explizit mit den Wörtern *lesen, schreiben, sprechen* und *(zu)hören* benannt werden. Anschließend werden in den Ordnungsmitteln Wortfolgen ohne die genannten Wörter ermittelt, die sich den vier Sprachhandlungsdimensionen zuordnen lassen. Im letzten Schritt wird nach Text- und Gesprächssorten gesucht, um die Ergebnisse der vorangegangenen Analysen zu ergänzen.

Grundlage der Auswertung sind für die betriebliche Ausbildung die Ausbildungsrahmenpläne (ARP) der jeweiligen ausbildungsspezifischen Verordnungen und für den berufsschulischen Teil die berufsbezogenen Lernfelder der Rahmenlehrpläne (RLP)[5] des Landes Nordrhein-Westfalen[6]. In diesen Teilen der Ordnungsmittel werden die Fertigkeiten, Kenntnisse und Fähigkeiten ausführlich

---

4   Das zugrunde liegende Verständnis von Sprache ist, wie das von beruflichem Handeln, handlungstheoretisch ausgerichtet (Janich 2004: 27ff., Hartung 2000: 85ff.).

5   Santina Schmitz sei hier für ihren Beitrag zur Erstellung von Wortlisten und die redaktionellen Arbeiten gedankt.

6   Es werden die Dokumente für Nordrhein-Westfalen herangezogen, da das Forschungsprojekt „Sprachlich-kommunikative Anforderungen in der beruflichen Ausbildung" in diesem Bundesland durchgeführt wird.

beschrieben (Kultusministerkonferenz 2004, 2005, 2013; Bundesministerium für Wirtschaft und Arbeit/Bundesministerium für Bildung und Forschung 2009; Bundesministerium für Gesundheit/Bundesministerium für Bildung und Forschung 2006; Bundesministerium für Wirtschaft und Technologie/Bundesministerium für Bildung und Forschung 2013).

4.1 Wortsuche: *lesen, schreiben, sprechen* und *(zu)hören*

Um sprachlich-kommunikative Anforderungen in der Ausbildung zu ermitteln, werden die Ordnungsmittel nach den Wörtern *lesen, schreiben, sprechen* und *(zu) hören* durchsucht. Die Fundstellen werden im Folgenden in ihrem sprachlichen Kontext genannt.

Ausbildungsberuf *Medizinischer Fachangestellter/Medizinische Fachangestellte*
In den Ordnungsmitteln des Ausbildungsberufs des/der MFA werden die Wörter *lesen, sprechen* und *(zu)hören* nicht genannt. *Schreiben* wird im ARP im Zusammenhang mit „Elektrokardiogramm schreiben" verwendet. Dieser fachsprachliche Ausdruck verweist jedoch nicht auf eine Schreibhandlung der Auszubildenden, denn ein Elektrokardiogramm wird von einem Computer geschrieben.

Ausbildungsberuf *Kaufmann/Kauffrau im Einzelhandel*
In den Lernfeldern des RLP der EHK führen die Wortsuchen zu keinem Treffer, im ARP findet sich *zuhören* in zwei identischen Textstellen: „Kaufmotive und Wünsche von Kunden durch Beobachten, aktives Zuhören und Fragen ermitteln" (ARP). Das Zitat macht deutlich, dass Zuhören neben dem Beobachten und Fragen ein fester Bestandteil des Kontakts zu Kundinnen und Kunden beim Verkauf darstellt. Die Bestimmung des Zuhörens als ‚aktiv' verweist darauf, dass Zuhören hier als produktiver Prozess verstanden wird. Äußerungen werden nicht nur aufgenommen, sondern der Inhalt muss auch erfasst und beurteilt werden (Behrens 2010: 34).

Ausbildungsberuf *Kraftfahrzeugmechatroniker/Kraftfahrzeugmechatronikerin*
Die Wörter *schreiben, hören* und *sprechen* werden weder im ARP noch in den Lernfeldern des RLP der Kfz-MechatronikerInnen genannt. *Lesen* dagegen kommt im ARP mehrfach vor: Auszubildende sollen digitale und analoge Mess- und Prüfdaten, Zeichnungen, Instandsetzungs-, Montage-, Inbetriebnahme- und Betriebsanleitungen, Kataloge, Tabellen sowie Diagramme lesen sowie Schalt-, Stromlauf-, Anschluss-, Anordnungs- und Funktionspläne fahrzeugpneumatischer und hydraulischer Steuerungen und Kraftübertragungen lesen (ARP).

Die zahlreichen Nennungen des Wortes *lesen* im ARP legen nahe, dass das Lesen integraler Bestandteil verschiedener Tätigkeiten der betrieblichen Arbeit ist. Dies überrascht, da mit der betrieblichen Ausbildung zum/zur Kfz-MechatronikerIn landläufig vor allem die handwerkliche Arbeit an Fahrzeugen assoziiert werden dürfte und weniger das Lesen.

Die folgende Tabelle fasst die Ergebnisse des ersten Auswertungsschritts zusammen

Tabelle 1: *Vorkommen der Wörter* lesen, schreiben, sprechen *und* (zu)hören *in den Ausbildungsrahmenplänen und Rahmenlehrplänen der Ausbildungsberufe MFA, EHK und KFZ*

Sprachhandlungen Berufe	lesen	schreiben	sprechen	(zu)hören
MFA	–	(+)	–	–
EHK	–	–	–	+
KFZ	+	–	–	–

Beim Ausbildungsberuf des/der MFA lassen sich mit diesem Vorgehen keinerlei sprachlich-kommunikative Anforderungen ermitteln; bei den EHK wird das Verkaufsgespräch genannt. Bei den Kfz-MechatronikerInnen wird auf mehrere Leseanlässe verwiesen, was deutlich macht, dass es grundsätzlich möglich ist, sprachlich-kommunikative Anforderungen in Ordnungsmitteln präzise zu benennen. Da durch die Fokussierung auf einzelne Wörter nur wenige sprachlich-kommunikative Anforderungen ermittelt werden konnten, werden im Folgenden Wortfolgen betrachtet, die Rückschlüsse auf sprachliche Handlungen zulassen.

4.2 Wortfolgen, die auf sprachliche Handlungen verweisen

Im nächsten Analyseschritt werden Wortfolgen ermittelt, die den Dimensionen - *Lesen, Schreiben, Sprechen* und *(Zu)Hören* - eindeutig zugeordnet werden können. Hierzu gehören die Wortfolgen,

- in denen die verwendeten Verben eindeutig auf eine Sprachhandlung hinweisen, z.B. Arbeitsergebnisse *protokollieren*, d.h. (auf)schreiben;
- die als Ganzes ausreichend Informationen enthalten, z.B. durch Nennung der zu verwendenden Medien oder bestimmter Text- und Gesprächssorten, sodass eine eindeutige Zuordnung der intendierten sprachlichen Handlung möglich ist, z.B. sich mit Hilfe von technischen *Unterlagen* über Austauschreparaturen

informieren, d.h. lesen oder *Formulare* auswählen, d.h. lesen, um die benötigten Formulare zu bestimmen.

Mittels dieses Vorgehens konnten in allen Untersuchungsberufen zahlreiche sprachlich-kommunikative Anforderungen ermittelt werden. Im Folgenden werden einige Beispiele genannt.

Ausbildungsberuf *Medizinischer Fachangestellter/Medizinische- Fachangestellte*
Auszubildende zum/zur MFA müssen *lesen*, wenn sie Formulare auswählen und Informationsmaterial für PatientInnen zusammenstellen sollen (d.h. auswählen; RLP).

Sie müssen *schreiben*, wenn sie z.B. Leistungen, Hygienemaßnahmen und Ergebnisse von Untersuchungen dokumentieren (d.h. schriftlich festhalten; RLP). Ggf. müssen sie dabei zusätzlich lesen, z.B. wenn Hygienemaßnahmen in eine Tabelle, die zunächst zu lesen ist, einzutragen sind. Auszubildende sollen Zahlungsvorgänge dokumentieren (d.h. eingehende und ausstehende Zahlungen lesen und schriftlich festhalten; ARP) und Leistungen abrechnen (d.h. erbrachte Leistungen lesen und darüber eine Rechnung oder Quittung schreiben, diese lesen, um sie zu kontrollieren; RLP). *Lesen* und *schreiben* müssen sie auch beim Führen eines Impfpasses (d.h. sie lesen Angaben im Pass und tragen die durchgeführten Impfungen ein) und beim Ausfüllen von Formularen (RLP).

Gesprächsanlässe erfordern in der Regel, dass Auszubildende *sprechen* und *(zu)hören*, z.B. wenn sie PatientInnen Privatliquidationen erläutern (d.h. besprechen), diese über Möglichkeiten der Immunisierung, über Praxisabläufe bzgl. Diagnose und Behandlung (ARP) sowie über das Gewinnen von Probenmaterial informieren (RLP). Auszubildende zum/zur MFA sollen zudem PatientInnen zu einer gesunden Lebensführung und zur Kooperation motivieren. Das Planen von Terminen umfasst, mit PatientInnen einen passenden Termin zu finden, also mit ihnen zu sprechen und zuzuhören, den vorliegenden Plan zu lesen und schließlich den Termin schriftlich einzutragen (ARP).

Die mündlichen Äußerungen sollen dabei personenorientiert und situationsgerecht sein und auch in einer Fremdsprache erfolgen können (RLP; ARP).

Ausbildungsberuf *Kaufmann/Kauffrau im Einzelhandel*
Im ARP und in den Lernfeldern des RLP für die Berufsausbildung zum/zur EHK finden sich bei der Betrachtung von Wortfolgen Hinweise auf das *Lesen*. Auszubildende sollen Belege prüfen (d.h. sie müssen sie lesen und bewerten) und anhand von Belegen Ware kontrollieren (d.h. Belege lesen; RLP). Zu den Anforderungen, bei denen Auszubildende *schreiben* und *lesen* müssen, gehören beispielsweise

Daten eingeben (d.h. in den Computer schreiben; ARP), Quittungen erstellen
(d.h. i.d.R. Formulare ausfüllen), Ergebnisse ihrer Überlegungen bzgl. der Spezifika ihres Ausbildungsunternehmens adressatenorientiert dokumentieren,
Pflichtverletzungen durch den Lieferanten dokumentieren, Statistiken grafisch
aufbereiten (d.h. zeichnen und beschriften) und erzielte Arbeitsfortschritte bei
einem umfangreicheren Vorhaben dokumentieren (RLP). Auszubildende sollen
schließlich in der Lage sein, Daten aus betrieblichen Prozessen systematisch zu
dokumentieren (RLP).

Kontakte zu KundInnen gehen meist mit Anforderungen an das *Sprechen* und
(Zu)Hören einher, z.b. wenn Auszubildende Kaufmotive und Wünsche sowie Mengen und Preisvorstellungen von KundInnen durch Beobachten, aktives Zuhören
und Fragen ermitteln (d.h. (er)fragen; RLP; ARP), Verkaufsgespräche führen,
Alternativvorschläge unterbreiten mit dem Ziel, die Kaufentscheidung zu fördern,
wenn sie KundInnen an der Kasse über übliche Zahlungsarten und deren Vor- und
Nachteile informieren sollen (RLP).

Das *Sprechen* steht im Vordergrund, wenn sie an der Kasse Zusatzangebote
anbieten, im Unterricht Ergebnisse präsentieren (d.h. vortragen), z.B. zu Konzepten der Warenpräsentation sowie Überlegungen zur Warenbeschaffung und zu
Marketingkonzepten (RLP). Nehmen Auszubildende Reklamationen auf, werden
sie (zu)hören und sprechen, i.d.R. auch schreiben müssen.

Auch für diesen Beruf werden Anforderungen an die Qualität der Äußerungen
formuliert: Die Beratung soll fachgerecht sein; es werden situationsgerechtes –
verbales und nonverbales – Verhalten und wiederum fremdsprachige Kenntnisse
gefordert (RLP).

Ausbildungsberuf *Kraftfahrzeugmechatroniker/Kraftfahrzeugmechatronikerin*
Werden die Ordnungsmittel für den Ausbildungsberuf Kfz-MechatronikerIn der
Analyse von Wortfolgen unterzogen, so zeigen sich weitere Tätigkeiten, bei denen
Auszubildende *lesen* müssen: Beispielsweise müssen sie Service-Informationen
auch aus englischsprachigen Unterlagen entnehmen (d.h. lesen; ARP). Sie müssen
sich mit Hilfe von technischen Unterlagen (Montageanleitungen, Reparaturan-
leitungen, Ersatzteilkatalogen, Online-Informationssystemen, berufsgenossen-
schaftlichen Vorschriften) über notwendige Austauschreparaturen informieren
(d.h. lesen; RLP). Sie sollen unter Verwendung von Werkstattinformations- und
Diagnosesystemen erforderliche Inspektions- und Wartungsarbeiten identifizieren
können (d.h. lesen) und die sicherheitstechnischen Bestimmungen (Kältemittel,
Verordnungen, Entsorgung) ermitteln (d.h. lesen; RLP).

Anforderungen, bei denen Auszubildende *schreiben* müssen, bestehen z.B. darin, Arbeitsschritte, Prüfergebnisse (ARP; RLP) sowie den Verlauf von Reparaturen

(RLP), Arbeitsabläufe und Messergebnisse zu dokumentieren und Arbeitsergebnisse, Mängel sowie Ergebnisse parametrischer Arbeiten zu protokollieren (d.h. schriftlich festzuhalten; ARP). Darüber hinaus müssen die Auszubildenden Berechnungen durchführen (d.h. aufschreiben; RLP) und Skizzen anfertigen (d.h. zeichnen, ggf. beschriften; ARP).

Hinsichtlich des *Sprechens und (Zu)Hörens* finden sich in den Ordnungsmitteln Hinweise auf unterschiedliche Gesprächsanlässe: Auszubildende sollen z.B. Kundenwünsche ermitteln (d.h. erfragen), KundInnen in die Bedienung von nachgerüsteten Elementen einweisen (d.h. z.b. ein bestimmtes Vorgehen schildern; ARP) und von ihnen durchgeführte Arbeiten erläutern (sprechend erklären). Sie sollen sie über Fehlerursachen informieren und beraten (RLP). Darüber hinaus werden auch innerbetriebliche Gesprächsanlässe genannt: Arbeiten müssen im Team aufgeteilt (d.h. mündlich abgestimmt), Alternativen zu den ausgeführten Arbeiten diskutiert, Ergebnisse im Team präsentiert und Lösungswege diskutiert werden (RLP). Auszubildende sollen diese Gespräche situationsgerecht führen (RLP).

Zusammenfassend ist festzuhalten, dass die ARP und die berufsbezogenen Lernfelder der RLP zahlreiche Ausdrücke enthalten, die einzelnen oder Kombinationen von Sprachhandlungen zugeordnet werden können.

Die folgende Tabelle gibt die Ergebnisse des zweiten Auswertungsschritts im Überblick wieder:

Tabelle 2: Vorkommen von Wortfolgen in den Ausbildungsrahmenplänen und Rahmenlehrplänen der Ausbildungsberufe MFA, EHK und KFZ, die den Dimensionen Lesen, Schreiben, Sprechen *und (Zu)Hören zugeordnet werden können*

Sprachhandlungen Berufe	lesen	schreiben	sprechen	(zu)hören
MFA	+	+	+	+
EHK	+	+	+	+
KFZ	+	+	+	+

Für alle untersuchten Ausbildungsberufe werden sprachlich-kommunikative Anforderungen ermittelt, die den vier Sprachhandlungsdimensionen zugeordnet werden können, sodass die Hinweise aus dem ersten Analyseschritt um zahlreiche Anforderungen ergänzt werden können. Die Betrachtung von Wortfolgen führt zu einer Ausdifferenzierung der sprachlich-kommunikativen Anforderungen, die Auszubildende bewältigen müssen. Teilweise werden die Anforderungen auch präzisiert, z.b. wenn statt des Wortes *schreiben protokollieren* verwendet wird.

Auch zeigt sich, dass einige berufliche Tätigkeiten, z.B. Termine vereinbaren, Messwerte ablesen und festhalten und Kunden nach den Wünschen fragen, Einheiten darstellen, die mehrere sprachliche Handlungen umfassen. Das gewählte methodische Vorgehen, die Analyse an den vier Sprachhandlungsdimensionen zu orientieren, kann um die Analyse beruflicher Handlungseinheiten als Ganzes ergänzt werden. Ausgangspunkt sind dann berufliche Tätigkeiten, die im Hinblick auf die bei ihrer Durchführung erforderlichen sprachlichen Handlungen analysiert werden.

Neben den Ausdrücken, die den Sprachhandlungsdimensionen zugeordnet werden können, finden sich in den Ordnungsmitteln jedoch zahlreiche Formulierungen, die keine entsprechenden eindeutigen Rückschlüsse zulassen. Beispielhaft seien einige genannt:

- *Wareneingänge kontrollieren*: Diese Tätigkeit kann darin bestehen, Ware in Augenschein zu nehmen, um ihre Unversehrtheit festzustellen; sie kann jedoch auch darin bestehen, Lieferscheine zu lesen und die eingegangene Ware zu markieren. Eine Erweiterung des Ausdrucks um das Medium, z.B. Wareneingänge auf der Basis von Lieferscheinen kontrollieren, führt zur Präzisierung der damit verbundenen sprachlich-kommunikativen Anforderung, hier dem Lesen.
- *Sich informieren, andere informieren über bestimmte Krankheiten*: In diesem Beispiel fehlen Hinweise zur Art und Weise der Informationsgrundlage, der Beschaffung und der Informationsübermittlung. Die Auszubildenden können sich beispielsweise bei KollegInnen (mündlich, durch Fragen) oder aus einem Fachbuch und dem Internet (lesend, hörend) informieren. Sie können andere informieren, indem sie entsprechendes Material aushändigen oder mit PatientInnen ein Gespräch führen. Entsprechende Erweiterungen würden die Aufgabe und damit auch die damit verbundenen sprachlich-kommunikativen Anforderungen präzisieren.
- *Zeit- und Arbeitspläne entwickeln*: Auch hier wird nicht deutlich, ob diese Tätigkeit mündlich oder schriftlich erfolgen soll.
- *Patienten empfangen*: In diesem Fall ist die Situation, die als Empfang bezeichnet wird, nicht abgegrenzt, sodass eine Bestimmung der damit verbundenen sprachlich-kommunikativen Anforderungen nicht möglich ist: Der Empfang kann die mündliche Begrüßung und das Erfragen des Anliegens des Patienten umfassen, ggf. kann er auch noch weitere Sprachhandlungen beinhalten, z.B. das Einlesen und Kontrollieren von Daten sowie das Ausstellen einer Überweisung.
- *Konkurrenzbeobachtungen durchführen*: Weder die Art der Durchführung noch die Form, in der das Ergebnis vorliegen soll, werden präzisiert, sodass keine Rückschlüsse auf die damit einhergehenden sprachlich-kommunikativen Anforderungen gezogen werden können.

Die Beispiele zeigen, dass einige Formulierungen in den Ordnungsmitteln keine eindeutigen Rückschlüsse auf sprachlich-kommunikative Anforderungen zulassen. Zudem werden in den Ordnungsmitteln Verben verwendet, die nicht eindeutig einer Sprachhandlungsdimension zugeordnet werden können, wie z.b. erarbeiten, erklären, beschreiben, erläutern, beurteilen, unterscheiden, darstellen, kontrollieren, analysieren, vorschlagen, entwickeln und anbieten. Will man in den Ordnungsmitteln sprachlich-kommunikative Anforderungen klarer fassen, könnten, wie beispielhaft gezeigt wurde, präzisierende Angaben ergänzt bzw. Verben verwendet werden, die sprachliche Handlungen präzise benennen.

4.3 Gesprächs- und Textsorten

Durch die bisherigen Methoden wurden zahlreiche Ausbildungsinhalte hinsichtlich der mit ihnen verbundenen sprachlich-kommunikativen Anforderungen reflektiert und z.T. diesbezüglich präzisiert. Um die vorliegenden Ergebnisse zu ergänzen, werden im letzten Analyseschritt die in den Ordnungsmitteln genannten Gesprächs- und Textsorten untersucht[7], um davon ausgehend sprachlich-kommunikative Anforderungen zu ermitteln, die bislang nicht deutlich wurden.

Es zeigt sich, dass in allen Untersuchungsberufen der Umgang mit Texten aus dem Rechtsbereich verlangt wird. Vorschriften und Regelungen bilden die rechtliche Grundlage für die Ausführung eines Berufs und stellen somit einen wichtigen Bestandteil der Ausbildung dar. Einige der in den Ordnungsmitteln genannten rechtlichen Themen sind berufsübergreifend für alle Auszubildenden relevant, z.b. das Arbeitsrecht und der Ausbildungsvertrag, zahlreiche andere dagegen weisen einen spezifischen Berufsbezug auf. Für Auszubildende zum/zur MFA sind dies z.b. Schweigepflicht, Infektionsschutz und Meldepflicht, für Auszubildende zum/zur EHK Kaufverträge, Rechts- und Geschäftsfähigkeit sowie Vorgaben für Verpackung und Lagerung. Auszubildende zum/zur Kfz-MechatronikerIn müssen sich mit Themen wie z.b. Arbeitsschutz, Umgang mit Gefahrenstoffen sowie Vorschriften zur Prüfung von Kraftfahrzeugen befassen. Welche sprachlich-kommunikativen Anforderungen bei der Beschäftigung mit diesen Themen verbunden sind, z.b. wie die rechtlichen Texte beschaffen sind, die Auszubildende in der Berufsschule und ggf. im Betrieb lesen müssen und welche Rechtsbegriffe sie möglicherweise in schriftlichen Dokumenten und in der Kommunikation mit KundInnen verwenden müssen, kann auf der Grundlage der Ordnungsmittel jedoch nicht näher erschlossen werden.

---

7   Die folgende Analyse beruht auf Auswertungen von Eva Maria Witz, der wir dafür und für ihre inhaltlichen und redaktionellen Hinweise vielmals danken.

Darüber hinaus konnten mittels dieses Vorgehens keine Hinweise auf weitere sprachlich-kommunikative Anforderungen ermittelt werden. Die Analyse von Text- und Gesprächssorten machte jedoch deutlich, dass in den hier betrachteten Ordnungsmitteln neben berufsspezifischen auch berufsübergreifend ähnliche Gesprächs- und Textsorten genannt werden, z.b. Informations- und Beratungsgespräche bzw. Dokumentationen, Protokolle und Pläne. Welche sprachlichen Handlungen im Umgang mit diesen Sorten im Einzelnen verbunden sind, muss mittels anderer Methoden näher bestimmt werden. Zudem steht die eingehende Beschreibung von berufsspezifischen Text- und Gesprächssorten aus, z.b. deren Struktur und Funktion (in Anlehnung an Brinker 2010: 120).

5. Diskussion der Ergebnisse und Ausblick

Die eingangs formulierte Annahme, dass aufgrund der Relevanz sprachlich-kommunikativer Kompetenz für die berufliche Handlungsfähigkeit auch in den Ordnungsmitteln von Ausbildungsberufen Hinweise auf entsprechende Anforderungen enthalten sind, kann bestätigt werden. Gleichwohl sind die Beschreibungen zahlreicher Ausbildungsinhalte hinsichtlich der sprachlich-kommunikativen Anforderungen häufig nicht so präzise formuliert, dass sie sich eindeutig den Dimensionen *Lesen, Schreiben, Sprechen* und *(Zu)hören* zuordnen lassen.

Zu bedenken ist hierbei, dass Ordnungsmittel die Rahmenbedingungen einer Ausbildung beschreiben. Sie setzen die Mindestanforderungen fest, die in einer Ausbildung behandelt werden sollen. Werden in Betrieb und Berufsschule an Auszubildende darüber hinausgehende Anforderungen sprachlich-kommunikativer Art gestellt, können diese folglich nicht aus den Ordnungsmitteln erschlossen werden. Zudem sind die Inhalte in den Ordnungsmitteln weitgehend methodenoffen und technikneutral formuliert, damit Betriebe und Berufsschulen mit der jeweils vorhandenen Ausstattung und entsprechend den von ihnen bevorzugten Methoden die Ausbildung gestalten können. Wie gezeigt werden konnte, tragen jedoch Hinweise auf die einzusetzenden Methoden und zu verwendenden Techniken zur Präzisierung der sprachlich-kommunikativen Anforderungen bei.

Gleichwohl verdeutlichen die Vielzahl der in den Ordnungsmitteln genannten Anforderungen, insbesondere die explizit genannten Leseanlässe bei der Ausbildung zum/zur Kfz-MechatronikerIn, dass konkrete Angaben zu sprachlich-kommunikativen Anforderungen durchaus möglich sind, ohne die Flexibilität der Betriebe, Praxen und Berufsschulen bei der Ausbildung einzuschränken.

Dabei stellt sich die Frage, warum gerade bei der Ausbildung zum/zur Kfz-MechatronikerIn mit einem hohen Anteil an handwerklichen Tätigkeiten bestimmte sprachlich-kommunikative Anforderungen präzise benannt werden.

Möglicherweise sind die Diskussionen um die Relevanz sprachlich-kommunikativer Kompetenzen mittlerweile stärker in das Bewusstsein der bei der Gestaltung der Ordnungsmittel Beteiligten gerückt. Die Ordnungsmittel zum Ausbildungsberuf Kfz-MechatronikerIn wurden im Jahr 2013 neu gestaltet, die der MFA und EHK stammen aus den Jahren 2004 bis 2006. Schließlich könnte die Ausführlichkeit der Tätigkeitsbeschreibungen im RPL und ARP der Kfz-MechatronikerInnen insgesamt mehr Raum für die differenzierte Darstellung relevanter Sprachhandlungen geboten haben.

Um die Relevanz der sprachlich-kommunikativen Aspekte für die Berufsausbildung zu betonen, sollte in der Definition zur beruflichen Handlungskompetenz auch auf das Lesen und Schreiben verwiesen werden. Zudem könnte bei Neuordnungen darauf geachtet werden, die mit den Ausbildungsinhalten einhergehenden sprachlich-kommunikativen Anforderungen präzise zu benennen, indem darauf hingewiesen wird, dass Auszubildende bestimmte Tätigkeiten mündlich und/oder schriftlich ausführen müssen.

Über die inhaltlichen Ergebnisse hinaus sind auch methodische Schlussfolgerungen zu ziehen. Deutlich wird, dass die Ermittlung sprachlich-kommunikativer Anforderungen nicht ausschließlich auf der Grundlage der Ordnungsmittel erfolgen kann. Es scheint unerlässlich zu sein, sie an den beiden Lernorten Betrieb/Praxis und Berufsschule, durch z.B. teilnehmende Beobachtungen und qualitative Interviews, zu untersuchen. Diese Methoden ermöglichen es, auch die sprachlich-kommunikativen Anforderungen zu ermitteln, die sich nicht aus den Ordnungsmitteln erschließen lassen und darüber hinaus auch den Einfluss kontextueller, situativer und personenbezogener Faktoren auf sprachlich-kommunikative Anforderungen zu bestimmen.

Literaturverzeichnis

Behrens, Ulrike (2010): Aspekte eines Kompetenzmodells zum Zuhören und Möglichkeiten ihrer Testung. – Zuhörkompetenz in Unterricht und Schule. In: Bernius, Volker/Imhof, Margarete (Hrsg.): Zuhörkompetenz in Unterricht und Schule. Beiträge aus Wissenschaft und Praxis. Göttingen, 31–50.

Brinker, Klaus (2010): Linguistische Textanalyse. Eine Einführung in Grundbegriffe und Methoden. Berlin.

Berufsbildungsgesetz (BBiG) vom 23. März 2005, zuletzt durch Artikel 22 des Gesetzes vom 25. Juli 2013 (BGBl. I S. 2749) geändert. Verfügbar unter http://www.gesetze-im-internet.de/bundesrecht/bbig_2005/gesamt.pdf (Zugriff am 27.04.2015).

Bundesinstitut für Berufsbildung (2014): Ausbildungsordnungen und wie sie entstehen. Bonn.

Bundesministerium für Gesundheit/Bundesministerium für Bildung und Forschung (2006): Verordnung über die Berufsausbildung zum Medizinischen Fachangestellten/zur Medizinischen Fachangestellten vom 26.April 2006. Verfügbar unter http://www.bibb.de/tools/berufesuche/index.php/regulation/ medizinischer_fachangestellter_2006.pdf (Zugriff am 27.04.2015).

Bundesministerium für Wirtschaft und Arbeit/Bundesministerium für Bildung und Forschung (2009): Verordnung über die Berufsausbildung im Einzelhandel in den Ausbildungsberufen Verkäufer/Verkäuferin und Kaufmann/Kauffrau im Einzelhandel vom 24. März 2009. Verfügbar unter http://www.bibb.de/ tools/berufesuche/index.php/regulation/fsaskjh.pdf (Zugriff am 27.04.2015).

Bundesministerium für Wirtschaft und Technologie/ Bundesministerium für Bildung und Forschung (2013): Verordnung über die Berufsausbildung zum Kraftfahrzeugmechatroniker/zur Kraftfahrzeugmechatronikerin vom 14. Juni 2013. Verfügbar unter http://www.bibb.de/tools/berufesuche/index.php/regulation/ kraftfahrzeugmechatroniker2013.pdf (Zugriff am 27.04.2015).

Efing, Christian (2010): Kommunikative Anforderungen an Auszubildende in der Industrie. In: Fachsprache 1–2, 2–17.

Efing, Christian (2013): Sprachlich-kommunikative Anforderungen in der betrieblichen Ausbildung. In: Efing, Christian (Hrsg.): Ausbildungsvorbereitung im Deutschunterricht der Sekundarstufe I. Die sprachlich-kommunikativen Facetten von „Ausbildungsfähigkeit". Frankfurt am Main, 123–145.

Efing, Christian/Häußler, Marleen (2011): Was soll der Deutschunterricht an Haupt- und Realschulen vermitteln? – Empirisch basierte Vorschläge für eine Ausbildungsvorbereitung zwischen zweckfreier und zweckgerichteter Bildung. In: bwp@ Spezial 5 – Hochschultage Berufliche Bildung 2011 Fachtagung 18, 1–19.

Efing, Christian/Janich, Nina (2007): Kommunikative Kompetenz im Beruf. In: Der Deutschunterricht 1, 2–9.

Europäische Kommission (2007): Schlüsselkompetenzen für lebensbegleitendes Lernen. Ein Europäischer Referenzrahmen. Luxemburg. Verfügbar unter https:// www.jugendfuereuropa.de/downloads/4-20-1202/keycomp_de.pdf (Zugriff am 27.3.2015).

Haider, Barbara (2008): Wer braucht welche Deutschkenntnisse wofür? Überlegungen zu einer kritischen Sprachbedarfserhebung. In: ÖDaF-Mitteilungen H1, 7–21.

Hartung, Wolfdietrich (2000): Kommunikationsorientierte und handlungstheoretisch ausgerichtete Ansätze. In: Brinker, Klaus/Antos, Gerd/Heinemann, Wolfgang/Sager, Sven F. (Hrsg.): Text- und Gesprächslinguistik. Ein internationales Handbuch zeitgenössischer Forschung. Berlin, New York, 83–96.

Janich, Nina (2004): Die bewusste Entscheidung. Eine handlungsorientierte Theorie der Sprachkultur. Tübingen.

Janich, Nina (2007): Kommunikationsprofile in der Unternehmenskommunikation. Eine interdisziplinäre Forschungsaufgabe. In: Reimann, Sandra/Kessel, Katja (Hrsg.): Wissenschaften im Kontakt. Kooperationsfelder der Deutschen Sprachwissenschaft. Tübingen, 317–330.

Kaiser, Franz (2012): Sprache – Handwerkszeug kaufmännischer Berufe. In: Berufsbildung in Wissenschaft und Praxis 41/3, 14–17.

Keimes, Christina/Rexing, Volker (2011): Leseanforderungen im Kontext beruflicher Arbeit im Berufsfeld Bautechnik – empirische Befunde und Konsequenzen für die Lesekompetenzförderung. In: bwp@ Spezial 5 – Hochschultage Berufliche Bildung 2011 Fachtagung 03, 1–11.

Keimes, Christina/Rexing, Volker/Ziegler, Birgit (2011): Leseanforderungen im Kontext beruflicher Arbeit: Empirische Befunde und Konsequenzen für die Entwicklung adressatenspezifischer integrierter Konzepte zur Förderung von Lesestrategien. In: Die berufsbildende Schule 63 7/8, 227–232.

Knapp, Werner/Pfaff, Harald/Werner, Sybille (2008): Kompetenzen im Lesen und Schreiben von Hauptschülerinnen und Hauptschülern für die Ausbildung – eine Befragung von Handwerksmeistern. In: Schlemmer, Elisabeth/Gerstberger, Herbert (Hrsg.): Ausbildungsfähigkeit im Spannungsfeld zwischen Wissenschaft, Politik und Praxis. Wiesbaden, 191–206.

Kultusministerkonferenz (2004): Rahmenlehrplan für den Ausbildungsberuf Kaufmann im Einzelhandel/Kauffrau im Einzelhandel, Verkäufer/Verkäuferin (Beschluss der Kultusministerkonferenz vom 17.06.2004). Verfügbar unter http://www.kmk.org/fileadmin/pdf/Bildung/BeruflicheBildung/rlp/KfmEinzelhandel.pdf (Zugriff am 27.04.2015).

Kultusministerkonferenz (2005): Rahmenlehrplan für den Ausbildungsberuf Medizinischer Fachangestellter/Medizinische Fachangestellte (Beschluss der Kultusministerkonferenz vom 18.11.2005). Verfügbar unter http://www.kmk.org/fileadmin/pdf/Bildung/BeruflicheBildung/rlp/MedizinischerFA.pdf (Zugriff am 27.04.2015).

Kultusministerkonferenz (2013): Rahmenlehrplan für den Ausbildungsberuf Kraftfahrzeugmechatroniker und Kraftfahrzeugmechatronikerin (Beschluss der Kultusministerkonferenz vom 25.04.2013). Verfügbar unter http://www.kmk.org/fileadmin/pdf/Bildung/BeruflicheBildung/rlp/KFZ-Mechatroniker 13-04-25-E.pdf (Zugriff am 27.04.2015).

Pätzold, Günter (2009): Kommunikative Kompetenz im Beruf. Formen des Sprachgebrauchs und Berufstätigkeit. In: berufsbildung 63/120, 4–7.

Radspieler, Andrea (2014): Ermittlung relevanter berufssprachlicher Kompetenzen aus der Subjektperspektive über Critical Incidents. In: bwp@ Berufs- und

Wirtschaftspädagogik – online, Ausgabe 26, 1–18. Verfügbar unter http://www.bwpat.de/ausgabe26/radspieler_bwpat26.pdf (Zugriff am 18.8.2015).

Schmidt-Rathjens, Claudia/Sonntag, Karlheinz (2005): Anforderungsanalyse und Kompetenzmodelle Diagnostische Grundlagen für das Bildungspersonal. In: berufsbildung 94/95, 39–46.

Sekretariat der Kultusministerkonferenz (2007): Handreichung für die Erarbeitung von Rahmenlehrplänen der Kultusministerkonferenz für den berufsbezogenen Unterricht in der Berufsschule und ihre Abstimmung mit Ausbildungsordnungen des Bundes für anerkannte Ausbildungsberufe. Verfügbar unter http://www.kmk.org/fileadmin/veroeffentlichungen_beschluesse/2007/2007_09_01-Handreich-Rlpl-Berufsschule.pdf (Zugriff am 25.03.2015).

Sekretariat der Kultusministerkonferenz (2011): Handreichung für die Erarbeitung von Rahmenlehrplänen der Kultusministerkonferenz für den berufsbezogenen Unterricht in der Berufsschule und ihre Abstimmung mit Ausbildungsordnungen des Bundes für anerkannte Ausbildungsberufe. Verfügbar unter http://www.kmk.org/fileadmin/veroeffentlichungen_beschluesse/2011/2011_09_23_GEP-Handreichung.pdf (Zugriff am 25.03.2015).

Settelmeyer, Anke/Tschöpe, Tanja/Widera, Christina/Schmitz, Santina/Witz, Eva-Maria u.a. (2013): Projektbeschreibung Forschungsprojekt „Sprachlich-kommunikative Anforderungen in der beruflichen Ausbildung". Verfügbar unter https://www2.bibb.de/bibbtools/de/ssl/dapro.php?proj=2.2.304 (Zugriff am 13.08.2015).

Steuber, Ariane (2012): Sprachbildung im Kontext beruflicher Tätigkeiten – auf der Suche nach einer methodisch-didaktischen Konkretisierung. In: Ratschinski, Günter/Steuber, Ariane (Hrsg.): Ausbildungsreife; Kontoversen, Alternativen und Förderansätze. Wiesbaden, 301–315.

Wengel, Peter (2013): Sprachlich-kommunikative Anforderungen in der Berufsschule. In: Efing, Christian/Hufeisen, Britta/Janich, Nina (Hrsg.): Ausbildungsvorbereitung im Deutschunterricht der Sekundarstufe I. Die sprachlich-kommunikativen Facetten von „Ausbildungsfähigkeit". Frankfurt am Main, Berlin, Bern, Bruxelles, New York, Oxford, Wien, 147–170.

Ziegler, Birgit/Balkenhol, Aileen/Keimes, Christina/Rexing, Volker. (2012): Diagnostik „funktionaler Lesekompetenz". In: bwp@ Berufs- und Wirtschaftspädagogik – online, Ausgabe 22, 1–19. Verfügbar unter http://www.bwpat.de/ausgabe22/ziegler_etal_bwpat22.pdf (26-06-2012).

Ziegler, Birgit/Gschwendtner, Tobias (2010): Leseverstehen als Basiskompetenz: Entwicklung und Förderung im Kontext beruflicher Entwicklung. In: Zeitschrift für Berufs- und Wirtschaftspädagogik 106/4, 534–555.

Felix Steffan (München)

Sprachlich-kommunikative Anforderungen im Berufsfeld *Einzelhandel*

Abstract In the ongoing discussion about communicative skills and linguistic competences as a fundamental part of vocational training there is a growing tendency towards using sophisticated needs analyses as a basis for task and content based learning. This paper describes how a vocation-bound elicitation of authentic linguistic and communicative requirements can be performed and how it can contribute to the educational instruction of linguistic and communicative skills. In order to investigate subjective and objective needs, the article proposes a composition of different methodological attempts. It is assumed that the empirically founded instructional design will positively affect motivation and learning in the context of vocational training.[1]

1. Deutschdidaktik und berufliche Bildung

Sprachliche und kommunikative Fertigkeiten gelten im berufsbildenden Kontext als „zentrale Schlüsselqualifikation für ein eigenverantwortliches und selbstbe-stimmtes Leben" (Becker-Mrotzek et al. 2006: 17). Insbesondere aufgrund der Funktion von Sprache und Kommunikation als Basis beruflicher Handlungs-kompetenz nimmt der Deutschunterricht als Teil der Ausbildung an berufs-bildenden Schulen eine bedeutende Rolle ein (Fleuchaus 2004: 111). Darüber hinaus bilden Sprache und Kommunikation eine wesentliche Grundlage weiterer sozialer und beruflicher Kompetenzen (Efing 2008a). Die im Rahmen berufli-cher Deutschdidaktik vermittelten und geförderten Fähigkeiten können des-halb sowohl „im betrieblichen Produktionsprozess wie auch für die individuelle

---

1   Der vorliegende Beitrag berichtet aus dem Teilprojekt von Prof. Dr. Claudia M. Riehl und Felix Steffan M.A. des interdisziplinären Forschungsprojektes „Bildungssprache Deutsch für berufliche Schulen: Entwicklung, Pilotierung und Implementierung handlungsorientierter Unterrichtskonzepte im Fach Deutsch für Berufsschulen und in der Lehrerausbildung". Das dreijährige Projekt wird durch das Mercator-Institut für Sprachförderung und Deutsch als Zweitsprache gefördert und ist ein Kooperationsvor-haben zwischen dem Institut für Deutsch als Fremdsprache der LMU München (Prof. Dr. Jörg Roche und Prof. Dr. Claudia Maria Riehl), dem Lehrstuhl für Pädagogik an der TU München (Prof. Dr. Alfred Riedl) und dem Bayerischen Staatsministerium für Bildung und Kultus, Wissenschaft und Kunst. Nähere Informationen finden sich unter http://www.mercator-institut-sprachfoerderung.de.

Persönlichkeitsfindung verwertet werden" (Grundmann 2002: 18). Trotz ihrer hohen Relevanz werden sprachliche und kommunikative Aspekte in der Berufsbildungsforschung bisher jedoch nicht im vollen Umfang berücksichtigt. Während in jüngerer Zeit primär der Bereich der Lesefertigkeiten untersucht wurde (Rexing/Keimes/Ziegler 2013), mangelt es nach wie vor an aussagekräftigen Forschungsergebnissen zu den Schreibanforderungen und -kompetenzen im Kontext der dualen Berufsausbildung. Die Schreibprozesse in der kommunikativen Praxis vieler Ausbildungsberufe unterscheiden sich dabei grundlegend von dem weitaus besser erforschten akademischen Schreibverständnis (Efing 2011: 40); nichtsdestotrotz ist auch in vielen Berufsfeldern der dualen Ausbildung eine Zunahme der schriftlich zu bewältigenden Arbeitsanteile zu verzeichnen (Jakobs 2007: 27). Für die Deutschdidaktik an beruflichen Schulen stellt der damit einhergehende Zuwachs schriftsprachlicher Anforderungen an die Auszubildenden eine Herausforderung dar. So kam der Modellversuch *Vocational Literacy* zu dem Ergebnis, dass der Deutschunterricht seiner gewichtigen Aufgabe als Vermittler sprachlich-kommunikativer Fertigkeiten nicht ausreichend gerecht werden kann. Gründe hierfür finden sich dabei nicht nur auf Seiten der Schülerschaft – verursacht durch mangelhafte Konzentrationsfähigkeit und Motivation, eine niedrige Frustrationstoleranz oder die nicht selten fehlende Identifikation mit dem Ausbildungsberuf –, sondern auch seitens der Institutionen und des Bildungssystems. Zu diesen schüler-unabhängigen Einflussfaktoren zählen in erster Linie die Heterogenität der Klassen, der geringe zeitliche Umfang des Deutschunterrichts sowie die mangelhafte Verzahnung der schulischen und betrieblichen Ausbildung (Efing 2006: 51ff.).

Die Heterogenität hinsichtlich des Alters, der Vorbildung und der Sprachkenntnisse ist an den berufsbildenden Schulen im Vergleich zu anderen Schulformen äußerst stark ausgeprägt (Josting/Peyer 2002). Bereits in der Übergangsphase von der Mittel- oder Realschule in die berufsbildende Schule lassen sich bei den angehenden Auszubildenden erhebliche Unterschiede in ihrer Leistungsfähigkeit feststellen (Lehmann et al. 2005: 60). Die heterogene Zusammensetzung der Schülerschaft offenbart sich dabei besonders in den Bereichen *Sprache* und *Kommunikation*. Viele Schüler[2] sind aufgrund ihrer sprachlichen Defizite mit dem Einstieg ins Berufsleben überfordert (Knapp 2008: 252). Eine

---

2   In diesem Aufsatz wird zur Vereinfachung der Lesbarkeit durchgehend das generische Maskulinum verwendet. Gemeint sind damit – sofern nicht anders hervorgehoben – jedoch stets beide biologischen Geschlechter.

unmittelbare Folge davon ist die unzureichende Ausbildungsfähigkeit einer steigenden Anzahl von Berufsschülern und die Gefährdung ihrer Chancen auf eine aktive Teilhabe am gesellschaftlichen und beruflichen Leben. Durch die zunehmende Bedeutung sprachlich-kommunikativer Fertigkeiten in vielen Berufen ist inzwischen „ein Punkt erreicht, an dem die Diskrepanz zwischen den Anforderungen der Ausbildungsbetriebe an die kommunikativen Kompetenzen der Auszubildenden einerseits und dem tatsächlichen Niveau ihrer kommunikativen Fähigkeiten andererseits so groß ist wie nie zuvor" (Grundmann 2007: 10f., zitiert nach Efing 2010: 2). Um einem sich fortsetzenden Auseinanderdriften der Schülerschaft hinsichtlich ihres sprachlich-kommunikativen Leistungsvermögens im Laufe der dreijährigen Berufsausbildung entgegenzuwirken, ist die Rücksichtnahme auf die Heterogenität der Klassen und eine stärkere Binnendifferenzierung unabdingbar (Wengel 2013: 165; Efing 2013a: 2f.). Eine nicht ganz unerhebliche Rolle spielt in diesem Zusammenhang auch der oft mehrsprachig geprägte Lebensalltag vieler Auszubildender: Denn obgleich sich belegen lässt, dass bei vielen Auszubildenden neben dem Deutschen auch verschiedene weitere Sprachen in der beruflichen Praxis Verwendung finden, wird die Mehrsprachigkeit im Rahmen der beruflichen Ausbildung im Allgemeinen und der Deutschdidaktik an beruflichen Schulen im Besonderen bisher kaum thematisiert (Settelmeyer 2010: 69; Brötz et al. 2013: 68). Auch auf berufspädagogischer Seite sind das sprachlich-kommunikative Potenzial der Berufsschüler und die daraus folgenden Konsequenzen für die berufliche Bildung noch weitgehend unerschlossen (Pucciarelli 2013: 11). Nicht nur können mehrsprachige Angestellte aufgrund der zunehmenden Internationalisierung von Unternehmen zur Entwicklung wirtschaftlicher Synergien beitragen; auch zugunsten psychologischer, sozialer und kognitiver Vorteile muss der Existenz mehrsprachiger Identitäten und der damit zusammenhängenden Mehrkulturalität vieler Berufsschüler in Zukunft verstärkt Rechnung getragen werden (Riehl 2014: 18).

Neben der stark ausgeprägten Heterogenität sieht Efing (2006: 58) in der ungenügenden Vernetzung schulischer und betrieblicher Ausbildungsinhalte eine weitere Ursache für den schwierigen Stand des Deutschunterrichts in der beruflichen Bildung. So lässt sich aus den sehr allgemein gehaltenen Inhalten des Deutschcurriculums sowie des Unterrichtsfachs Deutsch an den beruflichen Schulen oftmals kein eindeutiger Bezug zu den praktischen Berufsfeldern und deren sprachlich-kommunikativen Anforderungen herstellen. Den Auszubildenden fehlt dadurch „die Einsicht in den Sinn und Nutzen sowie die Notwendigkeit des Deutschunterrichts und der eigenen Textproduktion an beruflichen Schulen, da ihnen die Schreibanlässe nicht berufsspezifisch genug sind und daher als in

der und für die Praxis irrelevant erscheinen" (Efing 2008b: 29)[3]. Für den gelunge-
nen Übergang von der allgemeinbildenden Schule in die Berufs- und Arbeitswelt
bedarf es aufgrund dessen einer engeren Verzahnung der schulischen Inhalte
mit den kommunikativen Anforderungssituationen in der betrieblichen Ausbildung (Efing 2006). Der Deutschunterricht an beruflichen Schulen darf nicht
länger „als eine durch Tradition legitimierte Institution" verstanden werden,
sondern muss vorrangig „auf die Lebenswelt und die beruflichen Möglichkeiten der Schülerinnen und Schüler" (Josting/Peyer 2002: 1) Bezug nehmen. Eng
damit verbunden ist das grundsätzliche Problem, dass traditionelle Formen der
Sprachvermittlung im berufsbildenden Kontext die grammatischen Aspekte von
Sprache in den Vordergrund stellen und dadurch den Blick auf die kommunikativen Zusammenhänge vernachlässigen (Jahn 2004: 70). Angelehnt an die bei
Efing (2012: 7) vorgenommene Differenzierung der sprachlichen und kommunikativen Fähigkeiten sind es jedoch vielmehr letztgenannte, die einen wesentlichen Bestandteil einer lebens- und berufsnahen Deutschdidaktik bilden sollten:
Während die Entwicklung sprachlicher Fähigkeiten zunächst nur zu einem tieferen normativen Verständnis der Sprache als formales System beiträgt, erscheint
die Sprache aus der kommunikativen Perspektive in erster Linie im Kontext
des tatsächlichen Sprachgebrauchs. Dadurch umfassen die kommunikativen
Fähigkeiten neben den rein sprachlichen auch pragmatische Fähigkeiten sowie
Sozialkompetenzen. Ein zunehmender Fokus des Deutschunterrichts auf kommunikative Zusammenhänge im berufsbildenden Kontext bedeutet, den Unterricht an den konkreten beruflichen Handlungen zu orientieren. Wesentlicher

---

3   Dass eine intensivere Vorbereitung der Schülerschaft auf die Lebens- und Berufs-
    realität gegenwärtig nicht nur an beruflichen Schulen, sondern vielmehr in der Bil-
    dungspolitik als solches ein sensibles Thema darstellt, zeigte erst jüngst die mediale
    Diskussion über den Twitterbeitrag einer 17-jährigen Schülerin aus Köln: Im Januar
    2015 löste die Gymnasiastin Naina K. eine bundesweite Debatte über den Sinn und
    Unsinn der curricularen Unterrichtsinhalte aus, als sie auf Twitter postete: „Ich bin
    fast 18 und hab keine Ahnung von Steuern, Miete oder Versicherungen. Aber ich
    kann 'ne Gedichtsanalyse [sic!] schreiben. In 4 Sprachen." Verfügbar unter https://
    twitter.com/nainablabla (Zugriff am 08.02.2015). In der ZEIT führt Naina K. weiter
    aus: „Ich sage ja nicht: Was ihr uns an der Schule beibringt, ist Blödsinn. Wir lernen
    wichtige Sachen, die wir später auch brauchen. Fachwissen, Allgemeinbildung, soziale
    Kompetenzen. […] Mir geht es um eine Erweiterung, lebensnahe Themen fehlen mir
    […]." (K. 2015).

Unterrichtsbestandteil sollte demzufolge nicht nur die „Vermittlung von theoretischen Voraussetzungen für das Handeln-Können in der beruflichen Praxis" (Riedl/Schelten 1997: 1) sein, sondern vor allen Dingen auch das Handeln selbst. Wie Roche et al. (2012: 93) in einer Interventionsstudie im Rahmen einer Kinderakademie nachweisen konnten, tragen dergestalt handlungsorientierte Didaktikansätze zur Entwicklung einer größeren Vielfalt an sprachlichen Handlungsmustern als auch zu einer besseren Vermittlung sozialer und demokratischer Kompetenzen bei. In der beruflichen Bildung und insbesondere in der Deutschdidaktik an beruflichen Schulen mangelt es allerdings bislang an ähnlichen empirisch fundierten Ansätzen.

Aus der Perspektive einer berufsnahen und handlungsorientierten Sprachdidaktik besteht die dringende Notwendigkeit, sowohl die sprachlichen als auch die kommunikativen Anforderungen und Kompetenzen in der Ausbildungs- und Berufsrealität zu ermitteln und zu analysieren. Bisherige Fragestellungen einschlägiger Studien beschränkten sich dabei vornehmlich auf den Ist-Zustand und somit auf die Ermittlung der tatsächlichen Sprachkompetenzen von Auszubildenden. Weniger Beachtung fanden bislang die Erhebung und Analyse der sprachlich-kommunikativen Anforderungen und somit des eigentlichen Soll-Zustandes (Efing 2011: 47). Während der Ist-Zustand meist durch das Testen im schulischen Umfeld erhoben wurde, steht bei einer Ermittlung des Soll-Zustandes die berufliche Tätigkeit und somit der betriebliche Teil der dualen Ausbildung im Vordergrund. Letzteres wurde nicht zuletzt aufgrund des oftmals schwierigen Feldzuganges bisher weitgehend vernachlässigt und rückt in den letzten Jahren ins Zentrum des wissenschaftlichen Interesses (Settelmeyer et al. 2014). In den meisten Berufsfeldern fehlt somit nach wie vor ein „ganzheitlicher Zugang", der das sprachlich-kommunikative Handeln im Beruf „aus einer sprecherbezogenen Perspektive unter dem Aspekt der kommunikativen Anforderungen und der daraus abzuleitenden notwendigen kommunikativen Kompetenz betrachtet" (Janich 2007: 318; Kiefer 2013: 71). Erst durch die Feststellung der konkreten Anforderungen und durch die Erhebung des tatsächlichen Sprachbedarfs eines Berufsfeldes können Rückschlüsse auf das tatsächliche Sprachvermögen der Auszubildenden gezogen werden. Und auch die Planung von Unterrichts- und Förderinhalten lässt sich nur durch den Abgleich der vorhandenen Kompetenzen seitens der Schülerschaft mit den Anforderungen des Berufsfeldes rechtfertigen (Efing 2010: 3). Es ist demnach ein substanzielles Anliegen in der Berufsbildungsforschung, die „tatsächliche Arbeits- und Kommunikationsrealität bestimmter Bereiche" zu erforschen und dabei auch „versteckte […] sprachlich-kommunikative Bedarfe, Anforderungen und Bedürfnisse" (Efing 2014: 16) zu erfassen.

2. Sprachlich-kommunikative Anforderungen im Einzelhandel

Das Institut für Deutsch als Fremdsprache an der Ludwig-Maximilians-Universität München hat sich im Rahmen des Forschungsprojektes „Bildungssprache Deutsch für berufliche Schulen" zum Ziel gesetzt, handlungsorientierte Didaktikansätze eines fächerübergreifenden Deutschunterrichts an beruflichen Schulen zu entwickeln und zu erproben. Im Mittelpunkt zweier Teilprojekte stehen dabei zum einen die mündliche Kommunikation von KFZ-Mechatronikern und Medizinischen Fachangestellten (Teilprojekt Roche) sowie zum anderen die schriftsprachliche Kommunikation von Auszubildenden im Berufsfeld *Einzelhandel* (Teilprojekt Riehl). Wie aufgezeigt wurde, ist für die Entwicklung handlungsorientierter Aufgabenformate eine Erhebung und Analyse der tatsächlichen sprachlich-kommunikativen Anforderungen der jeweiligen Ausbildungsberufe unabdingbar. Im Folgenden soll am Beispiel des Schreibens in der Berufsausbildung zur Kauffrau bzw. zum Kaufmann im Einzelhandel in Bayern dargestellt werden, wie berufsspezifische sprachlich-kommunikative Anforderungen methodisch ermittelt, beschrieben und für die Praxis urbar gemacht werden können.

Aus wissenschaftlicher Sicht besteht die Schwierigkeit vor allen Dingen darin, „alle prototypischen, in jedem Fall aber alle institutionalisierten kommunikativen Tätigkeiten im Sinne regelmäßiger beruflicher Anforderungen zu erfassen und die regelmäßige Vernetzung zu anderen Tätigkeitsbereichen aufzuzeigen" (Janich 2007: 321). Um einen hohen Detaillierungsgrad und eine annähernde Vollständigkeit der angestrebten Beschreibung von Sprache und Kommunikation im beruflichen Kontext gewährleisten zu können, empfehlen Janich (2007: 325) und Efing (2014: 15) einen doppelten empirischen Zugang. Neben der Erhebung authentischer Materialien sollen daher auch die Kommunikanten selbst einbezogen werden. Die sprachlich-kommunikativen Anforderungen des jeweiligen Berufsfeldes müssen demzufolge aus zwei verschiedenen Perspektiven ermittelt werden: Auf der einen Seite gilt es, die *objektiv* durch den Forscher beobachtbaren respektive in Ordnungsmitteln schriftlich formulierten Anforderungen festzustellen. Auf der anderen Seite dürfen aber auch die *subjektiv* von den Betroffenen empfundenen Anforderungen nicht ignoriert werden. Der sich daraus ergebende bilaterale Feldzugang ermöglicht es, sowohl die „tatsächlichen regelmäßigen kommunikativen Aufgaben und Tätigkeiten" als auch die „Einschätzungen und Bewertungen zu deren Relevanz und Effizienz im beruflichen Alltag" (Janich 2007: 325) in die Darstellung miteinzubeziehen. Die angestrebte empirische Untersuchung ist demnach grundsätzlich in die beiden Teilbereiche der Ermittlung *objektiver sprachlich-kommunikativer Anforderungen* und der Ermittlung *subjektiver sprachlich-kommunikativer Anforderungen* unterteilt.

2.1 Subjektive sprachlich-kommunikative Anforderungen

Um *subjektive sprachlich-kommunikative Anforderungen* im Einzelhandel zu ermitteln, wurden zwei schriftliche Befragungen konzipiert, die im ersten Drittel des Jahres 2015 an beruflichen Schulen in Bayern online durchgeführt werden sollen. Zielgruppe der beiden Fragebögen sind Auszubildende im Einzelhandel[4] sowie Lehrpersonen an beruflichen Schulen, die unabhängig von ihrer ursprünglich gewählten Fächerkombination gegenwärtig das Fach Deutsch unterrichten. Nach Auskunft des Bayerischen Staatsministeriums für Bildung und Kultus, Wissenschaft und Kunst hatten laut der Statistik des Schulamtes im Schuljahr 2013/14 insgesamt 5 411 Lehrkräfte an beruflichen Schulen eine Unterrichtsverpflichtung im Fach Deutsch. Im selben Schuljahr lernten 10 868 Schüler den Ausbildungsberuf Kaufmann bzw. Kauffrau im Einzelhandel.[5] Beide Fragebögen werden mit einem kurzen einführenden Text eingeleitet, der in wenigen Sätzen das Ziel der Erhebung erläutert. Die Schüler- und Lehrerbefragung ist in ähnliche Frageblöcke unterteilt, die zunächst eine Beurteilung der allgemeinen Rahmenbedingungen an beruflichen Schulen in Bayern, den persönlichen sprachbiografischen Hintergrund der Befragten sowie deren Sprachgebrauch im alltäglichen, schulischen und beruflichen Umfeld erfragen. Von Interesse sind dabei in Bezug auf die eingangs erwähnte sprachliche Heterogenität der Auszubildenden auch der Nutzen und die Verwendung weiterer Sprachen im Rahmen der dualen Ausbildung. Inhalt der Befragungen ist darüber hinaus die individuelle Einschätzung der sprachlich-kommunikativen Anforderungen in der schulischen und betrieblichen Ausbildung. Im Hinblick auf die spätere Didaktisierung der empirischen Ergebnisse beinhaltet der Lehrerfragebogen auch Fragen zur Unterrichtsgestaltung des Faches Deutsch sowie zum Einsatz handlungsorientierter Lehrmethoden an beruflichen Schulen.

Um das Bild der *subjektiven sprachlich-kommunikativen Anforderungen* zu komplettieren, muss neben der Schüler- bzw. Lehrerperspektive auch die Sicht der Ausbildungsbetriebe miteinbezogen werden. Eine geeignete Grundlage bieten dabei Stellenausschreibungen, da diese im engen Zusammenhang mit der Erarbeitung von Anforderungsprofilen stehen. Die in einer Ausschreibung „definierten

---

4 Die gesamte Befragung richtet sich an die Auszubildenden der drei eingangs erwähnten Ausbildungsberufe und werden von Susanne Kirndorfer M.A. und weiteren Mitarbeiterinnen des von Prof. Dr. Jörg Roche betreuten Teilprojektes konzipiert und durchgeführt.

5 Die statistischen Daten wurden dem Projekt im November 2014 von Michael Hüttl, Pädagogischer Mitarbeiter am Bayerischen Staatsministerium für Bildung und Kultus, Wissenschaft und Kunst, via Email übermittelt.

Funktionen einer Stelle und die damit zusammenhängende Verantwortung und Kompetenzen bilden die Grundlage zur Festlegung von Anforderungen" (Wilk 2011: 15). Dadurch ermöglicht die Betrachtung der in Stellenanzeigen geforderten fachlichen und persönlichen Voraussetzungen oftmals einen tieferen Einblick in die sprachlich-kommunikativen Anforderungen ausgewählter Unternehmen (Kiefer 2013: 140). Ein besonderer Fall sind dabei Ausschreibungen für Ausbildungsplätze, da sich diese in erster Linie an Absolventen ohne konkrete fachliche Vorbildung richten und somit ein besonderer Fokus auf allgemeine, soziale und kommunikative Fertigkeiten zu erwarten ist. Durch die Recherche auf einschlägigen Portalen im Internet und Kontakt zu Ausbildungsbetrieben im Einzelhandel wird ein Korpus an relevanten Stellenanzeigen für das Berufsfeld *Einzelhandel* zusammengestellt. Da Stellenausschreibungen oftmals einen sehr hohen Formalisierungsgrad besitzen und viele Begrifflichkeiten in ähnlicher Form immer wieder auftauchen, bietet sich für die Erstellung eines Analyserasters ein induktives Vorgehen an. Bei der qualitativen Inhaltsanalyse der Daten sollen sich unter den Auswertungskriterien neben sprachlichen und kommunikativen Anforderungen auch solche Qualifikationen befinden, die durch sprachliche oder kommunikative Handlungskompetenz bestimmt werden. Hierzu zählen etwa allgemeine und berufsspezifische Sozialkompetenzen wie Kooperationsfähigkeit und Teamfähigkeit (Efing 2008a).

Um darüber hinaus auch einen Einblick in die individuelle Sicht von Vertretern der Ausbildungsbetriebe zu erhalten, kann zusätzlich auf existierende empirische Arbeiten zurückgegriffen werden. Durch die Befragung von insgesamt 18 Ausbildungsleitern – darunter ein Ausbilder für Einzelhandelskaufleute – ermittelten Knapp et al. (2008: 192), welche Rolle der Schriftsprache im Rahmen der verschiedenen Ausbildungen zukommt. Die Interviewstudie ist Teil des Forschungsprojektes *Schriftsprache im Ausbildungsbetrieb* an der Pädagogischen Hochschule Weingarten, aus dem auch die beiden wissenschaftlichen Arbeiten von Röck (2009) und Kiepas (2009) hervorgingen. Im Zentrum der Untersuchung von Röck (2009: 46ff.) steht die Befragung von drei Ausbildungsbetreuern mittelständischer Unternehmen zur Rolle des Lesens und Schreibens im kaufmännischen Ausbildungsbereich. Ähnlich stellt Kiepas (2009: 21ff.) auf Basis dreier Experteninterviews mit kaufmännischen Ausbildungsleitern die individuellen Erwartungen der Ausbildungsbetriebe an Auszubildende sowie deren subjektive Einschätzung von Lese- und Schreibprozessen im Rahmen der Ausbildung dar. Beide Studien kamen zu dem Ergebnis, dass dem Schreiben aus Sicht der Vertreter verschiedener kaufmännischer Ausbildungsbetriebe ein hoher Stellenwert zukommt. Als notwendig erachtet werden dabei neben orthografischen und grammatikalischen Kenntnissen auch Textsortenwissen, Ausdruck und adressatengerechtes Schreiben.

Sowohl bei Kiepas (2009: 62) als auch bei Röck (2009: 66) beklagen die Befragten zudem den oftmals zu umständlichen, ausschweifenden Schreibstil der Auszubildenden und kritisieren die von der Schule vermittelte literarische Schreibweise, da diese im geschäftlichen Wirkungsbereich keine Relevanz hat. Ebenfalls interessante Ergebnisse verspricht in diesem Zusammenhang das gegenwärtig am Bundesinstitut für Berufsbildung durchgeführte Forschungsprojekt *Sprachlich-kommunikative Anforderungen in der beruflichen Ausbildung* von Settelmeyer et al. (2014), bei dem u.a. fokussierte Interviews mit Ausbildern und Auszubildenden im Berufsfeld *Einzelhandel* sowie Lehrkräften an beruflichen Schulen geführt werden sollen.

2.2 Objektive sprachlich-kommunikative Anforderungen

Für die Erhebung und Analyse der *objektiven sprachlich-kommunikativen Anforderungen* in der Ausbildung im Einzelhandel können verschiedene Bereiche des Ausbildungsberufes herangezogen werden. Eine Möglichkeit für die Ermittlung der institutionell vorgegebenen Anforderungen stellen „systematische, kategoriengeleitete Inhaltsanalysen beruflicher Ordnungsmittel" (Efing 2013: 126) dar. Zu den relevanten Ordnungsmitteln im Kontext der dualen Berufsausbildung gehören die Ausbildungsordnung, die Prüfungsordnung sowie der schulische Rahmenlehrplan der jeweiligen Berufsausbildung. Für den Untersuchungsgegenstand der Sprache und Kommunikation soll außerdem der Lehrplan für das Fach Deutsch an beruflichen Schulen herangezogen werden. Als Grundlage der angestrebten Analyse der Ordnungsmittel dient die systematische Untersuchung von Gemeinsamkeiten und Unterschieden in den Ausbildungsinhalten kaufmännischer Berufe, die in einem mehrjährigen Forschungsprojekt von Brötz et al. (2013) am Bundesinstitut für Berufsbildung in Bonn durchgeführt wurde. Von der groß angelegten Analyse mit insgesamt mehr als fünfzig kaufmännisch-betriebswirtschaftlichen Berufen ist für die geplante Untersuchung lediglich der Datensatz[6] für die Ausbildung im Einzelhandel von Relevanz (Kaiser/Brötz 2013: 233). Obgleich im Rahmen der übergreifenden Qualifikationen auch sprachliche und kommunikative Aspekte Gegenstand des mehrstufigen Analyserasters von Brötz et al. (2013: 97) sind, standen in der Untersuchung die fachspezifischen und kaufmännischen Qualifikationen der einzelnen Berufe eindeutig im Vordergrund. Dabei zeigte sich einerseits, dass der Kommunikationsfähigkeit in allen kaufmännischen Tätigkeitsbereichen

---

6 Der mit dem Programm MAXQDA erstellte Rohdatensatz wurde unserem Projekt dankenswerterweise vom Bundesinstitut für Berufsbildung in Bonn durch die Unterstützung von Prof. Dr. Franz Kaiser (Universität Rostock) für die weitere Verwendung in unserer Untersuchung zur Verfügung gestellt.

eine hohe Relevanz zukommt; andererseits bestätigte die Untersuchung jedoch auch, dass sich die beruflichen Schulen an der Ausbildung der Kommunikationsfähigkeit bisher kaum beteiligen, da nach Auskunft kaufmännischer Erwerbstätiger „die meisten Kenntnisse und Fähigkeiten in erster Linie durch die berufliche Praxis erworben wurden" (Brötz et al. 2013: 49). Ausgehend von dem feststehenden Kategoriensystem sollen die bisher eher allgemein gehaltenen Gesichtspunkte für die geplante Untersuchung der Bereiche *Sprache* und *Kommunikation* gebündelt und präzisiert werden. Wie bereits in der vorhergehenden Studie werden die neuen Kategorien „aus dem Material heraus entwickelt, so dass der entstehende Codebaum […] nicht auf einem theoretischen Konstrukt basiert, sondern *die Texte zum Sprechen bringt*" (Brötz et al. 2013: 9; Hervorhebung im Original). Im Anschluss an die Anpassung des bisherigen Analyserasters an die neue Fragestellung soll die ursprüngliche Kodierung der Ordnungsmittel überarbeitet werden.

Einen weit gewichtigeren Teil der Feststellung von *objektiven sprachlich-kommunikativen Anforderungen* bildet die Erhebung von sprachlichen und kommunikativen Produkten beruflicher Handlungssituationen. Mit dem besonderen Fokus auf die schriftsprachlichen Fertigkeiten sind dies in erster Linie authentische Schreibprodukte, die die Auszubildenden im Rahmen ihrer Berufsausbildung hervorbringen. So kann laut Efing (2008b: 19) letztlich „nur ausgehend von schriftsprachlichen Produkten als Ergebnis konkreter Schreibaufgaben […] auf die Schreibkompetenz zurückgeschlossen werden". Bei Janich (2007: 325) und Efing (2013: 125) nimmt deshalb die empirische Erhebung und sprachwissenschaftliche Analyse genuiner Texte bei der Ermittlung sprachlich-kommunikativer Anforderungen einen hohen Stellenwert ein. Erst durch eine breit gefächerte Erhebung im Rahmen der betrieblichen Ausbildung vorkommender Textsorten, ihrer medialen Form und der in ihr getragenen sprachlichen Informationen lassen sich die schriftsprachlichen Anforderungen des Berufszweiges detailliert darstellen. Eine Schwierigkeit für die empirische Ermittlung authentischer Texte in der Berufsausbildung im Einzelhandel ist die Branchenvielfalt des Arbeitsfeldes. Anzahl und Intensität der Schreibanlässe und -prozesse eines Auszubildenden in der Telekommunikationsbranche unterscheiden sich zum Beispiel deutlich von den schriftsprachlichen Anforderungen an Auszubildende in der Lebensmittel- oder Textilbranche. Neben der Branchenzugehörigkeit verlangt auch die an der Zahl der Mitarbeiter bemessene Größe der Unternehmen und Ausbildungsbetriebe eine besondere Berücksichtigung. So sehen Wydra-Somaggio et al. (2010: 3) die Größe eines Ausbildungsbetriebes als Indikator für den Umfang der betrieblichen Ausbildungsinvestitionen. Für das Berufsfeld *Einzelhandel* hat überdies die Untersuchung von Heimerer/Hermanns-Klotz (1998: 34) gezeigt, dass eine zunehmende Größe des ausbildenden Betriebes einen positiven Effekt auf die

Qualität der Ausbildung haben kann. Dies mag u.a. damit zusammenhängen, dass es in größeren Unternehmen meist eigene Ausbildungsabteilungen gibt, die sich über die Ausbildungsinhalte „intensiv Gedanken machen […] und nicht selten auch einen intensiven Kontakt zu Lehrerinnen und Lehrern der beruflichen Schulen halten" (Fleuchaus 2004: 319). Eine Eingrenzung der Studie auf Ausbildungsbetriebe einer bestimmten Größe oder ausgewählter Branchen könnte somit die Erhebung unnötigerweise verfälschen. Der Anspruch einer Untersuchung sprachlich-kommunikativer Anforderungen im Einzelhandel sollte folglich sein, durch die gewissenhafte Wahl mehrerer, im Hinblick auf ihre Branche und Größe als repräsentativ geltenden Ausbildungsbetriebe die Vielgestaltigkeit des Berufsfeldes widerzuspiegeln.

Bei einer empirischen Erhebung authentischer Texte gilt es vorerst festzulegen, auf welche Weise welche Art von Text in welchem Kontext entstanden sein muss, um als authentisch[7] klassifiziert werden zu können. Diese Differenzierung ist nicht zuletzt deshalb von hoher Relevanz, da vorhergehende Untersuchungen der Schriftsprache im Kontext beruflicher Bildung – sei dies anhand eines Korpus von Aufsätzen bei Wyss Kolb (1995: 27) oder durch das Testen der Berufsschüler bei Efing (2006: 39) und Baumann (2014: 127) – stets den schulischen Teil der Ausbildung als Anknüpfungspunkt verwenden. Inwieweit jedoch dadurch Rückschlüsse auf die Rolle schriftsprachlicher Fähigkeiten im Rahmen der dualen Ausbildung oder gar die tatsächlichen kommunikativen Fertigkeiten der Auszubildenden gezogen werden können, ist fraglich. Efing (2008b: 19) beklagt in diesem Zusammenhang nicht ganz zu Unrecht, dass es den beruflichen Schulen an natürlichen und in den beruflichen Kontext eingebundenen Schreibanlässen und somit an einer geeigneten Analysegrundlage mangelt. Vielversprechender ist es demnach, schriftliche Texte im Rahmen der betrieblichen Ausbildung – und folglich konkreter beruflicher Handlungssituationen – zu erheben und zu untersuchen. Die schriftliche Produktion von Texten im Rahmen der Ausbildung lässt sich jedoch nicht allein durch die beiden Pole *Berufsschule* und *Ausbildungsbetrieb* differenzieren. So soll zum Zwecke dieser Untersuchung die Textproduktion in der betrieblichen Ausbildung in drei Typen unterteilt werden, die sich in ihrem Grad an Authentizität teils deutlich voneinander unterscheiden: *Authentische Texte der Berufsausbildung, Texte der überbetrieblichen Aus- und Weiterbildung* und *Berichtshefte*.

Unter den *authentischen Texten der Berufsausbildung* werden alle schriftsprachlichen Produkte zusammengefasst, die bei der praktischen Ausübung des Berufes

---

7 Die Adjektive *authentisch, natürlich* und *genuin* werden hier synonym verwendet.

entstehen und für eine erfolgreiche Erfüllung berufsspezifischer Aufgaben – etwa in der schriftlichen Kommunikation mit den Kunden, den Kollegen oder dem Vorgesetzten – erforderlich sind. Hierzu zählt die Formulierung eines offiziellen Briefes ebenso wie das Ausfüllen eines Formulars oder das Verfassen einer kurzen Notiz. Die Schwierigkeit einer Erhebung entsprechender Texte liegt vor allen Dingen in der Wahl der richtigen Methode. In der bei Settelmeyer et al. (2014: 13) beschriebenen Ermittlung sprachlich-kommunikativer Anforderungen in der Berufsschule und im Betrieb werden authentische Texte in drei ausgewählten Einzelhandelsunternehmen im Zuge einer teilnehmenden Beobachtung gesammelt. Da eine auf das gesamte Branchenspektrum des Einzelhandels ausgelegte Studie ähnlichen Forschungsdesigns aufgrund der hohen personellen und zeitlichen Ressourcen nicht umsetzbar wäre, wird in der geplanten Untersuchung versucht, authentische Texte durch die Auszubildenden selbst bzw. die Ausbildungsleiter sammeln zu lassen. Hierzu wurden im Herbst 2014 nahezu einhundert Unternehmen kontaktiert, von denen gut ein Zehntel offenkundiges Interesse an der Untersuchung zeigte und für die Beteiligung an der Studie gewonnen werden konnte. Für die Sammlung von Texten erhielten alle Auszubildenden ein eigens für die Studie entworfenes Portfolio, das neben einem einführenden Text auch einen kurzen Fragebogen enthält. Letzterer umfasst primär Fragen zum alltäglichen und berufsbezogenen Sprachgebrauch der deutschen Sprache und möglicher weiterer Sprachen, zum Bildungshintergrund sowie zur Branche und Größe des jeweiligen Ausbildungsbetriebes. Ein auf diese Weise erstelltes Korpus authentischer Texte soll es ermöglichen, die spezifischen Rahmenbedingungen, unter denen die jeweiligen Textprodukte entstanden sind, mit dem Schreiber selbst und dessen bisheriger Bildungslaufbahn sowie weiteren Aspekten seiner sozialen, kulturellen und sprachlichen Sozialisation zu korrelieren (Jakobs 2007: 30). Um die Auszubildenden zusätzlich zu motivieren, wurde den Ausbildungsleitern zugesagt, dass jeder Proband für die aktive Teilnahme an der Studie einen Gutschein erhalten wird.

Eine erste Rückmeldung einzelner Ausbildungsbetriebe zeigt, dass nicht alle mit den Portfolios erhobenen Texte realen beruflichen Handlungssituationen entstammen und somit nicht ausschließlich als *authentische Texte der Berufsausbildung* gewertet werden können. So investieren bspw. viele Großunternehmen verstärkt durch überbetriebliche Ausbildungsmaßnahmen und Schulungen in die berufs- und branchenspezifische Bildung und das Humankapital ihrer Auszubildenden. Oftmals werden so durch professionell organisierte, überbetriebliche Strukturen im Verhältnis zu mittleren und kleinen Einzelbetrieben zusätzliche Bildungsmaßnahmen geschaffen. Für die Erhebung von Texten im Rahmen der betrieblichen Ausbildung muss dieser Gesichtspunkt berücksichtigt werden, da sich auch Texte der überbetrieblichen, außerschulischen Bildungsmaßnahmen in den Portfolios der Auszubildenden wiederfinden. Obgleich diese *Texte der überbetrieblichen Aus- und Weiterbildung* durch ihre enge Bindung an das praktische Berufsfeld und die spezifische Unternehmenskultur oftmals genuinen Berufssituationen entlehnt wurden, dürfen sie nicht mit authentischen Texten gleichgesetzt werden. Zwar stehen sie im engen Zusammenhang mit dem spezifischen Ausbildungsbetrieb und unterscheiden sich dadurch von der Textproduktion des schulischen Unterrichts; trotz des großen Bezugs zur beruflichen Realität sind sie jedoch eng an den unterrichtlichen Kontext gebunden. Die *Texte der überbetrieblichen Aus- und Weiterbildung* bilden somit einen eigenen Texttypus der betrieblichen Ausbildung, der auch bei der Analyse als solcher behandelt werden muss.

In fast allen Ausbildungsberufen kommt es darüber hinaus zu einer regelmäßigen Verschriftlichung der auszuführenden Tätigkeiten in Form eines *Berichtsheftes*. Die Niederschrift der meist wöchentlich zu erstellenden Berichte geschieht stark formalisiert und meist nur stichwortartig (Wengel 2013: 154). So wird laut Efing (2010: 9) dabei „von den Auszubildenden fast nie verlangt, in vollständigen, grammatisch korrekten Sätzen zu schreiben". Es wäre aufgrund dessen falsch anzunehmen, die schriftsprachlichen Fertigkeiten der Auszubildenden ließen sich an ihrer Leistung in den Berichtsheften festmachen. Efing (2013c: 127) kritisiert zu recht die Handhabe vieler Ausbildungsbetriebe und Ausbilder, das Berichtsheft als Maßstab der sprachlich-kommunikativen Kompetenz der Auszubildenden – und dabei insbesondere der Rechtschreibkompetenz – zu nehmen. Dies erscheint nicht zuletzt deshalb absurd, da es bereits in einigen Ausbildungsbetrieben Usus ist, das Berichtsheft in elektronischer Form und somit auch mithilfe automatisierter Korrekturhilfen zu erstellen. Nichtsdestotrotz sind die Berichtshefte der Auszubildenden meist einfach zu erheben und können durch ihren hohen Formalisierungsgrad auch leicht ausgewertet werden. Obgleich die Berichtshefte kein adäquates Bild der Schreibanforderungen des Berufs liefern, so sind sie dennoch ein gewichtiger Teil der untersuchten Schreibanforderungen in der Berufsausbildung und gelten deshalb in dieser Studie als authentische Texte. Nicht zuletzt aus Gründen der Vollständigkeit darf diese Maßnahme der regelmäßigen Verschriftlichung des Arbeitsprozesses nicht einfach ignoriert werden. Im Rahmen der empirischen Erhebung soll folglich das durch die Portfolioarbeit entstehende Textkorpus durch Ausschnitte der Berichtshefte der Auszubildenden ergänzt werden.

3. Berufliche Kommunikationsprofile in der Deutschdidaktik

Durch die vielschichtige methodische Herangehensweise soll so ein präzises Bild der sprachlich-kommunikativen Anforderungen der dualen Ausbildung und des

Berufsfeldes *Einzelhandel* sowohl aus objektiver als auch aus subjektiver Perspektive entstehen. Die Analyseergebnisse der verschiedenen Textkorpora müssen in einem zweiten Schritt adäquat zusammengeführt und aufbereitet werden, um als Grundlage der Entwicklung handlungsorientierter Didaktikansätze für den Deutschunterricht an beruflichen Schulen dienen zu können. Ein integratives Konzept zur Beschreibung und Modellierung berufssprachlicher Kommunikation bietet dabei das von Janich (2007) vorgeschlagene berufliche Kommunikationsprofil. Die am Beispiel der Unternehmenskommunikation skizzierte Beschreibungsmatrix ist in ein Anforderungsprofil und ein Kompetenzprofil unterteilt und eignet sich dadurch vor allem für die anwendungsorientierte Aufbereitung der Ergebnisse empirischer Erhebungen. Das Anforderungsprofil stellt dar, welche Informationen durch welche an den kommunikativen Handlungen beteiligten Akteure und in welcher medialen Form an wen übermittelt werden (Efing 2010: 4). Die Berücksichtigung der „gegenseitige[n] Verflechtung" dieser sprachlichen und kommunikativen Situationen im Rahmen eines Kommunikationsprozesses „führt die Analyse über [eine] rein textlinguistische Erfassung von Kommunikation und Wirtschaftskommunikation hinaus" (Janich 2007: 322). Insbesondere im Hinblick auf eine anwendungsorientierte Darstellung ist die Berücksichtigung der eingangs erwähnten Unterscheidung von sprachlichen und kommunikativen Aspekten bei der Analyse von hoher Relevanz. So muss aus dem beruflichen Kommunikationsprofil auch herauszulesen sein, von welchen Faktoren der Kommunikationserfolg letztlich abhängt. Die Erstellung des Kompetenzprofils schließlich baut in einem weiteren, interpretativen Schritt auf das so entstandene berufsspezifische Anforderungsprofil auf. Kern des Kompetenzprofils sind in erster Linie die Darstellung des sprachlichen, technischen und kulturellen Wissens und der darauf aufbauenden kommunikativen Kompetenzen, die zur Erfüllung aller vorhergehend ermittelten Anforderungen benötigt werden (Janich 2007: 324).

Mit dem aus dieser Studie hervorgehenden beruflichen Kommunikationsprofil soll an die aktuelle Tendenz angeknüpft werden, handlungsorientierte Förder- und Bildungsmaßnahmen im berufsbildenden Kontext an den konkreten sprachlich-kommunikativen Anforderungen des Berufsfeldes auszurichten (Kiefer 2013). Im Zuge dessen werden auf Grundlage der Ergebnisse im Anschluss an die beschriebenen empirischen Erhebungsphasen verschiedene Ansätze einer handlungsorientierten Deutsch- und Schreibdidaktik für den Unterricht an beruflichen Schulen entwickelt. Dabei soll einerseits anhand der Befragungsergebnisse die einleitend erwähnte Heterogenität und Mehrsprachigkeit sowie deren Ausprägung im Kontext des Berufsfeldes Einzelhandel überprüft werden und bei der Konzeption des Unterrichts Berücksichtigung finden. Andererseits gilt bei der Unterrichtsgestaltung die oberste Prämisse, mit der Deutschdidaktik an die unmittelbare Lebens- und

Berufsrealität der Auszubildenden anzuknüpfen ohne sie dadurch zum Zwecke wirtschaftlicher Interessen zu instrumentalisieren. Die Wahrnehmung der beruflichen Relevanz verspricht nicht nur eine gesteigerte Motivationsausprägung, sondern zugleich positive Auswirkungen auf das Lernverhalten und den damit zusammenhängenden Lernerfolg der Berufsschüler (Efing 2013a: 3). Eine engere Ausrichtung der berufsbildenden Deutschdidaktik an den konkreten sprachlich-kommunikativen Anforderungen des jeweiligen Berufsfeldes ist dadurch für das übergeordnete Ziel, eine engere Verzahnung der schulischen und betrieblichen Ausbildung zu erreichen, von großer Bedeutung.

Literatur

Baumann, Katharina (2014): „Man muss schon ein bisschen mit dem Schreiben zurechtkommen!" Eine Studie zu den Schreibfähigkeiten von Auszubildenden im unteren beruflichen Ausbildungssegment im Kontext von Ausbildungsreife. Paderborn.

Becker-Mrotzek, Michael/Kusch, Erhard/Wehnert, Bernd (2006): Leseförderung in der Berufsbildung. Duisburg.

Brötz, Rainer/Annen, Silvia/Kaiser, Franz u.a. (2013): Gemeinsamkeiten und Unterschiede kaufmännisch- betriebswirtschaftlicher Aus- und Fortbildungsberufe (GUK). Abschlussbericht. Verfügbar unter http://www2.bibb.de/bibbtools/tools/fodb/data/documents/pdf/eb_42202.pdf (Zugriff am 08.02.2015).

Efing, Christian (2006): „Viele sind nicht in der Lage, diese schwarzen Symbole da lebendig zu machen." – Befunde empirischer Erhebungen zur Sprachkompetenz hessischer Berufsschüler. In: Efing, Christian/Janich, Nina (Hrsg.): Förderung der berufsbezogenen Sprachkompetenz. Befunde und Perspektiven. Paderborn, 33–68.

Efing, Christian (2008a): Kontinuierliche und individuelle Diagnose der Lesekompetenz von BerufsschülerInnen mit dem „Baukasten Lesediagnose". In: Grundmann, Hilmar (Hrsg.): Von der Förderung der Ausdrucksfähigkeit zur Kultur der Sprachförderung an berufsbildenden Schulen. Verfügbar unter http://www.bwpat.de/ht2008/ft17/efing_ft17-ht2008_spezial4.pdf (Zugriff am 08.02.2015).

Efing, Christian (2008b): „Aber was halt schon schwer war, war, wo wir es selber schreiben sollten." Defizite und Förderbedarf in der Schreibkompetenz hessischer Berufsschüler. In: Jakobs, Eva-Maria (Hrsg.): Berufliches Schreiben. Ausbildung, Training, Coaching. Frankfurt am Main, 17–34.

Efing, Christian (2010): Kommunikative Anforderungen an Auszubildende in der Industrie. In: Fachsprache 50/1–2, 2–17.

Efing, Christian (2011): Schreiben für den Beruf. In: Schneider, Hansjakob (Hrsg.): Wenn Schriftaneignung (trotzdem) gelingt. Literale Sozialisation und Sinnerfahrung. Weinheim, 38–62.

Efing, Christian (2012): Sprachliche oder kommunikative Fähigkeiten – was ist der Unterschied und was wird in der Ausbildung verlangt? In: Berufsbildung in Wissenschaft und Praxis 41/2, 6–9.

Efing, Christian (Hrsg.) (2013): Sprachlich-kommunikative Anforderungen an Auszubildende – und ihr Verhältnis zu den realen Kompetenzen der Auszubildenden. Verfügbar unter http://www.bwpat.de/ausgabe/ht2013/fachtagungen/fachtagung-18 (Zugriff am 08.02.2015).

Efing, Christian (2013a): Editorial: Sprache und Kommunikation in der beruflichen Bildung. Anforderungen an die Kompetenzen, die Diagnose und die Förderung. In: Efing (Hrsg.), verfügbar unter http://www.bwpat.de/ht2013/ft18/editorial_ft18-ht2013.pdf (Zugriff am 08.02.2015).

Efing, Christian (Hrsg.) (2013b): Ausbildungsvorbereitung im Deutschunterricht der Sekundarstufe I. Die sprachlich-kommunikativen Facetten von „Ausbildungsfähigkeit". Frankfurt am Main.

Efing, Christian (2013c): Sprachlich-kommunikative Anforderungen in der betrieblichen Ausbildung. In: Christian Efing (Hrsg.), 124–145.

Efing, Christian (2014): Theoretische und methodische Anmerkungen zur Erhebung und Analyse kommunikativer Anforderungen im Beruf. In: Kiefer, Karl-Hubert/Efing, Christian/Jung, Matthias/Middeke, Annegret (Hrsg.): Berufsfeld-Kommunikation: Deutsch. Frankfurt am Main, 11–34.

Fleuchaus, Isolde (2004): Kommunikative Kompetenzen von Auszubildenden in der beruflichen Ausbildung. Ausprägungen, Förderung und Relevanz im Urteil von Ausbildern Lehrern und Auszubildenden. Hamburg.

Grundmann, Hilmar (2002): Der gegenwärtige Umgang mit dem Deutschunterricht an berufsbildenden Schulen – Eine der größten Herausforderungen der berufsschulischen Fachdidaktiken. In: Josting, Petra/Peyer, Ann (Hrsg.): Deutschdidaktik und berufliche Bildung. Baltmannsweiler, 8–27.

Grundmann, Hilmar (2007): Bildungsergebnis vor Bildungserlebnis. Der Deutschunterricht an berufsbildenden Schulen zwischen PISA und der Forderung der Arbeitswelt nach kommunikativen Hochst-leistungen. In: Der Deutschunterricht 59/1, 10–18.

Heimerer, Leo/Hermanns-Klotz, Heidi (Hrsg.) (1998): Evaluation der schulischen Ausbildung „Kaufmann/Kauffrau im Einzelhandel". Ergebnisse der Untersuchungen an 19 Schulen in Bayern, Berlin, Nordrhein-Westfalen und Sachsen. Bielefeld.

Jahn, Karl-Heinz (2004): Sprachfähigkeit für den Beruf ist Persönlichkeitsstärkung. In: Grundmann, Hilmar/Ettmüller, Wolfgang (Hrsg.): Der Deutsch- und

Fremdsprachenunterricht zwischen Lebensbezug und Berufsbezug. Bielefeld, 67–80.

Jakobs, Eva-Maria (2007): „Das lernt man im Beruf..." Schreibkompetenz für den Arbeitsplatz. In: Werlen, Erika/Tissot, Fabienne (Hrsg.): Sprachvermittlung in einem mehrsprachigen kommunikationsorientierten Umfeld. Hohengehren, 27–42.

Janich, Nina (2007): Kommunikationsprofile in der Unternehmenskommunikation. In: Reimann, Sandra (Hrsg.): Wissenschaften im Kontakt. Kooperationsfelder der deutschen Sprachwissenschaft. Tübingen, 317–330.

Josting, Petra/Peyer, Ann (2002): Deutschdidaktik und Berufliche Bildung. In: Josting, Petra/Peyer, Ann (Hrsg.): Deutschdidaktik und berufliche Bildung. Baltmannsweiler, 1–5.

K., Naina (2015): Uff. Und was machen wir jetzt? In: ZEIT ONLINE. Verfügbar unter http://www.zeit.de/gesellschaft/zeitgeschehen/2015-01/twitter-nainablabla-schule-diskussion (Zugriff am 08.02.2015).

Kaiser, Franz/Brötz, Rainer (2013): Ordnungsbezogene Berufsforschung am Beispiel der Ordnungsmittelanalyse kaufmännisch-betriebswirtschaftlicher Berufe. In: Pahl, Jörg-Peter (Hrsg.): Handbuch Berufsforschung. Bielefeld, 229–239.

Kiefer, Karl-Hubert (2013): Kommunikative Kompetenzen im Berufsfeld der internationalen Steuerberatung. Möglichkeiten ihrer Vermittlung im fach- und berufsbezogenen Fremdsprachenunterricht unter Einsatz von Fallsimulationen. Frankfurt am Main.

Kiepas, Hanna (2009): Welche Lese- und Schreibkompetenzen werden von Auszubildenden für kaufmännische Berufe in Großunternehmen erwartet? – Didaktische Konsequenzen für die Förderung an Realschulen. Wissenschaftliche Hausarbeit an der PH Weingarten (Unveröffentlicht).

Knapp, Werner (2008): Förderunterricht in der Sekundarstufe. Welche Lese- und Schreibkompetenzen sind nötig und wie kann man sie vermitteln? In: Ahrenholz, Bernt (Hrsg.): Deutsch als Zweitsprache. Voraussetzungen und Konzepte für die Förderung von Kindern und Jugendlichen mit Migrationshintergrund. Freiburg im Breisgau, 251–268.

Knapp, Werner/Pfaff, Harald/Werner, Sybille (2008): Kompetenzen im Lesen und Schreiben von Hauptschülerinnen und Hauptschülern für die Ausbildung – eine Befragung von Handwerksmeistern. In: Schlemmer, Elisabeth/Gerstberger, Herbert (Hrsg.): Ausbildungsfähigkeit im Spannungsfeld zwischen Wissenschaft, Politik und Praxis. Wiesbaden, 191–206.

Lehmann, Rainer H./Ivanovm Stanislav/Hunger, Susanne u.a. (2005): ULME I. Untersuchung der Leistungen, Motivation und Einstellungen zu Beginn der

beruflichen Ausbildung. Verfügbar unter http://gaebler.info/hamburg/ulme-1.
pdf (Zugriff am 08.02.2015).

Pucciarelli, Nina (2013): „Gemeinsam stark durch Sprache" – Förderung der
Sprachkompetenz und der interkulturellen Kompetenz von Auszubildenden im
Rahmen eines berufsschulspezifischen Projekts. Verfügbar unter http://www.
bwpat.de/ht2013/ft18/pucciarelli_ft18-ht2013.pdf (Zugriff am 08.02.2015).

Rexing, Volker; Keimes, Christina; Ziegler, Birgit (2013): Lesekompetenz von
BerufsschülerInnen - Befunde und Konsequenzen. In: Efing, Christian (Hrsg.)
(2013b): 41–64.

Riedl, Alfred/Schelten, Andreas (1997): Fächerübergreifender und handlungsorientierter Unterricht. Verfügbar unter http://scheltenpublikationen.userweb.
mwn.de/pdf/fuegruriedlschelten97vlb.pdf (Zugriff am 08.02.15).

Riehl, Claudia Maria (2014): Mehrsprachigkeit – Eine Einführung. Darmstadt.

Roche, Jörg/Reher, Janina/Simic, Mirjana (2012): Focus on Handlung. Zum Konzept des handlungsorientierten Erwerbs sprachlicher, sozialer und demokratischer Kompetenzen im Rahmen einer Kinderakademie. Münster.

Röck, Verena (2009): Lese- und Schreibkompetenzen von Auszubildenden in
kaufmännischen Berufen – Befragung von Ausbildungsbetreuern und daraus
resultierende didaktische Konsequenzen für den Deutschunterricht. Wissenschaftliche Hausarbeit an der PH Weingarten (Unveröffentlicht).

Settelmeyer, Anke (2010): Zur Bedeutung von Herkunftssprachen in Ausbildung und Beruf. In: Abteilung Wirtschafts- und Sozialpolitik der Friedrich-
Ebert-Stiftung (Hrsg.): Sprache ist der Schlüssel zur Integration. Bedingungen
des Sprachlernens von Menschen mit Migrationshintergrund. Bonn, 68–76.
Verfügbar unter library.fes.de/pdf-files/wiso/07666.pdf (Zugriff am 08.02.2015).

Settelmeyer, Anke/Tschöpe, Tanja/Widera, Christina u.a. (2014): Sprachlich-
kommunikative Anforderungen in der beruflichen Ausbildung. Zwischenbe-
richt. Bonn. Verfügbar unter https://www2.bibb.de/bibbtools/tools/fodb/data/
documents/pdf/zw_22304.pdf (Zugriff am 08.02.15).

Wengel, Peter (2013): Sprachlich-kommunikative Anforderungen in der Berufsschule. In: Efing, Christian (Hrsg.) (2013b): 147–170.

Wilk, Gabriele (2011): Stellenbeschreibung und Anforderungsprofile. Freiburg.

Wydra-Somaggio, Gabriele/Seibert, Holger/Buch, Tanja/Hell, Stefan/Kotte, Volker
(2010): Einstiegsgehälter von Ausbildungsabsolventen. Gute Abschlussnoten
zahlen sich aus. In: IAB-Kurzbericht 20. Verfügbar unter http://doku.iab.de/
kurzber/2010/kb2010.pdf (Zugriff am 08.02.2015).

Wyss Kolb, Monika (1995): Was und wie Lehrlinge schreiben. Eine Analyse von
Schreibgewohnheiten und von ausgewählten formalen Merkmalen in Aufsätzen.
Aarau.

Förderkonzepte für die Berufsschule

Maik Philipp (Windisch)

Because Writing Matters! (Berufliches) Schreiben und seine effektive Förderung

Abstract Vocational writing and vocational writing instruction have received little attention by writing research. Therefore, this chapter addresses this topic by presenting findings from different branches of writing research. The chapter starts with empirical findings about the everyday writing behavior of adults and the importance of writing for the job. Writing is a complex and demanding process, thus, a current model of components is introduced afterwards. This model highlights that a writing person has to manage many components during writing. The main part of the chapter presents empirical findings from several meta-analyses about effective writing instruction. The approaches either address the writing process itself or try to relieve it by using different kinds of support. The usability of the approaches for vocational writing instruction will be discussed.

1. Einleitung und Überblick

Seit dem Jahr 2000 stehen schriftsprachliche Fähigkeiten von Schülern[1] im Fokus der Aufmerksamkeit der Bildungsforschung. Dabei dominiert klar das Leseverstehen, und es geraten nahezu ausschließlich die Leistungen von Regelschülern in der Primar- und Sekundarschule in den Blick. Studien mit Berufsschülern hingegen, die sich den Schreibkompetenzen jenseits rein sprachsystematischer Aspekte widmen, sind spärlich gesät (vgl. Efing 2011).

Dabei gibt es auch Ausnahmen, die im Kern darauf verweisen, dass bei Berufsschülern die Schreibkompetenz verbesserungswürdig ist. So berichtet Efing (2008) ausgehend von einer empirischen Studie mit einem eigens kreierten Schreibtest davon, dass bei hessischen Berufsschülern in praktisch allen Bereichen des Schreibens besorgniserregend viele und durchgängige Defizite bestehen. Die mehrheitlich aus der Haupt- und Realschule stammenden Auszubildenden hatten Probleme sowohl in den hierarchieniedrigen Bereichen (Grammatik, Wortwahl, Orthographie und Interpunktion) als auch bei anspruchsvolleren Teilkompetenzen (Inhaltsorganisation und -struktur sowie Textkohärenz). Als mögliche Ursache für diese ausbaufähigen Leistungen benennt Efing die mangelnde Routine in puncto Formulieren, allerdings auch motivationale Probleme, die bis hin zur Aversion

---

1 Wenn im Folgenden der Verständlichkeit halber das Maskulinum verwendet wird, sind selbstredend beide Geschlechter gemeint.

reichen, weil die Schüler Schreiben mit Rechtschreibung und Grammatik gleichsetzen statt mit adressaten- und situationsadäquater (und das wäre hier: beruflicher) Kommunikation. Genau darüber wird aber die umfassende Schreibkompetenz gegenwärtig in der Bildungsforschung definiert (vgl. Harsch u.a. 2007).

Was sich bei Berufsschülern als Problematik andeutet, ist kein Phänomen, welches erst in der beruflichen Ausbildung entsteht oder erst dort bemerkt wird. In einer jüngst durchgeführten Normierungsstudie wurden bei deutschen Sekundarschuljugendlichen die Schreibleistungen in verschiedenen Textsorten erfasst. Für die Zwecke dieses Kapitels sind die informierenden Texte besonders relevant, weil sie einen Großteil der beruflichen Schreibanlässe abdecken. Hier waren mehr als ein Viertel der deutschen Zehntklässler und fast ein Drittel der Neuntklässler mit angestrebtem Mittelschulabschluss nicht in der Lage, die Regelstandards zu erreichen. Die Regelstandards geben vor, dass man mehrheitlich relevante Informationen überwiegend textsortenkonform und sprachformal korrekt im Text verarbeitet (vgl. IQB 2014). Wer Leistungen unter diesem Soll erbringt, gefährdet den Erfolg der kommunikativen Absicht. Da aus Studien bekannt ist, dass sich die Schreibkompetenz im Sekundarschulalter kaum noch quasi-natürlich von selbst verbessert (vgl. Neumann/Lehmann 2008; Schoonen u.a. 2011), bleiben Defizite vermutlich bestehen und beeinträchtigen dann die schriftliche Kommunikationsfähigkeit in der Berufsausbildung.

Aus gutem Grund kann man sich daher mit der Frage beschäftigen, wie sich denn das offenkundig verbesserungswürdige Schreiben von Berufsschülern gezielt und effektiv fördern lässt. Genau dies bildet das Hauptziel des Beitrags. Dabei will dieses Kapitel gar nicht schlüsselfertige Fördermaßnahmen oder gar komplette Maßnahmenkataloge anbieten, was bei gegenwärtig mehr als 320 anerkannten Ausbildungsberufen verschiedenster Couleur auch nicht sinnvoll wirkt (vgl. Bundesinstitut für Berufsbildung 2014). Stattdessen sollen verschiedene Datenquellen konsultiert und die Ergebnisse einiger Forschungsstränge auf knappem Raum zusammengetragen werden, um das Thema Schreibförderung für Berufsschüler multiperspektivisch zu betrachten.

Hierfür wird in Abschnitt 2 zunächst das alltägliche Schreibverhalten von Berufstätigen in den Blick genommen. Anhand dieser Befunde lässt sich das Soll einschätzen, das Berufsschüler später souverän selbst realisieren können sollen. Im Abschnitt 3 wird dargelegt, wie komplex Schreiben als Prozessverbund mit diversen Teilprozessen und beteiligten Komponenten ist. Abschnitt 4 bündelt auf knappem Raum die Ergebnisse der Schreibinterventionsforschung, um wirksame Schreibfördermaßnahmen systematisch vorzustellen. Im abschließenden Abschnitt 5 werden die Perspektiven systematisch aufeinander bezogen, um dadurch die Realisierungschancen zur Schreibförderung besser einzuschätzen.

2. Ausgangspunkt: das gegenwärtige Schreibverhalten von (berufstätigen) Erwachsenen

In einer aktuellen US-amerikanischen Studie wurden Erwachsene gebeten, über ihr alltägliches Schreibverhalten Tagebuch zu führen und jede Schreibaktivität zu protokollieren (vgl. Cohen/White/Cohen 2011). Die durchschnittlichen Schreibaktivitäten belaufen sich gemäß dieser Studie auf 129 Minuten pro Tag. Das sind mehr als zwei Stunden Schreibzeit, wobei diejenigen Untersuchungspersonen, die in einem Beschäftigungsverhältnis standen, mit 149 Minuten deutlich mehr schrieben als jene Studienteilnehmer ohne Anstellung (98 Minuten). Damit belaufen sich die täglichen Schreibaktivitäten bei Berufstätigen auf nahezu zweieinhalb Stunden. Bei dieser hohen täglichen Schreibdauer entstehen allerdings in der Regel keine längeren Texte mit einem Umfang von mindestens einem Satz; nur 21 Minuten der Schreibzeit beziehen sich auf ein solches Schreiben. Das Gros der Schreibzeit entfällt auf das Verfassen von diskontinuierlichen Texten (Listen, Formulareinträge etc.; 49 Minuten) bzw. Mischformen von kontinuierlichen und diskontinuierlichen Texten (33 Minuten). Dabei gibt es Unterschiede nach Bildungsabschluss: Je formal höher die Ausbildung, desto mehr kontinuierliche Texte schrieben die Befragten. Ein weiterer wichtiger Befund: Die meisten Texte der Berufstätigen entstehen am Computer: 97 Minuten schreiben sie am Computer und 76 Minuten per Hand. Bei Nicht-Berufstätigen entfallen 41 Minuten auf das analoge Schreiben und 56 Minuten auf das digitale Schreiben am Rechner.

Schreiben ist damit eine alltagsnotwendige Fähigkeit im beruflichen Kontext. Dies zeigt auch eine weitere Studie, in der wirtschaftlich führende US-amerikanische Firmen zum Schreiben um Auskunft gebeten wurden (vgl. The National Commission on Writing 2004). Bei zwei Dritteln der Firmen ist Schreiben eine wichtige Aufgabe der Angestellten, wobei in verschiedenen Berufsfeldern unterschiedliche Anforderungen bestehen. Mehr als die Hälfte der Firmen trifft Einstellungsentscheidungen auf der Basis der Schreibleistungen der Bewerber bzw. berücksichtigt Schreiben dezidiert als Beförderungskriterium. Die Firmen erwarten, dass die Angestellten schriftliche Korrespondenz ebenso übernehmen wie das Erstellen von Präsentationen oder verschiedenen Arten von Berichten. Ein recht großer Teil der Firmen offeriert eigens Schreibfördermaßnahmen für die Angestellten zur Qualifizierung.

Damit kommen die beiden Studien zu uneindeutigen Befunden: Die erste vorgestellte Studie legt nahe, dass Erwachsene zwar viel schreiben, ohne aber solche (Sach-)Texte zu erstellen, die umfassendes Planen und Revidieren erfordern würden. Das erscheint im Falle der zweiten Studie aber deutlich anders zu sein, da umfassende Fähigkeiten im Bereich Schreiben nötig sind, um den

Anforderungen des Arbeitsalltags innerhalb prosperierender Unternehmen gerecht zu werden und Aussicht auf Karriere zu haben. Insofern bildet das Schreiben in vielen Berufen einen wichtigen Ausschnitt des Berufsalltages und zugleich eine Bedingung dafür, beruflich erfolgreich zu sein. Was konkret geschrieben wird, hängt vom jeweiligen Berufsfeld ab.

3. Schreiben – eine komplexe Fähigkeit

Schreiben – verstanden als textbasierte Kommunikation zwischen Autor und Leser – ist eine der mental kostenintensivsten menschlichen Aktivitäten überhaupt. Reaktionszeittests haben ergeben, dass eine schreibende Person ähnlich kognitiv beansprucht ist wie ein Profischachspieler, der mitten in einer Partie Schachzüge plant (vgl. Kellogg 1999). Dieser erstaunliche Befund wird leicht erklärbar, wenn man sich vergegenwärtigt, wie viele unterschiedliche Komponenten und Teilprozesse beteiligt sind, wenn man einen schriftlichen Text herstellt. Klassischerweise werden beim Schreiben die Teilprozesse *Planen*, *Verschriften* und *Revidieren* unterschieden, die ihrerseits wiederum aus weiteren Subprozessen bestehen und untereinander hochdynamisch interagieren (vgl. Alamargot/Chanquoy 2001). Für jeden der Teilprozesse liegen inzwischen verschiedene Modelle vor, die die Teilprozesse in aller Regel isoliert beschreiben und erklären, kaum aber in ihrer Dynamik. Ein neueres Modell des einflussreichen Schreibforschers John Hayes (2012) versucht dies zu ändern. In seinem Modell beschreibt der Kognitionspsychologe aber nicht mehr einzelne Teilprozesse des Schreibens, sondern systematisiert die beteiligten Komponenten auf verschiedenen Ebenen (s. Abbildung 1). Entsprechend tauchen die Teilprozesse *Planen*, *Verschriften* und *Revidieren* – anders als in vorherigen Versionen des Modells – nicht mehr als zentrale Begrifflichkeiten auf. Stattdessen geht Hayes davon aus, dass die Prozesse sich in der Beanspruchung einzelner Komponenten ähneln (vgl. dazu ausführlicher Philipp 2015b).

Abbildung 1: Mehrebenen-Modell der beim Schreiben beteiligten Komponenten (Quelle: Hayes 2012: 371, leicht modifiziert)

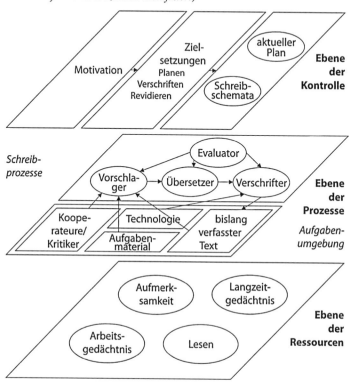

Das Modell unterscheidet insgesamt drei Ebenen, auf denen Schreibprozesse diverse Komponenten benötigen. In der Mitte dargestellt ist die *Ebene der Prozesse*. Diese Ebene besteht aus den namensgebenden Schreibprozessen und der Aufgabenumgebung; Prozesse und Kontext interagieren miteinander. Bei den Prozessen verlässt das Modell die gewohnte Terminologie der Teilprozesse und benennt vier Mitglieder eines ‚kognitiven Teams‘, das aus *Vorschlager, Übersetzer, Verschrifter* und dem metakognitiv überwachenden *Evaluator* besteht. Der Vorschlager stellt mögliche Textinhalte zur Verfügung, die der Evaluator überprüft. Der Übersetzer überführt mögliche Inhalte in eine sprachlich-lineare Form. Der Verschrifter führt die graphomotorischen Aktivitaten mit der jeweiligen Schreibtechnologie aus, die zu dem Text führen, der wie das Schreibmedium Teil der Aufgabenumgebung ist. Dieser bislang verfasste Text ist von Relevanz für den Vorschlager, weil jener bereits eingearbeitete Inhalte nicht mehr anbieten muss. Weitere externe Impulse erhält der Vorschlager über den Schreibauftrag als Teil des Aufgabenmaterials sowie – beim kooperativen Schreiben – mittels Anmerkungen von anderen. Damit diese Prozesse überhaupt initiiert werden, braucht man als schreibende Person die *Ebene der Kontrolle*. Auf dieser Ebene beginnt alles mit der Schreibmotivation, die wiederum wichtig für allgemeine Zielsetzungen hinsichtlich der Schreibprozesse ist. Solche Zielsetzungen müssen – insbesondere bei unvertrauten Schreibanlässen – in schreibprojektspezifische aktuelle Pläne überführt werden. Dabei helfen im besten Fall sogenannte Schreibschemata, also strategie- und textsortenbezogene Wissensbestände zu Vorgehensweisen beim Schreiben.

In diesem Sinne fungieren Schemata eigentlich als steuernde Ressourcen, tauchen allerdings nicht auf der gleichnamigen *Ebene der Ressourcen* auf. Diese Ebene ist zuvorderst anderen kognitiven Komponenten vorbehalten, etwa dem Langzeitgedächtnis, aus dem eine schreibende Person mögliche Textinhalte, aber auch schriftsprachliches Wissen abruft. Dazu benötigt sie zusätzlich Aufmerksamkeit und muss die Limitierungen des Arbeitsgedächtnisses überwinden, durch das – einem Nadelöhr gleich – sämtliche Teilprozesse des Schreibens hindurchgeführt werden. Eine weitere essenzielle Ressource bildet die Fähigkeit, Texte lesen zu können, etwa um Arbeitsaufträge zu verstehen oder eigene oder fremde Texte zu revidieren.

Wer Texte schreibt, der muss die hier nur kurz skizzierten Komponenten auf verschiedenen Ebenen gezielt aktivieren und nutzen. Das gilt natürlich insbesondere bei längeren, unvertrauten oder besonders aufwändigen Schreibprojekten. Gerade bei Experten-Schreibern konnte gezeigt werden, dass diese ihre Schreibprozesse sehr individuell ausgestalten (vgl. Kellogg 2006; Zimmerman/Risemberg 1997). Was diese erfolgreichen und geübten Schreiber auszeichnet, sind zum einen diverse Techniken, die das Planen, Verschriften und Revidieren betreffen, um diese zu optimieren. Zum anderen versuchen Experten-Schreiber, den Schreibprozess durch diverse Maßnahmen gezielt zu entlasten. Und genau das tun auch Schreibforscher in Interventionsstudien seit geraumer Zeit, indem sie verschiedene Förderansätze entwickeln und in empirischen Studien den Interventionserfolg bestimmen. Den Ergebnissen dieser Studien geht der folgende Abschnitt nach.

4. Schreiben fördern – Ergebnisse der empirischen Bildungsforschung

Was die Schreibfähigkeiten verbessert, wird seit geraumer Zeit vor allem in pädagogisch-psychologischen Studien im internationalen Raum untersucht. In aller Regel werden relativ kleine Studien durchgeführt, die einem quasi-experimentellen Ansatz folgen. Das bedeutet: Man führt in Schulen (also nicht in kontrollierten Laboren, deshalb auch die Bezeichnung „quasi-experimentell") Fördermaßnahmen bei einer Gruppe von Schülern („Experimentalgruppe") durch. Eine möglichst ähnliche Gruppe von Schülern erhält keine Fördermaßnahme bzw. eine alternative Förderung („Kontrollgruppe"). Durch Vorher-Nachher-Testungen wird dann ermittelt, ob die geförderten Schüler im Vergleich mit den nicht bzw. anders geförderten Schülern bessere Schreibleistungen erbringen. Als Indikator wird häufig die Textqualität als Ausdruck von Schreibkompetenz gewählt, aber es ließen sich mühelos auch andere Merkmale wie die Schreibmotivation oder das Wissen über Schreibprozesse wählen.

Für die Interventionsforschung ist es ganz typisch, dass die einzelnen Untersuchungen mit ihrem jeweils spezifischen Mix von Elementen und Stichproben zu teilweise erheblich divergierenden Ergebnissen kommen. Wegen dieser Unübersichtlichkeit werden seit etwa zehn Jahren verstärkt Metaanalysen durchgeführt, in welchen Experten den Forschungsstand systematisch sichten, kriterienbasiert Studien auswählen und die durchschnittliche Effektivität von einander inhaltlich ähnelnden Studien quantifizieren (vgl. Ellis 2010). Am Ende steht dann in der Mehrheit der Metaanalysen eine sogenannte „Effektstärke", ein Koeffizient, der angibt, um wie viele sogenannte Standardabweichungen sich die geförderten Schüler als gesamte Gruppe im Vergleich zu den Kontrollgruppen-Schülern in ihren Textqualitäten verbessert haben. Je höher dieser Koeffizient ausfällt, desto stärker haben die jeweiligen Förderansätze dafür gesorgt, dass die Textqualität sich gesteigert hat. Wenn man diesen Wert mit 100 multipliziert, dann lässt er sich wie die Punktewerte bei der PISA-Studie interpretieren.

Im Folgenden sollen die Befunde aus Metaanalysen zur empirisch wirksamen Schreibförderung auf knappem Raum dargestellt werden. Dies erfolgt in zwei Schritten. Abschnitt 4.1 behandelt jene Fördermaßnahmen, in denen die Prozesse des Schreibens auf verschiedene Weisen gefördert wurden. Abschnitt 4.2 widmet sich Fördermaßnahmen, die den Schreibprozess auf diverse Arten entlastet haben. Die Zuordnung zu den beiden Gruppen von Fördermaßnahmen ist allerdings nicht immer völlig trennscharf, da sich bei einzelnen Varianten der Schreibförderung durchaus begründet andere Zuordnungen vornehmen lassen. Außerdem wird aus Platzgründen darauf verzichtet, alle Belege für die Metaanalysen anzugeben (diese finden sich in Philipp 2015b).

4.1 Förderansätze, die die Schreibprozesse direkt betreffen und trainieren

Schreiben ist ein Prozessverbund. Deshalb setzen einige Fördermaßnahmen gezielt bei Schreibprozessen an. In der Forschung lassen sich zwei Gruppen von Prozessen voneinander trennen, die beide benötigt werden: hierarchiehohe und

-niedrige Prozesse. Auch wenn mit dem Ausdruck „Hierarchie" ein Dominanz-verhältnis anklingt, so bedeutet dies nicht, dass hierarchieniedrige Prozesse verzichtbar oder unwichtig wären – im Gegenteil. Hierarchieniedrig meint vielmehr, dass diese Prozesse im Optimalfall so weit automatisiert sind, dass sie das kognitive System der schreibenden Person nicht mehr stark beanspruchen. In der Regel sind damit vor allem jene Aktivitäten gemeint, die man für das flüssige Verschriften benötigt. Hierarchiehoch hingegen bedeutet, dass man mental kostspielige Prozesse initiieren, aufrechterhalten und regulieren muss. Darunter fallen primär das Planen und Revidieren (vgl. Graham/Harris 2000). Unter der Erwerbsperspektive sind selbst hierarchieniedrige Prozesse einmal hierarchiehoch gewesen, weil sie anfänglich (im Schriftsprach- und Kompetenzerwerb) viel Mühe gekostet haben.

Abbildung 2: Effektstärken bei den Förderansätzen, die gezielt Schreibprozesse fördern (eigene Darstellung, basierend auf den Daten, die in Philipp 2015b berichtet werden; Legende: n. s. = nicht signifikant; abhängige Variable: holistisch eingeschätzte Textqualität)

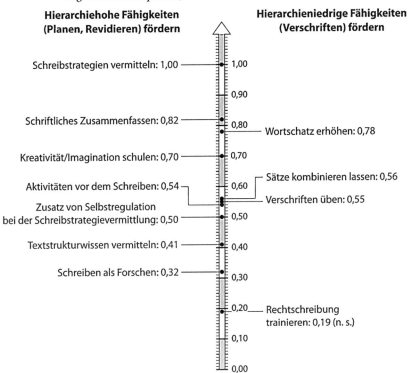

Hierarchiehohe Fähigkeiten (Planen, Revidieren) fördern

Schreibstrategien vermitteln: 1,00 — 1,00

Schriftliches Zusammenfassen: 0,82 — 0,80

Kreativität/Imagination schulen: 0,70 — 0,70

Aktivitäten vor dem Schreiben: 0,54 ⌐ 0,60

Zusatz von Selbstregulation bei der Schreibstrategievermittlung: 0,50 — 0,50

Textstrukturwissen vermitteln: 0,41 — 0,40

Schreiben als Forschen: 0,32 — 0,30

0,20
0,10
0,00

0,90

Hierarchieniedrige Fähigkeiten (Verschriften) fördern

Wortschatz erhöhen: 0,78

Sätze kombinieren lassen: 0,56
Verschriften üben: 0,55

Rechtschreibung trainieren: 0,19 (n. s.)

Mit dieser Zweiteilung von Gruppen erklärt sich, warum in Abbildung 2 die Fördermaßnahmen links bzw. rechts neben der Skala auftauchen. Zunächst zu den Förderansätzen, die bei den *hierarchieniedrigen Prozessen* ansetzen und sich vor allem auf die Buchstaben-, Wort- und Satzebene beziehen: Hier ist es am effektivsten, wenn man Schülern einen höheren Schreibwortschatz vermittelt (Effektstärke [ES] = 0,78). Dabei lernen die Schüler neue Wörter mittels direkter Vermittlung, setzen diese Wörter wiederholt beim Schreiben ein und eignen sie sich dadurch an. Hierdurch können sie im Schreibprozess selbst müheloser auf präzise Ausdrücke zurückgreifen.

Eine weitere Maßnahme, die im Vergleich zu Wortschatztrainings eher auf der Satz- denn auf der Wortebene ansetzt, ist das Kombinieren von Sätzen (ES = 0,56). Diesen Förderansatz kennzeichnet, dass man Schülern explizit vermittelt, wie man aus einer Sammlung von einfachen Hauptsätzen syntaktisch komplexere Sätze bildet. Damit sind die Schüler besonders im Bereich Grammatik gefordert, zugleich aber sind sie von der Inhaltsgenerierung entlastet. Zentral bei diesem Förderansatz ist, dass man über die rhetorische Effektivität der Lösungen intensiv diskutiert und dass Schüler erleben, dass ihre syntaktischen Entscheidungen mit kommunikativen Folgen zu tun haben.

Ähnlich effektiv für die Textqualität wie das Kombinieren von Sätzen ist es, wenn man Schüler das technische Verschriften im Sinne von Handschrift- oder Tastaturschreibtrainings üben lässt (ES = 0,55). Dabei ist die Automatisierung und Tempoerhöhung der Graphomotorik erklärtes Ziel. Es wird dadurch erreicht, dass Schüler wiederholt in kurzen Trainingssitzungen von höchstens 15 Minuten pro Tag, aber unbedingt über einen längerfristigen Zeitraum, Buchstaben und Wörter schreiben.

Die vierte Fördermaßnahme betrifft Rechtschreibtrainings. Diese bilden den einzigen Förderansatz, bei dem der vergleichsweise geringe Effekt (ES = 0,19) aus statistischer Perspektive nicht überzufällig auf die Fördermaßnahme selbst zurückführbar ist. Bei diesen expliziten Rechtschreibtrainings gelingt also – jedenfalls mit den bisher untersuchten Fördermaßnahmen – kein Transfer von der Wort- auf die Gesamttextebene. Allerdings helfen explizite Rechtschreibtrainings dabei, sich in der Orthographie zu verbessern (vgl. Graham/Santangelo 2014).

Traditioneller Grammatikunterricht, bei dem es darum geht, Wortarten und Satzglieder zu bestimmen, greift Fähigkeiten auf, die man beim Übersetzen der Ideen benötigt. Leider führt dieser Förderansatz als einziger nicht zur Verbesserung der Textqualität, sondern im Gegenteil sogar zu qualitativ schlechteren Texten (ES = –0,41). Wer die Textqualitäten steigern will, sollte daher im Lichte der empirischen Schreibforschung von dieser traditionellen Form der Förderung absehen. Hier bietet sich das Kombinieren von Sätzen als Alternative an.

Bei der Förderung *hierarchiehoher Prozesse* sind die Forschungsaktivitäten schon weiter gediehen. Am effektivsten ist es, wenn man Schülern explizit Schreibstrategien vermittelt (ES = 1,00). Strategien sind mentale Handlungspläne, um Probleme im Schreibprozess effektiv zu lösen. Man kann Strategien auch als kognitive Schreibwerkzeuge begreifen, die man dazu nutzt, den Schreibprozess gezielt zu sequenzieren und dadurch die kognitive Last zu mindern. Besonders intensiv untersucht sind Planungsstrategien (vor allem bei narrativen und argumentativen Texten), weniger stark hingegen sind solche Strategien untersucht worden, bei denen es um das Revidieren geht. Die Strategievermittlung kann in ihrer ohnehin schon sehr hohen Effektivität sogar noch gesteigert werden, wenn man nicht nur die Strategien, sondern auch noch die Fähigkeit zur Selbstregulation vermittelt (ES = 0,50). Damit ist gemeint, dass man lernt, wie man sich realistisch erreichbare schreibbezogene Ziele setzt und die Zielerreichung bewusst überprüft.

Ebenfalls den Schreibstrategien im weitesten Sinne lassen sich zwei weitere Förderschwerpunkte zuordnen: zum einen das schriftliche Zusammenfassen von Texten (ES = 0,82), zum anderen die Förderung der Imaginationsfähigkeiten (ES = 0,70). Das schriftliche Zusammenfassen bildet einen Sonderfall der integrativen Lese- und Schreibförderung, bei dem Leser Textinformationen in ihrer Hierarchie und relativen Wichtigkeit erkennen und diese Informationen in eigenen Worten paraphrasieren. Im Falle der Schulung der Imaginationsfähigkeiten lernen Schüler, sich gezielt bildlich vorzustellen, worüber sie schreiben. Dadurch sollen sie für Details sensibilisiert werden und entsprechend diese Details in ihren Texten ergänzen – mit dem im deutschsprachigen Raum populären Förderansatz *kreatives Schreiben* hat dies freilich wenig zu tun.

Damit sind Zusammenfassungen und Imaginationsfähigkeiten buchstäblich komplementär. Beim Zusammenfassen geht es darum, Informationen aus Texten zu verstehen und sie danach in reduzierter Form in eigenen Worten wiederzugeben. Bei der Schulung der Imagination sollen Informationen aus dem Gedächtnis abgerufen werden und Texte anreichern. Prinzipiell eint dies die Imaginationsfähigkeiten mit den planerischen Aktivitäten vor dem Schreiben (ES = 0,54). Solche Aktivitäten sollen dabei helfen, dass man mögliche Textinhalte auf provisorischen Speichern notiert (meistens: Denkblätter, die dabei helfen, Inhalte zu strukturieren und außerhalb des Gedächtnisses festzuhalten). Dieses Vorgehen wird in der Praxis zum Teil aktiv mit der Strategievermittlung verknüpft.

Texte wie Erzählungen oder Argumentationen folgen häufig einem erwartbaren Aufbau bzw. enthalten typische Elemente. So ist bei Geschichten (mindestens) eine Hauptfigur Handlungsträger in einer Komplikationshandlung mit Gegnern in einem Kampf um ein begehrtes Gut. Argumentationen enthalten Thesen, Pro- und Contra-Argumente sowie Beispiele und eine Synthese der Positionen. Um genau diese Elemente, die als Strukturgeber dienen, geht es bei der Vermittlung von Textstrukturwissen (ES = 0,41). Hierbei lernen Schüler durch Analyse und explizite Vermittlung, welche funktionalen Elemente Textsorten ausmachen. Ebenfalls analytischer Art ist ein Förderansatz, der als schreibendes Forschen bezeichnet wird (ES = 0,32). Dabei ist der Name Programm: Ehe Schüler etwas schreiben, gewinnen sie durch Quasi-Forschungsaktivitäten Erkenntnisse für sich. Beispielsweise erhalten sie Beobachtungsaufträge, die sie für Zusammenhänge zwischen verschiedenen Objekten sensibilisieren sollen. Hierin liegt eine inhaltliche Parallele zum Förderansatz, die Imagination zu schulen. Allerdings dienen beim Schreiben als Forschen externe Objekte als primärer Stimulus und nicht die eigenen Wissensbestände. Das eigene Wissen wird durch die Analyse allerdings stark aktiviert und genutzt.

Damit stehen gemäß der Forschung viele verschiedene Fördermaßnahmen mit verschiedenen Schwerpunkten und Zielen zur Verfügung, die den Schülern durch die Schulung der Schreibprozesse dabei helfen, qualitativ bessere Texte zu schreiben. Bei dem Verschriften als einem hierarchieniedrigen Teilprozess kennt die Forschung derzeit drei empirisch wirksame Fördermaßnahmen, die sich auf das wiederholte Schreiben kleiner Textmengen konzentrieren. Im Falle des Revidierens und – vor allem – des Planens als hierarchiehohe Teilprozesse des Schreibens haben sich die explizite Vermittlung von diversen Schreibstrategien und mit ihnen inhaltlich stark verwandte Förderansätze als besonders probate Mittel erwiesen.

4.2 Fördermaßnahmen, die die Schreibprozesse gezielt entlasten

Neben der Möglichkeit, Schreibprozesse direkt zu trainieren, gibt es auch Vorgehensweisen, bei denen Kinder und Jugendliche durch gezielte personelle oder technische Hilfestellungen beim Schreiben entlastet werden sollen. Einen Überblick über diese Förderansätze nebst ihrer Effektivität gibt Abbildung 3. Den wirksamsten Förderansatz bilden demnach klar explizierte Produktziele (ES = 0,80), bei denen im Schreibauftrag Erwartungen zu Produkteigenschaften formuliert und Hinweise zum Vorgehen dargeboten werden. Solche Vorgaben dienen dann im Schreibprozess als mögliche Stationen – insbesondere beim Revidieren dürften sie helfen, wenn Schüler prüfen, ob sie die Schritte befolgt haben. Während explizite Zielvorgaben Schreibprozesse explizit adressieren, ist dies bei dem Studieren von Beispieltexten anders. Denn bei diesem im Vergleich deutlich weniger effektiven Förderansatz (ES = 0,40) geht es darum, einen prototypischen Beispieltext gezielt zu analysieren, um dadurch prototypische Elemente zu erkennen und diese dann im Anschluss bei einem eigenen Text umzusetzen. Damit zielt dieser Förderansatz auf einen vergleichsweise wenig angeleiteten Transfer vom fremden auf das eigene Textprodukt, was die geringeren Effekte erklären könnte.

Abbildung 3: *Effektstärken bei den Förderansätzen, die die Schreibprozesse entlasten (eigene Darstellung, basierend auf den Daten, die in Philipp 2015b berichtet werden; Legende: LS = -Wirksamkeit ist nur für Schüler mit Lernschwierigkeiten untersucht worden, n. s. = nicht signifikant; abhängige Variable: holistisch eingeschätzte Textqualität)*

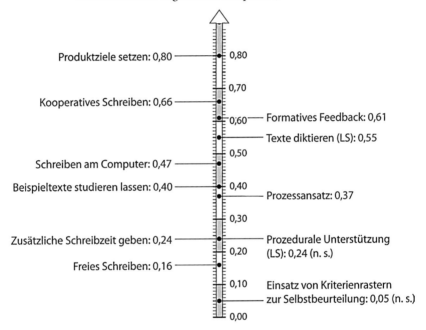

Zwei Förderansätze widmen sich dem Revidieren als Teilprozess des Schreibens, indem sie entweder personell oder technisch entlasten. Unter die personelle Entlastung fällt das im Vergleich deutlich effektivere Vorgehen, nämlich das formative Feedback (ES = 0,61). Diese schreibprozessbegleitende Form von Rückmeldungen soll dabei helfen, nicht erst das fertige Textprodukt zu beurteilen, sondern den im Entstehen befindlichen Entwurf zu optimieren. Stellt man hingegen nur Kriterienraster zur Beurteilung eigener Texte zur Verfügung, so führt das zu keinen nennenswerten Steigerungen der Textqualität. Diese Maßnahme ist sogar vergleichsweise ineffektiv (ES = 0,05).

Den Schreibprozess mitsamt seinem Teilprozess will ein weiterer Förderansatz ebenfalls entlasten, und zwar auf personelle Art und Weise: das kooperative

Schreiben (ES = 0,66). Dabei geht es darum, Texte mit mindestens zwei Personen ganz oder teilweise zu planen, zu verschriften und/oder zu revidieren. Dabei tragen alle beteiligten Personen zum Gelingen bei und übernehmen Verantwortung für das gemeinsame Textprodukt. Eine eher technische Form der Schreibprozess-Entlastung bildet es, wenn man Texte mittels Textverarbeitungssoftware statt mit dem Stift auf Papier schreibt (ES = 0,47). Durch den Umstand, dass der Text einerseits als Datei vorliegt, andererseits aber hochdynamisch veränderlich ist, fallen Revisionen leichter, und auch das mitunter graphomotorisch anspruchsvolle Verschriften kann erleichtert werden. Das Schreiben am Computer erhöht aber nicht nur die Textqualität, sondern entfaltet positive Effekte auch bei der Schreibmotivation und anderen Textmerkmalen, etwa der Textmenge (vgl. Morphy/Graham 2012).

In eine gänzlich andere Richtung als der Computereinsatz beim Schreiben geht das Diktieren von Texten (ES = 0,55). Hierbei sprechen die Schüler ihren Text mündlich, während dieser parallel aufgenommen oder von jemand anderem geschrieben wird. Dieser Förderansatz hat sich in der besonderen Problemgruppe der Schüler mit Lernschwierigkeiten bewährt. Der zugrundeliegende Wirkmechanismus setzt gezielt am Verbund der Teilprozesse des Schreibens ab. Dabei werden die Schüler von der graphomotorischen Ausführung des Schreibens befreit, um sich mehr auf Inhalte konzentrieren zu können. Durch diese zeitweiligen Entlastungen werden mentale Ressourcen für anderes, nämlich hier vor allem für das Planen und das Formulieren, genutzt.

Zu den im Vergleich mit anderen Förderansätzen eher weniger effektiven Fördermaßnahmen zählen das freie Schreiben ohne Themenvorgaben (ES = 0,16) und zusätzliche Zeit für das Schreiben (ES = 0,24). Beide Fördermaßnahmen eint, dass sie keine konkreten Handlungsanweisungen oder den Aufbau von Wissensbeständen zum Ziel haben, sondern sich geradezu den vermeintlich einschränkenden expliziten Hinweisen verweigern. Das wiederum ist anders bei der prozeduralen Unterstützung (ES = 0,24, nicht signifikant), die nur für Heranwachsende mit Lernschwierigkeiten untersucht wurde. Hier sollen Listen von Schritten oder leere Denkblätter den Schreibprozess strukturieren, was allerdings eine eher implizite Form der Förderung ist, weil die konkrete Ausgestaltung des Schreibprozesses nicht modelliert wird. Allerdings sind die Befunde in einem derartigen Maß uneinheitlich, dass man nicht annehmen kann, dass dieser Förderansatz wirklich wirkt. Das erklärt die mangelnde statistische Signifikanz (s. auch die Befunde zu Rechtschreibtrainings in Abschnitt 4.1).

Der letzte hier vorzustellende Ansatz ist zugleich der inhaltlich anspruchsvollste: der Prozessansatz (ES = 0,37). Bei diesem Ansatz geht es darum, dass Lehrpersonen umfassende Schreibprozesse innerhalb einer schreibenden Gemeinschaft initiieren und Schüler Texte kooperativ erstellen, einander Rückmeldungen geben und Schreibprozesse im Kern des Unterrichts stehen. Damit kombiniert der Förderansatz gezielt diverse Elemente anderer Fördermaßnahmen, woraus sich seine hohe Komplexität ergibt. Allerdings ist die Befundlage uneinheitlich. So ist der Förderansatz ohne eine umfassende Schulung der Lehrpersonen nicht effektiv, erreicht kaum schwache Schreiber, fördert die Schreibmotivation nicht und entfaltet seine positiven Effekte anscheinend nur bei narrativen Texten (vgl. Graham/Perin 2007; Graham/Sandmel 2011).

Damit lässt sich zusammenfassend sagen, dass bei der Entlastung des Schreibens vor allem jene Förderansätze besonders effektiv sind, die Zielinformationen zum Text explizit kommunizieren. Aber auch individuelle Rückmeldungen zu eigenen Texten und sozial gerahmtes, kooperatives Schreiben helfen. Der Wechsel des Schreibmediums – sei es durch das Schreiben am Computer, sei es durch die temporäre Befreiung des Aufschreibens – ist ebenfalls hilfreich. Demgegenüber helfen jene Fördermaßnahmen am wenigsten, die am wenigsten Struktur geben und das Schreiben implizit fördern.

5. Diskussion: (Wie) kann die berufsschulische Schreibförderung von metaanalytischen Befunden profitieren?

Schreiben ist eine anspruchsvolle Kompetenz, bei der viele Teilkomponenten zusammenspielen und koordiniert werden müssen, übrigens auch bei kurzen Texten. Solche Texte überwiegen in beruflichen Kontexten, zum Beispiel in Listenform oder in Formulareinträgen. Mag die Textmenge noch so klein sein: Sie zwingt zu Entscheidungen, was man einträgt, zur Prägnanz, zur Genauigkeit. Im Kleinen zeigen sich im Grunde große Anforderungen, die berufstätige Erwachsene täglich fast zweieinhalb Stunden bewältigen müssen.

Das Schreiben an der Berufsschule ist bislang kein sonderlich breit untersuchtes Feld, weist aber aus einer didaktischen Perspektive diverse Brüche und Widersprüche auf (vgl. Efing 2011). Das trifft vor allem auf die Grundlagenforschung zu – und dort auf die Anforderungsprofile und das faktische Schreiben, auf die schulischen und außerschulischen Schreibwirklichkeiten und Schwerpunkte, letztlich auf die mangelnde Übergangsgestaltung im Bildungssystem. Es gibt zudem erste und ernstzunehmende Hinweise auf die mangelhafte Schreibkompetenz von Berufsschülern (vgl. Efing 2008).

Daraus ergibt sich bei aller gegenwärtigen Unvollständigkeit des Forschungsstandes ein Förderbedarf und mit ihm die Frage, wie das (berufsrelevante) Schreiben gefördert werden soll und kann. Hierbei können die Befunde der empirischen

Bildungsforschung zu der Frage, wie sich die Textqualitäten von Schülern als Indikator der individuellen Schreibkompetenz effektiv verbessern lassen, als Anknüpfungspunkt dienen. Dafür bieten sich aber nicht versprengte Ergebnisse aus Einzelstudien an, sondern im besten Falle die breiter abgesicherten, auf diversen Studien beruhenden Aussagen zur Effektivität. Diese studienübergreifenden Aussagen generieren gegenwärtig vor allem Metaanalysen. Leider liegen hier nur Studienergebnisse aus der Regelschule vor.

Die metaanalytisch gewonnenen Befunde zur wirksamen Schreibförderung haben aus Sicht der berufsschulischen Schreibförderung gewisse Nachteile, die allesamt mit der Übertragbarkeit auf die berufsschulische Situation zu tun haben:

1) Die Ergebnisse sind mit Personen generiert worden, die Primarschüler bzw. – und weitaus seltener – Sekundarschüler sind. Diese Schülergruppen stehen in ihrem umfassenden Schreibkompetenzerwerb zum Teil an anderer Stelle als Berufsschüler, welche aus Sicht der Schreibforschung bereits anspruchsvollere und stärker vernetzte Fähigkeiten aufweisen sollten (vgl. Kellogg 2008). Daraus ergeben sich eine zum Teil andere Ausgangslage bzw. ein anderer Förderbedarf und damit wiederum die Notwendigkeit, passende(re) Förderansätze zu entwickeln.

2) Hinzu kommt, dass über die Effektivität von Maßnahmen bei älteren Schülern – also jener Altersgruppe in Berufsschulen – kaum belastbare Aussagen getroffen werden können. So berichten beispielsweise Steve Graham und Dolores Perin (2007) in ihrer prominenten Metaanalyse davon, trotz extensiver Suche keine einzige Studie gefunden zu haben, in der Schülern der Sekundarstufe II Strategien vermittelt wurden. Das schränkt die Aussagekraft ausgerechnet bei der nach derzeitigem Forschungsstand effektivsten Fördermaßnahme, der Strategievermittlung, erheblich ein. Überhaupt wurden in der eben zitierten Metaanalyse nicht einmal ein Fünftel aller Originalstudien mit Schülern ab Klassenstufe 10 durchgeführt.

3) Die organisatorischen Unterschiede (etwa die im Vergleich der Berufs- mit der Regelschule geringere verfügbare Unterrichtszeit) erschweren es logistisch aufwändigeren Fördermaßnahmen (etwa dem Prozessansatz), überhaupt Einzug zu halten. Aus Sicht der Implementierung sind solche Hindernisse aber entscheidend, weil aus der Sicht der Forschung gute, systematische Schreibförderung entsprechende organisatorische Ressourcen benötigt (vgl. Applebee/ Langer 2013).

4) Die Schreibaktivitäten und Textsorten in Schule und Beruf divergieren. Berufliches Schreiben erfolgt meistens stark normiert, richtet sich an mehr als einen Adressaten, zwingt zur Kürze und erfolgt häufig kooperativ (vgl. Efing

2011). In der Schule hingegen wird an Textsorten, die außerhalb des Kontextes Schule eher nicht auftauchen (z.b. Aufsätze), eine bestimmte Form des Schreibens eingeübt, bei der Heranwachsende dann weite Transferleistungen erbringen müssen. Dies bildet sich auch in den Originalstudien aus den Metaanalysen ab, denn dort werden stark schulisch gerahmte Schreibanlässe in der Förderung genutzt.

Mit diesen Einschränkungen bzw. Vorbemerkungen lässt sich der Ertrag der Metaanalysen realistischer einschätzen. Dabei wird es nicht darum gehen können, rein nach der Effektivität zu gehen. Stattdessen empfiehlt sich ein systematischer Zugang. Hierfür wäre es zunächst sinnvoll, von den gegenwärtigen schreibbezogenen Anforderungen des Berufs und beobachtbaren beruflichen Schreibpraktiken in den Berufsfeldern auszugehen (vgl. Efing 2011). Daraus lassen sich realistische Ziele für die Schreibförderung in der Berufsschule ableiten, die nebst Unterrichtsbedingungen letztlich darüber entscheiden, welche Fördermaßnahmen geeignet sind oder gar infrage kommen.

Hier können die metaanalytischen Ergebnisse zuvorderst als ein Reservoir fungieren. Denn offenkundig kann man – mit unterschiedlichem Erfolg – auf verschiedene Arten didaktisch auf die Schreibleistungen von Schülern einwirken. Wer Schreibprozesse entlasten will, kann dies ebenso tun, wie man die Schreibprozesse selbst in den Fokus der Förderung rücken kann. Dabei sollten aus Sicht der Schreibforschung die Schreibprozesse prioritär behandelt werden, denn sie sorgen überhaupt erst dafür, dass man beim Schreiben handlungsfähig wird. Die kognitiv entlastenden Fördermaßnahmen können dabei flankierend eingesetzt werden. Denn in aller Regel funktionieren die einzelnen Förderansätze modulartig: Man kann Förderansätze sinnvoll kombinieren, was in aller Regel auch erfolgt (vgl. Philipp 2015a).

Insofern lässt sich die Frage, ob (und wie) die berufsschulische Schreibförderung von metaanalytischen Befunden profitieren kann, abschließend beantworten: Sie kann es durchaus – wenn der Wille vorhanden ist, dass die Konzepte und konkreten Maßnahmen der empirisch wirksamen Fördermaßnahmen für die berufsschulischen und beruflichen Schreibanforderungen geprüft, adaptiert, optimiert und ausprobiert werden.

Literatur

Alamargot, Denis/Chanquoy, Lucile (2001): Through the Models of Writing. Dordrecht.

Applebee, Arthur N./Langer, Judith A. (2013): Writing Instruction That Works. Proven Methods for Middle and High School Classrooms. New York.

Bundesinstitut für Berufsbildung (2014): Datenreport zum Berufsbildungsbericht 2014. Informationen und Analysen zur Entwicklung der beruflichen Bildung. Bonn.

Cohen, Dale J./White, Sheida/Cohen, Steffaney B. (2011): A Time Use Diary Study of Adult Everyday Writing Behavior. In: Written Communication 28/1, 3–33.

Efing, Christian (2008): „Aber was halt schon schwer war, war, wo wir es selber schreiben sollten." – Defizite und Förderbedarf in der Schreibkompetenz hessischer Berufsschüler. In: Jakobs, Eva-Maria/Lehnen, Katrin (Hrsg.): Berufliches Schreiben. Ausbildung, Training, Coaching. Frankfurt am Main, 17–34.

Efing, Christian (2011): Schreiben für den Beruf. In: Schneider, Hansjakob (Hrsg.): Wenn Schriftaneignung (trotzdem) gelingt. Literale Sozialisation und Sinnerfahrung. Weinheim/München, 38–62.

Ellis, Paul D. (2010): The Essential Guide to Effect Sizes. Statistical Power, Meta-Analysis, and the Interpretation of Research Results. Cambridge.

Graham, Steve/Harris, Karen R. (2000): The Role of Self-Regulation and Transcription Skills in Writing and Writing Development. In: Educational Psychologist 35/1, 3–12.

Graham, Steve/Perin, Dolores (2007): A Meta-Analysis of Writing Instruction for Adolescent Students. In: Journal of Educational Psychology 99/3, 445–476.

Graham, Steve/Sandmel, Karin (2011): The Process Writing Approach: A Meta-Analysis. In: The Journal of Educational Research 104/6, 396–407.

Graham, Steve/Santangelo, Tanya (2014): Does Spelling Instruction Make Students Better Spellers, Readers, and Writers? A Meta-Analytic Review. In: Reading and Writing 27/9, 1703–1743.

Harsch, Claudia u.a. (2007): Schreibfähigkeiten. In: Beck, Bärbel/Klieme, Eckhard (Hrsg.): Sprachliche Kompetenzen. Konzepte und Messung – DESI-Studie (Deutsch-Englisch-Schülerleistungen-International). Weinheim, 38–58.

Hayes, John R. (2012): Modeling and Remodeling Writing. In: Written Communication 29/3, 369–388.

IQB (2014): Kompetenzstufenmodelle zu den Bildungsstandards im Kompetenzbereich Schreiben, Teilbereich freies Schreiben für den Mittleren Schulabschluss. Berlin.

Kellogg, Ronald T. (1999): The Psychology of Writing. New York.

Kellogg, Ronald T. (2006): Professional Writing Expertise. In: Ericsson, K. Anders u.a. (Hrsg.): The Cambridge Handbook of Expertise and Expert Performance. Cambridge, 389–402.

Kellogg, Ronald T. (2008): Training Writing Skills: A Cognitive Development Perspective. In: Journal of Writing Research 1/1, 1–26.

Morphy, Paul/Graham, Steve (2012): Word Processing Programs and Weaker Writers/Readers. A Meta-Analysis of Research Findings. In: Reading and Writing 25/3, 641–678.

Neumann, Astrid/Lehmann, Rainer H. (2008): Schreiben Deutsch. In: DESI-Konsortium (Hrsg.): Unterricht und Kompetenzerwerb in Deutsch und Englisch. Ergebnisse der DESI-Studie. Weinheim, 89–103.

Philipp, Maik (²2015a). Grundlagen der effektiven Schreibdidaktik und der systematischen schulischen Schreibförderung. Baltmannsweiler.

Philipp, Maik (2015b): Schreibkompetenz. Komponenten, Sozialisation und Förderung. Tübingen.

Schoonen, Rob u.a. (2011): Modeling the Development of L1 and EFL Writing Proficiency of Secondary School Students. In: Language Learning 61/1, 31–79.

The National Commission on Writing (2004): Writing: A Ticket to Work ... Or a Ticket Out. A Survey of Business Leaders. Washington.

Zimmerman, Barry J./Risemberg, Rafael (1997): Becoming a Self-Regulated Writer: A Social Cognitive Perspective. In: Contemporary Educational Psychology 22/1, 73–101.

Margot Kahleyss & Magdalena Wiazewicz (Berlin)

Schritt für Schritt zum und im Beruf – Förderung der Sprache als berufliche Handlungskompetenz und die Qualifizierung der Lehrkräfte nach dem SPAS-Konzept

Abstract In recent times of increasing immigration Berlin's schools and teachers face the particular challenges of heterogeneity and multilingualism. This is especially crucial for teaching structures in vocational education, which is characterized by a compact and most notably practical transfer of knowledge. Hence a professional support for teachers regarding their technical didactics and their profile development is indispensable. This support can be provided by a continuous vocational training for teachers: How can language promotion be realized in a sustainable manner?

With the ultimate object of implementing language promotion, the Berlin-based Project SPAS (meaning integrated language promotion in vocational preparation and education at vocational schools) qualifies and guides vocational teachers from 32 schools. SPAS considers language as a professional competence and focuses on the integrative concept of combining language promotion and content learning in virtually any occupational area.

1. Heterogenität der Lernenden

Die veränderte Sichtweise auf sprachliche und kulturelle Heterogenität in den beruflichen Schulen einerseits und die hohe Zahl der Ausbildungsabbrüche andererseits, wie sie u.a. von der IHK in der Region Berlin-Brandenburg festgestellt wird – die Vertragslösungsquote liegt in Berlin für alle Ausbildungsverhältnisse im dualen System mit 33,6 Prozent über dem Bundesdurchschnitt (24,4 Prozent) (IHK Berlin 2015) – erfordern eine Neugestaltung der Lehrkräfteaus- und -weiterbildung. Lehramtsstudierende aller Fächer sollen sich intensiv mit fachdidaktischem Wissen und pädagogischem Handeln in Bezug auf Sprachbildung auseinandersetzen. In der schulischen Berufspraxis sind der Umgang mit der sprachlichen Heterogenität der Lerngruppen und die Weiterentwicklung der Schulprofile zum zentralen Thema geworden (Krifka u.a. 2014): Zunehmend ist auch für muttersprachlich deutsch sozialisierte Schülerinnen und Schüler die kommunikative Bewältigung von beruflichen Standardsituationen aufgrund eines eingeschränkten Sprachgebrauchs ein Problem. Dies dürfte zum einen einer mangelnden sprachlichen Sozialisation in bildungsferneren Elternhäusern geschuldet sein, zum anderen aber auch der Verdrängung gedruckter Medien durch elektronische Geräte.

Die Fachlehre für Neuzugewanderte (Flüchtlinge), deren Zugang zur beruflichen Bildung seit 2012 ermöglicht wird, stellt eine weitere und besondere Herausforderung dar und bedarf spezifischer didaktischer Konzeptionen (SchlaU o.J.), die die Heterogenität, soziokulturelle Bedingungen des Quereinstiegs und den Sprach- und Wissenserwerb in der Fachtheorie und -praxis berücksichtigen. In einer Stadt wie Berlin, in der rund 13,5 Prozent der Bewohner nicht-deutscher Herkunft sind (Berlin.de.) und es im Schuljahr 2014/15 insgesamt 109.636 Schülerinnen und Schüler mit nichtdeutscher Herkunftssprache (36,9 Prozent) gibt (Berlin.de.), ist Mehrsprachigkeit im Klassenzimmer die Realität. Zunehmend sollen alle Lehrenden in der Lage sein, den Unterricht mit mehrsprachigen Schülerinnen und Schülern umzusetzen und für diese Arbeit qualifiziert sein.

2. Aus- und Weiterbildungskonzepte für Lehrkräfte

Damit zukünftige Lehrkräfte auf die veränderten gesellschaftlichen Bedingungen vorbereitet werden und mit der Heterogenität im Unterricht angemessen umgehen können, ändert sich zurzeit das Profil der Lehrerausbildung. So werden bundesweit an universitären Lehrstühlen didaktische Konzepte zur integrierten Sprachbildung entwickelt, die eine Verzahnung der Sprachlehre mit der Fachlehre während der Lehrausbildung ermöglichen und dabei Diversität und Mehrsprachigkeit berücksichtigen. Ein Aspekt dieser Veränderungen besteht in der stärkeren Berücksichtigung der sprachlichen Komponente schulischen Lernens. Statt eines gesonderten Zweitsprachförderunterrichts wird ein integrativer Unterricht angestrebt, bei dem nicht nur die sprachlichen Fächer, sondern insbesondere die Sachfächer berücksichtigt und sprachliche Kompetenzen auf dem Niveau von Academic Language als Bildungssprache (Gogolin/Lange 2011) vermittelt werden. Das Konzept der Lehrerausbildung der Universität Duisburg-Essen geht über das bereits umgesetzte Angebot der Zusatzqualifikation DaZ für Studierende anderer Lehramtfächer hinaus und fokussiert auf die Qualifizierung für Sprachbildung und Mehrsprachigkeit in drei Phasen der Lehrerbildung. Im Rahmen des Projektes ProDaZ werden verschiedene didaktische Konzepte und Tools (u.a. Materialien) zum Zweitsprachenlernen in allen Schulfächern entwickelt und auf einem Webportal neben umfassenden Informationen zur Mehrsprachigkeit der Öffentlichkeit zur Verfügung gestellt (Universität Duisburg-Essen 2014). Zur Vermittlung der innovativen Didaktik wurde das Konzept der fächerübergreifenden Sprachförderung mit Studierenden u.a. im Praxismodul *Berufsfeld* erprobt, wobei ein Schwerpunkt auf das sprachliche und fachliche Lernen im mehrsprachigen Kontext gesetzt wurde (Mavruk u.a. 2013).

Ein integriertes Unterrichten der Zweitsprache im Fachunterricht erfordert nicht nur konzeptionelle Veränderungen in der Lehrerausbildung, sondern auch in der Weiterbildung jener Lehrkräfte, die während ihrer Universitätslehre vorwiegend im Sinne einer fächerbezogenen Didaktik ausgebildet wurden. Hinsichtlich der Qualitätsentwicklung an Schulen werden diesbezüglich berufsbegleitende Weiterbildungen von Landeseinrichtungen bzw. wissenschaftlichen Instituten angeboten. Hierbei liegt der Fokus auf der Förderung eines sprachsensiblen Unterrichts in der Fachtheorie und -praxis (Grassau 2010, Zschiesche/Diedrich 2014). Sprachkompetenzen sind nach dem Prinzip des Scaffolding (Gibbons 2002) aufzubauen, wobei die Grundlage für das Gelingen darin besteht, dass die Fachlehrkräfte sich zunächst reflektierend selbst bewusst werden, was die sprachlichen Hürden des Sprachregisters der Fach- und Bildungssprache sind.

In einem weiteren Schritt geht es dann um die Auseinandersetzung und Aneignung von Methoden zur Förderung der dafür notwendigen Sprachkompetenzen. Ferner fokussieren einige Angebote auf Multiplikatorenbildung in der Schule, die die Umsetzung des sprachsensiblen Unterrichts unterstützen sollen.

Insbesondere in der beruflichen Bildung ist die Vermittlung der innovativen didaktischen Konzepte in der Weiterbildung aus unterschiedlichen Gründen wichtig. Die Lehrkräfte aus der Fachpraxis verfügen nicht immer über eine fundierte didaktische Ausbildung; mehrsprachige, heterogene Ausbildungsklassen bedeuten eine weitere Herausforderung. Die Zeit der dualen Ausbildung beläuft sich auf zwei bzw. drei Jahre, so dass die Sprach- und Fachkompetenzen der Schülerinnen und Schüler in einer kurzen und lernintensiven Zeit entwickelt werden müssen. Auf der anderen Seite bietet die mehrsprachige Kompetenz junger ausgebildeter Erwachsener gute Einstiegschancen in einige Wirtschaftsbranchen (Handel, personenbezogene Dienstleistungen u.a.). Desto mehr sollten Lehrkräfte in der Weiterbildung ihren Methodenkoffer und ihre Kenntnisse zum berufsbezogenen Spracherwerb erweitern, um einen sprachsensiblen Fachunterricht in der Theorie und Praxis für heterogene Klassen zu gestalten und zu optimieren. Zudem sind der Transfer des Gelernten sowie die Multiplikatorenfunktion an den Schulen von Relevanz, damit der sprachsensible Unterricht systematisch gesichert werden kann.

Die Erfahrungen aus der Umsetzung der Weiterbildung für schulische Lehrkräfte in einigen Bundesländern deuten darauf hin, dass die thematischen Module nicht ausreichen, wenn die Lehrkräfte keine ausreichende Unterstützung in Sachen Organisationsentwicklung bekommen. So sollten die geschulten Lehrkräfte auch Verantwortung für ihren sprachsensiblen Unterricht übernehmen und die Methodik der Sprachbildung optimalerweise in Teams an weitere Kolleginnen und Kollegen vermitteln. Hierfür bietet z.B. das Hamburger Referat Berufliche Bildung am Landesinstitut für Lehrerbildung und Schulentwicklung

ein ganzheitliches Seminarkonzept, in dem die Sprachbildung auch im Prozess
der Schulentwicklung verankert ist (Landesinstitut für Lehrerbildung und Schulentwicklung Hamburg 2014).

2.1 Das SPAS-Konzept

An die bundesweiten und regionalen Entwicklungen knüpft auch das Berliner
SPAS-Konzept (integrierte *S*prachförderung in Berufsvorbereitung und *A*usbil-
dung in beruflichen *S*chulen) an, das Sprache als berufliche Handlungskompetenz
begreift. Das SPAS-Konzept als Projektvorhaben fokussiert auf den integrativen
sprachbildenden Fachunterricht in nahezu allen Berufsfeldern in Berufsvorbereitung und Ausbildung (Andreas u.a. 2010).

Das Sven Walter-Institut (SWI) der Gesellschaft für berufsbildende Maßnahmen gGmbH, seit 1999 im Bereich der kreativen Sprachbildung vom Klein-
kindalter bis in den Berufsschulbereich und die Erwachsenenbildung tätig,
entwickelt und setzt das Konzept im Auftrag der Berliner Senatsverwaltung
für Bildung, Jugend und Wissenschaft, Referat Berufliche Bildung, um. Das SWI
qualifiziert Lehrkräfte aus 32 berufsbildenden Schulen, Oberstufenzentren und
Schulen mit Förderklassen seit 2006 im Rahmen des SPAS -Netzwerkprojekts.
Dabei orientiert sich die Arbeit inhaltlich und methodisch am aktuellen Stand
der Lehr- und Lernforschung zum Erst- und Zweitspracherwerb, zur Mehrsprachigkeit, zur Sprachbildung sowie der Organisationsentwicklung in der
schulischen und beruflichen Bildung.

2.1.1 Die Sprachbildung im Unterricht und im Team

Das innovative Potenzial liegt aber in der interdisziplinären Erstellung und Erprobung fachdidaktischer Unterrichtskonzepte durch die Lehrkräfte sowie im
Implementierungsansatz der integrierten Sprachbildung an Schulen. Sensibilisierung zur Sprachbildung findet in Kooperation mit allen Lehrkräften vor Ort
an den Schulen statt. So sind im Laufe der praktischen Arbeit „12 Empfehlungen zu sprachbildendem Verhalten im Fachunterricht von Kolleg/inn/en für
Kolleg/inn/en" entstanden, die den Lehrkräften auch in gekürzter Form eines
Flyers an die Hand gegeben wurden. Sie beziehen sich auf einen sprachsensiblen
Unterricht in der Fachtheorie und -praxis, dienen der Erweiterung der Metho-
denvielfalt und als Mittel zur Sensibilisierung und Motivation bei der Unterrichtsgestaltung. Auf diese Weise werden Fachlehrkräfte für die sprachlichen
Anforderungen in der beruflichen Bildung sensibilisiert und finden Zugang zu
den weiteren Angeboten:

12 Empfehlungen zu sprachbildendem Verhalten im Fachunterricht

1. Eine sprachanregende Atmosphäre schaffen,
   - in der die Schülerinnen und Schüler (SuS) zu Wort kommen,
   - in der Sprache notwendiges und nützliches Hilfsmittel ist,
   - in der Handlungen mit Sprache verknüpft sind und umgekehrt.

2. Sprachliche Anforderungen im Unterricht ermitteln:
   - Welche sprachlichen Fertigkeiten sind notwendig? (Lesen? Schreiben? Sprechen? Hören?)
   - Welche Strukturen und welcher Fachwortschatz werden benötigt?
   - Welche sprachlichen Hürden kommen vor?

3. Die SuS an die Bildungs-/Berufs- und Fachsprache heranführen
   - ausgehend von der Alltagssprache und den Möglichkeiten der SuS:
     von der Mündlichkeit zur Schriftlichkeit,
     von der Alltagssprache zur Berufs-/Fachsprache,
     vom Konkreten/Einfachen zum Abstrakten/Komplexen.

4. Fachtexte entlasten und Hilfen bei deren Erschließung geben
   - Vorwissen aktivieren, Fachwortschatz sichern, Transferaufgaben stellen,
   - erarbeitete Inhalte in einer anderen Sprachkompetenz handlungsorientiert anwenden, z.B. ein Telefonat mit einem Kunden führen.

5. Sprachliche Mittel zur Verfügung stellen:
   - Strukturen aufbauen,
   - Fachwortschatz erweitern (Glossare, Fachbegriffskarten),
   - Formulierungshilfen zur Verfügung stellen (Redemittel).

6. Hilfsmittel und Lösungswege aufzeigen, damit die SuS
   - sich selbstständig fehlende sprachliche Mittel erschließen können,
   - Arbeit mit Wörterbüchern üben,
   - Strategien zum Lesen und verstehenden Hören entwickeln.

7. Klare Arbeitsanweisungen stellen:
   - eindeutiges und kleinschrittiges Vorgehen:
     Anweisungen und Aufforderungen finden die SuS in den Operatoren. Das sind die Verben, die die Handlungsanweisung ausdrücken, z.B.: beschreiben Sie, ergänzen Sie, füllen Sie … aus. Anweisungen mündlich vor dem Verteilen des Arbeitsblattes geben.

8. Sprachintensiven Unterricht in kooperativen Lernformen ermöglichen,
   - indem die SuS die Sprache durch aktive Gestaltung und Verarbeitung erwerben und sich mit ihren individuellen Kenntnissen und Fähigkeiten einbringen können,
   - durch Lernen an Stationen; Projektarbeit, z.b. ein Zeitungsprojekt zur Energiewende.

9. Den Erfolg der Kommunikation sichern,
   - aber die Form der sprachlichen Äußerungen nicht über den Inhalt stellen,
   - korrektives Feedback geben statt Verbessern.

10. Die Individualität der SuS berücksichtigen, Ressourcenorientierung statt Defizitblick: dies bedeutet
    - Binnendifferenzierung im Fachunterricht,
    - positive Rückmeldung, Wertschätzung der Mehrsprachigkeit.

11. Mit gutem (Sprach-)Vorbild vorangehen:
    - bewusst und in ganzen Sätzen sprechen,
    - das Handeln sprachlich differenziert begleiten.

12. Vorhandene Ressourcen nutzen:
    - Austausch mit Kollegen, Einsatz von erprobtem Material, Materialordner oder Plattform,
    - Anwendung erprobter Methoden (entstanden im SPAS-Projekt) – kollegiale Beratung, Austausch in Sprachbeauftragtenrunden.

Für den zielgerichteten Kompetenzerwerb der Schülerinnen und Schüler erstellen Lehrerinnen und Lehrer der berufsbildenden Schulen fachspezifische binnendifferenzierende Lernmaterialien in interdisziplinären Facharbeitsgruppen mit sprachwissenschaftlicher Begleitung durch das SWI. Zudem werden richtungweisend Lernkonzepte zur Integration der wachsenden Zahlen von Neuzuwanderern an den Berufschulen erstellt. Sprachbildung wird hierbei ganzheitlich betrachtet. Schulübergreifende Runden sowie Tagungen unterstützen die Weiterbildung und bieten den partizipierenden Lehrkräften eine Präsentationsmöglichkeit ihrer Unterrichtskonzepte.

Das SWI qualifiziert außerdem Sprachbildungsbeauftrage als Multiplikatorinnen und Multiplikatoren und unterstützt sie durch gezielte Beratung zu einer erfolgreichen Umsetzung der Sprachbildung im Team. Parallel zur eigenen Professionalisierung achten die Sprachbildungsbeauftragten darauf, dass Sprachbildung systematisch als Schulentwicklungsprozess im schulinternen Curriculum sinnvoll eingefügt und verankert wird. Dieser Schritt wird von SPAS durch Coaching an den Schulen begleitet.

2.1.2 Qualifizierungsinhalte und Unterstützung der Sprachbildung im SPAS-Projekt

Mit den Fortbildungen und Workshops zu Methoden der Sprachbildung werden zudem auch kontinuierlich Fachlehrkräfte geschult, um die Kompetenzentwicklung des pädagogischen Personals umfassend zu ermöglichen. Nach der Bedarfsanalyse, regelmäßig durchgeführt bei SPAS (Zschiesche/Diedrich 2014), werden folgende Themen und berufsübergreifende Bereiche an den Schulen fokussiert und entwickelt:

- Kommunikation mit Kundinnen und Kunden – Kundenorientierung,
- Strukturieren von Arbeitsprozessen,
- Bewerbungsverfahren, Ausbildungsvertrag,
- Präsentation: Empowerment, „Selbstvermarktung", Darstellung nach außen.

In folgenden Berufsbereichen wurden umfangreiche Handreichungen für den Unterricht – Sprachbildungsbausteine – erstellt und in den Klassen der Berufsvorbereitung (auch in Förderklassen) erprobt:

- Gastgewerbe, Hauswirtschaft,
- Körperpflege,
- Medizin,
- Sozialassistenz, Erzieher/innen/ausbildung,
- Handel,
- Recht,
- Bürokommunikation,
- Werbung,
- Handwerk: Metallbau, Textiltechnik, Elektrotechnik,
- fachübergreifende Methodenkoffer.

Zusammenfassend gibt die folgende Aufstellung einen Überblick über Aktivitäten, die die Weiterbildung der Lehrkräfte im Rahmen des Projekts SPAS unterstützen:

- Entwicklung, Erprobung und Evaluation des Sprachstandsfeststellungsverfahrens „Texteasy 5.0" für den Übergang Schule-Beruf, mit Testung von 1000 Schülerinnen und Schülern,
- kontinuierliche Arbeit in interdisziplinären Facharbeitsgruppen zur Erstellung didaktischer Unterrichtskonzepte und -materialien sowie von Sprachfördermodulen,
- Netzwerkarbeit mit berufsbildenden Schulen und (Weiter-)Bildungseinrichtungen sowie Universitäten – Steuerung über Multiplikatorenrunden,

- Schulungen und Qualifizierungsprogramme für Fach- und Sprachlehrkräfte sowie Multiplikatorinnen und Multiplikatoren/Sprachbildungsbeauftragte zum Ansatz und zur Implementierung der integrierten Sprachbildung im Fach,
- Evaluation der Projektentwicklung sowie der Wirksamkeit der Sprachbeauftragten – Mitwirkung beim Befragungsdesign hinsichtlich der Sprachbildung,
- Durchführung von bundesweiten Fachtagungen: u.a. zur Sprache als berufliche Handlungskompetenz (2009, 2011, 2013, 2014), „Sprachbildung in der Fachdidaktik" (zwei Fachtagungen 2014, mit Vertretern der Landesinstitute und Senatsverwaltung sowie Lehrkräften aus Hamburg und Bremen und Brandenburg) und hoher Partizipation der SPAS-Lehrkräfte.

3. Sprachstandsfeststellung

Eine standardisierte Sprachstandsfeststellung, vom SWI entwickelt, erprobt und evaluiert, bietet eine Basis für individuelle Förderung sowie Unterrichtsgestaltung in heterogenen Lerngruppen. *Texteasy 5.0* ist ein standardisierter Test zur Sprachstandsfeststellung (Andreas u.a. 2008). Mit ihm kann der Sprachstand in der deutschen Sprache als Grundlage für eventuell notwendige, daran anschließende Fördermaßnahmen ermittelt werden. Die Hauptzielgruppe des Tests bilden junge Erwachsene mit Migrationshintergrund. Die Testinhalte sind auf ihre unmittelbare Lebenssituation abgestimmt. Als zu bewältigende berufsbezogene Aufgaben sind beispielsweise die Themen *Bewerbungsschreiben* und *Bewerbungsgespräch* Bestandteil innerhalb des Tests. Der Test gliedert sich in einen mündlichen und einen schriftlichen Teil und ermöglicht sowohl die Einschätzung des Sprachstands von Gruppen, z.B. Ausbildungsklassen, als auch von Einzelpersonen.

Im schriftlichen Teil werden in insgesamt fünf Aufgaben die Bereiche *Hörverständnis, Leseverständnis* und *schriftsprachliche Kompetenz* überprüft. Testinhalte des mündlichen Teils sind die Sprachproduktion sowie kommunikative Strategien. Damit umfasst *Texteasy 5.0* die Gesamtheit mündlicher und schriftsprachlicher Kompetenzen. Getestet wird dabei grammatisches, lexikalisches, orthographisches und diskursives Wissen.

3.1 Der Test im Überblick

Teil A (Aufgaben A1 bis A5) wird in der Gruppe durchgeführt.

Teil B (Aufgaben B1 und B2) wird in Einzelgesprächen durchgeführt.

Zeitbedarf Teil A: ca. 62 Minuten, Zeitbedarf Teil B: ca. 10 Minuten

Verfahrensteil	Aufgabe	Aufgabe Inhalt
A – schriftlich	A1	Hör- und Leseverständnis
	A2	Leseverständnis
	A3	Schreiben – Geschichte
	A4	Schreiben – Brief
	A5	Schreiben – Wortschatz
B – mündlich	B1	Bildergeschichte/Narration
	B2	Dialog

Dieses Sprachstandsfeststellungsverfahren wird sowohl in den beruflichen Schulen als auch bei den Trägern der beruflichen Bildung und Weiterbildung angewendet. Es ist Bestandteil der berufsbezogenen Kompetenzfeststellung „Kompass Plus" für Menschen mit Migrationshintergrund, das als Verfahren bei der GFBM entwickelt und im Auftrag u.a. von Berliner Servicegesellschaften, Arbeitsagenturen, JobCentern und Beratungsstellen umgesetzt wird (Sennema 2011). Die Diagnostik der Sprachkompetenz gilt in dem Verfahren als Grundlage für Berufsberatung und Berufswegplanung für Zugewanderte und insbesondere für Neuzugewanderte, die einen Zugang zur beruflichen Bildung benötigen und keine Nachweise ihrer (Sprach-)Kompetenzen mitbringen können.

4. Standards in der beruflichen Bildung und in der Materialerstellung für die schulische Praxis

Der hier vorgestellte Ansatz der Sprachbildung entspricht dem Leitkonzept der beruflichen Bildung in Deutschland: Das ist der Deutsche Qualifikationsrahmen für lebenslanges Lernen (DQR), der am 1. Mai 2013 auf gemeinsamen Beschluss des Bundesministeriums für Bildung und Forschung, des Bundesministeriums für Wirtschaft und Energie, der Kultusministerkonferenz und der Wirtschaftsministerkonferenz eingeführt wurde (DQR o.J.). Er basiert auf dem Europäischen Qualifikationsrahmen (EQR), einer europäischen Initiative zur besseren Vergleichbarkeit der nationalen Bildungsabschlüsse in Europa (EQR o.J.). Der DQR stellt für eine Metropole wie Berlin, die durch Neuzuwanderung geprägt ist, einen wichtigen Ansatzpunkt dar, denn seine acht Referenzniveaus spiegeln die gesamte Bandbreite von Qualifikationen der allgemeinen, beruflichen und akademischen Aus- und Weiterbildung wider. Die jeweils abzudeckenden Lernergebnisse sowie Kenntnisse, Fertigkeiten und Kompetenzen erlauben es, individuelle Lernwege besser zu planen.

Hinsichtlich der Bewältigung von Sprachhandlungen werden sowohl die horizontalen Bestandteile der Fachkompetenz (Wissen/Fertigkeiten) und der Personalen Kompetenz (Sozialkompetenz/Selbständigkeit) beachtet als auch die vertikale Struktur, indem sich die erarbeiteten und weiter zu entwickelnden Materialien für den Unterricht einerseits auf eine Niveaustufe beziehen und andererseits Übergänge zwischen den Niveaustufen ermöglichen.

In überschulisch zusammengesetzten Fach-AGs erarbeiten Sprach- und Fachlehrkräfte gemeinsam kontinuierlich Materialien, die direkt auf die Anwendung im Lernfeld ausgerichtet sind, erprobt werden und ggf. aus den Erfahrungen der Umsetzung heraus modifiziert werden.

Inzwischen stehen den Lehrkräften auf diese Weise umfangreiche Sprachförderbausteine und -materialien zur Verfügung, die sie je nach Bedarf selbst noch einmal passgenau an die jeweilige Unterrichtseinheit bzw. die anstehende Situation im Lernfeld anpassen können. Die Didaktik kann somit auf weitere Berufe übertragen werden, denn sie fokussiert auf die Kommunikationsfähigkeit und eine selbständige bzw. kompetente Sprachverwendung im jeweiligen Berufsbereich (Andreas u.a. 2010).

Im Folgenden werden zur Definition von Fachbegriffen Beispiele von Arbeitsblättern für eine Binnendifferenzierung zum Fachwortschatzerwerb im kaufmännischen Bereich dargestellt (Sprachförderbaustein zum Kaufvertrag) (Wiazewicz u.a. 2013).

Arbeitsblatt 1.2 V1	Sequenz I: Grundlagen des Vertragsrechts	Datum:
Thema: Rechtliche Fachbegriffe - Definitionen mit zwei Optionen		

Arbeitsauftrag

Die folgenden Fachbegriffe haben im Vertragsrecht eine bestimmte Bedeutung.
Welche Definition - a) oder b) - passt **nicht** zu den Fachbegriffen?

1) **der Dienst:**
   a) beschäftigt sein, eine Tätigkeit
   b) die Verpflichtung zum Wehrdienst

2) **der Gegenstand:**
   a) ein Körper
   b) ein Kernpunkt einer Diskussion

3) **die Vergütung:**
   a) die finanzielle Entlohnung für die geleistete Arbeit
   b) der Kaufpreis

4) **der Erfolg:**
   a) das Eintreten einer beabsichtigten Wirkung
   b) ein guter Schulabschluss

5) **die Herstellung:**
   a) das Endprodukt
   b) eine Sache wird verarbeitet/hergestellt

Arbeitsblatt 1.2 V2	Sequenz I: Grundlagen des Vertragsrechts	Datum:
Thema: Rechtliche Fachbegriffe - Definitionen mit drei Optionen		

Arbeitsauftrag

Die folgenden Fachbegriffe haben im Vertragsrecht eine bestimmte Bedeutung. Welche Definitionen passen zu welchen Fachbegriffen? Eine Definition pro Begriff passt **nicht**.

1) **der Dienst:**
   a) beschäftigt sein, eine Tätigkeit
   b) die Verpflichtung zum Wehrdienst
   c) die Erfüllung von beruflichen Pflichten

2) **der Gegenstand:**
   a) ein Körper
   b) ein Kernpunkt einer Diskussion
   c) eine materielle Sache oder eine nichtmaterielle Sache, die wie eine Sache behandelt wird (z.B. ein Recht, eine Forderung, ein Wert)

3) **die Vergütung:**
   a) ein durch die Arbeit erworbener Verdienst
   b) die finanzielle Entlohnung für die geleistete Arbeit
   c) der Kaufpreis

4) **der Erfolg:**
   a) das Eintreten einer beabsichtigten Wirkung
   b) ein guter Schulabschluss
   c) ein positives Ergebnis

5) **die Herstellung:**
   a) das Endprodukt
   b die manuelle Fertigung
   c) eine Sache wird verarbeitet / hergestellt

Diese Materialien – genannt Sprachförderbausteine - ermöglichen den begleitenden Lehrkräften die sprachsensible Planung, Durchführung und Reflexion ihres Unterrichts. Die Integration der Sprachentwicklung in den berufsfeldbezogenen Unterricht befördert die Auseinandersetzung mit dem Lernfeld, der Lernsituation oder dem Qualifizierungsbaustein (curriculare Einheiten in der Berufsvorbereitung in Berlin), d.h. sie schärft den Blick auch hinsichtlich der zu leistenden fachlichen, methodischen, personellen und sozialen Kompetenzentwicklung der Schülerinnen und Schüler.

5. Beispiel zum Arbeitsmaterial

Ein *Auszug* aus dem Arbeitsmaterial zu Sprachhandlungen in der beruflichen Bildung, das aus bestehenden fachdidaktischen Sprachförderbausteinen stammt, erlaubt einen Einblick in das Material. Die im Rahmen des SPAS-Projektes erstellten Sprachförderbausteine orientieren sich dabei an bestehenden Ausbildungsrahmenplänen, Qualifizierungsbausteinen sowie den Lernfeldern. Die Sprachfördertools als Methodenauswahl unterstützen die Fachdidaktik mit vielfältigen Übungen zum Lesen, Hören, Sprechen und Schreiben, die auf jeden Berufsbereich übertragbar sind. Den Themenbereichen werden die Arbeitsblätter zugeordnet, die direkt im Fachunterricht umgesetzt werden können. Sie liegen in der Regel in bis zu drei unterschiedlichen Schwierigkeitsgraden binnendifferenziert vor; die Lehrkräfte können die einzelnen Schwierigkeitsstufen in einer Lerngruppe während der Behandlung eines Fachthemas natürlich selbst festlegen. Zudem gibt es zu jedem Arbeitsblatt ein Lösungsblatt, um die Arbeit der Lehrkräfte zu erleichtern. Auch Lernende können die Lösungsblätter nutzen, wenn sie z.B. in einer Expertenfunktion die Ergebnisse einer Gruppenarbeit überprüfen.

Die Sozialformen (Gruppenarbeit, Partnerarbeit etc.) sind in der Regel offen gelassen – die spezifische Anwendung liegt im jeweiligen Ermessen der Lehrkraft, um der Situation und der Lerngruppe entsprechend angemessen entscheiden zu können.

Den Arbeitsblättern zu einer Sprachhandlung ist immer Folgendes vorangestellt:

- die Relevanz der Sprachhandlung im beruflichen Kontext,
- der Berufsbereich mit seinen spezifischen kommunikativen Anforderungen,
- die Verortung der Sprachhandlung im Lernfeld,
- die zu erzielende Erweiterung der Sprachkompetenzen, orientiert an den Sprachniveaus des Gemeinsamen Europäischen Referenzrahmens für Sprachen (GER) und an dem Kompetenzraster der (Kultusministerkonferenz) KMK,
- die methodisch-didaktischen Schritte zur Umsetzung der Sprachbildung, mit Hinweis auf Binnendifferenzierung.

Handlungssituation im Beruf: Präsentation eines Unternehmens
Die erfolgreiche Arbeit im Berufsbereich *Handel* misst sich u.a. an hohen Verkaufszahlen. Um diese zu erzielen, müssen die Produkte den Kunden beispielsweise in Verkaufs- und Beratungsgesprächen ansprechend präsentiert werden. Der Auftritt vor Kunden bzw. Publikum fordert nicht nur die kommunikativen Fähigkeiten, auch der Gesamteindruck spielt eine große Rolle.

Methodisch-didaktische Schritte zur Umsetzung der Sprachbildung
Die Schülerinnen und Schüler sind aufgefordert, ein Unternehmen zu präsentieren. Sie können dazu auf eine schriftliche Selbstdarstellung der ausgewählten Firma aus dem Internet zurückgreifen. Nach der Arbeit mit dem Text, der Erstellung eines Textdiagramms zur Verständnissicherung und Vorbereitung der Präsentationsstruktur sowie der Erarbeitung des Fachwortschatzes, binnendifferenziert auch mit Fachbegriffskarten und Anwendungsübungen, setzen sich die Schülerinnen und Schüler mit der Anwendung von möglichen Redemitteln für eine Präsentation auseinander. Wichtig ist, dass die Satzanfänge den Redeabsichten zugeordnet werden und dass jede Schülerin und jeder Schüler die für sich passenden Redemittel wählt.

Binnendifferenzierung: Als Option sind ein Satzpuzzle oder eine langsamere Einführung denkbar, so dass im Laufe des Schuljahres pro Präsentation z.B. nur drei Redeabsichten behandelt werden. Zur Binnendifferenzierung sind außerdem sprachlich einfachere oder anspruchsvollere Redemittel zu wählen; diese können von der Lehrkraft selbst zusammengestellt werden. Zudem kann das Textdiagramm einmal mit der Vorgabe des Schemas, einmal als frei zu lösende Aufgabe gegeben werden.

Für die Präsentation werden Rollenkarten verteilt. Einige Schülerinnen und Schüler bereiten eine der Situation angemessene Präsentation vor, einige eine sprachlich unangemessene. Die dritte, größte Gruppe beobachtet und vergleicht die Vorträge. Durch diese kontrastive Herangehensweise können die Regeln einer guten Präsentation erfasst und verinnerlicht werden. Die Schülerinnen und Schüler setzen sich zudem sprachlich und inhaltlich mit Feedbackregeln auseinander. Mit dieser Hilfestellung kann wiederum abschließend das Feedback reflektiert werden.

Die folgenden Arbeitsblätter zeigen den im Projekt standardisierten Aufbau der Materialien.

Sprachhandlung: Präsentieren	Berufsbereich: Handel
Arbeitsblatt 1.3	**Thema: Präsentation eines Unternehmens – Redemittel Präsentation**

Arbeitsanweisung:

1. Ordnen Sie den folgenden Redeabsichten passende Redemittel zu.
2. Kreuzen Sie anschließend jeweils ein Redemittel pro Redeabsicht, das Ihnen zusagt, an.

Redeabsicht	Redemittel
Begrüßung und Dank an den Veranstalter	Nicht eingehen werde ich auf X.
	Ich bitte Sie dabei auch um Verständnis, dass ich heute auf X nicht eingehen kann.
Nennung des Themas	Hierzu ein Beispiel:
	Dies möchte ich Ihnen (jetzt) kurz anhand eines Schaubildes erläutern.
Abgrenzung des Themas	In meiner heutigen Präsentation werde ich Ihnen … vorstellen.
	Ich möchte Ihnen einen kurzen Überblick über unsere Tätigkeit geben.
	Lassen Sie mich drei wichtige Aufgaben hervorheben:
	Lassen Sie mich einige besonders wichtige Aktionsfelder und Schwerpunktaufgaben nennen:
Gliederung des Vortrags	Abschließend lässt sich sagen, dass …
	Bevor ich zum Schluss meiner Präsentation komme, möchte ich kurz die wichtigsten Punkte noch einmal zusammenfassen:
auf Vorwissen Bezug nehmen	Sehr geehrte Damen und Herren/Meine Damen und Herren
	Liebe Freunde/Liebe Gäste, …
	Ich danke Ihnen für die Einladung und die Möglichkeit, zum Thema X sprechen zu können.
Beispiele anführen / veranschaulichen	Wie Sie sicher/vielleicht/schon wissen, …
	Sie wissen/kennen natürlich….
Abschluss	Ich danke Ihnen für Ihre Aufmerksamkeit.
	Vielen Dank fürs Zuhören. Haben Sie noch Fragen?
	Vielen Dank für Ihre Aufmerksamkeit. Ich bin natürlich gerne bereit, Fragen zu beantworten.

Sprachhandlung: Präsentieren	Berufsbereich: Handel
Arbeitsblatt 1.4	Thema: Präsentation eines Unternehmens – Rollenkarten zur Präsentation

Rollenkarten

Gruppe 1:

Sie sind Mitarbeiter/in in der Verwaltung der Firma Märkisches Landbrot. Sie sind beauftragt, auf einer Messe zu Bioprodukten die Firma zu vertreten.

Lesen Sie die Selbstdarstellung der Firma Märkisches Landbrot. Bereiten Sie in der Gruppe eine kurze Vorstellung des Unternehmens vor. Eine/r von Ihnen soll Märkisches Landbrot im Folgenden im angemessenen Sprachstil vorstellen.

Gruppe 2:

Sie sind junge/r Azubi in der Verwaltung der Firma Märkisches Landbrot. Sie sind auf einer Messe zu Bioprodukten, auf der Sie die Firma mit vertreten.

Lesen Sie die Selbstdarstellung der Firma Märkisches Landbrot. Bereiten Sie in der Gruppe eine kurze Vorstellung des Unternehmens vor. Eine/r von Ihnen soll Märkisches Landbrot im Folgenden vorstellen. Verwenden Sie bei der Umsetzung ein unangemessenes Sprachregister, z.B. Jugendsprache.

Gruppe 3+4:

Die beiden anderen Gruppen bereiten je eine kurze Firmenvorstellung anhand einer schriftlichen Selbstdarstellung der Firma Märkisches Landbrot vor: Beide Gruppen sind beauftragt, auf einer Messe zu Bioprodukten die Firma zu vertreten.

Erstellen Sie selber in der Gruppe einen Beobachtungsbogen zur Reflexion der Vorstellungen (z.B. verwendete Redemittel, Sprachregister, Körpersprache, Adressatenbezogenheit,…). Beachten Sie die Feedbackregeln.

Tipp: Verteilen Sie bei der Beobachtung Schwerpunkte.

Sprachhandlung: Präsentieren	Berufsbereich: Handel
Arbeitsblatt 1.5	Thema: Präsentation eines Unternehmens – Feedbackregeln

Arbeitsanweisung:

Lesen Sie die Aufgaben der Feedbackgeber/innen und Feedbacknehmer/innen und finden Sie dazu eigene Formulierungsbeispiele.

Aufgaben der Feedbackgeber/innen:

- Beschreiben Sie den Sachverhalt beziehungsweise die Situation.
- Ein Feedback sollte eine Gefühlsbeschreibung enthalten.
- Senden Sie Ich-Botschaften.
- Geben Sie Ihr Feedback so, wie Sie es sich selbst wünschen würden.
- Benennen Sie erst positive Dinge und machen Sie dann Verbesserungsvorschläge. Stellen Sie am Ende nochmals das Positive kurz heraus.

Beispiele für die Formulierung eines Feedbacks, wenn die Rückmeldung nicht so gut ist:

- „Ich habe beobachtet, dass …“
- „…das wirkte auf mich …“
- „Mach doch beim nächsten Mal …, denn das bringt …“

Aufgaben der Feedbacknehmer/innen:

- Hören Sie aktiv zu.
- Unterbrechen Sie die Beurteilung nicht.
- Verstehen Sie das Feedback als Geschenk. Sie müssen nicht alles annehmen und können sich selbst die Dinge heraussuchen, die Sie demnächst verändern möchten.
- Am Ende können Sie Verständnisfragen stellen.

Sprachhandlung: Präsentieren		Berufsbereich: Handel
Arbeitsblatt 1.6	Thema: Präsentation eines Unternehmens – Feedbackregeln	

Arbeitsanweisung:
Arbeiten Sie in Gruppen.

1. Verbinden Sie die einzelnen Satzfragmente mit den passenden Verben.
2. Bilden Sie Satzkonstruktionen mit einer Imperativform, benutzen Sie die Sie-Form.
3. Lesen Sie die Regeln durch und äußern Sie sich dazu, welche Regeln für Sie die wichtigsten sind.

Feedback geben:

1	den Feedbacknehmer direkt	A	bleiben
2	einen freundlichen Umgangston	B	ansprechen
3	Lob, Anerkennung und Kritik als Ich-Botschaften	C	formulieren
4	den Feedbacknehmer nicht	D	beschreiben
5	was Sie beobachtet haben	E	geben
6	etwas zu Ihrem eigenen Beobachtungshintergrund	F	bleiben
7	Konkret …, werden Sie nicht pauschal	G	benutzen
8	konstruktive Hinweise (Verbesserungsvorschläge…)	H	bewerten
9	dabei realistisch, nicht unerreichbar	I	sagen

Feedback annehmen:

1	den Feedbackgeber	A	aussprechen lassen
2	ohne sich zu verteidigen oder zu rechtfertigen	B	zuhören
3	Verständnisfragen	C	sich bedanken
4	für die Kritik	D	stellen, dürfen

6. Wirksamkeit der Sprachbildung an Schulen

Um den Stand der Umsetzung von SPAS und die Ergebnisse aus Sicht der Schulen zu reflektieren und den Diskurs um die Nachhaltigkeit der Weiterbildung fundiert führen zu können, wurde im Schuljahr 2013/2014 durch das Institut für berufsbezogene Beratung und Weiterbildung – die ibbw-consult GmbH – eine umfangreiche Befragung an 32 am SPAS-Projekt beteiligten Oberstufenzentren durchgeführt (Zschiesche/Diedrich 2014). Dabei wurde auf das Wissen und die Einschätzungen der an der Schule an der Sprachbildung beteiligten Personen, also vor allem der Multiplikatorinnen und Multiplikatoren, der Sprachbildungsbeauftragten, zurückgegriffen, um deren Erfahrungen wieder in die Diskussion einzubringen. Grundlage der Befragung war ein standardisierter Fragebogen, gegliedert in zwei Bereiche: zum einen die Erhebung zum Status Quo der Sprachbildung an den einzelnen Schulen der beruflichen Bildung (Oberstufenzentren – OSZ), zum anderen die Erhebung des Bedarfs an Weiterentwicklung zur Sprachbildung. Beide Bereiche wurden unabhängig, aber mit weitgehend gleichen Items abgefragt. So können die Daten in Beziehung gesetzt werden. 119 Personen öffneten den Onlinefragebogen. 82 Personen füllten den Fragebogen vollständig aus.

Die wichtigsten Ergebnisse sind in Thesen zusammengefasst:

1. Die integrierte Sprachförderung ist in den Berliner Oberstufenzentren „angekommen". Die Bedeutung wird anerkannt und wichtige Förderinstrumente sind bekannt.
   Damit konnte ein wichtiges Ziel des SPAS-Projekts an den beteiligten Schulen erreicht werden.
2. Sprachbildung und Sprachförderung werden als wichtige Aufgaben auch der Berufsbildung gesehen.
   Bislang wurde und wird die Sprachbildung vor allem im Bereich der Allgemeinbildung verortet. Die Projektschulen erkennen die Bedeutung der Sprache als berufliche Handlungskompetenz, sehen die Notwendigkeit der Förderung und haben auch Möglichkeiten der Umsetzung entwickelt.
3. Es wird ein deutlicher Bedarf an Sprachförderung und Sprachbildung gesehen, der nicht nur für eine Minderheit der Schülerinnen und Schüler (Migranten) relevant ist.
4. Es gibt eine Vielzahl von Sprachförderprojekten unter Beteiligung verschiedener Kolleginnen und Kollegen an den OSZ.
5. Als wichtigste Unterstützungsmöglichkeiten für Lehrkräfte werden in dieser Reihenfolge genannt: Materialien, schulinterne Fortbildungen, schulinterne Arbeitsgruppen, Fortbildung durch externe Referenten, Hospitation, Beratung.
6. Sehr differenziert werden die Arbeit, die Anforderungen und die Kompetenzen der Sprachbeauftragten beurteilt. Den Kenntnissen der Methoden der integrierten Sprachfördermethoden, der Beratungskompetenz und der Teamfähigkeit der Sprachbeauftragten wird dabei eine hohe Bedeutung beigemessen.

7. Das sprachsensible Handeln im Betrieb

Die Voraussetzungen für die Umsetzung der integrierten Sprachbildung sind entsprechend geschultes Personal und geeignete Lehr- und Lernmaterialien sowie Lernbedingungen.

In der Ausbildung und in der beruflichen Weiterbildung müssen die Schülerinnen und Schüler und Teilnehmenden die Fachinhalte in engem Zeitraum verstehen, reflektieren und wiedergeben. Der Ansatz integrierter Sprachförderung in der Berufsausbildung setzt einen sensiblen Umgang mit Sprache nicht nur in der Fachtheorie, sondern auch in der betrieblichen Praxis voraus. Die berufsbranchenspezifische Sprachverwendung in der betrieblichen Unterweisung und im Lernen am Arbeitsplatz soll auch bereits in dem fachtheoretischen Unterricht vorbereitet werden, so dass Schülerinnen und Schüler optimal auf die flexible Kommunikation im Betrieb (Sprachstile, Fachjargon) reagieren können. Daher ist es die Aufgabe einer fundierten Aus- und Weiterbildung, neben der Kenntnis- und Methodenvermittlung auch auf die sich ändernden Lernbedingungen, die Heterogenität der Lernenden und die variierenden berufsspezifischen Anforderungen (Efing 2014) hinzuweisen, die in der beruflichen Bildung eine bedeutsame Rolle spielen.

Literatur

Andreas, Torsten/Baake, Heike/Laufer, Gudrun/Wiazewicz, Magdalena/GFBM (Hrsg.) (2010): Sprachförderbausteine – echt krass. Integrierte Sprachförderung in Berufsvorbereitung und Berufsausbildung. Modellprojekt an Berliner berufsbildenden Schulen (SPAS). Berlin.

Andreas, Torsten/Dellbrück, Joachim/Kühling, Günter/Laufer, Gudrun/Niebuhr-Siebert, Sandra/Wiazewicz, Magdalena/GFBM (Hrsg.) (2008): Sprache. Integrierte Sprachförderung in Berufsvorbereitung und Berufsausbildung an berufsbildenden Schulen (SPAS). Berlin.

Berlin.de. Senatsverwaltung für Bildung, Jugend und Wissenschaft: Angebot des Landes Berlin und der BerlinOnline Stadtportal GmbH & Co. KG. Verfügbar unter www.berlin.de/sen/bjw (Zugriff am 25.3.2015).

DQR o.J.: Deutscher Qualifikationsrahmen für lebenslanges Lernen: http://www.dqr.de (Zugriff am 18.8.2015).

Efing, Christian (2014): Wenn man sich nicht sprachlich ausdrücken kann, kann man auch keine präziseren, qualifizierteren Arbeiten ausführen. – Stellenwert von und Anforderungen an kommunikative(n) Fähigkeiten von Auszubildenden. Verfügbar unter http://www.leseforum.ch/myUploadData/files/2014_1_Efing.pdf (Zugriff am 30.03.2015).

EQR o.J.: Europäischer Qualifikationsrahmen: http://www.kmk.org/internationales/zusammenarbeit-im-rahmen-der-europaeischen-union/europaeischer-deutscher-qualifikationsrahmen.html (Zugriff am 18.8.2015).

Gibbons, Pauline (2002): Scaffolding Language, Scaffolding Learning. Teaching Second Language Learners in the Mainstream Classroom. Portsmouth.

Gogolin Ingrid/Lange, Imke (2011): Begriffsdefinition der Bildungssprache. In: Bildungssprache und Durchgängige Sprachbildung 2011, 107 ff.

IHK Berlin (2015): www.ihk-berlin.de (Zugriff am 30.03.2015).

Grassau, Ulrike (2010): Zur Qualitätsentwicklung in Schulen durch Sprachbildungskoordinatoren in Berlin. Verfügbar unter http://www.berlin.de/sen/bildung/foerderung/sprachfoerderung/fachinfo.html (Zugriff am 10.4.2014).

Krifka, Manfred/Błaszczak, Joanna/Leßmöllmann, Annette/Meinunger, André/Stiebels, Barbara/Tracy, Rosemarie/Truckenbrodt, Hubert (Hrsg.) (2014): Das mehrsprachige Klassenzimmer. Über die Muttersprachen unserer Schüler. Berlin.

Landesinstitut für Lehrerbildung und Schulentwicklung Hamburg (2014): Referat Berufliche Bildung. Seminarkonzepte Schuljahr 2014/15. Verfügbar unter http://li.hamburg.de/contentblob/3023896/data/download-pdf-seminarkonzepte-alle.pdf (Zugriff am 30.03.2015).

Mavruk, Gülsah/Pitton, Anja/Weis, Ingrid/Wiethoff, Marie (2013): DaZ und Praxisphasen – ein innovatives Konzept an der Universität Duisburg-Essen. Verfügbar unter https://www.uni-due.de/imperia/md/content/prodaz/daz_praxisphasen_konzept_duisburg_essen.pdf (Zugriff am 25.03.2015).

SchlaU – Schulanaloger Unterricht für junge Flüchtlinge (o.J.): Lehrkonzept. So arbeitet SchlaU. Verfügbar unter http://www.schlau-schule.de/lehrkonzept/so-arbeitet-schlau.html (Zugriff am 10.03.2015).

Sennema, Anke (2011): Sprachliche Hürden auf dem Weg zum Anschluss an die berufliche Nachqualifizierung und die berufliche Weiterbildung. Eine Fallstudie zur Sprachstandsfeststellung im Deutschen bei Bürgerinnen und Bürgern nichtdeutscher Herkunftssprache. Berlin.

Universität Duisburg-Essen (2014): Projekt ProDaZ. Verfügbar unter https://www.uni-due.de/prodaz/kompetenzzentrum.php (Zugriff am 25.03.2015).

Wiazewicz, Magdalena/Jäger, Kirsten/Kiperis, Charilaos/Schulze, Hannelore/Spritulla, Jörg/Streit, Jörg/Aciksöz, Feramis/GFBM (Hrsg.) (2013): Fachbegriffe im Sack kaufen? – Der Kaufvertrag mit Rechtsgrundlagen und Störungen – Sprachförderbaustein für die kaufmännische Aus – und Weiterbildung (SPAS). Berlin.

Zschiesche, Tilman/Diedrich, Ingo (2014): Ergebnisse der Evaluation zur Wahrnehmung der Bedeutung der Sprachbildung und zur Position der Sprachbeauftragten an den berufsbildenden Schulen in Berlin. Vortrag zur SPAS-Auftaktveranstaltung 11.09.2014, Berlin.

Ulrich Nill (Stuttgart)

Präsentation zwischen schulischer Tradition und beruflicher Praxis: Geeignete Aufgabenstellungen zur Förderung präsentationsbezogener Kompetenzen

Abstract Presentations of a certain type are quite common in all varieties of German schools, no matter whether they are academic or vocational. Based on the "learning by teaching" concept students give talks on all kinds of topics. Frequently these tasks turn out to overwhelm students in many ways, because they do not only have to cope with the challenges of their topic, they also should make didactic decisions and find out what aspects of their topic are relevant or irrelevant for their fellow students. As a result of these excessive demands students' talks of this description tend to be inefficient for the speaker and for the classroom audience alike.

The alternative introduced in this paper is a problem-based approach, where the assignment of tasks imitates real life conditions. Presentations in business contexts always go beyond mere teaching or transfer of information. The speaker wants to persuade the audience to adopt a certain perspective or to share his or her view, he or she wants to add value and meaning to the object he or she is talking about. This can be simulated in school if the students give their presentations as a role play. The task defines what role the presenter and his or her audience play. What interest does the speaker have in the topic and what goal does he or she want to achieve with his or her presentation? The presenter also has to take into account who his or her target audience is, what previous knowledge and what attitudes they have. A presentation based on this kind of task is more complex than an ordinary one but it offers some major advantages and better learning opportunities.

1. Präsentation in der Schule – Probleme

Das Thema *Präsentation* ist heute in der Schule fest etabliert, und zwar in allen Schularten bis hin zur Grundschule. Das ist eigentlich nichts Neues: Schon in der griechischen und der römischen Antike war die Redekunst hoch geschätzt und die rhetorische Ausbildung als Teil des Trivium eine wichtige Disziplin. Das preußische Abiturreglement von 1812, an dem Wilhelm von Humboldt mitwirkte, verlangt: „Eben so muß ein zusammenhängender mündlicher Vortrag gelingen" (Kämper van den Boogart 2014: 43). Monologisches Sprechen vor Publikum hat also eine lange schulische und akademische Tradition, der Begriff *Präsentation* dagegen taucht erst in neuerer Zeit in den schulischen Curricula auf[1] und spiegelt wohl das Bestreben wider, die SchülerInnen auf eine im weiteren Leben und insbesondere in der beruflichen Wirklichkeit besonders bedeutsame Handlungsform vorzubereiten. Insofern ist es einsichtig, dass das Thema Präsentation in der Schule irgendwo zwischen einer schulisch-akademischen Tradition und der aktuellen beruflichen Praxis zu verorten ist.

Bei Präsentationen in der Schule scheinen die Wahl des Themas und die zugehörige Aufgabenstellung von untergeordneter Bedeutung zu sein. Zumindest kann man diesen Eindruck gewinnen, wenn man im Internet in Schülerforen oder auf den einschlägigen Hausaufgabenseiten stöbert. Vielfach sind die Schülerinnen und Schüler bei der Wahl des Themas völlig frei und diese Freiheit macht sie ratlos. So bittet ein(e) karizzmaa23, Schüler(in) der 9. Klasse einer integrierten Gesamtschule, im Internet um Hilfe bei der Themenfindung im Hinblick auf die anstehende Hauptschulprüfung. Eine Mutter (?) gibt dazu den folgenden Rat:

> „Motoren – Ottomotor, Dieselmotor, Unterschiede
> Religionen – eine aussuchen und googeln
> Kulturen – die Babylonier, Turmbau
> Gesetzmäßigkeiten beim Bau von Pyramiden
> Diese Themen hatte mein Sohn, er musste die Prüfungen auch mitmachen."
> (gutefrage.net 2010)

Offenbar können die SchülerInnen so verschiedenartige Themen wie Ottomotor, Babylonier, Weltreligionen oder Pyramidenbau ohne jegliche inhaltliche Unterstützung und unterrichtliche Vorbereitung bewältigen. Wie dies gelingen kann, macht ein anderer Forumsbeitrag in großer Offenheit deutlich:

> „Der schnellste Weg um zu so einem Referat zu kommen wird wohl die Google Bildersuche sein. Stichwort rein, erster Treffer ins Powerpoint und nach 5 Minuten hast du eine wunderbare Präsentation…
> Die Texte dazu gibts dann in der Wikipedia." (schueler-talk.de 2007)

Man kann sich unschwer ausmalen, wie eine Präsentation, die nach dieser Copy-and-paste-Methode erstellt wurde, dann aussieht, wenn sie vor der Klasse vorgetragen wird: Die Inhalte sind unscharf und letztlich bedeutungslos. Die mehr oder weniger gekonnte multimediale Aufbereitung soll das fehlende Verständnis

---

1   In der Fachschule für Technik in Baden Württemberg gibt es seit den 1990er Jahren das Fach *Betriebliche Kommunikation*, das im Lehrplan das Fach *Deutsch* abgelöst hat und sich durch eine engere Anbindung an betriebliche Anforderungen auszeichnet. Noch im Lehrplanentwurf von 1994 findet sich der Begriff *Präsentation* nicht (Landesinstitut für Erziehung und Unterricht – Abteilung III 1994).

des Referenten verdecken, der unverdaute Informationsbrocken von sich gibt[2]. Die anderen Mitglieder der Lerngruppe, die eine solche Zumutung stoisch ertragen, äußern sich dennoch weitgehend zufrieden und attestieren dem Referenten, dass er fast alles gut gemacht habe. Die Lehrkraft räumt ein, dass zumindest die Präsentationskompetenz ausgeprägt sei, da die Folien gut gestaltet und das Auftreten überzeugend gewesen seien. Aufgrund der inhaltlichen Mängel müsse man allerdings ein paar Abstriche bei der Note machen.

Die hier dargestellte Situation ist sicher ein Extremfall, aber eben doch einer, der in der pädagogischen Praxis so oder ähnlich immer wieder vorkommt. Und es stellen sich Fragen: Worin besteht in so einem Fall die Präsentationskompetenz? Auf welche Lebenssituationen und welche Anforderungen wurde der Schüler/ die Schülerin vorbereitet? Haben SchülerInnen das Richtige gelernt, wenn sie erfahren, dass auch weitgehend substanzloses Gerede ohne Bezug zu den AdressatInnen performativ so veredelt werden kann, dass die Präsentation vermeintlich erfolgreich ist?

In Baden-Württemberg müssen die Absolventen der Fachschule für Technik als Teil ihrer Abschlussprüfung die Ergebnisse ihrer Technikerarbeiten präsentieren. Diese Technikerarbeiten betreffen sehr spezielle technische Probleme (z.B. die elektronische Steuerung eines Rollladens): Herausforderungen, mit denen sich die AbsolventInnen oftmals 100 Stunden und mehr befasst haben. Bei der Arbeit werden Sie von einer Lehrkraft intensiv betreut und unterstützt, die selbstverständlich auch bei der öffentlichen Präsentation der Technikerarbeit zugegen ist. In den meisten Fällen berichten die Schülerinnen und Schüler gerne von ihrer Arbeit. Dabei gehen sie natürlich von ihrem eigenen Wissen und ihrem eigenen Interesse aus, beides hat sich durch die lange Auseinandersetzung mit der Materie entwickelt. Anders als bei den eingangs angeführten Beispielen ist hier nicht die mangelnde Sachkenntnis der ReferentInnen das Problem, vielmehr kennen die ReferentInnen in diesen Fällen ihr Thema sehr genau. Diese an sich günstige Voraussetzung kann dennoch zu Schwierigkeiten bei der Präsentation führen. So werden dabei oft viele Detailprobleme behandelt, die den SchülerInnen bei der Projektarbeit das Leben schwer gemacht, die sie dann aber doch irgendwie bewältigt haben. Es werden in aller Kürze komplexe Schaltpläne gezeigt, die von den MitschülerInnen nicht zu verstehen sind. Die ReferentInnen richten sich dann vorwiegend an ihre BetreuerInnen, mit denen sie sich über die betreffenden

---

2   „Kompetent über Dinge reden, die man nicht kennt" heißt ein Unterrichtsvorschlag zum PowerPoint-Karaoke (Baurmann 2014). Gemeint ist damit eine Persiflage, tatsächlich charakterisiert dieses Motto aber auch viele „ernstgemeinte" Präsentationen im Deutschunterricht.

Inhalte bereits mehrfach ausgetauscht haben, sie tun aber so, als teilten sie diesen etwas vollkommen Neues mit. Die BetreuerInnen signalisieren durch heftiges Nicken Zustimmung und Wohlwollen, während der Rest der Klasse einigermaßen beeindruckt, aber doch auch ohne rechtes Verständnis dem Geschehen folgt. Die anschließende Bewertung der Präsentation orientierte sich weitgehend an der Qualität der erarbeiteten und dann vorgestellten Inhalte. Damit wird die Präsentation eher als „Wurmfortsatz" der Projektarbeit angesehen und nicht als eigenständige Herausforderung und Leistung wahrgenommen.

Allein der Begriff der Präsentation – so lässt sich schon einmal festhalten – genügt in der Schule vielfach als Aufgabenstellung. Die SchülerInnen sollen sich an einem als bekannt vorausgesetzten Handlungsmuster orientieren und dabei ein Thema bearbeiten, das ihnen mehr oder weniger klar vorgegeben wird, das sich aus ihrer Situation ergibt (bei Projekten) oder das sie sich vollkommen frei wählen.

Die Informationsvermittlung im Rahmen der Präsentation orientiert sich – so könnte man überspitzt sagen – am Modell des Nürnberger Trichters: Ohne Berücksichtigung der AdressatInnen, ohne dass man sich über deren Interessen, ihr Vorwissen oder die Relevanz der Informationen für die ZuhörerInnen Gedanken machen müsste, werden diesen beliebige Informationen „eingetrichtert". Man geht eben davon aus, dass die AdressatInnen bislang nichts über den Gegenstand der Präsentation wissen (Kopf leer, Gefäß voll) und dass sie den undifferenzierten Drang haben, alles über jedes nur denkbare Thema zu erfahren (Eintrichtern, bis der Kopf voll und das Gefäß leer ist) – eine Annahme, die durch Erfahrungen in der pädagogischen Praxis nur sehr bedingt bestätigt werden kann.

Die Schwierigkeiten der Informationsauswahl lassen sich an einem beliebten Thema für Präsentationen und Referate[3] im Deutschunterricht zeigen: der Dichterbiographie. Auch hier wieder ein Beispiel aus dem Internet:

---

3   In der fachdidaktischen Literatur finden sich differenzierte Abgrenzungen zwischen
    Präsentationen und „verwandten oder benachbarten Handlungsformen" (Becker-
    Mrotzek 2005: 7). In der Schule dagegen lässt sich feststellen, dass der Begriff der
    Präsentation den des Referats weitgehend verdrängt hat, ohne dass damit eine inhalt-
    liche Neuorientierung verbunden wäre. Präsentationen sind an Schulen also meist
    dasselbe wie Referate, wenn auch mit multimedialer Unterstützung, vor allem durch
    PowerPoint.

„Hallo ihr Lieben :-)

Ich habe ein Problem!
Nächste Woche muss ich in meinem Deutsch-LK eine Präsentation über Georg Büchner
halten.
Kennt sich vielleicht irgendjemand mit der Person Büchner aus, oder hat selbst schon
mal einen Vortrag über Georg Büchner gehalten?

Die Präsentation soll vorallem [sic] folgende Fragen beantworten:
Was für ein Mensch war Büchner?
Was hat er in seinem Leben gemacht?
Ist Büchner noch aktuell?
Gibt es beudeutende [sic] Objekte von Georg Büchner?

Freue mich über jede Hilfe!

Liebe Grüße
Jacqueline"
(e-hausaufgaben.de 2010)

Jacqueline hatte offenbar das Glück, dass ihre Lehrerin bzw. ihr Lehrer sie beraten
und ihr ein paar Hinweise gegeben hat. Dennoch wird allein durch die Formulierungen in ihrer Frage („Was für ein Mensch war Büchner?", „beudeutende [sic]
Objekte") deutlich, wie sehr die Schülerin „schwimmt", wie wenig ihr klar ist, was
sie tun soll, wie diffus es für sie bleibt, was man eigentlich von ihr erwartet und
was ihre Präsentation leisten soll.

Auf den ersten Blick scheint alles einfach und durch die „Sachlogik" geregelt zu
sein: Man beginnt mit der Geburt und endet mit dem Tod des Dichters. Dazwischen
dann ein paar „Infos" zu Leben und Werk. Abgesehen davon, dass solche Vorträge meist nicht sehr ergiebig sind, wird deutlich, dass es im Falle von Jacquelines
Büchner-Präsentation andere Erwartungen gibt. Jacquelines MitschülerInnen sollen
etwas über die Aktualität und Bedeutung Büchners erfahren. Gemeint ist damit
nicht die Person, sondern das Werk des Autors mit dessen spezifischen Qualitäten.
Die Referentin sollte herausarbeiten, was exemplarisch und zukunftsweisend an
Büchners Texten ist, welchen Platz Büchners Werk in der Literaturgeschichte hat
usw. Etwas in der Art wird wohl von Jacqueline erwartet, es wird ihr aber nicht
gesagt, zumindest ist diese Botschaft bei ihr nicht so angekommen. Auch der naheliegende Hinweis, sie solle sich bei der Informationsauswahl an dem orientieren, was ihre MitschülerInnen an Büchner interessieren könnte, wäre nur bedingt
hilfreich und mit der Gefahr verbunden, dass Jacqueline In die Rubrik *Klatsch und
Tratsch* abgleitet und etwa Büchners Rolle als „Frauen-Flachleger" (Fuhr 2013)
über Gebühr betont.

Zur Rechtfertigung derartiger Aufgaben wird oft das Konzept des Lernens
durch Lehren ins Feld geführt (Baurmann/Berkemeier 2014: 8). Die Funktion

der Präsentation ist demnach didaktisch, die SchülerInnen müssen einen „Lehrervortrag" halten und dabei an den Lernfortschritt ihrer MitschülerInnen denken. Das heißt, dass sie nicht nur selbst die fraglichen Inhalte durchdringen, sondern auch entscheiden müssen, welche Informationen in welcher Weise für ihre MitschülerInnen im Hinblick auf deren Kompetenzentwicklung relevant, hilfreich und interessant sind. Von den SchülerInnen wird damit das erwartet, was auch ReferendarInnen oft noch große Probleme bereitet: die didaktische Analyse und die zugehörige kriterienbezogene Auswahl und Aufbereitung (z.b. durch didaktische Reduktion) des „Stoffs".

Eine solche Anforderung ist von SchülerInnen kaum zu bewältigen, es sei denn, dass die curriculare Einbettung des Präsentationsthemas für alle Beteiligten vollkommen klar ist, dass beispielsweise eine konkrete Leitfrage die Arbeit steuert oder dass ein bestimmtes Problem im Raum steht, das im Unterricht aufgeworfen wurde und für das der Vortrag eine Lösung liefern soll. So könnten SchülerInnen im Zusammenhang mit der Behandlung von Büchners *Woyzeck*, die auch das dort spürbare Mitgefühl mit den „kleinen Leuten" betraf, folgende Frage bearbeiten: Welche Rolle spielte soziale Gerechtigkeit im Leben Georg Büchners? Von einer derart klaren Funktion des Präsentationsthemas im Unterricht kann aber in vielen Fällen gar keine Rede sein, vor allem dann nicht, wenn es sich um selbst gewählte Themen oder um Ergebnisse von Projektarbeiten handelt.

2. Präsentation in nicht-schulischen Kontexten

Präsentationen in der Schule sind also im Wesentlichen didaktisch, es geht in erster Linie um „Vermittlung von Wissen" (Baurmann/Berkemeier 2014: 4). Das ist bei Präsentationen in außerschulischen Kontexten meist nicht so. Es lässt sich zunächst einmal feststellen, dass das Handlungsmuster *Präsentieren* nicht nur in Vortragssituationen realisiert wird, sondern auch in Schaukästen und -fenstern, auf Plakaten, Messe- und Verkaufsständen, bei Modeschauen, in Videos, bei Internetauftritten, ebay-Angeboten usw. Oft werden Waren präsentiert, und diese Präsentationen, die eine große Nähe zur Werbung aufweisen, sind mitentscheidend für wirtschaftlichen Erfolg oder eben Misserfolg. Bei einer Automobilmesse wird nicht nur über die Eigenschaften eines neuen Fahrzeugmodells informiert, es werden vielmehr attraktive junge Frauen auf einer Drehscheibe dargeboten, dramatisch inszeniert mit Licht-, Musik- und Raucheffekten. Derselbe Salatkopf, der beim Discounter für wenig Geld lieblos in einen Pappkarton gequetscht angeboten wird, kann in einer historischen Markthalle oder einem Feinkostgeschäft ein Mehrfaches kosten: ansprechend gestapelt, mit Wasser besprüht, sodass glänzende Tautropfen auf dem Gemüse von dessen Frische und Natürlichkeit künden. In einem Restaurant der

Spitzenklasse muss der Inhalt (d.h. die Beschaffenheit des Essens) stimmen. Genauso wichtig ist aber die Präsentation der Speisen, das ansprechende Anrichten auf einem passenden Teller, der Service usw.

Ein schönes, wenn auch recht willkürlich ausgewähltes Beispiel für die Bedeutsamkeit der Präsentation ist die neue Erfolgsgeschichte der Firma *Merz b. Schwanen*, die auf traditionellen Maschinen hergestellte Knopfleistenhemden verkauft (Hansen/Steinkirchner o.J.). Diese Hemden waren ursprünglich billige Arbeits- oder „Großvaterhemden", die in alten Zeiten im Alltag verwendet wurden und weit davon entfernt waren, als modische Accessoires angesehen zu werden. Ein größerer Restposten dieser Hemden wurde im Lager einer stillgelegten Fabrik auf der Schwäbischen Alb entdeckt und zu Schleuderpreisen auf Flohmärkten angeboten – mit überschaubarem Erfolg. Dieselben Textilien, mit den alten Maschinen neu produziert, werden heute als teure Lifestyle-Produkte verkauft. Präsentation bzw. Marketing ist dabei der entscheidende Faktor, der darum über Erfolg oder Misserfolg entscheidet, weil er die Kunden dazu veranlasst, etwas Begehrenswertes in den alten Hemden zu sehen. Was zählt, ist nicht allein der Inhalt (das Hemd), sondern vielmehr das, was die Kunden mit der Ware verbinden. Zu dieser Wirkung tragen der Markennamen, die Verpackung, Vermarktung, die Präsentation in ausgewählten Ladengeschäften, die Homepage der Firma und anderes bei.

Abbildung 1: Hemd der Firma Merz b. Schwanen (Foto: Johann Nill)

Die genannten Beispiele verdeutlichen bereits, dass das Präsentieren meist etwas völlig anderes ist als die möglichst neutrale und objektive Weitergabe von Informationen oder Wissen. Wenn ein Gegenstand oder ein Sachverhalt präsentiert wird, dann wird ihm Sinn und Wert zugeschrieben[4], es geht nicht darum, die Dinge einfach so zu zeigen, wie sie nun einmal sind, sondern darum, den AdressatInnen einen bestimmten Blick auf die Dinge zu vermitteln. Die Zuschreibung von Sinn und Wert ist dabei stets etwas potenziell Strittiges, man kann sowohl im Hinblick auf den Sinn als auch im Hinblick auf den Wert einer Sache vollkommen anderer Auffassung sein. Deswegen steht hinter Präsentationen in aller Regel die Absicht, die AdressatInnen zu beeinflussen, sie von der Qualität eines Produkts zu überzeugen, sie vor einem bestimmten Konzept oder einem bestimmten Verhalten zu warnen, sie für eine Idee zu begeistern usw. Präsentationen sind damit im Kern argumentativ, und die Informationen, die sie liefern, sind funktional: Sie sollen die Argumentation stützen.

Das lässt sich auch an solchen Präsentationen in nicht-schulischen Kontexten zeigen, die mit einer Rede oder einem Vortrag verbunden sind: Auf einem Shopping-Sender wird ein Reinigungsmittel vorgestellt, ein Architekt präsentiert bei einem Wettbewerb seine Ideen für ein neues Stadtviertel, eine Bürgermeisterin stellt ihre Stadt als geeigneten Austragungsort für die Olympischen Spiele dar, ein Werbegrafiker stellt in einem Kaufhaus sein Konzept für den neuen Weihnachtkatalog vor usw.

Der werbend-argumentative Aspekt einer Präsentation kann je nach Situation mehr oder weniger ausgeprägt oder auch aufdringlich sein. Es gibt aber auch sehr seriöse Formen der Präsentation, bei denen der informative Anteil gegenüber dem appellativen überwiegt und die dennoch im Kern argumentativ sind. Die Informationen, die vermittelt werden, werden danach ausgewählt und bewertet, ob sie ihre Funktion für die Argumentation erfüllen oder nicht. Im akademischen Rahmen (vor allem in der angelsächsischen Tradition) gilt dies für die mündliche oder schriftliche Darstellung von Forschungsergebnissen. Das verdeutlichen Begriffe wie *Thesis, Thesenpapier* oder *Verteidigung*, die ihren festen Platz in der universitären Ausbildung haben. In der Wochenzeitschrift DIE ZEIT beklagt ein Autor im Rahmen einer Debatte über die Rolle der Allgemeinbildung, dass der argumentative Anteil bei vielen an der Universität verfassten Arbeiten zu gering sei:

---

4 Diese Formulierung kennt man aus dem Diskurs des Radikalen Konstruktivismus, insbesondere von Paul Watzlawick. Die Zuschreibung von Sinn und Wert findet nach Watzlawick durch Kommunikation statt und ist das wesentliche Merkmal von dem, was er Wirklichkeit zweiter Ordnung nennt (Watzlawick 1978: 143).

„Hausarbeiten an der Universität sind oft nur eine reine Literaturschau. Studenten sollen das vor ihrer Zeit erzeugte Wissen bestaunen, zusammenfassen und – wenn es hochkommt – geschickt arrangieren. Das wirkt sich auch auf die Recherchekultur aus. In Germanistik, Geschichte oder Soziologie fehlt vielen publizierten Artikeln ein erkennbares Argument, von Struktur und klarer Sprache ganz zu schweigen. Um an der Universität Karriere zu machen, braucht man keine originellen Einsichten. Es reicht, „Experte" zu sein.

Schul- und Studienfächer, die Fantasie und analytisches Denken anregen sollten, beschränken sich so auf sinnentleertes Faktensammeln. Es ist letztlich egal, ob diese Fakten Bic und Iban betreffen oder Schiller und Goethe. Schüler und Studenten sollten sich mit der Welt auseinandersetzen, nicht Gelerntes nachbeten." (Mounk 2015)

Viele Beispiele für gelungene Präsentationen zu ganz unterschiedlichen Themen finden sich auf der TED-Talks-Website (TED o.J.). Dabei verdeutlicht bereits der programmatische Slogan, worum es geht: *ideas worth spreading*. Eine Präsentation muss einen identifizierbaren Kerngedanken („idea") haben und ein zentrales Anliegen ausdrücken. Dieser Kerngedanke soll – auch für die AdressatInnen – wertvoll sein, und erst aus dem Wert dieses Gedankens wird die Berechtigung abgeleitet, ihn zu verbreiten („worth spreading"). Auf der Website erläutern die Betreiber von TED ihre „Mission":

„TED is a global community, welcoming people from every discipline and culture who seek a deeper understanding of the world. We believe passionately in the power of ideas to change attitudes, lives and, ultimately, the world." (TED o.J.)

Der Anspruch besteht also darin, mit den Vorträgen Wirkung zu erzielen: Indem sie Haltungen (und damit das Leben) der ZuhörerInnen beeinflussen, können sie auch die Welt ein klein wenig verändern. Das ist ein hoher Anspruch, aber einer, der den Vorträgen sehr gut tut. Die Leidenschaft („passionately"), mit der die Betreiber von TED hier ihre Grundannahmen verkünden, findet sich auch in vielen der Vorträge wieder, die man sich auf der Seite anschauen kann. Oft werden dabei Forschungs- oder Entwicklungsergebnisse oder auch ganz persönliche Erfahrungen mitgeteilt, aber in jedem Fall mit der „leidenschaftlich" ausgedrückten Überzeugung, dass es sich dabei um etwas für das Publikum Bedeutsames und Wertvolles („Sinn und Wert") handelt.

Leidenschaft ist etwas, das bei vielen schulischen Präsentationen, die nach dem üblichen Muster ablaufen, vollkommen fehlt. Oft wird von Schülerinnen und Schülern beim Vortrag gar eine demonstrative Gleichgültigkeit gegenüber ihrem Gegenstand und gegenüber der Wirkung ihres Vortrags zur Schau gestellt – eine Haltung, die verständlich ist, weil sie Schutz vor Kritik verspricht und die ReferentInnen persönlich unangreifbar macht, aber eben auch eine, die das Lernen im Bereich der Präsentation nicht begünstigt, sondern verhindert.

3. Schreibdidaktik: Kritik an unscharfen Aufgabenstellungen

Die Probleme, die mit der ungenauen Aufgabenstellung bei Präsentationen in der Schule einhergehen, lassen sich genauer erfassen, wenn man einen vergleichenden Blick auf die Schreibdidaktik wirft. Dort ist die Erkenntnis fast schon Allgemeingut, dass die alleinige Orientierung an einer schulisch verfestigten Textform (Aufsatzarten) für das Lernen ungünstig ist:

„Die Aufsatzarten wurden zum Selbstzweck, ihre sprachlichen Formen absolut gesetzt und so von ihrer didaktischen und damit letztlich pragmatischen Funktion entbunden. Verbunden damit war ihre Entfremdung vom lernenden Subjekt, das mit den korrespondierenden Schreibaufgaben kein Ziel mehr zu verbinden wusste. Ohne erkennbares Ziel und ohne identifizierbaren Adressaten fehlt dem Schreibprozess jedoch ein wichtiges Steuerungsmoment, das in dem Modell von Hayes/Flower (1980) als Wissen über die Adressaten und als Zielsetzung enthalten ist." (Bachmann/Becker-Mrotzek 2010: 192)

Diese Kritik lässt sich direkt auf viele Präsentationsaufgaben in der Schule übertragen. Eine unklare Aufgabenstellung führt zu großer Unsicherheit bei den SchülerInnen, die ihre eigene Rolle, den Sinn und das Ziel ihres Vortrags und den AdressatInnenbezug (vor allem Vorkenntnisse und spezifische Interessen) betrifft. Die ReferentInnen müssen von einem nur vage bestimmten Als-ob ausgehen: Man tut so, als ob man selbst einen großen Mitteilungsdrang habe, die Lehrerin oder der Lehrer über das Thema der Präsentation nichts wüsste und die MitschülerInnen gerade die Informationen, um die es gerade geht, dringend benötigten usw.

4. Direkte Instruktion: Aufgabenstellung mit expliziten Angaben zu Ziel und Adressaten

Wenn eine wichtige metakognitive Voraussetzung für gelingende Lernprozesse und Leistungsnachweise darin besteht, dass die Lernenden den Sinn ihrer Handlungen verstehen, dann wäre die Mindestanforderung an LehrerInnen, dass sie eine Präsentationsaufgabe so formulieren, dass die SchülerInnen ihr die wichtigsten Eckdaten für die Planung (Thema, Zielsetzung, Adressaten, Rahmenbedingungen) entnehmen können. Im Idealfall erhalten die SchülerInnen eine Beratung durch ihre Lehrerin/ihren Lehrer, deren wichtigste Inhalte stichwortartig protokolliert werden, oder sie bekommen eine von der Lehrkraft vorbereitete schriftliche Aufgabenstellung. Eine nur mündlich geäußerte Instruktion wird oft nur unvollständig und verzerrt im Gedächtnis behalten (vgl. das Beispiel von Jacqueline).

Aufgabenstellung für die Präsentation

Name: Jacqueline X
Thema: Georg Büchner und seine Bedeutung für die Literaturgeschichte
Termin: 18.3.2015, 9 Uhr - ca. 9.30 Uhr
Ziel der Präsentation: kurzer Überblick über das Leben und Wirken Büchners, Klärung seiner Rolle in der Literaturgeschichte: Was war neu an Büchners Schaffen? Worin liegt die Bedeutung seiner Texte?
Adressaten: Mitschülerinnen und Mitschüler aus Ihrem LK relevantes literaturgeschichtliches Vorwissen:

- Grundkenntnisse über Aufklärung, Sturm und Drang/Empfindsamkeit und Romantik
- Vormärz bisher nicht behandelt
- vereinzelte Auseinandersetzung mit modernen literarischen Texten
- bisher keine Texte von Büchner im Unterricht gelesen oder behandelt

Medien: Multimediale Präsentation mit unterschiedlichen Arten der Visualisierung

- zur Illustration kurze Textauszüge aus Büchners Werk, die Sie in geeigneter Weise präsentieren und besprechen.

Dementsprechend könnte die Aufgabenstellung für die Präsentation einer Technikerarbeit dezidiert verlangen, dass die grundlegenden Aspekte des Projekts so dargestellt werden, dass sie von den AdressatInnen, die nur über fachbezogene Grundkenntnisse, nicht aber über Spezialwissen verfügen, verstanden werden, dass also das Ausgangsproblem deutlich wird, dass mögliche Lösungsstrategien vorgeführt und Detailprobleme allenfalls exemplarisch angesprochen werden.

5. Präsentationsaufgaben mit Profil

Die explizite Formulierung zentraler Prämissen in der Aufgabe erleichtert die Planung und reduziert die Unsicherheit der SchülerInnen. Es sind aber auch elaborierte Aufgabenstellungen für Präsentationen möglich, die unter Umständen noch deutlich mehr leisten und die man in Anlehnung an die schreibdidaktische Position von Bachmann/Becker-Mrotzek als „Aufgaben mit Profil" bezeichnen kann:

> „Darunter verstehen wir Schreibaufgaben, die so klar konturiert und profiliert sind, dass sie für die Lerner/innen in einem klar erkennbaren und nachvollziehbaren Handlungszusammenhang stehen bzw. einen solchen abbilden." (Bachmann/Becker-Mrotzek 2010: 194)

Die SchülerInnen leiten ihr konkretes Vorgehen aus der Aufgabe ab. Ihre sprachlichen Handlungen erfüllen damit eine Funktion, die den Lernenden klar ist: die Schreibprodukte dienen der Bewältigung von klar definierten Situationen und der Lösung von Problemen. Wenn man diesen Ansatz auf Präsentationen überträgt, bedeutet das, dass die Aufgaben situiert werden, d.h. dass sie in einen (fiktiven) Handlungszusammenhang eingeordnet werden, aus dem sich ergibt, welche Ziele mit der Präsentation verfolgt werden, wer die AdressatInnen sind usw. Bezogen auf das Beispiel *Rollladensteuerung* (Technikerarbeit, Abschlussprüfung) könnte eine profilierte Präsentationsaufgabe folgendermaßen aussehen:

Aufgabenstellung für die Präsentation

(Reale) Rahmenbedingungen: Namen, Thema, Termin

(Fiktiver) Handlungszusammenhang: Sie arbeiten in der Entwicklungsabteilung eines mittelständischen Elektronikunternehmens. In den vergangenen Wochen haben Sie an der Entwicklung einer neuartigen Steuerung für Rollläden gearbeitet. Sie sollen Vertretern der Firmenleitung ihre Ergebnisse in einer ca. 30 Minuten dauernden Präsentation vorstellen.

Adressaten: Die Vertreter der Firmenleitung sind Kaufleute. Sie verfügen aufgrund ihrer Tätigkeit in dieser Firma über elektronisches Grundwissen, aber eben nicht über vertiefte Fachkenntnisse. Die Interessen der Firmenleitung sind vorrangig wirtschaftlicher Art. Sie wollen, dass profitable Produkte entwickelt werden, die sich auf dem Markt behaupten.

Ziel der Präsentation: Sie wollen über ihre Rollladensteuerung informieren, und zwar so, dass das Grundsätzliche verstanden wird: Von welchem Problem sind Sie ausgegangen? Wie sieht Ihre Lösung aus? Was ist der Clou Ihrer Entwicklung? Worin liegen die Vorzüge und Möglichkeiten?

Mithilfe dieser Informationen möchten Sie die Vertreter der Firmenleitung davon überzeugen, dass Ihr Ansatz vielversprechend ist und dass es sich lohnen würde, weitere Zeit und weiteres Geld zu investieren, um das Produkt bis zur Serienreife weiterzuentwickeln. Die Auswahl und Aufbereitung der Informationen muss also vor allem dem Zweck dienen, dass die Adressaten das (wirtschaftliche) Potenzial Ihrer Steuerung erkennen.

Auch zu Georg Büchner wäre eine profilierte Aufgabenstellung denkbar, aus der abgeleitet werden kann, was genau verlangt wird.

Aufgabenstellung für die Präsentation

(Reale) Rahmenbedingungen: Namen, Thema, Termin

(Fiktiver) Handlungszusammenhang: Ein großes Schulzentrum, das Sie als SchülerIn besuchen, soll einen passenden Namen bekommen. Sie haben sich mit anderen SchülerInnen zu einer Initiative zusammengeschlossen, die den Namen „Georg-Büchner-Schule" favorisiert. In der Schulkonferenz, die über die Namensgebung entscheidet, erhalten Sie die Gelegenheit, Ihre Idee und damit den von Ihnen gewünschten Namenspatron in einer Präsentation vorzustellen (max. 30 Minuten).

Im Leitbild Ihres Schulzentrums wird besonderer Wert auf eine ganzheitliche Persönlichkeitsbildung gelegt, die neben den Naturwissenschaften eben auch Kunst und Literatur einschließt.

Adressaten: Die Mitglieder der Schulkonferenz (LehrerInnen, SchülerInnen, Eltern) haben vermutlich keine oder geringe Vorkenntnisse zu Büchner. Ihr Interesse besteht auch nicht darin, einen Vortrag zu hören, der in erster Linie ihrer Allgemeinbildung dient. Sie konzentrieren sich vielmehr auf die anstehende Entscheidung und erwarten von den Präsentationen wichtige Hinweise darauf, welcher Namen sich am besten eignet.

Ziel der Präsentation: Sie wollen den Mitgliedern der Schulkonferenz, die Georg Büchner nicht kennen, diesen Dichter und sein Werk nahebringen. Dabei sollen Ihre Adressaten erkennen, dass dieser Dichter ein würdiger Namensgeber wäre, der sich vor allem deswegen eignet, weil er zum Leitbild der Schule passt.

Varianten: Der Ort des Schulzentrums in Hessen könnte so präzisiert werden, dass es Bezüge zum Leben Büchners gibt. In dem Leitbild der Schule könnten auch andere Aspekte betont werden, die bei der Vorbereitung in der Biographie Büchner entdeckt werden könnten, z.B.

- soziale Verantwortung,
- Einsatz für die Menschenrechte,
- politisches Engagement,
- Zutrauen zu jungen Menschen, denen man früh Verantwortung übertragen sollte.

Es könnten auch mehrere Aspekte kombiniert werden. Das sollten allerdings nicht zu viele sein, da sonst die klare Kontur der Aufgabe verloren gehen könnte.

Eine derartige Aufgabenstellung macht nicht nur allen Beteiligten deutlich, was bei der abschließenden Präsentation geleistet werden soll, sie erleichtert auch die Recherche bei der Vorbereitung und macht sie zudem reizvoller. Die SchülerInnen können sich ganz konkret auf die Suche nach solchen Informationen machen, die zeigen, dass Büchner ein geeigneter Namenspatron wäre, der gut zu den Grundsätzen der Schule passt, z.B. weil er in sich naturwissenschaftliche und künstlerisch-literarische Interessen und Talente vereinigt: Dies zeigen einerseits seine Studie zum Nervensystem der Fische, andererseits seine großartigen dichterischen Werke. Andere Informationen über Leben und Werk des Dichters dienen daneben vorrangig der groben Orientierung der Adressaten und ermöglichen diesen, die im Sinne der Aufgabenstellung wichtigsten Informationen richtig einzuordnen. Damit haben die SchülerInnen einen verlässlichen Filter in Händen, mit dem sie Relevantes von Irrelevantem unterscheiden können.

Ein weiterer Vorzug einer derartigen Aufgabenstellung liegt darin, dass die Rollenunsicherheit beseitigt wird. Es ist klar, welche Rolle die ReferentInnen und welche die AdressatInnen spielen und welche Haltung sie jeweils zum Gegenstand der Präsentation haben. Damit wird das nur vage bestimmte und unausgesprochene *Als-ob* durch ein explizites *Als-ob* ersetzt: Die Präsentation wird zum Rollenspiel. Die Referentin/der Referent kann im Rahmen einer solchen Aufgabe subjektive Involviertheit zeigen und ihre/seine Sache engagiert vertreten, weil ihre/seine Rolle das verlangt, ohne dass sie/er sich persönlich exponiert und angreifbar macht.

Ein häufiger Einwand gegen ein solches Lernarrangement lautet, dass es nicht authentisch, sondern unrealistisch sei. Die Erfahrung in der Praxis zeigt, dass eine fiktive Situation in Verbindung mit einer Aufgabe nicht notwendigerweise realistisch sein muss, um für die SchülerInnen zu „funktionieren", sie muss lediglich klar, vorstellbar und motivierend sein[5].

6. Mehrfachadressierung

In realen Präsentationssituationen hat man es oft mit einem heterogenen Publikum zu tun. Vorkenntnisse und Interessen der einzelnen Anwesenden unterscheiden sich dabei oft stark voneinander. Ignoriert man diese Tatsache, so kann dies den Erfolg der Präsentation in Frage stellen. Teile des Publikums reagieren vor allem dann sehr unzufrieden, wenn sie sich von der vortragenden Person nicht wahrgenommen fühlen, wenn diese sie überfordert, ihre Interessen nicht berücksichtigt oder ihr Vorwissen zum fraglichen Thema nicht würdigt, indem sie etwa Sachverhalte, die

---

5   Aufschlussreich ist in diesem Zusammenhang der Verweis auf Computerspiele. SchülerInnen versetzen sich hier mit Vergnügen in die absurdesten Rollen und Situationen und lassen sich mit großer Ernsthaftigkeit auf Spielsituationen ein, in die sie dann oft viel Zeit, Energie und Motivation „investieren" (die dann an anderer Stelle fehlen). Unter dem Begriff „Gamification" werden heute Aspekte von Computerspielen in ganz anderen Kontexten genutzt, z.B. in der Unternehmensführung oder der Mitarbeiterschulung. In Lehr-Lern-Kontexten liegt dieses Potenzial – zumindest in der Deutschdidaktik – noch weitgehend brach. Zu Gamification bei der Gestaltung von Lernumgebungen vgl. Kopp 2012.

für diese AdressatInnen ganz klar sind, weitschweifig erklärt. Die SchülerInnen auf diese Art von Herausforderung vorzubereiten, ist sicher eine lohnende Aufgabe, zumal dadurch der Adressatenbezug und die Frage, was jeweils beim Publikum vorausgesetzt wird, deutlich in den Fokus der Aufmerksamkeit rückt. Die reale Heterogenität des schulischen Publikums (einerseits die „unwissenden" MitschülerInnen, andererseits die Lehrkraft mit ihrer fachbezogenen Expertise) eignet sich nicht dafür, diesen Aspekt einer Präsentation zu klären und einzuüben. Vielmehr bleibt den SchülerInnen meist nichts anderes übrig, als diese Heterogenität zu ignorieren. Die Lehrkraft ist zwar ein wichtiger Adressat, aber eben keiner, dessen Vorkenntnisse und Interessen tatsächlich berücksichtigt werden könnten. Schließlich hat die Lehrkraft vor allem ein pädagogisches Interesse am Präsentationsgeschehen und kein primär sachbezogenes. Die vortragenden SchülerInnen achten zwar sehr auf ihre Lehrerin bzw. ihren Lehrer, tun dabei aber so, als wisse die Lehrkraft genauso wenig wie die MitschülerInnen, als hätte es die Vorbesprechungen und Absprachen nicht gegeben usw. Das ist auch nur konsequent. Schließlich wäre der naheliegende Schluss, wenn man die Lehrerin oder den Lehrer als Adressatin/Adressaten ernst nimmt, dass man auf die Präsentation ganz verzichtet, da die fraglichen Informationen für diese Adressatin/diesen Adressaten aufgrund ihrer/seiner Vorkenntnisse nicht neu und darum auch nicht relevant und nicht interessant sind, wenn man das pädagogische Interesse an der Leistung der Vortragenden ausklammert.

Bei Präsentationsaufgaben mit Profil lässt sich die Mehrfachadressierung auf einfache Weise zu einem Teil der Aufgabe machen. In dem Büchner-Beispiel könnte man festlegen, dass eine Deutschlehrerin in der Schulkonferenz sitzt, eventuell sogar eine, die über Büchner promoviert hat. Bei der Technikerpräsentation erhielten die kaufmännischen Vertreter der Firmenleitung Unterstützung durch einen technischen Experten, nämlich einen Ingenieur für Elektrotechnik. Diese Modifikation der Aufgaben verlangt von den SchülerInnen, dass sie bei der Planung und Durchführung ihrer Präsentation differenziert vorgehen. Sie müssten sich darüber Gedanken machen, welche Aspekte für welche Adressaten interessant und relevant bzw. leicht oder schwer verständlich sind. Die wichtigste Strategie bei der Durchführung einer solchen Präsentation besteht dann darin, den unterschiedlichen Adressatenbezug explizit anzusprechen, um der jeweiligen Gruppe zu verdeutlichen, dass die präsentierende Person all ihre Adressaten wahrnimmt und sich über deren unterschiedliche Rezeptionsbedingungen im Klaren ist.[6]

---

6   In dem Lehrwerk Be.Komm, das vom Verfasser dieses Aufsatzes erarbeitet wurde, werden viele der hier dargestellten Einsichten in Lernaufgaben übertragen. Metakommunikative Hinweise, mit denen man unter anderem die durch Mehrfachadressierung

7. Präsentationsbezogene Kompetenzen – Ansätze zu Diagnose und Förderung

Präsentationsaufgaben mit Profil ermöglichen in der Schule den Erwerb bzw. die Überprüfung von den Kompetenzen, die in authentischen Präsentationssituationen in außerschulischen Kontexten von größter Bedeutung sind. Eine Grundvoraussetzung für Diagnose und Förderung besteht darin, dass die Lehrkräfte eine klare Vorstellung von den Anforderungen haben, die sich im Zusammenhang mit Präsentationen ergeben, und dass sie wissen, welche (Teil-)Kompetenzen erforderlich sind, um erfolgreich präsentieren zu können. Der Fokus richtet sich dabei zunächst auf die konzeptionell-kommunikative Vorbereitung der Präsentation, die die Grundvoraussetzung dafür ist, dass die spätere Durchführung der Präsentation überhaupt gelingen kann. Werden bei der Planung Fehler gemacht (z.B. Überforderung der Adressaten, Auswahl von irrelevanten Aspekten), so lassen sich diese auch durch eine noch so gute „Präsentationstechnik" (Foliengestaltung, Vortragstechnik etc.) kaum ausbügeln.

Die Vortragenden orientieren sich bei ihrer Vorbereitung konsequent an dem kommunikativen Funktionszusammenhang (AdressatInnen, deren Vorkenntnisse und Interessen, die Zielsetzung), der zur Richtschnur für alle anstehenden Planungsschritte wird: Auswahl der Inhalte, Schwerpunkte, Struktur, Visualisierung usw. Die SchülerInnen lassen sich also nicht allein von den Inhalten leiten, sie betrachten diese Inhalte vielmehr unter dem Aspekt der Nutzbarkeit für ihre konkreten Ziele.

Der kommunikativ-konzeptionelle Aspekt der Präsentation lässt sich im Unterricht nicht nur im Rahmen von sehr komplexen und aufwändigen Projekten üben, er kann auch ein „Baustein" unterrichtlicher Vorbereitung auf das Präsentieren sein[7], z.B. indem durch konkrete Planungen gezeigt wird, dass ganz unterschiedliche

---

aufgeworfenen Probleme lösen kann, werden dort als „Regieanweisungen" bezeichnet (vgl. Maier 2011: 30ff.).

7   Becker-Mrotzek schlägt vor, das Präsentieren in einzelnen Bausteinen zu üben und so zum Gegenstand des Deutschunterrichts zu machen (Becker-Mrotzek 2005: 11). Auch die „Fokussierung von Einzelkompetenzen in anderen Zusammenhängen" (Baurmann/Berkemeier 2014: 9) ist eine sinnvolle Möglichkeit, um die Präsentationsfähigkeit der SchülerInnen zu fördern. Wenn die Lehrkraft eine klare Vorstellung von den erforderlichen Teilkompetenzen hat, ist auch eine differenzierende Unterrichtsgestaltung möglich, indem nämlich eine komplexe Präsentationsaufgabe dadurch entlastet wird, dass einzelne Bausteine gemeinsam erarbeitet werden oder dass es dazu zielgerichtete Hilfen gibt, auf die die Schülernnen bei Bedarf zurückgreifen können.

Aspekte eines Themas interessant und bedeutsam sein können – abhängig vom jeweiligen kommunikativen Setting. Auch bei der konkreten Umsetzung und Durchführung eines solchen Vortrags ist die profilierte Aufgabenstellung von Vorteil. Da bereits in der Konzeption die Situation der AdressatInnen durchgehend berücksichtigt wurde, ist es entsprechend einfacher, durch eine geeignete Vortragsweise den Kontakt zum Publikum herzustellen und zu halten.

Die profilierte Aufgabenstellung hat noch einen weiteren Vorzug: Sie wird zum Maßstab bei Rückmeldungen und Bewertungen. Alle Aspekte einer Präsentation können unter den Fragen betrachtet werden, die sich aus der Aufgabenstellung ableiten lassen: Waren die Erläuterungen für die AdressatInnen verständlich? Wurden erforderliche Hilfen geleistet (z.B. Worterklärungen)? Waren die Beispiele ergiebig im Hinblick auf die Zielsetzung? Erfüllten die Visualisierungen ihren Zweck? usw. Besonders hilfreich ist es für alle Beteiligten, wenn auf diese Weise in der Klasse über die Qualitäten einer Präsentation diskutiert wird. In diesen Fällen ist die Rückmeldung für die „Feedback-Geber" genauso lehrreich wie für die „Feedback-Nehmer".

Literatur und verwendetes Material

Bachmann, Thomas/Becker-Mrotzek, Michael (2010): Schreibaufgaben situieren und profilieren. In: Pohl, Torsten/Steinhoff, Torsten (Hrsg.): Textformen als Lernformen (=Kölner Beiträge zur Sprachdidaktik 7), Köln, 191–210.

Baurmann, Jürgen (2014): „Kompetent über Dinge reden, die man nicht kennt". Eine Unterrichtsanregung zum Powerpoint-Karaoke. In: Praxis Deutsch 190, 38–39.

Baurmann, Jürgen/Berkemeier, Anne (2014): Präsentieren – mulitmedial (Basisartikel). In: Praxis Deutsch 244, 4–11.

Becker-Mrotzek, Michael (2005): Präsentieren (Basisartikel). In: Praxis Deutsch 190, 6–13.

Fuhr, Eckhard (2013): Georg Büchner, ein Frauen-Flachleger vom Dienst? In: Die Welt vom 24.6.2013. Verfügbar unter http://www.welt.de/kultur/literarische-welt/article117380601/Georg-Buechner-ein-Frauen-Flachleger-vom-Dienst. html (Zugriff am 17.3.2015).

Hansen, Nele/Steinkirchner, Peter (o.J.): Merz b. Schwanen. Hippe Hemden aus Großvaters Zeiten. Verfügbar unter http://www.wiwo.de/unternehmen/industrie/merz-b-schwanen-hippe-hemden-aus-grossvaters-zeiten/7615358.html (Zugriff am 17.3.2015).

Hayes, J.R./Flower, L.S. (1980): Identifying the organization of writing processes. In: Gregg, L.W./Steinberg, E.R. (eds.): Cognitive Processes in Writing. Hillsdale, 3–30.

http://www.e-hausaufgaben.de/Thema-150694-Georg-Buechner.php (Zugriff
am 14.4.2010).

http://www.gutefrage.net/frage/praesentation-bitte-um-themenvorschlaege
(Zugriff am 3.2.2010).

http://www.schueler-talk.de/viewtopic.php?f=2&t=1085&p=6814&hilit=Pr%
C3%A4sentation#p6814 (Zugriff am 5.3.2007).

Kämper van den Boogaart, Michael (2014): Der deutsche Aufsatz und das Abitur –
was man vielleicht aus der Geschichte lernen könnte… In: Feilke, Helmuth/
Köster, Juliane/Steinmetz, Michael (Hrsg.): Textkompetenzen in der Sekundarstufe II. Stuttgart, 41–62.

Kopp, Karl M. (2012): The Gamification of Learning and Instruction. Game-based
Methods and Strategies for Training and Education. Pfeiffer.

Landesinstitut für Erziehung und Unterricht – Abteilung III (1994): Lehrplan-
entwürfe für die Fachschule für Technik. Stuttgart.

Maier, Manfred (2011): Be.Komm. Betriebliche Kommunikation. Arbeitsheft.
Stuttgart.

Mounk, Yascha (2015): Allgemeinbildung ist überschätzt. Verfügbar unter http://
www.zeit.de/2015/05/schule-unterricht-allgemeinbildung-lernen (Zugriff am
17.3.2015).

TED (o.J.): Our mission. Spread ideas. Verfügbar unter http://www.ted.com/
about/our-organization (Zugriff am 17.3.2015).

Watzlawick, Paul (1978): Wie wirklich ist die Wirklichkeit? Wahn. Täuschung.
Verstehen. München.

Margit Riedel (München)

,One day, baby...' – Lebensgefühl und -perspektive der Generation Facebook?

Medienintegrative und produktive Arbeit mit dem viral verbreiteten YouTube-Video von Julia Engelmann im Deutschunterricht beruflicher Schulen

Abstract One Day/Reckoning Text – Does Julia Engelmann's poetry clip, virally spread in the media, represent a whole generation's attitude towards life? Teachers of German at vocational schools have known the simultaneity of opposite aims and expectations in their lessons for quite some time: On the one hand society expects them to make young adults fit for real life and their (future) jobs, on the other hand there has never been more student orientation at school than nowadays. The longing for commercially effective output on a large scale is competing with individual tuition. How Julia Engelmann and her video „One day, baby..." and the communicative interaction in traditional and in social media can be used for connecting both and for developing critical language and media awareness at the same time will be the main objective of this article.

1. Zur Generation Facebook

> „Ich bin fast 18 und hab keine Ahnung von Steuern, Miete oder Versicherungen. Aber ich kann 'ne Gedichtsanalyse schreiben. In 4 Sprachen."

Dieser Text, den die 17-jährige Schülerin Naina auf ihrer ironischerweise „nainablabla" genannten Seite getwittert hat, löst im Januar 2015 eine Bildungsdebatte aus, die es in ähnlicher Form für den Deutschunterricht an beruflichen Schulen seit Jahrzehnten gibt. Didaktiker und Lehrkräfte kennen die Gleichzeitigkeit entgegengesetzter Erwartungen an das Fach Deutsch, zwischen Berufsbildung und Allgemeinbildung (Hebel 1987), zwischen der Forderung nach (kurzfristiger) Output-Orientierung und den Überlegungen der Pädagogen und Didaktiker zu nachhaltiger individueller, sozialer und interkultureller Kompetenzentwicklung. Wie ein Video (und der Diskurs darüber in den Medien) dazu genutzt werden kann, um im Deutschunterricht beides zu verknüpfen und SchülerInnen sachkompetent zu machen und gleichzeitig zu Selbst- und Sozialkompetenz zu führen, soll im folgenden Beitrag vorgestellt werden.

Der Slamtext One Day/Reckoning Text, der die jetzt 20-jährige Studentin, Schauspielerin und Slammerin Julia Engelmann über Nacht berühmt gemacht hat, wurde bis Juli 2015 über 8 Millionen mal auf YouTube angeklickt[1] und auf Facebook mit über 100.000 „Gefällt mir"-Angaben versehen. Julia Engelmann hat auf Instagram fast 8000 Follower. Eine Statistik der Nutzer zeigt, dass hier besonders die Altersgruppe aktiv ist, die in Kürze die Schule verlassen und in die Berufswelt eintreten wird.

Diese Jugendlichen werden häufig „Generation Facebook" (Leistert/Röhle 2011) genannt, da sie mit Smartphones aufgewachsen sind, die seit 2010 vermehrt die verschiedenen Funktionen von Computer, Internet und Handy zusammenführen und somit zur Verbreitung der sozialen Netzwerke beigetragen haben. Häufig besitzt diese „Generation Facebook" eine mobile Datenflatrate, die erst die schnelle exponentiell wachsende oder auch viral genannte Verbreitung von Inhalten ermöglicht. Zwar ist 2012 Facebook das beliebteste soziale Netzwerk, nach massiver Kritik an den Datenschutzregularien sind die Anhängerzahlen von Facebook seit 2013 allerdings schon wieder rückläufig (JIM-Studie 2014: 35). Eine Definition von Generation stammt von Ulrike Jureit:

> „Generation' ist ein geschichtlicher Grundbegriff. Er verspricht, eine spezifische Ausprägung des Denkens, Fühlens und Handelns zu erklären, indem die unterstellte dauerhafte und gleichartige Wirkung von Sozialisationsbedingungen auf eine Gruppe von Menschen als kollektive Erfahrung aufgefasst wird." (Jureit 2010: 1)

Es ist kein Geheimnis, dass die Medien die Aufgabe übernommen haben, zumindest für einen Teil unserer Gesellschaft, die oben erwähnten „Sozialisationsbedingungen" anzugleichen und gemeinsame Primärerfahrung durch virtuelle Ereignisse zu ersetzen. Die (zumindest theoretisch) existierenden Wahlmöglichkeiten gesellschaftlicher Rollen führen dazu, dass der Identitätsfindungsprozess für junge Leute schwieriger wird und tradierte Regeln und Normen an Bedeutung verlieren (vgl. Walter 2013: 33f.). Das Video von Julia Engelmann und der daraufhin stattfindende Austausch dazu von Jung und Alt in traditionellen und neuen Medien erweisen sich als exemplarischer generationenverbindender Diskurs zu heutigen gesellschaftlichen Wertvorstellungen und machen es möglich, gleichzeitig den Erwerb oder Ausbau von kritischer Medienkompetenz zu erreichen. Doch sehen wir uns zunächst Julia Engelmann und ihren Text etwas genauer an, bevor wir uns dem Phänomen der sozialen Netzwerke und ihrer Berücksichtigung im Deutschunterricht zuwenden.

---

1   https://www.youtube.com/watch?v=DoxqZWvt7g8.

2. Zum Text von Julia Engelmann

2.1 Die Slammerin Julia Engelmann

Julia Engelmann, die als Schauspielerin in einer Soap von RTL bekannt wurde und dort ein Mädchen spielt, das in einer von Männern dominierten Welt, der des Eishockeysports, in eine Männerrolle schlüpft, ist die erste Poetry-Slammerin, die durch YouTube so bekannt wird, dass auch die traditionellen Printmedien (DIE ZEIT, SZ, FAZ, Der Spiegel usw.) Notiz von ihr nehmen. Julia Engelmann und ihr Werk werden auf diversen medialen Kanälen besprochen, es gibt Zeitungsartikel über sie, Fernsehberichte, Talkshows, Radiosendungen, in denen sie auftritt. 2014 erscheint Engelmanns erstes eigenes Buch mit dem Titel *Eines Tages, Baby* (Engelmann 2014), welches verschiedene Slamtexte und eigene Illustrationen enthält, das sie auch Ende 2014 im Gasteig vor ausverkauftem Haus präsentiert. Für den Herbst 2015 ist ein zweiter Band mit Texten angekündigt mit dem Titel *Wir können alles sein, Baby*.

Julia Engelmann ist 1992 in Bremen geboren und somit 2014 erst 22 Jahre alt, als ihr Slamtext und ihr Auftritt beim 5. Bielefelder Hörsaalslam deutschlandweit für Interesse und Aufmerksamkeit sorgen. Meist wird sie gelobt (und zwar von Jung und Alt) und als Sprachrohr einer ganzen Generation tituliert, aber während die einen „zwitschern", Julia Engelmann habe ihr Leben verändert oder ihr Text sei „Einfach nur genial und sehr inspirierend"[2], bezeichnen andere ihren Text als „armseligste Lebensaffirmation der biedersten Sorte, die zwei Sekunden Kleinstadtflachzangen und verlebte Hausfrauen begeistert"[3]. Noch negativer formuliert es Max Mustermann im Januar 2015, der unter dem YouTube-Video postet:

> „Diese sinnentleerte überbewertete lyrische Scheiße nervt mich. Ihr Text zeigt keine besondere Originalität, noch strahlt er durch Eloquenz, Rhetorik oder geschweige denn durch beeindruckende Reime. Was den Hype um ihren Text eröffnete, erschließt sich mir einfach nicht. Vielleicht spricht sie meine rückgradslose junge Generation an, einen Haufen von Kleinmütigen, die allesamt als entscheidungsschwache Bürokraten enden werden."[4]

Die gegensätzlichen Reaktionen, von denen sich viele im Internet finden lassen, machen es spannend, dieses Phänomen, das in seiner extrem negativen Ausprägung als Shitstorm[5] bekannt ist und v.a. seit dem Erstarken der Sozialen Netzwerke

---

2   https://www.youtube.com/watch?v=DoxqZWvt7g8.
3   http://wyme.de/die-peinlichsten-engelmann tweets/.
4   https://www.youtube.com/watch?v=DoxqZWvt7g8.
5   *Shitstorm* ist Jugendwort des Jahres 2012. *Shitstorm* kann auch als eine Form des digitalen Mobbings auftreten und dazu führen, dass sich die in ihrem vermeintlichen Fehlverhalten beschimpften Personen bedroht fühlen.

wie Facebook und Twitter enorme Verbreitung findet, mit SchülerInnen unter die Lupe zu nehmen. V.a. die Möglichkeit, sich hinter Avataren bzw. falschen Namen zu verstecken, führt zu einer wesentlich niedrigeren Hemmschwelle, wenn es darum geht, Kommentare zu verfassen. Das hat große Vorteile – insbesondere für SchülerInnen mit Deutsch als Zweitsprache, die so weniger Bedenken wegen schlimmer sprachlicher Fehler haben müssen –, führt aber auch dazu, dass teilweise Lawinen wüster Beschimpfungen losgetreten werden, deren Opfer sich nicht wirklich wehren können.

2.2 Der Text

Der 2014 im ersten Buch von Julia Engelmann erschienene Text „Eines Tages, Baby" unterscheidet sich geringfügig von dem mündlich beim Bielefelder Hörsaalslam vorgetragenen.[6]

2.2.1 Zum Inhalt von „One Day, Baby"

Kurz zusammengefasst geht es in dem Text um die lyrische Diagnose der Generation Facebook, der vielfach eine Lebenseinstellung nachgesagt wird, die angeblich auf den Genuss des Augenblicks aus ist. „Yolo" (You only live once), die jugendsprachliche Variante von Carpe Diem, wird 2012 zum Jugendwort des Jahres gekürt, der Song von Asaf Avidan, auf den sich Julia Engelmann bezieht und dem ihr Text gewidmet ist, wird 2012 auf die YouTube-Plattform „hochgeladen"[7] und Facebook überschreitet 2012 die Grenze von 1 Milliarde Benutzer, bevor Skandale über Datenmissbrauch zu einem Rückgang des Nutzerverhaltens führen.

Inhaltlich und formal lässt sich Engelmanns Text in vier Blöcke gliedern:

1. Teil: Situation des lyrischen ICH/Konflikt zwischen Realität und Wunschdenken
2. Teil: Anrede an ein fiktives DU, dessen Verhalten ebenfalls geprägt ist durch Untätigkeit und nicht umgesetzte Pläne
3. Teil: Zukunftsaussichten des WIR
4. Teil: Appell an ALLE, die Trägheit zu überwinden, einen eigenen Lebensplan zu entwerfen und aktiv zu werden

---

6 Video unter https://www.youtube.com/watch?v=DoxqZWvt7g8. Die performative Situation und die Vortragsweise der Slammerin ermöglichen es, mit den Jugendlichen im Deutschunterricht exemplarisch die Relevanz von Körpersprache, Intonation, äußeren Merkmalen etc. in Medienereignissen zu behandeln.
7 https://www.youtube.com/watch?v=A16VcQdTL80.

Zu 1. Nachdem Julia Engelmann den Refrain des Songs von Asaf Avidan, dem israelischen Sänger, gesungen hat – was für Spoken-Word-Slams eher unüblich ist –, spricht sie bzw. das *(lyrische) Ich* des Textes von sich selbst. Es beschreibt und reflektiert seine momentane Situation. Der Kontrast zwischen Realität und Virtualität wird deutlich.

Zu 2. Ab der zweiten Einheit, die mit der Frage „Und du?" beginnt, wendet sich das *Ich* an ein fiktives Gegenüber, das in der Performance-Situation als Zuschauer assoziiert werden kann. Dieses *Du* wird in die Überlegungen mit einbezogen. Damit wird ein Wir-Gefühl hergestellt, die individuelle Situation wird übertragen auf die ganze Generation, was in der Kritik dazu führte, dass Julia Engelmann attestiert wurde, sie sei Sprachrohr einer Generation, die eben gekennzeichnet sei durch nicht umgesetzte Vorhaben. Beispielsweise wird in der sechsten Strophe beschrieben, dass alle ja schon immer abnehmen, früher aufstehen, mal die Tagesschau sehen wollten, dass diese Vorsätze allerdings nicht in die Tat umgesetzt wurden.

Julia Engelmann gelingt es im Laufe der Performance, die Distanz zwischen lyrischem *Ich* und dem Gegenüber immer weiter schrumpfen zu lassen. Am Ende der zweiten thematischen Einheit wird aus dem *Ich* und *Du* ein *Wir*. Die zuvor vom *Ich* beschriebenen individuellen Eigenschaften werden zu Merkmalen aller Angesprochenen. So wird zum Beispiel aus der Aussage „Mein Leben ist ein Wartezimmer, / niemand ruft mich auf." „Unser Leben ist ein Wartezimmer, / niemand ruft uns auf.", oder aus „Mein Dopamin – das spar ich immer, / falls ich's nochmal brauch" wird „Unser Dopamin – das sparen wir immer, / falls wir es später brauchen."

Zu 3. Im dritten thematischen Block prognostiziert Julia Engelmann bzw. ihr Alter Ego im Text langweilige Zukunftsaussichten für das *Wir*, sollte sich nicht schleunigst etwas ändern. So wird in der neunten Strophe beklagt, dass der Erzählmodus rückblickend der Konjunktiv sein werde. Am Ende der dritten Einheit wird erkennbar, dass im Alter über verpasste Chancen zu klagen sein wird, obwohl man jede Wahlmöglichkeit gehabt hätte: „dann erst werden wir kapieren, / wir hatten nie was zu verlieren. / Denn das Leben, das wir führen wollen, / das können wir selber wählen." (Engelmann 2014: Strophe 12, Verse 3–6). So entschließt sich das *Ich* aktiv zu werden, aus den Konjunktiven Indikative zu machen und leitet so zur Abschlusssequenz und zum Appell an den/die Anderen über: „Also los! Schreiben wir Geschichten, / die wir später gern erzählen." (ebd.: Strophe 12, Verse 7–8).

Zu 4. Im letzten Block appelliert Engelmann als Slammer-Ich an das Gegenüber/an die Zuhörer, die Gelegenheit(en) zu nutzen, aktiv zu werden und nicht untätig herumzusitzen: „Lass uns nachts lang wach bleiben, / aufs höchste Hausdach der Stadt steigen, / lachend und vom Takt frei / die allertollsten Lieder singen!"

(Engelmann 2014: Strophe 13, Verse 1–4) Es rät zu einem selbstbestimmten Leben: „lass uns werden, wer wir sein wollen" (ebd.: Strophe 13, Vers 14). Die vierte thematische Einheit und der Slamtext enden mit einer Wiederholung des Refrains, welcher im vierten Vers abgeändert wird. Aus „Und eines Tages, Baby, werden wir alt sein, / oh Baby, werden wir alt sein / und an all die Geschichten denken, / die wir hätten erzählen können." wird „Und eines Tages, Baby, werden wir alt sein, / oh Baby, werden wir alt sein / und an all die Geschichten denken – / die für immer unsere sind."

Der Slamtext folgt in einer Art Kreisbewegung dem Motiv der *Heldenreise*[8], in deren Verlauf der Held/die Heldin ein bedeutendes Element seiner Identität durch die Erfahrung in der fiktiven *Anderwelt* erlangt; die Reise beginnt mit dem Refrain und einer Schlussfolgerung im Konjunktiv und endet mit dem leicht veränderten Refrain und einer Schlussfolgerung im Indikativ.

2.2.2 Stilistische Merkmale

Die meisten Stilmittel der Slam-Poetry sind aus der (postmodernen und traditionellen) Lyrik und Erzählkunst bekannt, viele verweisen auf orale Traditionen und auf die aus dem Umfeld der Musik kommenden Rap- und Hip-Hop-Texte. Die verbalen und nonverbalen Mittel dienen seit jeher dazu, mit dem Publikum zu interagieren, es emotional anzusprechen, aber auch dazu, längere Texte memorieren zu können (vgl. Riedel 2010).

Wie in vielen guten Slamtexten ist Julia Engelmanns Sprache stark verdichtet und durch einen hohen Grad an *Bildhaftigkeit* gekennzeichnet. Vergleiche, Metaphern und intermediale Querverweise und Anspielungen verweisen auf reale und virtuelle Lebenswelten heutiger Jugendlicher. Das Slammer-Ich beschreibt sich als ein „entschleunigtes Teilchen" (Engelmann 2014: Strophe 1, Vers 5) und vergleicht sein Leben mit einem Wartezimmer (ebd.: Strophe 5, Vers 9; Strophe 7, Vers 1). Während das erste Bild aus den Naturwissenschaften stammt und signalisiert, dass das *Ich* sich als fragmentiert wahrnimmt und Energieentzug spürt (Antonym zu „beschleunigtes Teilchen"), wird durch das Bild vom Wartezimmer der Gedanke an Krankheit, an Passivität beim Arztbesuch und an den Wunsch evoziert, jemand anderes möge Verantwortung für einen übernehmen. Auch das Sparen von Dopamin (ebd.: Strophe 5, Vers 11), das als *Glückshormon* gilt und das einen Arzneistoff zur Antriebssteigerung darstellt, lässt Krankheit und Bedarf an

---

8   Campbells Zyklus der Heldenreise (Campbell 2011) wurde u.a. von Krützen (2015: 187–204) auf den Film übertragen und wird auch von Psychologen für initiatorische Trainings weiterentwickelt.

medikamentöser Behandlung assoziieren (Engelmann 2014: Strophe 13, Vers 16). Durch intertextuelle Verweise zu Medien wie dem Smartphone, zu Songs und Lyrics wirkt der Text authentisch und wird zu einem Dokument der Jugendkultur. So zitiert das *Ich* in Strophe 14 gleich zwei Musiker der Popkultur: „das hat schon Casper gesagt. / [...] / das hat schon Ke$ha gesagt" (Engelmann 2014: Verse, 1–4) und verweist auf den Sänger Materia, als es dazu auffordert, Feste zu feiern „bis die Wolken wieder lila sind" (ebd.: Strophe 13, Vers 8). Julia Engelmann knüpft also an die Lebens- und Erfahrungswelt der Jugendlichen an, für die bestimmte Musikstile und Videos Ausdruck ihrer Identität bedeuten.

Im Gegensatz zu freien Versen oder reimloser Lyrik lassen sich in der Slam-Poetry (so auch bei diesem Werk) *verschiedene Reimformen* finden. Während ganz traditionelle Endreime besonders eindringliche Sprachbilder verknüpfen (Engelmann 2014: Strophe 5, Vers 6: „wie ein Kieselstein am Meeresgrund" und Vers 7 „mein Patronus ist ein Schweinehund" oder „Mein Leben ist wie ein War-tezimmer" des neunten Verses zu „Mein Dopamin – das spar ich immer" im elften), werden auch unterschiedliche Lebenswelten durch Reime verknüpft: „Und hätte fast die Buddenbrooks gelesen, / [...] / »bis die Wolken wieder lila« waren noch wach gewesen." (ebd.: Strophe 11, Verse 2,4). Der Vertreter der Hochkultur, Thomas Mann, wird mit einem Protagonisten der jugendlichen Hip-Hop-Kultur mit dem Künstlernamen Materia oder Marsimoto mittels eines Reims verknüpft, was für viele absolute Extreme darstellt. Typisch für Slamtexte sind aber auch *Binnenreime*: „Du wolltest abnehmen, früher aufstehen, öfter rausgehn, / mal deine Träume angehn, mal die Tagesschau sehen" (ebd.: Strophe 6, Vers 9).

Zudem lassen sich häufig *Assonanzen* und *Wortspiele* finden, so zum Beispiel in der ersten Strophe „ein Kleinkind vom Feinsten / [...] / kann auf keinsten was reißen, / lass mich begeistern für Leichtsinn" (Engelmann 2014: Strophe 1, Verse 3, 6–7) oder später „Lass uns nachts lang wach bleiben, / aufs höchste Hausdach der Stadt steigen, / lachen und vom Takt frei" (ebd.: Strophe 13, Verse 1–3). Durch das Spiel mit Worten und Klängen erlangt der Text seinen hohen Grad an Rhythmik und Eingängigkeit.

Wiederholungen sind sowohl innerhalb der Strophen als auch im Chorus zu beobachten, so z.B. in der fünften Strophe: „Ich bin so furchtbar faul / wie ein Kieselstein am Meeresgrund. / Ich bin so furchtbar faul, / mein Patronus ist ein Schweinehund" (Engelmann 2014: Verse 5–9) oder aber auch als verbindende Wiederholungen zwischen mehreren Strophen, zum Beispiel an den Stellen „bis die Wolken wieder lila waren noch wach gewesen" (ebd.: Strophe 10, Vers 4) und „bis die Wolken wieder lila sind!" (ebd.: Strophe 13, Vers 8).

Und obwohl der Text kein einheitliches Reim- und Strophenschema aufweist, erreicht die Autorin durch die sprachliche Verdichtung und durch den Verweis auf den Song von Asaf Avidan und die Wahl der stilistischen Mittel, dass der Text rhythmisch ist und fast wie ein Sprechgesang eines Rappers rezipiert wird.

Zusätzlich lehnt sich der Text in der *Wortwahl* an die Alltags-, teilweise sogar Jugendsprache an und signalisiert wiederum Authentizität durch den Gebrauch von *Anglizismen* und *Wortneuschöpfungen*. Didaktisch ist das insofern interessant, als diese zur Sprachreflexion einladen: „dein Smalltalk-Allgemeinwissen" (Engelmann 2014: Strophe 6, Vers 11), „häng ich planlos vorm Smartphone" (ebd.: Strophe 5, Vers 1), „Baseline meines Alltags" (ebd.: Strophe 5, Vers 4). Durch den Gebrauch von populären Wörtern der Jugendsprache: „keinsten was reißen" (ebd.: Strophe 1, Vers 6), „wieder vercheckt hast" (ebd.: Strophe 6, Vers 6) stellt der Text viele Anknüpfungsmöglichkeiten im Deutschunterricht dar, bei denen die Jugendlichen ihre Kompetenz zeigen können.

Zusammenfassend kann man sagen, dass durch diesen Slamtext dazu aufgerufen wird, ein selbstbestimmtes Leben zu führen, die „Patchworkidentität" (vgl. Keupp 1999) heutiger Prägung anzunehmen. „One Day, Baby" soll Mut machen, wobei nicht der Verstand allein bemüht wird, sondern durch die Performance, durch die Körpersprache und das Aussehen von Julia Engelmann durchaus Emotionalität und Körperlichkeit hinzukommen. Ein selbstbestimmtes Leben wird heraufbeschworen. Gleichzeitig wird die Faulheit und Lustlosigkeit, die der Jugend vielfach attestiert wird, entschuldigt.

Vermutlich ist dies eine Erklärung für die enorme Verbreitung des Poetry-Slam-Auftritts, dass es Julia Engelmann schafft, der heutigen Jugend zwar einen Spiegel vorzuhalten, aber auf eine Art und Weise, die einem keine Schuldgefühle vermittelt. Die Slammerin steht für eine Generation, die bei ihrer Suche nach sich selbst und ihren Lebenszielen weniger verplant als sympathisch wirkt.

3. One day, baby" im Deutschunterricht

Die neueren Lehrpläne für berufliche Schulen sind kompetenzorientiert angelegt. Sie umfassen in allen Bundesländern die vier Kernbereiche des Deutschunterrichts und basieren auf den Modellen der Bildungsstandards der Kultusministerkonferenz im Fach Deutsch für den Hauptschulabschluss (2004) und den Mittleren Bildungsabschluss (2003).

Zur Erläuterung heißt es beispielsweise im neuesten (*kompetenzorientierten*) *Lehrplan Plus für die Wirtschaftsschule* in Bayern: „Die vier Kompetenzbereiche *Sprechen und Zuhören, Lesen – mit Texten und weiteren Medien umgehen, Schreiben* sowie *Sprachgebrauch und Sprache untersuchen und reflektieren* sind jeweils untergliedert in verschiedene Komponenten, was eine strukturiertere Darstellung der Kompetenzerwartungen ermöglicht. Die Kompetenzbereiche stehen nicht nebeneinander, sondern sind integrativ miteinander verbunden." (Lehrplan Plus Deutsch 2014).

In den *hessischen Lehrplänen für berufsbildende Schulen* (z.b. für die Fachoberschule), die ebenfalls kompetenzorientiert aufgebaut sind, finden sich drei Kernbereiche, wobei die Sprachreflexion integrativ zu behandeln ist:

- Mündliche Kommunikation und Metakommunikation
- Umgang mit Texten (Textrezeption)
- Schriftliche Kommunikation (Textproduktion)

Leider sind Medien, die für mich einen wichtigen Teilbereich des Deutschunterrichts ausmachen, hier nicht eigens erwähnt. Man kann allerdings anführen, dass beim Punkt 2 „Umgang mit Texten" wohl ein weiter Textbegriff gemeint ist, der seit den 80er Jahren auch elektronische Medien umfasst (vgl. z.B. Kübler 1984: 226–280).

Dort wird man auch bei der Suche nach entsprechenden Themenvorschlägen fündig, wenn es um mögliche Anknüpfungspunkte zu dem vorgestellten Video geht. So wird für den ersten Ausbildungsabschnitt „Lebensentwürfe" als Motto für etwa 80 Stunden Deutschunterricht gewählt und es heißt dort: „Aus der Konfrontation subjektiver Vorstellungen der Schülerinnen und Schüler (Träume, Wünsche, eigene Vorstellungen) mit gesellschaftlichen Gegebenheiten können Ich-Krisen entstehen, welche die persönliche und soziale Identität des Jugendlichen in Frage stellen."[9]

Bei der Auflistung der Themenschwerpunkte spielen die *Identitätsfindung, Wertvorstellungen* und *Krisen des Ichs* bzw. *Beruf und Familie* eine wichtige Rolle.

Für alle Kernbereiche lässt sich das Engelmann-Video einsetzen. Im Folgenden möchte ich exemplarisch einige Vorschläge dazu unterbreiten, wobei für mich auch der Aspekt der Kritikfähigkeit im Zusammenhang mit neuen Medien, also die Stärkung der Medienkompetenz im Rahmen des Deutschunterrichts, ein wichtiges Anliegen ist.[10]

---

9 http://berufliche.bildung.hessen.de/p-lehrplaene/fos/lp_fos_abL-deutsch.pdf.

10 Besonders das virale Marketing lässt sich anhand der schnellen Verbreitung von Engelmanns YouTube-Video erarbeiten. Es handelt sich dabei um eine Sonderform der Werbung, die rechtliche Regelungen umgehen kann, indem sie sich v.a. über soziale Netzwerke ausbreitet (siehe Punkt 3.3).

3.1 Zum Einfluss des Rezeptionsmediums

Schon die Art bzw. das Medium, in dem Julia Engelmanns Botschaft rezipiert wird, scheint einen Einfluss darauf zu haben, wie heutige Jugendliche den Text verstehen und welche Themen sie wahrnehmen. In einem (sicher nicht repräsentativen) Versuch mit drei 10. Klassen in Griechenland hat eine meiner Studentinnen in ihrer Zulassungsarbeit untersucht, ob bzw. wie der mediale Rezeptionskontext das Verständnis des Engelmann-Textes beeinflusst. Als Ergebnis lässt sich festhalten: Sowohl die Printversion als auch die rein auditive wie die audiovisuelle Version des Textes wurden von den SchülerInnen aufmerksam aufgenommen, allerdings ließ sich konstatieren, dass Julia Engelmann jünger eingeschätzt wurde, wenn man sie nicht gesehen hat (Reichel 2014). Offenbar wird der Altersunterschied zu heutigen Schülerinnen für diese augenfällig, wenn Julia zu sehen ist.

3.2 Recherchieren der medialen Prätexte

Julia Engelmann übernimmt in *One Day, Baby* bzw. singt den englischsprachigen Refrain von Asaf Avidans *Reckoning Song*, bevor sie ihren Text beim Bielefelder Hörsaal Slam[11] vorträgt. Zusätzlich widmet sie diesen dem aus Israel stammenden Sänger, der verschiedene Musikstile bzw. Songkulturen vereint. Während Asaf Avidan allerdings in seinem Song hauptsächlich eine verpasste Chance auf der Beziehungsebene besingt[12], geht Julia Engelmann von der individuellen Ebene weg und entwirft eine Art Bestandsaufnahme ihrer Generation.

Auch mit dem intertextuellen Verweis auf Marteria, einem Rap-Star („feiern, bis die Wolken wieder lila sind"), gelingt Julia Engelmann die Einbeziehung von Jugendkultur(en). Seine Patchworkidentität bzw. sein Spiel mit Identitäten (er kommt bei seinen Auftritten u.a. auch als Marsimoto auf die Bühne und ist mit Punk-Bands wie den Toten Hosen aufgetreten) kann exemplarisch für die der Generation Facebook stehen. Als Sohn einer Lehrerin und eines Seemanns wurde er laut Wikipedia nach seinen Anfängen als jugendlicher Fußballer bei Hansa Rostock als Model für Hugo Boss bekannt, nahm Schauspielunterricht und startete eine Musikkarriere. Sein Song „Lila Wolken" kam 2012 auf Platz 1 der deutschen Charts.

Engelmann verweist auf zwei weitere Künstler namentlich, zum einen auf Ke$ha, eine US-amerikanische Popsängerin, Rapperin und Songwriterin, die

---

11 https://www.youtube.com/watch?v=DoxqZWvt7g8.

12 http://www.songtexte.com/songtext/asaf-avidan-and-the-mojos/one-day-reckoning-song-2bb8a41e.html, https://www.youtube.com/watch?v=A16VcQdTL80.

angeblich Psychologie studieren sollte, dann aber vorzeitig mit 17 die Schule abbrach. Nach einigen Auftritten als Backgroundsängerin oder Vorgruppe prominenter Sängerinnen veranstaltete Ke$ha 2010 ein Benefizkonzert zur Unterstützung der Menschen aus ihrer Heimatstadt Nashville, die Opfer der Überschwemmungen in Tennessee geworden waren. Zur Popularität in Deutschland verhalf ihr vermutlich ihr Auftritt in der ersten Folge der 6. Staffel von Germany's Next Topmodel, einer Sendung, die für viele unserer Berufsschülerinnen zum Pflichtprogramm gehört.

Auch der deutsch-amerikanische Rapper Casper repräsentiert eine Jugendkultur, die mit dem Internet bekannt wurde, gleichzeitig aber in den traditionellen Medien ausgezeichnet wird. 2011 erscheint sein zweites Album *XOXO*, welches in der ersten Verkaufswoche auf Platz 1 der Charts gelangt und für das er mit einer Goldenen sowie einer Platin-Schallplatte ausgezeichnet wird[13].

Sicher sind noch wesentlich mehr Anspielungen zu finden. Hier soll nur noch der *Patronus*, bekannt aus Harry Potter-Büchern oder bei SchülerInnen evtl. auch aus den Harry Potter-Filmen erwähnt werden.

> „Der Patronus Zauber ‚Expecto Patronum' gilt als einer der mächtigsten Zauber im ‚Harry Potter'-Universum. Insbesondere in schwierigen Lebenslagen und beim Kampf gegen die finsteren Dementoren hat er Harry, Ron und Hermine stets gute Dienste erwiesen. Die rettende Nebelgestalt nimmt dabei häufig die Form eines Tieres an, das den Charakter des Zauberers reflektiert, der sie heraufbeschworen hat."[14]

Und während Engelmann den „inneren Schweinehund" (Engelmann 2014: 25) selbstironisch als den Patronus ihres Alter Ego im Text bezeichnet, gibt es mittlerweile Internet-Tests, in denen man herausfinden kann, welcher Patronus zu einem passt[15].

3.3 Versuch einer Erklärung für die virale Verbreitung des YouTube-Videos

Eine andere Möglichkeit, SchülerInnen zu einer selbstständigen Recherche über die Besonderheiten der sozialen Netzwerke anzuleiten, ist die Aufgabe, herauszufinden, wie die *virale Verbreitung* funktioniert und welche der verschiedenen Funktionen eines sozialen Netzwerkes dafür entscheidend sind. So könnten sie überlegen, welche Funktionen (neben dem Like-Button, der Share-Funktion bei

---

13 http://de.wikipedia.org/wiki/Casper_%28Rapper%29.
14 http://test.erdbeerlounge.de/Patronus-Welcher-Patronus-passt-zu-Dir-_e2025/.
15 http://www.testedich.de/quiz26/quiz/1237486306/Wie-sieht-dein-Patronus-aus.

Facebook und der Kommentarfunktion bei Twitter oder YouTube) für die schnelle Verbreitung sorgen.

„Der YouTube Clip ist wieder ein perfektes Beispiel, wie schnell sich ein Video mit einem Statement viral entfalten kann. Tausende Menschen sehen das Video und teilen es. Schon jetzt hat der Clip über 900.000 Views. Diese Zahl wird auch weiter steigen. Und die sozialen Medien zeigen mal wieder, was sie können!" ist in einem Blog im Januar 2014 zu lesen.[16] Derjenige, der dies zu Beginn letzten Jahres prognostiziert hat, hat mehr als Recht behalten.

Für die virale Verbreitung eines Videos im Netz ist u.a. der große Erfolg von Facebook verantwortlich. Im Herbst 2012 verkündete Facebook die Zahl von einer Milliarde NutzerInnen – rein rechnerisch ist damit jeder 7. Erdenbürger mindestens einmal im Monat in dem Sozialen Netzwerk aktiv[17].

Für eine Berechnung des fast exponentiell zu nennenden Wachstums lässt sich auch *Die Geschichte vom Schachbrett* heranziehen. Mit ihr wird klar, wie schnell dieses virale *Schneeballsystem* funktionieren kann (Roedel 2015).

Die *Kritikfähigkeit* als Teil der Medienkompetenz und der literarischen Kompetenz wird geschult, wenn mit den SchülerInnen mit verfügbaren Kommentaren und Kritiken zu Engelmann weitergearbeitet wird. Dabei ist es wichtig zu betonen bzw. zu vergleichen, inwiefern sich die verschiedenen Ebenen der Kritik unterscheiden:

1. Literaturkritik im Printmedium und auf Internetseiten, die an renommierte Printmedien gekoppelt sind (meist erwachsene Experten) (z.B. www.sueddeutsche.de, www.welt.de, www.spiegel.de, www.stern.de). Inzwischen hat Julia Engelmann eine eigene wöchentliche Kolumne bei Stern.
2. (meist positive) Kommentare bei amazon und/oder lovelybooks (um zum Kauf zu verleiten) (z.B. www.lovelybooks.de/autor/Julia-Engelmann)
3. positive und negative Kommentare bei YouTube oder Facebook (gemischtes Publikum, um dem Text zum Durchbruch zu verhelfen, um sich selbst darzustellen, um Frust loszuwerden usw.) (siehe Beispiele für negative. Kommentare zu Engelmann auf der YouTube Seite!).

Die Sensibilisierung für die *Problematik der viralen Verbreitung von Inhalten* ist insbesondere im Zusammenhang mit Werbung und finanziellen Überlegungen von Bedeutung. So werden über die sozialen Netzwerke Werbebotschaften

---

16 http://diemarketiere.blogspot.de/2014/01/textlyrics-zu-julia-engelmann.html – 18. Januar 2014.
17 www.facebook.com/zuck?fref=ts.

teilweise als Tipps von Freunden ausgegeben und über verdeckte Accounts eingeschmuggelt, ohne dass diese (wie es in Printmedien gefordert wird) von informatorischen *Texten* zu unterscheiden sind. Es gibt aber auch die Möglichkeit, mit besonders witzigen oder emotionalen Videos für die schnelle Verbreitung zu sorgen (siehe dazu Tipps unter www.relevanter.com).

Eine andere Tatsache, die in diesem Zusammenhang genannt werden muss, ist die Möglichkeit, sich Clicks zu kaufen. Auf Seiten wie KingClicker werden Leute angeworben, die mit ihren Clicks Geld verdienen und so einem Produkt oder einer Seite zu (unverdient) vielen Clicks verhelfen.

3.3 (Kreatives) *Schreiben*

Um sich auf den Slamtext einzustimmen, lassen sich diverse Anregungen bzw. Impulse dazu benutzen, SchülerInnen selbst zum Schreiben zu motivieren, bevor der Text/das Video/das Hörbuch zum Einsatz kommen.

Beispiel 1:

Eine Möglichkeit zur Antizipation vor der Behandlung des Textes wäre die Illustration von Julia Engelmann, die das Buchcover schmückt und zur Illustration dieses Textes von ihr geschaffen wurde.

Beispiel 2:

Mit der frei im Internet verfügbaren Software „Wordle"[18] lassen sich Texte eingeben und sog. Wortwolken (*Wordles)* kreieren. Diese zeigen die Wörter umso größer an, je häufiger sie in einem Text vorkommen. Die Software eignet sich sowohl für Lehrkräfte zur Vorbereitung als auch für die Arbeit mit den SchülerInnen, da das Layout und die Farbe je nach Geschmack variiert werden können.

Beispiel 3: Clustering

Cluster sind empfehlenswert im Anschluss an die rezeptive Arbeit zur Vorbereitung der Eigenproduktion, jedoch können die SchülerInnen auch ohne Cluster ein Gedicht verfassen. Mögliche Themen wären *Die Generation Facebook, One day, baby...* o.ä.

---

18 http://www.wordle.net/.

3.4 Integrative Arbeit im DU unter Einbeziehung des Kompetenzbereichs *Sprechen*

Am erfolgreichsten und motivierendsten für die SchülerInnen ist entweder für stärker theoretisch orientierte Klassen eine materialgestützte Rollendiskussion über Wertvorstellungen der *Generation Facebook*, die Gestaltung und Präsentation von Plakaten mit *Tipps zur Überwindung des inneren Schweinehunds* oder die Gestaltung eines Slams mit eigenen und/oder fremden Texten aus dem Internet zum Thema YOLO. In all diesen Fällen wird Medienkompetenz mit literarischer und sprachlicher Kompetenz kombiniert.

Diskontinuierliche Texte zu den Wertvorstellungen sind einfach im Internet zu finden, können aber natürlich auch von der Lehrkraft vorgegeben werden.

4. Fazit

In den Spannungsfeldern zwischen Lebensgenuss und Leistungsorientierung, Familie und Beruf sowie Herausforderung und Entschleunigung bewegen sich insbesondere die Vertreter der heutigen jüngeren Generation, die sogenannten *Digital Natives*. Sie streben in Bezug auf die Arbeitswelt nach Respekt, Spaß und Sinnhaftigkeit gleichermaßen[19].

Das macht den (kritischen) schulischen Diskurs über Werte und Zukunftsvorstellungen besonders bedeutsam, um die Jugendlichen nicht in die Hände von realen oder virtuellen *Heilsversprechern* abgleiten zu lassen. Allerdings muss man im 21. Jahrhundert von einer Individualisierung der Gesellschaft ausgehen und auch die schulische Erfahrung heutiger BerufsschülerInnen entwickelt sich scherenartig auseinander: „So hat etwa ein Fünftel der [kollektiv als Generation bezeichneten] Jugendlichen heute keinen Schulabschluss und – laut dem Soziologen Klaus Hurrelmann – sehr schlechte Berufsperspektiven"[20], gleichzeitig aber werden Azubis aufgrund der demographischen Entwicklung in Deutschland umworben. Der Begriff „kollektive Erfahrung" im Generationenbegriff zu Beginn suggeriert also Einheitlichkeit und täuscht über die Diversität von Lebenswelten unterschiedlicher (Sub-)Kulturen hinweg. Wie sieht sie dann denn nun aus, die *Generation Facebook*?

---

19 http://www.bosch-stiftung.de/content/language1/downloads/Studie_Zukunft_der_
    Arbeitswelt_Einzelseiten.pdf., S. 35.
20 http://www.zeit.de/2013/11/Generation-Y-Arbeitswelt/3.

„Das Instabile der Aktivitäten und die Gleichzeitigkeit entgegengesetzter Einstellungen kennzeichnet die moderne Jugend. Im Zeitalter von Facebook ist sie, was sie schon immer war: Auf der Suche nach sich selbst." (Kaube 2011: 1)

Wir wissen also nicht, was *die Jugend* bzw. die Generation Facebook braucht, denn es gibt sie nicht, die Generation Facebook (als einheitliche Gruppe). Wir sind gehalten, unseren SchülerInnen jeweils die Kompetenzen mitzugeben, die mit unserem Fachverständnis vereinbar sind und die es ihnen dementsprechend ermöglichen, sich selbst und ihre Identität(en) im Privatleben, im Beruf und in unserer immer stärker medial geprägten Gesellschaft zu finden, bereit zu sein, sie immer wieder zu reflektieren und sich – falls erforderlich – neu zu erfinden.

Literatur und links

Campbell, Joseph (2011): Der Heros in tausend Gestalten. Frankfurt/Main.

Engelmann, Julia (2014): Eines Tages, Baby. München.

Hebel, Franz (Hrsg.) (1987): Deutschunterricht im Spannungsfeld zwischen von Allgemeinbildung und Spezialbildung. Frankfurt am Main.

http://berufliche.bildung.hessen.de/p-lehrplaene/fos/lp_fos_abL-deutsch.pdf (Zugriff am 31.7.2015).

http://de.wikipedia.org/wiki/Casper_%28Rapper%29 (Zugriff am 13.3.2015).

https://de.wikipedia.org/wiki/Julia_Engelmann (Zugriff am 31.7.2015).

https://de.wikipedia.org/wiki/Kesha (Zugriff am 31.7.2015).

http://diemarketiere.blogspot.de/2014/01/textlyrics-zu-julia-engelmann.html– 18. Januar 2014 (Zugriff am 5.2.2015).

http://test.erdbeerlounge.de/Patronus-Welcher-Patronus-passt-zu-Dir-_ e2025/ (Zugriff am 13.3.2015).

https://twitter.com/_juliaengelmann (Zugriff am 31.7.2015).

http://websta.me/n/_juliaengelmann (Zugriff am 31.7.2015).

https://www.facebook.com/juliaengelmannofficial (Zugriff am 31.7.2015).

https://www.facebook.com/zuck?fref=ts (Zugriff am 5.2.2015).

http://www.kmk.org/fileadmin/veroeffentlichungen_beschluesse/2003/ 2003_12_04-BS-Deutsch-MS.pdf (Zugriff am 31.7.2015).

http://www.kmk.org/fileadmin/veroeffentlichungen_beschluesse/2004/ 2004_10_15-Bildungsstandards-Deutsch-Haupt.pdf (Zugriff am 31.7.2015).

http://www.relevanter.com/ (Zugriff am 31.7.2015).

http://www.songtexte.com/songtext/asaf-avidan-and-the-mojos/one-day-reckoning-song-2bb4a41e.html (Zugriff am 31.7.2015).

http://www.testedich.de/quiz26/quiz/1237486306/Wie-sieht-dein-Patronus-aus (Zugriff am 13.3.2014).

http://www.wordle.net/ (Zugriff am 31.7.2015).

https://www.youtube.com/watch?v=A16VcQdTL80 (Zugriff am 31.7.2015).

https://www.youtube.com/watch?v=CrYYg_atdtk (Zugriff am 31.7.2015).

https://www.youtube.com/watch?v=DoxqZWvt7g8 (Zugriff am 31.7.2015).

http://www.zeit.de/2013/11/Generation-Y-Arbeitswelt/3 (Zugriff am 31.7.2015).

http://wyme.de/die-peinlichsten-engelmann-tweets/ (Zugriff am 5.2.2015).

JIM-Studie (2014): Jugend Information (Multi-)Media. Verfügbar unter http://www.mpfs.de/fileadmin/JIM-pdf14/JIM-Studie_2014.pdf (12.3.2015).

Jureit, Ulrike (2010): Generation, Generationalität, Generationenforschung, Version: 1.0. Verfügbar unter http://docupedia.de/zg/Generation?oldid=71003 (Zugriff am 13.2.2015).

Kaube, Jürgen (2011): Generation Facebook? Verfügbar unter http://www.faz.net/aktuell/feuilleton/jugend-und-soziale-netzwerke-generation-facebook-11105566.html (Zugriff am 31.7.2015).

Keupp, Heiner u.a. (1999): Identitätskonstruktionen. Das Patchwork der Identität in der Spätmoderne. Reinbek.

Krützen, Michaela (2015): Klassik, Moderne, Nachmoderne. Eine Filmgeschichte. Frankfurt/Main.

Kübler, Hans-Dieter (1984): Umgang mit Medien. In: Hopster, Norbert (Hrsg.): Film- und Fernsehdidaktik. Handbuch »Deutsch« für Schule und Hochschule. Sekundarstufe I. Paderborn, 226–280.

Lehrplan Plus Deutsch 2014, verfügbar unter https://www.lehrplanplus.bayern.de/schulart/wirtschaftsschule (Zugriff am 31.7.2015).

Leistert, Oliver/Röhle, Theo (Hrsg.) (2011): Generation Facebook. Über das Leben im Social Net. Bielefeld.

Reichel, Sabrina (2014): Poetry Slam. Charakteristika des Eventformats. Unveröffentlichte Zulassungsarbeit zur Ersten Staatsprüfung für das Lehramt an Gymnasien in Bayern.

Riedel, Margit (2010): Slam Poetry – interkulturell. Zur Didaktik mündlich vorgetragener deutschsprachiger Texte. In: Nubert, Roxana (Hrsg.): Temeswarer Beiträge zur Germanistik. Bd. 7, Temeswar, 35–66. Verfügbar unter http://www.germanistik.uni-muenchen.de/personal/didaktik/mitarbeiter/riedel/riedel_slampoetry.pdf (Zugriff am 13.2.2015).

Roedel, Martin (2015): Das Märchen vom Reiskorn und vom Schachbrett. Verfügbar unter http://www.martinroedel.de/25er/maerchen.htm (Zugriff am 31.7.2015).

Walter, Norbert u.a.(2013): Die Zukunft der Arbeitswelt. Auf dem Weg ins Jahr 2030. Verfügbar unter http://www.bosch-stiftung.de/content/language1/downloads/Studie_Zukunft_der_Arbeitswelt_Einzelseiten.pdf (Zugriff am 24.7.2015).

www.lovelybooks.de/autor/Julia-Engelmann (Zugriff am 31.7.2015).

www.spiegel.de/spiegel/print/d-124719360.html (Zugriff am 31.7.2015).

www.stern.de/panorama/slammerin-julia-engelmann-dieses-video-koennte-ihr-leben-aendern-3140736.html (Zugriff am 31.7.2015).

www.sueddeutsche.de/kultur/poetry-slammerin-julia-engelmann-exakt-kalkuliert-1.1867436 (Zugriff am 31.7.2015).

Petra Schappert (Stuttgart)

Zweitspracherwerb im VAB-O

Konzepte integrierten Sach- und Sprachenlernens

Abstract Currently there are growing numbers of refugees and asylum seekers in Baden-Württemberg but also more and more people from EU countries are migrating to Germany. Many of those still have to attend school. To help them learn German and increase their chances on the job market, a new school type has been created: VAB-O. In these classes we have a potpourri of students: the level of skills ranges from illiterate young people to those that attended high schools in their home countries and "just" need to learn the German language. In order to react to this situation and to have best results in language learning, a concept of content and language integrated learning is recommended by the team of teacher trainers I am part of and which is the topic of the following paper. Teachers of German cooperate with teachers of other subjects to increase the amount of learning time available and to use language in authentic, real situations. The concept includes task-based learning and shows the students how language can be a means to act successfully in (real) life.

1. Einleitung

Bei diesem Aufsatz handelt es sich um einen Praxisbericht aus meiner Tätigkeit als Fortbildnerin für das Regierungspräsidium Stuttgart in Baden-Württemberg. Aufgrund der rapide angestiegenen Flüchtlingszahlen wurden und werden in Baden-Württemberg immer mehr sogenannte VAB-O-Klassen eingerichtet, um Schülern[1], die noch berufsschulpflichtig sind, Deutsch- und Fachkenntnisse zu vermitteln mit dem längerfristigen Ziel, ihnen einen Weg in den Arbeitsmarkt zu ermöglichen.

Da in diesen Klassen naturgemäß Lehrkräfte unterrichten, die in den wenigsten Fällen Kenntnisse darin besitzen, wie man Deutsch als Fremd- bzw. Zweitsprache unterrichtet, hat sich am Kultusministerium Baden-Württemberg eine Arbeitsgruppe von acht Personen gebildet, die eine Fortbildungskonzeption entwickelt. Ausgehend von einer ein- bzw. zweitägigen Basisfortbildung, die seit dem Herbst 2014 angeboten wird, können die Schulen nun die Fortbildungsteams anfordern und aus einem Modulkatalog weitere Fortbildungen auswählen, die von

---

1   Aufgrund der besseren Lesbarkeit wird fortan nur „Schüler" verwendet. Es sind aber immer Schülerinnen und Schüler gemeint.

Differenzierung über Grammatikunterricht bis hin zu Alphabetisierung reichen. Die in diesem Beitrag gezeigten Materialien wurden gemeinsam mit Dr. Miriam Riekenberg und Heide Stan entwickelt.

2. Was ist VAB, was ist VAB-O?

Das VAB, Vorqualifizierungsjahr Arbeit/Beruf, ist eine inhaltliche Weiterentwicklung des Berufsvorbereitungsjahrs. In diese Schulart gehen Schüler, die keinen Ausbildungsplatz gefunden haben, aber noch berufsschulpflichtig sind. Aufgrund einer engen Verzahnung von Theorie und Praxis im Unterricht sollen die Schüler bessere Chancen auf dem Arbeitsmarkt bekommen. Sie sollen auf eine Berufsausbildung oder eine berufliche Tätigkeit vorbereitet werden. Daher ist auch ein Betriebspraktikum vorgesehen. Außerdem erfolgt der Unterricht auch in Arbeitsfeldern, in denen handlungs- und projektorientiert vorgegangen wird. Die Schüler wählen mindestens ein sogenanntes „Arbeitsfeld", in dem sie berufsbezogene Kenntnisse erwerben, und erhalten für ein erfolgreich absolviertes Arbeitsfeld ein Zertifikat. Im Kfz-Bereich kann dies zum Bespiel das Arbeitsfeld „Wagenpflege" sein. Die Arbeitsfelder sind im Bildungsplan zu finden. Die Schüler erwerben somit gleichzeitig allgemeine Kenntnisse und berufliches Vorwissen sowie praktische Grundfertigkeiten. Am Ende des Schuljahres kann ein dem Hauptschulabschluss gleichwertiger Bildungsabschluss erworben werden. Das Vorqualifizierungsjahr kann auch ein zweites Mal durchlaufen werden.

Das VAB-O nun richtet sich ausschließlich an Schüler ohne Deutschkenntnisse und ist folglich im Schwerpunkt dem Erwerb selbiger verschrieben. Auch diese Schulart dauert ein Jahr und kann ebenso auf zwei Jahre ausgedehnt werden, wenn die Deutschkenntnisse nach einem Jahr noch nicht ausreichend sind. Die Schülerschaft ist extrem heterogen, sowohl was die geografische Herkunft angeht als auch bezogen auf das Lernniveau und die Art des Aufenthaltsstatus. Gemein haben die Schüler lediglich, dass sie nicht mehr allgemein schulpflichtig sind – solche allgemein schulpflichtigen Schüler gehen in sogenannte VKL-Klassen, die bisher an den Hauptschulen verortet waren –, dafür aber noch berufsschulpflichtig. Sie sind also im Alter zwischen 16 und 21 Jahren. Manche Schüler sind EU-Einwanderer, andere sind Flüchtlinge (mit oder ohne geklärten Status) oder Asylbewerber. Manche Schüler sind in ihren Heimatländern in die verschiedensten Schulen bis hin zum Gymnasium gegangen, andere haben bisher in ihrem Leben noch gar keine Schule besucht; manche Schüler sind bequem mit dem Auto von einem Land ins andere gefahren (EU-Einwanderer), andere kommen aus Kriegsgebieten und haben auf der Flucht schreckliche, traumatische Dinge erlebt. Man kann sich vorstellen, wie schwierig es ist, diese heterogene Schülerschaft in einer Klasse zu unterrichten.

Die Vermittlung von Deutsch als Zweitsprache ist durchgängiges Unterrichtsprinzip, auf den Deutschunterricht entfallen demnach auch die meisten Stunden (mindestens acht Wochenstunden). Andere Fächer sind *berufspraktische* und *berufsfachliche Kompetenz, lebensweltbezogene Kompetenz* (z.b. Gemeinschaftskunde), *Sprach- und Rechenkompetenz* oder *Projektkompetenz*. Die Arbeitsfelder, in denen die berufspraktische und berufsfachliche Kompetenz unterrichtet wird, gehen von *Ernährung/Hauswirtschaft* über *Textilarbeit/Werken* bis hin zu *Unterricht in der Werkstatt*. Um diese Möglichkeiten überhaupt zu haben, sind nahezu alle VAB-O-Klassen an gewerblichen oder hauswirtschaftlichen Schulen angesiedelt. Insgesamt kommen die Schüler auf etwa 30–33 Wochenstunden Unterricht. An vielen Schulen hat es sich außerdem etabliert (zum Teil auch durch Patenschaften mit anderen Schülern der Schule), mit den Schülern Ausflüge zu machen, die Stadt zu erkunden oder sie zu Aktivitäten in Sportvereinen etc. mitzunehmen.

Im VAB-O ist kein Abschluss möglich. Allerdings werden auch hier am Ende des Jahres Prüfungen geschrieben, die die Deutschkenntnisse testen sollen. Es soll auch mindestens ein Zertifikat in einem berufsbezogenen Arbeitsfeld (siehe weiter unten) erworben werden.

Nach dem VAB-O gehen die Schüler weiter in ein reguläres VAB, machen eine Berufsausbildung oder gehen in eine andere weiterführende Schule. Bei entsprechend guten Leistungen ist ein Wechsel auch innerhalb des Jahres möglich.

3. Von den Schwierigkeiten, im VAB-O zu unterrichten

Eine Schwierigkeit besteht sicherlich darin, dass auch während des laufenden Schuljahres stets neue Schüler in die Klasse kommen können, die integriert werden müssen.

Ein weiteres Problem ist die bereits erwähnte heterogene Schülerschaft. Aufgrund von nicht vorhandenen Deputatsstunden oder eines Mangels an Lehrern ist eine Teilung der Klasse oft nicht möglich, wenn sie auch sinnvoll wäre. So bleibt den Lehrern nichts anderes übrig, als mehreren Niveaus durch Binnendifferenzierung gerecht zu werden. Dabei handelt es sich zum einen um unterschiedliche Lernniveaus, aber auch um Unterschiede im sozialen Miteinander, die zu Schwierigkeiten führen können: während manche Schüler ausgesprochen lernbegierig sind, höflich und fleißig, weil sie in Deutschland ein neues Leben beginnen wollen, gibt es andere, die ihr Heimatland gar nicht verlassen wollten, sondern bei denen der Antrieb von den Eltern kam. Diese Schüler – meist aus EU-Ländern – würden am liebsten wieder zurück ins Heimatland gehen. Folglich ist deren Motivation, Deutsch zu lernen, recht begrenzt, was sich wiederum auf das gezeigte Sozialverhalten auswirkt. Eine andere Schwierigkeit stellen die

Traumata dar, mit denen manche Schüler belastet sind. Hinzu kommt dann oft die unsichere Situation des Aufenthalts, Angst vor Abschiebung oder die Sorge um zurückgebliebene Familienmitglieder.

Eine nicht leistbare Herausforderung ist der Versuch der Alphabetisierung. Diese kann nur gelingen, wenn zusätzlich zum Unterricht Integrationshelfer, Sozialarbeiter, Schülerpaten, Ehrenamtliche oder andere Personen helfen.

Nicht zu unterschätzen ist natürlich auch die Tatsache, dass die wenigsten Deutsch- oder Lehrer anderer Fächer Kenntnisse im Vermitteln von Deutsch als Fremd- oder Zweitsprache haben. An diesem Punkt setzt die Fortbildung an, die ich nun beschreiben möchte.

4. Konzepte integrierten Sach- und Sprachenlernens

Da Deutsch als Zweitsprache durchgängiges Unterrichtsprinzip sein soll, liegt es nahe, den Unterricht in den Fächern der berufspraktischen und berufsfachlichen Kompetenz mit dem Deutschunterricht zu verzahnen. Natürlich ist dies nicht durchgängig möglich, sondern nur phasenweise. Der Hauptteil des Deutschunterrichts sollte mit den klassischen Methoden der Fremdsprachendidaktik unter Berücksichtigung der zweitsprachlichen Umgebung – wir können hier von *gesteuertem Zweitspracherwerb* sprechen – stattfinden. Flankiert werden kann und soll der Unterricht durch Angebote des Spracherwerbs in den Sachfächern. Es erfolgt hier eine gegenseitige Unterstützung im Deutsch- und im Sachfachunterricht (berufspraktische und berufsfachliche Kompetenz).

Wenn im Fachunterricht auch Deutsch gelernt wird, so erfährt die deutsche Sprache einen ganz anderen Stellenwert. Die Sprache wird hier bewusst zur Vermittlung von Inhalten verwendet, ist also Mittel zum Erfolg und nicht unbedingt Gegenstand der Betrachtung, wie dies mitunter im Deutschunterricht der Fall ist. Das aktive Handeln fungiert als Motor des sprachlichen Lernens. Durch den aktiven Einsatz und das aktive Anwenden der Sprache wird Erfolg im Handeln möglich, sie ist geradezu erforderlich für eine erfolgreiche Kommunikationssituation.

Nicht nur den Inhalten kommt eine besondere Rolle zu, sondern auch den Lehrern. Auch der Fachlehrer ist natürlich ein Sprachvorbild. Er sollte daher Sprache bewusst verwenden und sich präzise ausdrücken. Sogenannter *foreigner talk* („Du feilen Holz, dann gehen zu Maschine" oder ähnliches) ist unbedingt zu vermeiden. Auch sollte die Sprache nicht zu stark vereinfacht werden. Hier kann man sich am Erstspracherwerb orientieren. Auch dort wird mit den Kindern nicht nur im Präsens oder unter Vermeidung von Relativsätzen gesprochen, weil sie diese noch nicht gelernt haben oder das Perfekt noch nicht eingeführt wurde. Im Umkehrschluss wird von den Fachlehrern aber natürlich auch nicht verlangt, dass sie Grammatikunterricht erteilen sollen. Man kann ihnen jedoch nahelegen, auf eine bestimmte Art und Weise vorzugehen. Wenn z.b. Werkzeuge eingeführt werden, so sollte sowohl der Artikel als auch der Plural mit angegeben werden. Wenn man von Verben spricht, um zum Beispiel Vorgänge in der Werkstatt zu erläutern, dann hilft es (dem Deutschlehrer in der Weiterarbeit), wenn z.b. Präpositionen mit angegeben werden. Somit erfolgt eine systematische sprachliche Unterstützung, die auch von jemandem geleistet werden kann, der nicht germanistisch oder fremdsprachendidaktisch ausgebildet ist. Gleichzeitig findet bei den Schülern ein bewusstes Verwenden und Lernen von Sprache statt und es wird klar, warum die Sprache gelernt wird.

Das authentische „Material", die authentische Situation im Arbeitsfeld und die konkrete Anwendung der Sprachkenntnisse in realen Situationen machen den Sinn von Sprachenlernen erfahrbar und real. Die Sprache wird zwingend benötigt, um eine Herausforderung (erfolgreich) zu bewältigen. Die Zweitsprache ist nicht Unterrichtsgegenstand, sondern Unterrichtsmittel. Erfolgserlebnisse sind erreichbar und planbar. Die Motivation zu lernen stellt sich automatisch ein.

Als Fazit lässt sich abschließend sagen, dass Sprache auf verschiedene Art und Weise zugänglich gemacht wird, sowohl kognitiv als auch handelnd. Zentrale Inhalte und sprachliche Mittel werden in unterschiedlichen Kontexten verwendet und in solchen dann auch mehrmals und in verschiedenen Perspektiven umgewälzt.

5. Beispiele von Kooperation

Abgesehen von den Deutschlehrern, die ausschließlich den Deutsch (-als-Fremdsprache)-Unterricht bestreiten, sollte es kleinere Kooperationsteams geben, die sich nicht zu umfangreiche gemeinsame Projekte überlegen und die im kontinuierlichen Austausch stehen. Absprachen können in Form von Wochenplänen, Stoffverteilungsplänen oder eben Projekten stattfinden. Eine Abstimmung von Inhalten und Vorgehensweisen ist sinnvoll, um sich gegenseitig zu helfen und zu unterstützen, Inhalte vorzubereiten, zu üben oder zu vertiefen. Trotz aller Kooperation sollte man sich dennoch nicht zu viel vornehmen, sondern genau einschätzen, was leistbar ist.

Im Folgenden möchte ich nun noch die Wochenplanarbeit und das Portfolio vorstellen.

5.1 Wochenplanarbeit

Der Begriff *Wochenplanarbeit* ist aus dem Grundschulbereich, aber auch aus dem selbstorganisierten Lernen vielen ein Begriff. Wir nehmen ihn bei unserer

Fortbildung nicht ganz wörtlich, bauen aber auf seinen Bekanntheitsgrad. So dauert unser Wochenplan zum Beispiel länger als eine Woche, vermutlich lassen sich die Inhalte gut in zwei bis drei Wochen realisieren. Auf dem Wochenplan werden das durchzuführende Projekt in seinen Details und die Verzahnung von Deutsch und Berufspraxis sichtbar. Ebenso ist erkennbar, dass auch noch weitere Fächer integrierbar sind. Der abgebildete Wochenplan zeigt das Projekt „Obstsalat/Obstkuchen herstellen", also das Thema „Obst".

„Wochenplan"

(ausgehend von mind. 8 Stunden Deutschunterricht und ca. 6 Stunden Berufspraxis pro Woche; Zeitraum: 2–3 Wochen)

Thema: Obst (Obstsalat, Obstkuchen)
Beteiligte Fächer: Deutsch, Berufspraxis, Computeranwendung
Lernziel der Einheit: Die Schüler können zum einen Obstsalat machen und zum anderen sind sie sprachlich in der Lage, die Herstellung des Obstsalates in Form einer Fotostory zu beschreiben.

Deutschunterricht	Berufspraxis
Methodenkoffer: „Obstsack": blind durch Tasten und Riechen die Obstsorte benennen	Demonstration/ Benennung der Obstsorten und ihrer Verarbeitungsmöglichkeiten
Erstellen eines Symbolwürfels Wörterliste anlegen und neue Verben und Adjektive einführen: Apfel → schneiden, schälen, vierteln etc.	Neue Verben und Adjektive einführen: Apfel → schneiden, schälen, vierteln etc./ süß, saftig, rund, oval etc.
Erstellen eines Obst-Memorys: ein Paar = Obstname + passendes Verb (Achtung: *mit Artikeln*)	
Gitterrätsel mit neuen Vokabeln (von Lehrkraft oder von Schülern erstellen lassen)	Anwendung 1: Obstsalat zubereiten Anwendung 2: Obstkuchen backen (mit Bilderanleitung statt schriftlichem Rezept)
Hangman	
Bestimmte Artikel (Zuordnen, Lückentexte …)	
Neue Verben konjugieren *Das ist … - Sätze. Damit kann ich … .*	
Erstellen einer Fotostory zum Herstellungsprozess des Obstsalats (→ schriftsprachliche Darstellung) (Computeranwendung integriert: Die Texte werden formuliert; der Einsatz von Rechtschreibprogrammen wird geübt.)	Erstellen einer Fotostory zum Herstellungsprozess des Obstsalats inkl. Einüben einfacher Ich-Sätze: *Ich schneide. Ich viertele. Ich schäle. Etc.* (→ mündlicher/ handwerklicher Teil) (Computeranwendung integriert: Im Computerraum werden Fotos und Text digital so aufbereitet, dass das Endprodukt Fotostory entsteht.)
gemeinsame Präsentation der Fotostory und gemeinsames Essen	

Anmerkungen zur Beteiligung weiterer Fächer

Mathematik: Gewichte, wiegen

Sozialpädagogik: Teamspiele zur Stärkung der Hilfsbereitschaft, des Teamgeistes; Austausch über kulturspezifische Besonderheiten von Obst, z.B. Vorkommen, Verwendung, Geschmack o.ä.

5.2 Portfolio

Das zweite Beispiel kommt ebenfalls ursprünglich aus dem Grundschulbereich und soll den Zweitspracherwerb fördern. Am Ende der Woche oder am Ende des Projekts soll ein Portfoliobogen ausgefüllt werden, der den Lernfortschritt abbildet, aber auch aufzeigt, wo der Schüler nach eigenem Empfinden noch Probleme im Spracherwerb hat. Da der Schüler in einem Zweitsprachumfeld Deutsch lernt, gibt es in diesem Portfolio auch Kategorien, die mit den eigentlichen Unterrichtsinhalten primär nichts zu tun haben, dennoch aber von großer Relevanz sind und der Würdigung bedürfen. Gleichermaßen dient das Portfolio der Reflexion und Rekapitulation von Gelerntem.

Portfolio

Ich heiße: ....   **Zeitraum:** ....

Thema der Woche: *Obstsalat machen*

Diese Obstsorten kenne ich:	*der Apfel, die Birne, die Banane, die Orange, die Melone, die Mango, die Kiwi*
Diese Obstsorten kann ich:	*schneiden, beißen, essen, pürieren, auspressen, schälen, teilen*
Das haben wir in der Küche gemacht:	*Obstsalat*
Ich habe mit ... *Frau Sand.* ... gesprochen über:	*meine Familie, meine Freundinnen, Mode*
Das habe ich dabei gelernt:	*sagen, wie mein Bruder heißt und wie alt er ist sagen, wer meine Freundinnen sind, sagen, was ich gerne anziehe*
Das war schwer:	*sprechen über Mode, richtige Wörter finden*
Besonders Spaß gemacht hat mir:	*Obstsalat essen*

6. Fazit

Die Zusammenarbeit zwischen den Lehrkräften in Werkstatt, Küche etc. und den Deutsch-Lehrkräften stellt eine große Herausforderung dar. Diese ist im Tagesgeschehen kaum bzw. nur punktuell zu leisten. Erschwerend kommt hinzu, dass die KollegInnen mehrheitlich nicht nur im VAB-O unterrichten, manchmal sind sie dort sogar nur mit ein bis zwei Stunden eingesetzt. Bei Fortbildungen wird meiner Kollegin und mir oft berichtet, dass Projekte mit großem Engagement in Angriff genommen werden, dann aber oft am Schulalltag mit all seinen Tücken scheitern. An manchen Schulen funktionieren noch nicht einmal „einfache" Absprachen zwischen den LehrerInnen, die „nur" Deutsch unterrichten und nicht in die Kooperationen zwischen Werkstatt/Küche und Deutschunterricht eingebunden sind, weil zu viele KollegInnen beteiligt sind. Grundsätzlich gilt aber, dass die Kooperation wie auch die gesamte Schulart an sich nur funktioniert, wenn eng zusammengearbeitet wird und bereits im Vorfeld konzeptuell gearbeitet und geplant wird. Dies scheint am erfolgreichsten zu sein, wenn das Team an KollegInnen, die in der VAB-O-Klasse eingesetzt sind, so klein wie möglich ist. Dann profitieren alle vom integrierten Sach- und Sprachenlernen.

Meine Kollegin Dr. Riekenberg und ich ziehen ein ganz anderes Fazit für unsere Fortbildungstätigkeit: Wir haben den zweiten Schritt vor dem ersten gemacht. Viele Lehrkräfte, die im VAB-O eingesetzt sind, sind absolute Anfänger im DaF-Unterricht und daher von Vorschlägen wie integriertem Sach- und Sprachenlernen zunächst überfordert. Unser „neues" primäres Ziel ist daher nun, die KollegInnen in der Didaktik und Methodik von Deutsch als Fremdsprache fortzubilden.

Förderkonzepte für Betriebe und Hochschulen

Veronika Zimmer (Bonn)

Arbeitsplatz als Sprachlernort

Tendenzen in der Grundbildungsforschung am Beispiel von Zweitsprachangeboten in Betrieben

Abstract Second language development at the workplace and work related basic education for employees with a migration background are supported and promoted by companies. Nevertheless, employers need work related, flexible and individual programmes. As a consequence, planners in continuing educational institutions are confronted with major challenges, which is documented in the results of the project "Learning Languages at the Workplace" (ASL). The project findings emphasise the necessity of workplace second language development and literacy.

1. Einleitung

Beschäftigte mit Migrationshintergrund machen seit Jahrzehnten einen erheblichen Anteil der Arbeitnehmerschaft aus, sind ein konstitutiver Bestandteil der Wirtschaft und der Gesellschaft und tragen zur ökonomischen und gesellschaftlichen Entwicklung des Standortes Deutschland bei. Ungeachtet dieser ökonomischen Bedarfe wie auch der hohen Heterogenität zwischen den unterschiedlichen sozialen Gruppen von Menschen mit Migrationshintergrund (vgl. Öztürk 2009; Kil/Mania/Tröster/Varga 2011) sind diese im Segment gering-qualifizierter Arbeit überrepräsentiert (vgl. Berg/Grünhage-Monetti 2009: 1). Dabei sind besonders die Beschäftigten mit Migrationshintergrund von Exklusion nicht nur von qualifizierter Arbeit, sondern auch von Weiterbildung betroffen. Für die Erwachsenenbildung sind vor allem die Erkenntnisse über die Problematik der Exklusion als Ergebnis eines Ausgrenzungsprozesses sowie über Ausgrenzungsdynamiken von großer Bedeutung (vgl. Zimmer 2013a). Grundbildungsangebote können dabei der Exklusion entgegenwirken. Das Deutsche Institut für Erwachsenenbildung (DIE) geht den Fragen nach einer Verbindung der Bereiche *Grundbildung* und *beruflichen Bildung* seit mehreren Jahren nach (vgl. Tröster 2002). Es geht jedoch nicht nur um engere Konzepte der Alphabetisierung, sondern vielmehr um die umfasenderen und flexibleren Grundbildungsansätze (vgl. Mania/Tröster 2014). Das Grundbildungsverständnis ist mehr als eine Ansammlung von Fertigkeiten, es umfasst zunehmend auch dynamische und flexible Fähigkeiten und Kompetenzen sowie eine stärkere Berücksichtigung allgemeiner und grundlegender beruflicher Schwerpunkte (vgl. Tröster 2000, 2002; Mania/Tröster 2014). Grundbildung am Arbeitsplatz bietet die Chance, eine schwer zugängliche Teilnehmendenkohorte akquirieren und für berufliches Weiterlernen gewinnen zu können. Arbeits(platz)orientierte Grundbildung hat eine kompensatorische Funktion und zielt damit darauf ab, „milieuspezifisch begründete Bildungsdefizite und die damit verbunden unterschiedlichen Zugänge und Zugangschancen zu Bildung auszugleichen" (Klein/Reutter 2014: 4). Grundbildung am Arbeitsplatz lenkt den Blick auf jene Beschäftigten, die in der betrieblichen Praxis der Personalentwicklung kaum von Interesse sind, obwohl sie für die Unternehmen eine wichtige Ressource darstellen.

Die Automatisierungstendenzen in den Unternehmen führen dazu, dass insbesondere dem operativen Personal neue Tätigkeitsbereiche zufallen. So werden beispielsweise Aufgaben, die früher Meister/innen erfüllt haben, wie Kontrollaufgaben, Fehlermeldungen oder Dokumentationen heute von den Mitarbeiter/inne/n, auch und besonders von un- und angelernten Mitarbeiter/inne/n, übernommen. „Die Anforderungen durch die zunehmende Verschriftlichung der Kommunikation am Arbeitsplatz müssen mittlerweile die meisten Arbeitnehmenden erfüllen können, z.B. schriftliche Aufträge, Notizen, Protokolle lesen und oft auch schreiben" (Berg/ Grünhage-Monetti 2009: 4). Die Technisierung- und Tertiarisierung verlangen von den Arbeitnehmer/inne/n komplexe sprachlich-kommunikative Kompetenzen. Die Ergebnisse der internationalen Forschung bestätigen diese Annahmen. So stellt Boutet etwa fest: „[…] alle Erwerbstätigkeiten, auch die wenig qualifizierten, sowie alle Arbeitssektoren erfordern mittlerweile in unterschiedlichem Grade und nach unterschiedlichen Modalitäten von den Beschäftigten, dass sie […] lesen und schreiben können, dass sie über kommunikative Fähigkeiten verfügen" (Boutet 2001: 38).

Die Relevanz einer arbeitsplatzorientierten Grundbildung wurde auch vom Bundesministerium für Bildung und Forschung (BMBF) erkannt und mit dem Schwerpunkt „Arbeitsplatzorientierte Alphabetisierung und Grundbildung Erwachsener" gefördert, in dessen Rahmen eine Vielzahl von Projekten entstand. Fragen der Förderung von sprachlich-kommunikativen Kompetenzen und ihrer Verbindung zu grundlegenden beruflichen Handlungskompetenzen blieben dabei ein Desiderat, ebenso – und insbesondere – wie die Frage danach, welche speziellen Angebote für diesen Kompetenzbedarf entwickelt werden, wie und mit welchen Begründungen dies geschieht.

Die Verantwortlichen in den Unternehmen finden kaum Angebote von Weiterbildungsanbietern, die auf die Bedarfe und Bedürfnisse ihrer Betriebe und Mitarbeitenden, d.h. auf die Anforderungen eines bestimmten Arbeitsplatzes zugeschnitten sind. Die meisten Weiterbildungsanbieter sind überfordert, solche

„maßgeschneiderten" Angebote zu entwickeln. Erst recht gilt dies, wenn neben der Sprachförderung auch grundlegende berufliche Kompetenzen vermittelt werden sollen (Zimmer/Grünhage-Monetti 2014; Zimmer 2013, 2014, 2014a). Es sind vor allem empirisch abgesicherte Kompetenzmodelle nötig, um u.a. Voraussetzungen zu schaffen, die in aktuellen Anwendungsfeldern ein evidenzbasiertes Handeln ermöglichen. (vgl. Winther 2010). Es existieren zwar umfangreiche allgemeine Kompetenzmodelle, wie z.b. bei der PIAAC- (OECD 2012) und der leo-Studie (Grotlüschen 2012), jedoch fehlt es an den spezifischen und für den bestimmten Arbeitsplatz erforderlichen Kompetenzmodellen.

Auch der Begriff der *arbeitsplatzorientierten Grundbildung* wird eher am Rande des Begriffes *arbeitsorientierte Grundbildung* behandelt. *ArbeitsPLATZorientierte Grundbildung* bezieht sich auf den Arbeitsplatz und zielt auf die Verbesserung des Handelns an einem Arbeitsplatz. Dabei steht im Mittelpunkt die bessere Bewältigung der Arbeitsanforderungen mit Hilfe der Grundbildungsangebote in Bezug auf einen spezifischen Arbeitsplatz (vgl. Klein/Reutter 2014).

Auch die Ergebnisse der DIE-Studien[1] im Bereich *Deutsch am Arbeitsplatz* haben gezeigt, dass es an Konzepten für die Angebotsplanung und Programmentwicklung im Bereich der arbeitsplatzorientierten Grundbildung fehlt, wenngleich der Nutzen solcher Angebote von den Betrieben betont wird (Zimmer/Grünhage-Monetti 2014; Zimmer 2013, 2014). Bei der arbeitsplatzorientierten Grundbildung geht es zudem um neue professionelle Identitäten. Farell unterstreicht in ihren Untersuchungen zu *workplace literacies,* dass die Veränderungen am Arbeitsplatz die „alte" Identität infrage stellen, die man sich über Jahre konstruiert hat, sowie die Beziehungen, die man aufgebaut und an die man sich gewöhnt hat (vgl. Farrell 2001; Grünhage-Monetti 2013). Lernen ist Identitätsbildung. Weiterlernen, Umlernen ist Dekonstruktion und Rekonstruktion der eigenen Identität (vgl. Grünhage-Monetti 2009). Nach Illeris ist Lernen ein vielseitiges und komplexes Phänomen, „das bei einem lebenden Organismus zu einer bleibenden Änderung

---

1   Im Projekt DaA1 „Deutsch am Arbeitsplatz – Untersuchung zur Kommunikation im Betrieb als Grundlage einer organisationsbezogenen Zweitsprachenförderung", gefördert von der VolkswagenStiftung, hat die Studiengruppe DaA durch Befragungen von Mitarbeitenden und Vorgesetzten kommunikative Praktiken und Anforderungen an Arbeitsplätzen erschlossen. Die Studiengruppe bestand aus Expertinnen und Experten aus Wissenschaft (Friedrich-Schiller-Universität, Institut für Gesprächsforschung und Institut für Deutsche Sprache) und Praxis (Volkshochschule Braunschweig und Ottakring, Wien sowie Henkel KGaA) und wurde vom Deutschen Institut für Erwachsenenbildung (Dott. Matilde Grünhage-Monetti) geleitet.

seiner Fähigkeiten führt, welche aber nicht nur auf dem Vergessen oder dem biologischen Reife- oder Alterungsprozess beruht" (Illeris 2012: 15). Mit dem Lernraum Arbeitsplatz hat sich Illeris (2011) in einem weiteren Buch „The Fundamentals of Workplace Learning" auseinandergesetzt, in das seine langjährigen empirischen und theoretischen Arbeiten Eingang gefunden haben. Lernen findet dort statt, wo das betriebliche Lernmilieu und die Lernpotentiale der Beschäftigten aufeinandertreffen (vgl. Illeris 2011; Grünhage-Monetti 2013).

2. Das Projekt „Arbeitsplatz als Sprachlernort"[2]

Das Modellprojekt „komma-NRW"– Projektverbund Kommunikation am Arbeitsplatz" bietet Angebote für berufsbezogenes Deutsch, in denen Zugewanderte ihre Deutschkenntnisse speziell für das Arbeitsleben weiter ausbauen können.[3] Ziel des Projektes ist es, berufsbezogene Konzepte weiterzuentwickeln und flexible Angebote in Einrichtungen und Unternehmen zu konzipieren und durchzuführen. Dafür arbeitet die AWO Bielefeld als verantwortlicher Träger mit dem Bildungswerk für Friedensarbeit in Bonn, der VHS Duisburg und dem Internationalen Bund/Sprachinstitut Bielefeld zusammen. Die Modellversuche sind in der Bildungspraxis angesiedelt und dienen aufgrund von wechselseitigen Beziehungen zwischen Bildungspolitik, Bildungspraxis und Wissenschaft (durch wissenschaftliche Begleitung) zur Politikberatung (vgl. Dehnbostel 1998).

Die wissenschaftliche Begleitung von Modellprojekten beinhaltet mehrere Funktionen:

- Theoretische und methodische Fundierung
- Prozessorientierte Begleitung der Gestaltung und Implementation neuer Konzepte
- Dokumentation
- Kooperative Gewinnung neuer Erkenntnisse (angelehnt an Schemme 2003).

Das Deutsche Institut für Erwachsenenbildung (DIE) hat mit dem Projekt „Arbeitsplatz als Sprachlernort"[4] Wege zur Nachhaltigkeit und Weiterentwicklung

---

2 Der Beitrag orientiert sich am Bericht zum Projekt „Arbeitsplatz als Sprachlernort". Einige Textteile in allgemeinen Abschnitten dieses Beitrages sind mit Änderungen entlehnt: Zimmer 2014, Zimmer 2014a.

3 www.komma-nrw.de.

4 Es handelt sich um ein Teilprojekt von komma-NRW – Kommunikation am Arbeitsplatz, das im Auftrag des IQ Landesnetzwerkes NRW und in Kooperation mit dem IQ Landesnetzwerk Niedersachsen durchgeführt wurde. Das Förderprogramm »Integration

der beruflichen Sprachförderung untersucht. In der Studie wurden in einem explorativen Ansatz Lernende, die firmeninterne Deutsch-als-Zweitsprache-/DaZ-Kurse besuchen, Verantwortliche in den entsprechenden Betrieben sowie Lehrende und Planende bei den Bildungsanbietern, die an Angeboten des Projekts „komma-NRW" beteiligt sind, mittels qualitativen problemzentrierten Interviews (vgl. Witzel 2000) befragt. Darüber hinaus nahmen Unternehmen aus der Region Braunschweig an der Befragung teil. In Folge der Beratung durch das IQ Landesnetzwerk Niedersachsen bieten diese Betriebe DaZ-Kurse im Rahmen des ESF-BAMF[5]-Programms für ihre ausländischen Mitarbeitenden an. An der Befragung haben Akteure aus fünf dieser Kurse teilgenommen. Aus Hessen hat sich ebenfalls ein Betrieb (aus Frankfurt am Main) an das Projekt angeschlossen. Aus den teilnehmenden 14 Betrieben aus den Branchen *Unterhaltsreinigung, Baugewerbe, Altenpflege, Immobilienservice, Gesundheitswesen, IT, Hotel-/Gaststättengewerbe* und *Fuhrgewerbe* wurden u.a. Reinigungskräfte, Bauarbeiter, Pflegepersonal, Busfahrer/innen und Ärztinnen/Ärzte befragt. An den fünf Standorten wurden insgesamt 90 qualitative Interviews durchgeführt.

Die Interviews wurden mit Hilfe der Grounded Theory ausgewertet (Strauss 2007). Mit Hilfe von qualitativen Interviews mit den Planungshandelnden in den Weiterbildungseinrichtungen, Verantwortlichen für die Weiterbildung in den Betrieben und mit den Lehrenden sowie mit den Beschäftigten/Kursteilnehmenden wurden die Anforderungen an und die Nachhaltigkeit von Angeboten und Lernkulturen im Bereich „Deutsch am Arbeitsplatz" erfragt. Dabei war darauf zu achten, wie die die Lernangebote rahmenden Lernkulturen am Arbeitsplatz und „near the job" in Betrieben aussehen. Lernkulturen werden hier verstanden als komplexe „Kulturen des Lehrens und Lernens, Planens, Disponierens und Partizipierens in Institutionen der Erwachsenenbildung im Modus institutionalformenspezifischer Praktiken, Deutungsmuster, Werte/Normen, Interaktionen/Rituale und Beziehungsstrukturen" (Fleige 2011: 15).

3. Ausgewählte Ergebnisse der Studie

In diesem Beitrag wird vor allem auf die Ergebnisse der Interviews mit den Verantwortlichen in den Betrieben eingegangen. Die Verantwortlichen in den Betrieben

durch Qualifizierung« (IQ) zielt auf die nachhaltige Verbesserung der Arbeitsmarktintegration von Erwachsenen mit Migrationshintergrund ab. Das Programm wird gefördert durch das Bundesministerium für Arbeit und Soziales, das Bundesministerium für Bildung und Forschung und die Bundesagentur für Arbeit.

5   Europäischer Sozialfonds, Bundesamt für Migration und Flüchtlinge.

betonen die Notwendigkeit der sprachlich-kommunikativen Kompetenzen im mündlichen wie auch im schriftlichen Bereich. Vor allem beim Kontakt mit den Kund/inn/en sowie bei der Kommunikation mit den Kollegen/innen spielt die mündliche Kommunikation eine große Rolle. Die schriftliche Kompetenz ist nicht nur bei den hochqualifizierten Arbeitnehmer/inne/n von großer Bedeutung, sondern wird auch im geringqualifizierten Sektor immer wichtiger, z.B. in der Pflege für die Anfertigung einer Pflegedokumentation oder etwa in einem Reinigungsunternehmen für das Verstehen von Arbeits- und Betriebsanweisungen.

Die Verantwortlichen in den Betrieben unterstreichen, dass die Stellen nicht anders als mit Arbeitnehmer/inn/en mit Migrationshintergrund zu besetzen wären. Als Nutzen erwarten sie durch die am Arbeitsplatz angebotenen Kurse für Deutsch-als-Zweitsprache eine Verbesserung nicht nur der innerbetrieblichen Kommunikation, sondern auch der Kommunikation nach außen mit dem Kunden.

Die Befragten in den Betrieben stellen fest, dass die Kurse des „komma-NRW"-Projektes sowie die hier untersuchten berufsbezogenen ESF-BAMF-Kurse passgenau auf ihren bestimmten/jeweiligen Betrieb zugeschnitten sind. Anforderungen an einen sehr guten und passgenauen Kurs sind aus ihrer Sicht, dass er vor allem individuell und arbeitsplatzbezogen gestaltet ist:

> *„Ja, ist auch ein ganz wichtiger Faktor, dass man diese ganzen Termine und Schulungen so versucht in diese ganze Arbeitswelt zu integrieren."*[6] (Gastronomie)

> *„Es werden Fachbegriffe dann auch ausgetauscht, und auch das Lehrpersonal kennt unseren Bereich nicht und dieses Berufsspezifische, das kriegt der von uns."* (Bauunternehmen)

Zudem spielt auch Flexibilität mit Blick auf die Dauer, den Beginn und den Zeitpunkt des Kurses eine enorme Rolle: *„dass wir als Einrichtung ganz genau sagen können, was wir brauchen und was wir wollen, und dass von Seiten der Dozentin wie aber auch von der Planenden, eigentlich alles, was da machbar ist und sinnvoll ist, auch angeboten werden konnte."* (Pflegeeinrichtung)

Außerdem betonen die Interviewten, dass die Kurse effektiver sind, wenn diese für kleine Lerngruppen angeboten werden und wenn der Betrieb im Verlauf des Kurses mit der Weiterbildungseinrichtung wie mit dem lehrenden und mit dem planenden Personal in einem permanenten Austausch steht. Der folgende Interviewauszug verdeutlicht diese Aspekte:

---

6   Diese wie die folgenden Interviewauszüge stammen aus den Interviews mit den Verantwortlichen in den Betrieben. Die Interviews wurden im Rahmen des Projektes „Arbeitsplatz als Sprachlernort" durchgeführt, transkribiert und ausgewertet.

„Was wichtig ist oder was schön ist, diese doch relativ kleinen Lerngruppen. Bei uns zu so einem Termin kommen zwischen 2 bis 6 Mann. Da kann der Lehrer natürlich auch sehr speziell auf den Einzelnen eingehen." (Gesundheitswesen)

Nach den Aussagen der Verantwortlichen in den Betrieben erfüllen die arbeitsplatzbezogenen Kurse, wie sie von den teilnehmenden Weiterbildungseinrichtungen im „komma-NRW"-Projekt sowie bei den hier untersuchten berufsbezogenen ESF-BAMF-Kursen angeboten und durchgeführt werden, diese Voraussetzungen eines guten sprachlichen Angebotes. „komma-NRW"-Kurse können jedoch im Vergleich zu den hier untersuchten berufsbezogenen ESF-BAMF-Kursen schneller starten, da sie in der Beantragung und Durchführung verwaltungstechnisch nicht so aufwändig sind.

Um die Nachhaltigkeit für die Weiterführung arbeitsplatzbezogener Kurse zu gewährleisten, ist es zunächst von der Seite der Betriebe wichtig, die Notwendigkeit solcher Kurse anzuerkennen. Die befragten Betriebe haben diese Bedarfe deutlich an die Weiterbildungseinrichtungen signalisiert, so dass viele von ihnen ihrerseits auf die Planenden mit der Frage nach einem Kurs zugegangen sind. Um die arbeitsplatzbezogenen Sprachkurse in den Betrieben etablieren zu können, muss jedoch eine Eingliederung dieser Kurse in das gesamte Fort- und Weiterbildungsprogramm gefordert werden.

„Also ich denke, es wird zunehmend in das gesamte Fort- und Weiterbildungsprogramm integriert werden. Einfach weil der Ärztemangel insgesamt, also nicht nur was unser Haus größer wird. Das wird weiter ansteigen und wir werden mittelfristig nicht nur im ärztlichen Bereich dieses Problem haben, sondern wir werden das auch in der Pflege bekommen." (Gesundheitswesen)

Die Ergebnisse der Befragung zeigen auf, dass der arbeitsplatzbezogene Sprachkurs ein Anfang zur Zweitsprachförderung in den Betrieben ist. Dieser muss jedoch um eine betriebliche Willkommenskultur gegenüber den Arbeitnehmer/inne/n mit Migrationshintergrund sowie weitere Maßnahmen wie Mentoring ergänzt werden. Die befragten Betriebe betonen die Notwendigkeit einer Person vor Ort, die für die Arbeitnehmer/inn/en als ein/e Ansprechpartner/in zur Verfügung stehen kann. Die Ansprechpartner/inn/en werden in den weiteren Interviews auch als Pat/inn/en oder Mentor/inn/en bezeichnet:

„Ganz wichtig, dass sie sich heimisch fühlen. Das ist bei uns zum Beispiel der Vorteil, also ich kümmere mich viel um sie. Wir haben auch einen [Mitarbeiter], der fast rund um die Uhr als Ansprechpartner für sie da ist, ob es jetzt private oder berufliche Probleme sind. Ganz wichtig, sie sind nicht nur zum Arbeiten hier. Und ich habe es sehr oft gehört, bei anderen Firmen teilweise kippt das hinten rüber. Die kümmern sich da nicht drum und die Mitarbeiter werden hier nicht glücklich, wenn die nur wie eine Maschine arbeiten sollen und dann nach Feierabend liegen gelassen werden." (Baugewerbe)

Es lassen sich einige branchenspezifische Tendenzen in diesem Bereich erkennen, die jedoch in den weiteren Untersuchungen vertieft und verifiziert werden sollen. So wird eine Ansprechperson zwar in jeder Branche erwünscht, die Möglichkeiten, diese in Betrieben einzuführen, sind jedoch nicht allein branchenspezifisch, sondern unterscheiden sich zusätzlich auch nach der Größe des Unternehmens. Zudem ist es wichtig zu betonen, dass das Einsetzen einer Ansprechperson ähnlich wie das Angebot der Sprachkurse für jeden Betrieb individuell und flexibel zu gestalten ist.

Eine branchenspezifische Auswertung der Ergebnisse ist aufgrund des relativ kleinen Samples nicht möglich. Allerdings sind einige Tendenzen zu erkennen, wie z.B. hohe Anforderungen an das Pflegepersonal hinsichtlich der schriftlichen Kompetenz, die in weiteren Untersuchungen vertieft werden sollen.

Die Ergebnisse der Untersuchung unterstreichen die Notwendigkeit solcher Maßnahmen wie arbeitsplatzbezogene Sprachkurse des „komma-NRW"-Projektes sowie Sprachkurse des ESF-BAMF-Programms zur berufsbezogenen Sprachförderung.

4. Ausblick und Empfehlungen

Die Ergebnisse des ASL-Projekts weisen auf signifikante und zukunftsträchtige Herausforderungen in Bezug auf die Professionalisierung der Lehrenden, der Planungshandelnden und der Bildungsanbieter als Institution hin. Sie kennzeichnen Entwicklungen in den Handlungspraktiken und -feldern von Lehrenden und Planenden, die nicht nur neue Kompetenzanforderungen an diese als professionell Handelnde stellen, sondern strukturelle Veränderungen für die Institution bedeuten. Der Anspruch, maßgeschneiderte, passgenaue und nachhaltige Zweitsprachenangebote am Arbeitsplatz anzubieten, verlangt nach neuen Akzenten in der Praxis der Programmplanung: Zum einen generieren diese die Fortbildungsbedarfe für das Weiterbildungspersonal, zum anderen stellen sie die existierenden Strukturen in Frage.

Die Untersuchungsergebnisse verdeutlichen jedoch, dass arbeitsplatzbezogene Grundbildung von den Betrieben als individuell, passgenau und nachhaltig beschrieben wird. Eine enorme Bedeutung erhält bei allen hier untersuchten arbeitsplatzbezogenen Sprachkursen die Bedarfsermittlung am Anfang des Kurses, denn erst an die gut durchgeführte Bedarfsermittlung kann ein guter Unterricht anschließen. Das bedeutet auch, dass diese Angebote in der Planung, Organisation und Durchführung einen sehr hohen zeitlichen Aufwand erfordern, der selbstverständlich kalkuliert sein muss. Darüber hinaus ist auch zu gewährleisten, dass die Arbeit der Dozenten den Anforderungen und der benötigten Expertise entsprechend honoriert wird.

Die Interviewauswertung zeigt folgende Tendenzen bei der Sicherung der Nachhaltigkeit auf:

- Sensibilisierung der Betriebe im Bereich „Deutsch am Arbeitsplatz",
- Eingliederung der arbeitsplatzbezogenen Sprachförderung in das gesamte Aus- und Weiterbildungssystem der Betriebe,
- eine lernförderliche Atmosphäre am Arbeitsplatz, die diesen auch nach Ende des Kurses zum Lernort macht,
- weitere Fortbildungen für das programmplanende und lehrende Personal im Bereich „Deutsch am Arbeitsplatz",
- Berücksichtigung des Zeitaufwandes bei der Bedarfsermittlung für die Planungshandelnden,
- Berücksichtigung des beträchtlichen Zeitaufwandes bei der Unterrichtsvorbereitung (Erstellung der Materialien) für das lehrende Personal,
- Notwendigkeit eines Dozentenpools, um die Kurse schnell und flexibel gestalten zu können,
- eine Ansprechperson (Pate, Mentor o.ä.) am Arbeitsplatz.

Die Ergebnisse des ASL-Projektes weisen auf eine große Bedeutung der kontinuierlichen Kontakte des programmplanenden Personals sowie der Lehrenden mit den Unternehmen hin, wie z.B. in Form von Akquisegesprächen, Auftragsklärungen, (Zwischen-) Auswertungen, Beratungen zu unterschiedlichen Fragestellungen von Mehrsprachigkeit im Betrieb (Sichtung und Überarbeitung von Dokumenten in „leichter Sprache", Sprachsensibilisierung für Vorarbeiter, etc.). All das erfordert kompetentes Personal, das die ganze Weiterbildungseinrichtung repräsentieren kann und darf und, nach Bedarf, auf weitere Weiterbildungsangebote hinweisen kann, die für die Firma von Interesse sein können.

Das Bewusstsein der öffentlichen Einrichtungen für die Entwicklung arbeitsplatzorientierter Grundbildungsangebote muss sich langfristig ändern und neben dem öffentlichen Auftrag etabliert werden. Wichtig wäre eine zielorientierte Öffentlichkeitsarbeit für die Weiterbildungseinrichtungen und eine Kooperation mit der Wirtschaft, um die im Projekt entwickelten Konzepte umzusetzen.

Literatur

Berg, Wilhelmine/Grünhage-Monetti, Matilde (2009): „Zur Integration gehört Spaß, Witz, Ironie, 'ne Sprache, die Firmensprache" – Sprachlich kommunikative Anforderungen am Arbeitsplatz. In: Deutsch als Zweitsprache 4/2009, 7–21.

Boutet, Josiane (2001): La part langagière du travail: bilan et évolution. In: langage et societé. H. 98, 17–42.

Dehnbostel, Peter (1998): Begleitforschung von Modellversuchen zwischen Praxisinnovation und Theorieentwicklung. In: Zeitschrift für Berufs- und Wirtschaftspädagogik, 94/2, 185–203.

Farrell, Lesley (2001): The "New Work Order": Workplace Education and the Textual Practice of Globalisation. In: Pedagogy, Culture and Society 2/1, 57–74.

Fleige, Marion (2011): Lernkulturellen in der öffentlichen Erwachsenenbildung. Münster.

Grotlüschen, Anke (2012). Literalität und Erwerbstätigkeit. In: Grotlüschen, Anke/Riekmann, Wibke (Hrsg.): Funktionaler Analphabetismus in Deutschland. Ergebnisse der ersten leo. – Level-One Studie. Münster, 135–166.

Grünhage-Monetti, Matilde (2009): Lernen am Arbeitsplatz – ein „intimes" Geschehen. In: DIE Zeitschrift für Erwachsenenbildung 2, 26–29.

Grünhage-Monetti, Matilde (2013): Warum Deutsch nicht dort fördern, wo es gebraucht wird? Am Arbeitsplatz. In: Efing, Christian (Hrsg.): Ausbildungsvorbereitung im Deutschunterricht der Sekundarstufe I. Frankfurt am Main, 191–215.

Illeris, Knud (2011): The Fundamentals of Workplace Learning. Padstow.

Illeris, Knud (2012): International Perspectives on Competence Development: Developing Skills and Capabilities. Routledge.

Kil, Monika/Mania, Ewelina/Tröster, Monika/Varga, Vesna (2011): Das Forschungsprogramm ‚Inklusion / Lernen im Quartier": Erfolg für Individuum und Gesellschaft. In: Weiterbildung. Zeitschrift für Grundlagen 6, 24–27.

Klein, Rosemarie/Reutter, Gerhard (2014): Arbeitsorientierte Grundbildung – Worüber reden wir? bbb Büro für berufliche Bildungsplanung. Dortmund.

Mania, Ewelina/Tröster, Monika (2014): Finanzielle Grundbildung - Ein Kompetenzmodell entsteht. In: Hessische Blätter für Volksbildung 2, 136–145.

OECD (2012). The OECD Programme for the International Assessment of Adult Competencies (PIAAC). Verfügbar unter www.oecd.org/piaac (Zugriff am 11.03.2015).

Öztürk, Halit (2009): Weiterbildung von Menschen mit Migrationshintergrund. In: Aus Politik und Zeitgeschichte 5, 24–30.

Schemme, Dorothea (2003): Wissenschaftliche Begleitung und Evaluation in Wirtschaftsmodellversuchen. In. BIBB (Hrsg.): BWP 6, 31–35.

Strauss, Anselm, L. (2007): Grundlagen qualitativer Sozialforschung. München.

Tröster, Monika (2000): Grundbildung – Begriffe, Fakten, Orientierungen. In: Tröster, Monika (Hrsg.): Spannungsfeld Grundbildung. Bielefeld, 12–27.

Tröster, Monika (2002): Berufsorientierte Grundbildung. Bielefeld.

Winther, Esther (2010): Systemorientierte Evaluation des Lernfeldkonzepts: Strategien für das berufliche Übergangssystem. In: Zeitschrift für Berufs- und Wirtschaftspädagogik 106/3, 427–442.

Witzel, Andreas (2000): Das problemzentrierte Interview. In: Forum: Qualitative Sozialforschung 1, Art. 22. www.komma-nrw.de.

Zimmer, Veronika (2013): „Deutsch am Arbeitsplatz" – Eine Fortbildungsreihe zur Zweitsprachförderung in Betrieben. Evaluation der Module I–III. Verfügbar unter http://www.deutsch-am-arbeitsplatz.de/fileadmin/user_upload/PDF/Evaluation_der_Module_I_bis_III_DaA_Fortbildungsreihe___1_.pdf (Zugriff am 26.05.2015).

Zimmer, Veronika (2013a): Anspruch und Wirklichkeit von Integrationskursen im Lichte erwachsenenpädagogischer Forschung. Verfügbar unter www.die-bonn.de/doks/2013-inklusion-01.pdf (Zugriff am 11.03.2015).

Zimmer, Veronika (2014): „Arbeitsplatz als Sprachlernort". Schlussbericht. Verfügbar unter http://www.komma-nrw.de/wp-content/uploads/2014/12/DIE_ASL_Schlussbericht_Kurzfassung-DEZ2014.pdf (Zugriff am 26.05.2015).

Zimmer, Veronika (2014a): Nutzenorientierte Zweitsprachförderung am Arbeitsplatz – möglich und gewünscht? Verfügbar unter http://www.die-bonn.de/id/31283 (Zugriff am 11.03.2015).

Zimmer, Veronika/ Grünhage-Monetti, Matilde (2014): German in the Workplace: Workplace Learning for Immigrant and/or Ethnic Workers. In: Universal Journal of Educational Research 2/8, 554–560.

Ulrike Pospiech (Duisburg-Essen)

Laborbuch & Co.
Vom Nutzen des Schreibens für das Denken

Abstract A lab book is a real time record of the work in a laboratory, allows other persons to perform an experiment and is the basis for publishing papers or patent devices. The written record supports team work and helps to remember all the critical details which appear during the weeks, months or years of an experiment. As well lab book writing should be a means of thinking for the writer: A list of numbers will be useless if not associated with the description of what and why.

How to illustrate the skill of writing notebook to a group of students or scientists, who have to work as a team? How to convince them to spend time in handwriting-work to gain a complete, legible, thorough lab notebook ? – The „Textwerkstatt" as an example for teaching academic writing gives instructions to reflect the individual writing-practice and develops reasons as well as ways to organize the text, in order to find a good practice-solution, which is evident for the group.

1. Einleitung

„Durch die Eröffnung der sprachlichen Parallelspur entsteht ein Laboratorium, in dem die Sprache den Gedanken auf die Sprünge helfen kann, indem sie dazu beiträgt, daß Gedanken stehen und besser werden." (Ortner 2000: 72).

Zum Denken als der „spezifisch menschlich[en] Fähigkeit zur Erfassung von Wirklichkeit, der problemlösenden Daseinsbewältigung, Erkenntnis von Möglichkeiten" gehört laut Definition einer Enzyklopädie „das vorsätzliche Bemühen, [...] Gegenstände zu finden, zu erfassen, zu erkennen, zu verstehen, zu unterscheiden, sie einzuordnen, zu beurteilen und als Themen zu behandeln" (Brockhaus Wissensservice 2014). Inwiefern bei diesem Bemühen das Schreiben förderlich sein kann, soll im Folgenden beleuchtet werden, ist doch die Fähigkeit zur „Repräsentanz von Ereignissen oder Informationen durch ikonische Systeme (Sprache, Schrift, Zeichen, Bilder, Handlungen)" (ebd.) definitorische Komponente des Denkens.

Schreiben, die Textproduktion als „zerdehnte Sprechsituation", gekennzeichnet durch „Überwindung der Dialektik sinnlicher Gewißheit, die Überwindung der Flüchtigkeit sprachlichen Handelns im Wahrnehmungsraum" (Ehlich 1983: 542), verlangt es, Vorwissen zu aktivieren und relevantes zusätzliches Wissen zu rezipieren, dabei zu entscheiden, was jeweils als relevant zu gelten hat oder als bekannt vorausgesetzt werden darf. Ziel der Bemühungen ist es, Wissen zu dokumentieren – in dem Bewusstsein, dass dabei neues Wissen entsteht. Die für diese Entscheidung benötigte Zeit bzw. der Abstand zur sinnlichen Wahrnehmung wird durch die Zerdehnung möglich und bietet dem Denken Raum – dem Nach-Denken bzw. der Reflexion, dem Voraus-Denken bzw. der Planung wie auch dem Mit- und Weiter-Denken bzw. dem Kommentar.

Dass die so skizzierte problemlösende Funktion des Schreibens sich auch in vermeintlich wenig distanzierten protokollierenden Texten zeigt und zeigen sollte, soll im Folgenden am Beispiel des Laborbuchs veranschaulicht werden. Das Laborbuch als fachliche Verpflichtung, vor Ort zu dokumentieren, ist nicht einfach als Container für Inhalte, sondern als Denkwerkzeug zu begreifen.

2. Das Laborbuch als Spezialfall des protokollierenden Schreibens

Die Bezeichnungen *Laborjournal, Laborkladde, Labortagebuch* und *Laborbuch* betonen, dass es sich um täglich geführte Protokolle der Arbeit im Labor handelt, die als Ereignisprotokolle (im Unterschied zu Kommunikationsprotokollen, die sich auf Sitzungen und Meetings beziehen) forschende Tätigkeiten begleiten.

> „Für die Forschenden ist das Labor ein Kontext, in dem sie eine gewisse Zeit verbringen –
> ein Kontext, aus dem sie Reputation gewinnen können und in dem sie ein Stadium ihrer
> Karriere, für die meisten beschränkt auf die Dauer von zwei bis vier Jahren, vollenden."
> (Knorr-Cetina 2002: 312 f.)

Im Alltagsverständnis ist *Labor* ein Raum, in dem sich Geräte befinden, mit deren Hilfe Experimente durchgeführt werden, dies ist eine[1] mögliche Auffassung naturwissenschaftlich-empirischen Arbeitens:

---

1 „Das Laboratorium in unserem wissenschaftlich-technischen Verständnis entwickelte sich aus den Studierstuben von Gelehrten und aus den Handwerkstätten etwa der Färber und Goldschmiede. Die ersten Laboratorien im heutigen Sinne plante um 1600 der deutsche Chemiker Andreas Libavius, wie Sie z.B. in www.britannica.com nachlesen können. Je weiter indessen unser Buch über die Chemie und die experimentellen Wissenschaften hinaus drang, desto deutlicher wurde, dass der Begriff *Laborbuch* zu kurz greift. Für weite Bereiche der deskriptiven Naturwissenschaften ist das Wahrnehmen von Gestalt und Beziehung, das Beobachten und Beschreiben des Seienden, ein geeignetes und ausreichendes Mittel, um Gesetzmäßigkeiten in der Natur zu erkennen. Erst wenn der Naturwissenschaftler bestimmte Einflussgrößen (Variable) willkürlich verändert und Bedingungen schafft, die so in der Natur nicht vorgekommen wären, wird er im engeren Sinn zum Experimentator. Zur Beobachtung ‚im Feld' passt aber der

„Wenn Sie eine labor- oder geländepraktische Untersuchung durchführen, halten Sie
die jeweils gewonnenen Einzeldaten natürlich nicht auf Zetteln einer wachsenden Lo-
seblatt-Sammlung fest, sondern tragen sie in ein akribisch zu führendes Protokollbuch
ein. Dieser fallweise auch als Laborjournal, Labortagebuch oder Feldbuch bezeichnete
Informationsträger ist ein für den Nachvollzug Ihres Arbeitens gänzlich unentbehrliches
Dokument." (Kremer 2010: 11)

Eintragungen ins Laborbuch erfolgen „unmittelbar – ‚in Echtzeit'" (Ebel/Bliefert/
Greulich 2006: 18) und handschriftlich (ebd.), sie begleiten den Forschungsprozess – wie eng, mag die Tatsache verdeutlichen, dass das 1984 versteigerte Laborbuch Marie Curies bis heute radioaktiv ist (Kulke 2011). In ihrer speziellen
zeitlichen Fixierung („Gleichzeitigkeit" – Brinker/Cölfen/Pappert 2014: 145) dienen Laborbücher als „auxiliare Textsorten der innerfachlichen wissenschaftlichen
Kommunikation" (Kretzenbacher 1998: 493) der Dokumentation wissenschaftlicher Forschung:

„Das Laborbuch ist ein Tagebuch des experimentierenden Naturwissenschaftlers (Labortagebuch) – vielleicht nicht sein einziges, aber sein wichtigstes. Im Gegensatz zu anderen
Tagebüchern kann dieses in der Regel nicht als persönliches Eigentum betrachtet werden,
das man beliebig vor fremdem Einblick schützt." (Ebel/Bliefert/Greulich 2006: 16).

Das Laborbuch, ein Notizbuch mit hartem Einband, ist Eigentum des Labors bzw.
der Firma, Institution oder Arbeitsgruppe, innerhalb derer die experimentelle
Arbeit stattfindet, und wird geführt, um spätere Publikationen vorzubereiten und
bei Nachfragen nachvollziehbar antworten zu können. Authentizität, Zugänglich-
keit, Reproduzierbarkeit (Zauner 2014) und Beweiskraft sind in diesem Zusammenhang zentrale Funktionen des dokumentierenden Schreibens, entsprechend
wird in der Denkschrift „Sicherung guter wissenschaftlicher Praxis" der Deutschen
Forschungsgemeinschaft (DFG) in Empfehlung 7 „Sicherung und Aufbewahrung
von Primärdaten" festgehalten:

„Ein wissenschaftliches Ergebnis ist in aller Regel ein komplexes Produkt vieler einzelner Arbeitsschritte. […] Primärdaten als Grundlagen für Veröffentlichungen sollen auf
haltbaren und gesicherten Trägern in der Institution, wo sie entstanden sind, zehn Jahre
lang aufbewahrt werden. […] Experimente und numerische Rechnungen können nur
reproduziert werden, wenn alle wichtigen Schritte nachvollziehbar sind. Dafür müssen
sie aufgezeichnet werden." (DFG 2013: 21f.)

Begriff *Laborbuch* schlecht. Das Gegenstück zum Laborbuch ist in den beschreibenden
(deskriptiven) Wissenschaften das *Protokollbuch*. Darin halten beispielsweise Bio- und
Geowissenschaftler ihre Befunde fest, darin führen sie ihre statistischen Auswertungen
aus." (Ebel/Bliefert/Greulich 2006: 17).

Das Laborbuch ist als Ereignisprotokoll Teil eines Textsortennetzes, „ein ‚Prä-Text' als Grundlage wissenschaftlicher Äußerungen in den empirisch arbeitenden Disziplinen" (Kretzenbacher 1998: 497), und fungiert im Arbeitsprozess zunächst als interner Gebrauchstext:

> „[B]etriebsbedingte Textsorten, darunter Exzerpte, Notizzettel, Laborkladden, Feld- und Beobachtungstagebücher oder Vortragsmanuskripte, sind in erster Linie ‚extracerebrale Gedächtnisse' für den zunächst nur persönlichen Gebrauch." (Kremer 2010: 41)

Als solches ist es zunächst Dokument der eigenen Arbeit, des Handelns und der Abläufe im Labor und in dieser Typisierung der vorbereitenden Mitschrift ähnlicher als dem Meetings und Sitzungen flankierenden Protokoll, das dazu dient, „Gespräche in knapper und systematischer Form zu fixieren und damit als gemeinsame Wissensbasis für alle Beteiligten verbindlich zu dokumentieren" (Moll 2003: 7). Das Mitschreiben „impliziert [...] nicht nur, dass man einzelne verstandene Informationen notiert. Es impliziert auch, dass diese Informationen in ihrem Zusammenhang erfasst werden" (Steets 2003: 53) und erfordert ein qualifiziertes Mitdenken und „die Fähigkeit, das Gehörte (und Gesehene) unter permanentem Zeitdruck produktiv mental zu verarbeiten und das Ergebnis auf den Punkt gebracht zu formulieren" (Jakobs 2009: 2380). Während die Mitschrift parallel zum Gesprächs- bzw. Sitzungsverlauf erstellt wird und der Protokollant nur im Ausnahmefall in der Sitzung selbst Gesprächsbeiträge liefert, damit er sich auf das Geschehen einlassen kann, ist der Forscher im Labor derjenige, der direkt im Anschluss an sein Experiment vor Ort sein Handeln und das von ihm Beobachtete dokumentiert, um dies später zu publizieren.

Das Laborbuch dokumentiert also sowohl die Arbeit im Labor als auch den Erkenntnisprozess. Es dient sowohl als Gedächtnisstütze bei der Planung, Durchführung und Auswertung von Experimenten als auch der Dokumentation des Handelns und Denkens. Das Schreiben ist verbindlich und unmittelbar, es findet vor Ort, im Labor, statt und hat die Funktion, die experimentelle Arbeit zu verbalisieren, sprachlich zu fassen, um Entwicklungen und Ereignisse zu begreifen und zu erläutern. In diesem Kontext sind nicht wie bei einem Sitzungsprotokoll Gesprächsbeiträge anderer – verbale Daten – zu notieren (zu reduzieren und/oder zu reformulieren), sondern eigene Beobachtungen und Schlussfolgerungen – nonverbale Daten – zu produzieren und zu formulieren. So wird das Laborbuch zum Werkzeug des Verstehens, des vorausgehenden Strukturierens wie des rekapitulierenden Interpretierens, etwa durch das Benennen und das damit verbundene Zuordnen von Beobachtungen. Auf diese Weise macht es den direkt oder indirekt Beteiligten die Rekonstruktion von Denk- und Erkenntnisschritten möglich:

„Am 13. Juli [1898, up] findet man in dem Laborheft von der Hand Pierre Curies die erste Notiz, in der die Abkürzung ‚Po' vorkommt. So haben die beiden das neue Element benannt: ‚Nach einigen Monaten gelang es uns, von der Pechblende eine Begleitsubstanz des Wismuts abzusondern. ... Im Juli 1898 gaben wir die Entdeckung dieser Substanz bekannt, die ich zu Ehren meiner Heimat Polonium nannte', schrieb Marie später in ihrer Autobiographie." (Röthlein 2013: 32)

Das Schreiben hilft dabei, neues Wissen zu gewinnen: Das Dokumentieren von beispielsweise Messungen, verbunden mit dem Kommentieren der Ergebnisse, liefert Erkenntnisse. Wesentlich dabei ist nach Rheinberger die „Redimensionalisierung" (2006: 352) des Experiments im Laborbuch. Das in der Welt (dreidimensional) Wahrgenommene wird zu Papier gebracht, wobei das in Raum und Zeit angeordnete Experiment strukturiert werden muss. Hier bieten sich Optionen:

„Die Reduktion auf die Fläche fördert die Erkundung neuer Ordnungs- und Anordnungsmöglichkeiten: Reihenergebnisse können simultan dargestellt werden, temporale Beziehungen als räumliche Relationen. In einem etwas anspruchsvolleren Sinn produziert ein Laborprotokoll Verdichtungseffekte. Solche Verdichtungen können verschiedene Grade durchlaufen, wobei – je nach Datenordnung und Datenkompression – neue Muster wahrnehmbar werden." (Rheinberger 2006: 352 f.)

Es gilt, den objektiveren Weg (subjektiver) Beobachtungen so darzustellen, dass Wissen entsteht: Strukturierung, aber auch Begriffsbildung, Schlussfolgerungen, Annahmen und Anmerkungen – wie etwa der Eintrag Marie Curies: „Zwei Uranverbindungen, die Pechblende und der Chalcolith, sind weit aktiver als das Uran selbst. Diese Tatsache führt zu der Annahme, daß diese Mineralien möglicherweise ein Element enthalten können, das weit aktiver ist als Uran." (Hartl 1979: 43) – begleiten den Prozess wissenschaftlicher Erkenntnisbildung.

„Die Gewinnung und Systematisierung von Kenntnissen der fachlichen Realität steht im Mittelpunkt des Denkens. Dies schließt das Bestimmen von Naturkonstanten, das Erkennen grundlegender Eigenschaften der Materie, die Ableitung von Gleichungen, Algorithmen, Modellen und deduktiven Theorien bzw. die Entdeckung objektiver Naturgesetze ein. Dabei spielt das Kausalitätsprinzip eine entscheidende erkenntnistheoretische Rolle." (Baumann 2009: 2246)

Zusammenhänge werden hergestellt, das Denken in Worte gefasst. Die Beispiele machen deutlich, warum in einem Laborbuch über Formeln, Zahlenreihen und Messprotokolle hinaus auch in Sprache formuliert wird, werden muss. Die Eintragungen ins Laborbuch unterstützen den schreibenden Denk-Prozess und bereiten die spätere Präsentation der Erkenntnisse vor: „In einer Publikation über diese Entdeckungen benutzte Marie Curie erstmals den Begriff ‚radioaktiv', um die neue Strahlung zu beschreiben." (Hagmann/Rehn 2011). Die Bedeutung des In-Worte-Fassens als sprachliches Begreifen wird an Analogien und Metaphern

deutlich, die genutzt werden, um primäre Erkenntnisse bzw. Interpretationen
festzuhalten:

> „Metaphern können nun als diejenige Form der Ähnlichkeitsklassifikation bezeichnet
> werden, die größte Distanz zwischen den beteiligten konzeptuellen Objekten beinhal-
> tet. Im Falle der Metapher ist es somit absurd oder falsch, den Vergleich *wörtlich* zu
> nehmen. Das primäre Erkennen ,erkennt' ein Geschehen als bestimmtes Geschehen.
> Die Interpretation klassifiziert ein Geschehen als Fall eines ,in Wirklichkeit' anderen
> Geschehens. Metaphern klassifizieren Ereignisse als ähnlich, aber *nicht wirklich* gleich.
> [...] Erst recht schaffen natürlich interpretative und metaphorische Klassifikationen keine
> Ähnlichkeitsbeziehungen, die hinsichtlich der ursprünglich implizierten Distanz nicht
> geändert werden könnten." (Knorr-Cetina 1991: 96)

Und so liegt es auf der Hand, dass über Ziel, Aufbau und Verlauf sowie Deutungen
eines Experiments hinaus Lesehinweise oder Verweise auf andere Experimente
festgehalten werden sollten. Diese Zusatzinformationen machen das Laborbuch –
zusammen mit Annahmen, Schlussfolgerungen, Analogien, Metaphern, Interpretationen und Kommentaren – zu einem Denkwerkzeug:

> „Laborbücher sind die Keimzellen der naturwissenschaftlichen Literatur. Ihr Wert lei-
> tet sich aus ihrer Authentizität und Unverwechselbarkeit ab. Im Laborbuch notiert der
> sorgfältige Naturwissenschaftler – der immer ein guter Beobachter ist – auch flüchtige
> Erscheinungen, die im Augenblick nicht bedeutsam sein mögen, sich aber später als
> der eigentliche Erkenntnisgewinn eines Experiments erweisen können." (Ebel/Bliefert/
> Greulich 2006: 16)

Laborbücher sind Eigentum des Labors und müssen dort[2] archiviert werden, nicht
zuletzt, um sie vor Manipulation zu bewahren. Fehlinterpretationen oder nicht
reproduzierbare Ergebnisse – Zauner (2014:18) spricht von einer „Reproduzier-
barkeits-Malaise" – sind ein Problem, das sich als Schreib-Problem im Kontext
der Textvernetzung erklären lässt.

> „Der größte Fehler, der selbst von erfahrenen Wissenschaftlern gemacht wird, besteht
> darin, dass man Labornotizen anfertigt, die schwer zu verstehen sind. Selbst der Autor eines
> solchen Laborbuchs kann seine eigenen Notizen nach einigen Jahren nicht mehr verstehen,
> weil die Eintragungen unklar und die Beschreibungen unvollständig waren. Gewöhnt man
> sich an, ganze Sätze aufzuschreiben, verhindert man unvollständige Beschreibungen. [...]

---

2   Dazu die in diesem Punkt konkretisierte Empfehlung aus der Denkschrift der DFG: „In
    der Regel verbleiben die Originaldaten und -unterlagen am Entstehungsort; es können
    aber Duplikate angefertigt oder Zugangsrechte bestimmt werden. In renommierten La-
    bors hat sich die Regel bewährt, dass der komplette Datensatz, der einer aus dem Labor
    hervorgegangenen Publikation zugrunde liegt, als Doppel zusammen mit dem Publikati-
    onsmanuskript und der dazu geführten Korrespondenz archiviert wird." (DFG 2013: 22).

Ein Maß für wissenschaftliche 'Wahrheit' erhält man, wenn andere Personen ein Experiment reproduzieren können. Ein gutes Laborbuch enthält alles, was gemacht wurde und ermöglicht Ihnen oder auch einer anderen Person, das Experiment in genau der gleichen Weise später zu wiederholen." (Harris 2014: 39)

Dennoch sind Datenfälschung und -erfindung Vorkommnisse wissenschaftlichen Fehlverhaltens, die mit Rückgriff auf Laborbücher als Originaldokumente untersucht werden können. Im Zusammenhang mit der von Ebel/Bliefert/Greulich (2006: 23) erwähnten „Baltimore-Affäre" als Fall der „Fälschung in der Wissenschaft" (Roth 1992, siehe auch Fischer 2000) wurde das Problem des Umgangs mit Laborbuchaufzeichnungen öffentlich diskutiert. Arturo Casadevall, Mikrobiologe am New Yorker Albert-Einstein-College, hat ermittelt, dass im Jahr 2007 wegen Betrugs 93 Studien zurückgezogen wurden (Ordine 2014: 160). Aus seinen Untersuchungen ergeben sich weitere Belege:

„Von 2047 wissenschaftlichen Artikeln aus dem Gebiet der Biomedizin, die in der Literaturdatenbank Pubmed seit 1973 als 'Widerruf' gemeldet sind, waren nur etwas mehr als ein Fünftel auf einen 'echten' Fehler oder Irrtum zurückzuführen. Zwei Drittel hingegen waren wissenschaftliches Fehlverhalten: Betrug, mehrfache Veröffentlichung derselben Ergebnisse oder Abschreiben." (Goldhahn 2015)

Das Laborbuch ist also Arbeits-, Denk- und *Beweis*mittel, als solches kann es Zeit überwinden und eine wissenschaftliche Entdeckung festhalten, bis sie von der Scientific Community wissenschaftlich eingeordnet werden kann. Dies lässt sich am Beispiel des Nobelpreisträgers Daniel Shechtman (2011) veranschaulichen, der bereits 1982 Quasikristalle entdeckt hatte, die nicht den grundlegenden Gesetzen der Kristallographie entsprachen. Er selbst hatte „drei Fragezeichen hinter seinen Laborbucheintrag gemacht, nachdem er am Morgen des 8. April 1982 eine Legierung aus Aluminium und Mangan untersucht hatte. […] In der wissenschaftlichen Community war die Skepsis so groß, dass Shechtmans Paper postwendend abgelehnt wurde und sein eigener Chef ihm nahe gelegt hat, die Arbeitsgruppe zu verlassen, um sie nicht weiter zu blamieren. Erst zweieinhalb Jahre später konnte Shechtman – nun unterstützt von drei Kollegen – seine Ergebnisse publizieren." (Pfalz 2011: 7). Die drei Fragezeichen – ein Zeichen der schriftlichen Spontanität, ein Emoji der Handschrift, ein Hinweis auf die Skepsis gegenüber der eigenen Wahrnehmung, ein Symptom dafür, dass „Wissenschaftler im Labor ihre Entscheidungen und Selektionen ständig auf die vermutliche Reaktion bestimmter Mitglieder der Wissenschaftlergemeinde, die als 'Validierende' in Frage kommen, beziehen, ebenso wie auf die Politik der Zeitschrift, in der sie zu publizieren vorhaben" (Knorr-Cetina 1991: 29).
    Domänenbezogene Spezialitäten müssen jedoch – und das belegt das Beispiel ebenso – kein Hinderungsgrund sein, die Beobachtung in gemeinschaftlicher

Zusammenarbeit weiterzuverfolgen. Das Laborbuch ist Hilfsmittel des „praktischen Räsonierens" (Knorr-Cetina 1991: 50) im Labor, ist Teil eines Diskurses und kann wie ein Gespräch im Labor als Medium der „allmählichen Verfertigung der Gedanken" (Kleist 1805) begriffen werden. Als Dokumente einer durch ein fachliches Erkenntnisinteresse geprägten Praxis begleiten und repräsentieren Laborbücher die gemeinsame Arbeit einer Forschergruppe, so entstehen domänenspezifische Textsortencharakteristika:

> „Literale Techniken tradieren Elemente einer Laborpraxis, die sich unter bestimmten lokalen Bedingungen als erfolgreich erwiesen haben und doch nicht verallgemeinert werden können – oder es gar nicht sollen, da sie zu einer bestimmten Laboridentität beitragen, in der alle Neuankömmlinge sozialisiert werden." (Rheinberger 2006: 360)

Es gibt also in Bezug auf die Praxis des in den Forschungsprozess integrierten Schreibens alltägliche Deutungsmuster im Sinne eines Commonsense, der als gesellschaftliche Routine dem Einzelnen ein „fraglos sicheres und [der] Umwelt angepaßtes Handeln" (Feilke 1993: 8) ermöglicht. Das in der Praxis erworbene Commonsense-Textwissen ist zumeist implizit, bewährt sich in der Praxis und ermöglicht das Handeln. Und so gilt – auch aus Sicht der Schreibdidaktik: „Die Qualität eines Textes lässt sich […] nur in Bezug auf die Angemessenheit an die pragmatische Funktion, nicht anhand isolierter Textsortennormen beschreiben." (Fix 2006: 33)

Dieser Streifzug durch linguistisches, soziologisches, historisches Wissen und schreib-praktische Tipps der Ratgeberliteratur zur Textsorte *Laborbuch* führt vor Augen, wie facettenreich der Gegenstand ist bzw. sein kann und betrachtet werden sollte. Auch macht er anschaulich, dass Schreibende nicht nur Leitlinien, sondern auch Argumente benötigen, die nachvollziehbar machen, warum das Laborbuch als Form der handschriftlichen Dokumentation in Echtzeit auch im Zeitalter der Clouds, Tablet-Computer und Multitasking-Fähigkeiten nicht als Anachronismus gelten sollte. Und es wird deutlich: Ohne eine Praxis, ohne ein Beispiel oder einen Handlungszusammenhang ist schwer vorstellbar, wie nun genau ein Laborbuch zu führen ist.

An dieser Stelle wird der Aspekt einer gemeinsamen Forschungsexploration der Textsorte *Laborbuch* und das schreibende Denken bedeutsam: Diese erfolgt als Nachdenken über die Gestaltung von Laborbüchern im Rahmen einer Textwerkstatt.

3. Das Laborbuch als Gegenstand einer Textwerkstatt

Textwerkstätten werden im Rucksack-Prinzip an Forschungsgruppen, Praktika oder Lehrveranstaltungen angelagert und in Zusammenarbeit mit dem/der

Lehrenden vorbereitet. Ziel ist es, mit Blick auf ein für die Gruppe verbindliches Textmodell zu veranschaulichen, welchen Sitz im Leben der zu verfassende Text hat, d.h., nachzuvollziehen, wie er als Repräsentant einer Textsorte funktioniert, in welchem Textsortennetz er steht und welche Funktion das Schreiben in diesem Kontext übernimmt.

Die Arbeit in einer Textwerkstatt ist mit der Arbeit im Labor durchaus vergleichbar: Bezogen auf ein Untersuchungsziel sollen konkrete Exemplare beobachtet werden, um (Einzel-)Beobachtungen zu systematisieren, (subjektive) Erkenntnisse sprachlich zu formulieren, zu dokumentieren und in der Gruppe zu diskutieren, d.h. Gedankengänge, Interpretationen, Deutungen, Zusammenhänge und Schlussfolgerungen nachvollziehbar zu machen.

Dass die alltägliche Praxis Fragen zur Textsorte *Laborbuch* aufwirft, zeigt sich in folgendem Blog-Beitrag, der die Frage „Muss man viel im Labor sein, beim Chemiestudium auf Lehramt?" beantwortet:

> „Du bekommst ein schönes Skript mit den ganzen Experimenten drinne, diese musst du dann in dein Laborbuch übertragen. Allerdings wird dir nur die Durchführung beschrieben, den Rest musst du selber herausfinden (Reaktionsgleichung, GHS-Gefahrstoffkennzeichnungen, Fragen & Antworten etc.)." (LikEaStar94, 2015)

Das Laborbuch wird unmittelbar im Zusammenhang mit der Laborarbeit erwähnt, als eine Art Abschrift (eines „schönen Skripts") und eine Art Berichtsheft, das von „qualifizierten Leuten" zu unterschreiben ist. Diese Typisierung eines Studierenden für einen potentiellen Studienanfänger stellt eine nach den bisherigen Überlegungen neue Vernetzung her, die sich aus der Lehr-Lern-Situation ergibt. Wenn Versuche im Anschluss an die Lektüre schriftlicher Anleitungen erfolgen, kann bzw. muss das Anfertigen von Labornotizen als Sekundärtext, als mehr oder minder anspruchslose Überflüssigkeit erscheinen – je „schöner" das vorangegangene Skript, umso mehr. Der Lerneffekt, der sich ergibt, weil planende Überlegungen (einer anderen Person, der Lehrkraft) in dieser vermeintlichen Abschrift in den eigenen Horizont (des der Lernenden) überführt werden und darüber hinaus mit den Schritten der Durchführung und Beobachtungen sowie Deutungen angereichert werden, kommt nicht an. Der Wert des Abschreibens als Handarbeit für die eigene Kopfarbeit, die Bedeutung der – das Handeln begleitenden, von eigenen Beobachtungen angereicherten – Abschrift als Denkanleitung und Gedächtnisstütze wird in der Praxis des Studienalltags ebenso wenig erkannt wie seine Bedeutung für die Aneignung der Fachsprache. Der Zusammenhang, in dem dieses Alltagsverständnis das Laborbuch aus der praktischen Erfahrung heraus platziert, ist nicht nur nicht deckungsgleich mit dem in Kapitel 2 konturierten, sondern die dem Laborbuch vorgeordnete schriftliche Anleitung verursacht zudem eine verzerrte Wahrnehmung bzw. sogar eine Verzerrung der Schreibfunktion.

Die Wahrnehmungen und Erklärungen der alltäglichen Praxis erfolgen aus einer bestimmten Perspektive heraus aufgrund von Erfahrungen, wie die folgende Antwort auf die Frage nach dem „Unterschied zwischen Versuchsprotokoll und Laborbuch" zeigt:

> „Das Laborbuch ist eine Dokumentation der wissenschaftlichen Arbeit, dort protokolliert man Experimente und ergänzt sie mit Ideen und Kommentaren. Also eine Art tägliche Mitschrift. Eine genaue Beschreibung findest du bei Wikipedia nicht unter ,Laborbuch', sondern unter ,Laborjournal' [...] Das Versuchsprotokoll ist eine Aufzeichnung der einzelnen Versuchsdurchführung [...]. Versuchsprotokolle dienen in der Forschung dazu, eine Nachprüfung durch andere Forscher zu ermöglichen, daher werden sie im Rahmen eines Biologie-, Physik-, Chemie- oder Medizinstudiums zu Übungszwecken angefertigt." (Johannes_M./Leonie1990 2014)

In dieser Antwort wird ein Vergleich zur Mitschrift gezogen – einer (Sekundär-) Textsorte, die das Zuhören in Vorlesungen und Seminaren unterstützen soll, im Kontext der Laborarbeit aber – ohne den der Situation des Schreibens beim Hören inhärenten Zeitdruck – ihr Potential des Mit- und Weiterdenkens entfalten kann: Nicht unbegründet wird das Laborbuch also als „eine Art Mitschrift" typisiert. Die Abgrenzung von Laborbuch und Versuchsprotokoll erfolgt, indem auf zwei Artikel aus Wikipedia verwiesen wird, *Laborjournal* und *Versuchsprotokoll,* die dort jedoch nicht aufeinander bezogen sind. Die Synonymie der Textsortenbezeichnungen *Laborbuch* und *Laborjournal* wird erwähnt und quasi als gegeben hingenommen, ebenso wie es gegeben erscheint, dass ein zweiter Wikipedia-Artikel eine zweite Textsorte definiert. Damit wäre zunächst alles geklärt, würde Google nicht zu derselben/der gleichen (?) Frage an anderer Stelle folgende Überlegungen nebst Feedback und Kommentar zeigen:

> „Für mich ist ein Versuchsprotokoll die ordentliche schriftliche Aufarbeitung eines zuvor durchgeführten Experimentes. Hier wird sowohl die Theorie, der Messaufbau, die Messdurchführung sowie die Ergebnisse präsentiert und ausgewertet. Ein Laborbuch führt man im Labor, bzw. auch für verschiedenen Messsysteme. Da werden Details zu Messungen, etc. handschriftlich notiert um später noch zu wissen, wann wer was gemacht hat.

> danke für deine antwort. also kann man sagen das die daten aus laborbuch wie die messreihen usw. in den versuchprotokoll einfliessen

> Das würde ich so sagen. Also Ja.

> Das wird wohl jeder anders definieren oder empfinden. Zumindest glaube ich, dass es da keine richtige Definition für gibt. Ich würde sagen, dass ein Versuchsprotokoll genau einen Versuch beschreibt, d.h. Parameter, Durchführung, Ergebnisse, Interpretation.

Ein (persöhnliches) Laborbuch hingegen fasst alle Arbeiten zusammen, die man macht. Ein Laborbuch enthält für mich also mehrere Versuchsprotokolle." (Marina_B/reobase/ stwe 2014)

Die kleine Diskussion belegt Denkschritte, die den Einzelnen in seiner Praxis begleiten, während er sich (s)ein Textsortenwissen erschreibt (und dass eine solche individuelle Aneignung bezogen auf vergleichsweise klar konturierte sprachliche Normen wie Orthographie – medial bedingt – durchaus auch lange Wege bis zum Erfolg in Kauf zu nehmen hat). Offenbar wird zugleich eine weitere Sicht der Praxis bezogen auf das Schreiben von Textsorten: die „für mich ist"- bzw. „das wird wohl jeder anders definieren und empfinden"-Auffassung. Zu befürchten steht, dass auch hier ein langer Weg einzuplanen ist, bis sich die Schreibfunktion in der von den Textsorten vorstrukturierten Weise etabliert.

Der Blick in die Foren ist lehrreich: a) Die Funktion des Laborbuchs ist nicht selbstverständlich. b) Wer sich via Google informiert und sich nicht mit der ersten gefundenen Lösung zufriedengibt, ist unter Umständen ahnungsloser als zu Beginn der Recherche, denn das weltweite Netz bildet in der ihm eigenen Weise quer über Domänen und Perspektiven verlaufende Commonsense-(Miss-)Verständnisse ab, die es durchaus erschweren, die eigene Praxis einzuordnen. c) Die Erfahrungen im Kontext einer Domäne beeinflussen die persönliche Typisierung eines Textsortennetzes ebenso wie die einer Schreibfunktion.

Hier setzen Textwerkstätten an, indem sie Lern- bzw. Arbeitsgruppen darin unterstützen, sich die Facetten ihres Textsortenwissens bewusst zu machen, sich die Funktion des Schreibens mit Blick auf die domänenspezifische Interpretation einer Textsorte vor Augen zu führen, persönliche Einschätzungen, Beobachtungen, Lösungen zu diskutieren und für den gegebenen Kontext Textsortencharakteristika zu definieren. Die gemeinsame Arbeit in der Textwerkstatt will implizite Aneignungsstrategien bewusst machen und explizieren: So wird ein Nachdenken über die eigene Praxis des Schreibens angeregt.

Grundsätzlich ist zwischen anleitenden Textwerkstätten, die sich an Novizen wenden und sie auf das Schreiben eines Textes einer für sie neuen Textsorte vorbereiten sollen, und begleitenden Textwerkstätten, die sich an Experten wenden, zu unterscheiden. Dennoch gibt es für die Konzeption einer Textwerkstatt verallgemeinerbare Charakteristika.

1. Die Textwerkstatt wird auf Initiative der Praxis konzipiert, d.h., Praktiker wenden sich an einen Schreibberater, der als Experte für Texte und für Sprache hinzugezogen wird. Im vorbereitenden Gespräch wird das Praxis-Verständnis der Textsorte ermittelt, u.a. unterstützt durch die den Schreibenden an die Hand gegebenen Leitlinien oder Lese-Empfehlungen.

2. Die Textwerkstatt wird auf der Grundlage vorher gesichteter Materialien und vorbereitender Gespräche vom Schreibberater konzipiert und durchgeführt, der Praktiker ist anwesend und kann die aus textlinguistisch-schreibdidaktischer Perspektive formulierten Beobachtungen aus Sicht der Praxis untermauern.

3. In der Textwerkstatt wird mit dem Ziel, Textsortencharakteristika pragmatisch zu begründen und dabei die Frage *Wie* so zu beantworten, dass das *Warum* nachvollziehbar wird, an authentischen Texten gearbeitet, über die ein metalinguistischer Diskurs stattfindet. Das Nachdenken über die eigene Schreibpraxis mit Blick auf das Sprachliche ist das Grundprinzip einer Textwerkstatt.

4. Ergebnis der Textwerkstatt ist eine Leitlinie, die a) im Falle der Zusammenarbeit mit Experten zusammen mit den Teilnehmenden erstellt wird, oder b) im Falle der Zusammenarbeit mit Novizen vorab mit dem Dozenten erstellt wurde und zum Abschluss der Werkstatt als Ergebnis der Arbeit an Textexemplaren von den Teilnehmenden in der Gruppe gelesen und nachvollzogen wird.

Die Vorbereitung der Textwerkstatt beginnt im Anschluss an die Gespräche mit einer die dort genannten Materialien sichtenden und um textlinguistische Forschung sowie schreibdidaktische Bezüge ergänzenden Recherche. Ein Quäntchen Glück ist es, wenn ein Praxis-Tipp wie der folgende den Einstieg in die Werkstatt bilden kann:

> „Stellen Sie sich vor, Ihr Paper über die Expression des Histamin Rezeptors ist so gut wie akzeptiert und dann fragt Sie einer der Referees ganz beiläufig[,] in welchen Vektor Sie den Rezeptor kloniert haben. Kein Problem[,] denken Sie[,] und schnappen sich Ihr Laborjournal, um den entsprechenden Eintrag nachzuschlagen. Doch statt eines exakten Vektornamens stehen dort nur die drei Wörter: ‚in Vektor kloniert'. Mit einem [M]al stehen Ihnen die Schweißperlen auf der Stirn und spätestens wenn Sie dem Reviewer erklären müssen, dass Sie nicht mehr wissen[,] in welchen Vektor Sie den Rezeptor kloniert haben, verfluchen Sie Ihre schlampige Protokollführung." (Buckingham/Zähriger 2011)

Die Autorität der Praxis (d.h. weder eine textlinguistische noch eine schreibdidaktische) eröffnet eine Diskussion, in deren Verlauf Stichpunkte gesammelt werden: „Laboratory Notebook", Eigentum der Arbeitsgruppe, im Labor geführt; „Labortagebuch", Logbuch der Forschung; unmittelbare, regelmäßige Eintragungen; Protokollieren: sofort und direkt/unmittelbar, Rohdaten und/oder Umrechnungen; Beschreiben: Versuchsanordnung, Erwartungen, Versuchsablauf; Terminologie/ Jargon; Lesbarkeit: Handschrift; fester Aufbau; Nachvollziehbarkeit: klare Formulierungen; Zusammenspiel der Textteile; Kennzeichnungslogik: Datierung, Nummerierung, (farbige) Markierungen, Beschriftungen/Überschriften, Kommentare/ Nachträge, Einkleben von am Computer erstellten Messwerten.

Vom letztgenannten Aspekt ist es ein kleiner Schritt zur Diskussion um digitale Laborbücher, die facettenreich von „papierbasiert ist antiquiert" über „meine Handschrift ist unleserlich", „die meisten Rechnungen laufen doch eh am Computer", „das würde viel Zeit sparen", „man könnte von zu Hause arbeiten" bis hin zu Open Science verläuft (vgl. dazu mit Blick auf das Laborbuch Mietchen 2012). Mit dem Verweis auf Datensicherung bzw. digitalen Verfall sowie Rechtssicherheit („Schrift, Signatur, Stempel, Papierart – alles Indizien, die mit einer fast schon Jahrhunderte währenden Erfahrung zur Überprüfung der Echtheit einer schriftlichen Urkunde herangezogen werden können" (Lieke 2014: 24) wird übergeleitet zur Veranschaulichung dessen, was mit Authentizität gemeint ist.[3]

Als historisches Beispiel wird nun, um die Arbeitsweise in der Textwerkstatt zu veranschaulichen, die Eintragung Otto Hahns zusammen mit ihrer Abschrift (Rehn-Taube 2015) besichtigt – in Form einer *Wandinspektion* (das Textbeispiel wird an die Wand projiziert), die einen besonderen Betrachtungsmodus[4] ermöglicht. Diese besondere Lesesituation ermöglicht eine andere Wahrnehmung eines Textes und begünstigt so einen Austausch, der in Form eines Seminargesprächs stattfindet und protokolliert wird. Abschließend werden im Rückgriff auf das bisher Erarbeitete Leitfragen formuliert, die die nachfolgende, in Teams erfolgende Seminartischinspektion einer kleinen Auswahl verschiedener Laborbuch-Doppelseiten strukturieren.

Beobachtete Details und Fragen werden im Plenum zusammengetragen, um als Ergebnis der Textwerkstatt Grundsätze für den Umgang mit Laborbüchern festzuhalten. Die gemeinsam formulierten Leitlinien sind den in der fachspezifischen wie allgemeinen Einführungs- und Ratgeberliteratur (Barker 2006; Ebel/Bliefert/Greulich 2006; Kremer 2010) oder in Handreichungen (beispielsweise ZSB Uni Oldenburg 2015) veröffentlichten nicht unähnlich, haben aber den Charme der

---

3 Damit ist die Diskussion um das elektronische Laborbuch allerdings nur im Kontext der Textwerkstatt abgeschlossen. Grundlegende Überlegungen zur Digitalisierung finden sich in Ebel/Bliefert/Greulich (2006), Kap. 1.3.4, eine zusammenfassende Darstellung der „Anforderungen, Konzepte und Umsetzung zur langfristigen, beweiswerterhaltenden Archivierung elektronischer Forschungsdaten und -dokumentation" liegt vor mit Johannes u.a. (2013). Standpunkt hier: „Form und Umfang der Beobachtungsdaten und Messwerte zwingen jedoch dazu, ‚Laborbücher' zunehmend in elektronischer Form zu führen" (Vorwort in Johannes u.a. 2013: 5).
4 Eine solche beobachtende, entdeckende Haltung einem an der Wand befindlichen Objekt gegenüber ist der Kunstbetrachtung nicht unähnlich, für die Leder drei wesentliche Aspekte hervorhebt: „einfache Vertrautheit", „ein kognitives Verarbeitungsinventar in Form eines Wissens über Kunst" sowie „Generalisierungseffekte" (2005: 85f.).

Authentizität bzw. Verlässlichkeit des Mit-, Nach- und Weiterdenkens bzw. der selbst erarbeiteten Erkenntnis.

4. Fazit

„Ja, da wird parallel zum privat Gewußten eine zum dumpf und dunkel Geahnten oder intuitiv Erkannten, zum sprachlos Gewußten, zum additiv Nebeneinanderliegenden [...] an einer Elaboration gearbeitet, die zu einer haltbaren, diskutierbaren, überprüfbaren, akzeptablen Objektivation führen soll." (Ortner 2000: 72)

Beim Führen des Laborbuchs geht es darum, Beobachtungen zu dokumentieren, um dabei das vermeintlich Selbstverständliche zu erklären, das scheinbar Offensichtliche zu veranschaulichen, das Spontane nachvollziehbar zu machen. Wenn ein Laborbuch a) strukturiert, indem es das Ziel des Experiments benennt und die Vorgehensweise präzise beschreibt, b) fokussiert, indem den Weg des Erkenntnisprozesses protokolliert und dabei auf Authentizität und Vollständigkeit bedacht ist – auch Fehler und Irrtümer notiert und kommentiert, und c) registriert, d.h. auch spontane Beobachtungen, Vermutungen oder Deutungen verzeichnet und Bezüge zu anderen Untersuchungen bzw. zur Forschungsliteratur herstellt, kann es das Nach-, Mit- und Weiterdenken unterstützen. Ein in diesem Sinne ideal geführtes Laborbuch bereitet nicht nur die Publikation von Erkenntnissen vor, sondern sollte es auch ermöglichen, dass andere nach-, mit- und weiterdenken können. Was gemeint ist, lässt sich am Beispiel des im Deutschen Museum München ausgestellten Laborbuchs Otto Hahns verdeutlichen:

„Bei ihrem Versuch wollen die Chemiker Otto Hahn und Fritz Straßmann Neutronenstrahlen auf Uranatome schießen und erwarten, dass die Atomkerne die Neutronen schlucken und sich Atomkerne bilden, die größer sind als die Kerne des Urans (‚Transurane'). Das Ergebnis zeigt etwas anderes, das Hahn nicht deuten kann. Er wendet sich an Lise Meitner [...]. Die Kernphysikerin Lise Meitner findet die Lösung und erkennt, dass bei dem Versuch der Urankern in zwei Teile zerlegt wurde. Sie berechnet auch die dabei freigesetzte Energie, die größer ist, als irgendein anderer Prozess sie zu liefern vermag." (Rehn-Taube 2013)

Dies ist ein Spezialfall des externen Austauschs über Ergebnisse der Forschung, der veranschaulicht, was sich als „epistemisch-produktive" Funktion des Laborbuchs beschreiben lässt:

„Für ein gut geführtes Laborprotokoll ist es wesentlich, dass alle Deduktionen und Reduktionen reversibel bleiben. Epistemisch produktiv wird das Protokoll, wenn die Kette der Transformationen auch rückwärts abgeschritten und an bestimmten Stellen neu geknüpft werden kann." (Rheinberger 2006: 353)

Auch Textsortenwissen sollte als Textsortenkompetenz flexibel gedacht werden: In einer Textwerkstatt werden Exemplare einer Textsorte verglichen, um dabei auf der Grundlage von individuellen Beobachtungen und in der Gruppe erörterten Deutungen explizite Leitlinien zu formulieren. Das heißt: Die Textwerkstatt gibt nicht Normen vor, sondern leitet sie aus der Praxis ab, mit dem Ziel, Einsicht in die Zusammenhänge zu ermöglichen.

Und so versteht sich der vorliegende Beitrag als Plädoyer für den Nutzen des Schreibens als Arbeit an Text und Erkenntnisweg für das aktive Denken, ein für das Lernen und Verstehen wie für das Formulieren von (neuen) Erkenntnissen grundlegendes Nach-, Mit- und Weiterdenken. Das Mit-der-Hand-Schreiben an einem abgeschirmten Arbeitsplatz unterbindet Multitasking, unterstützt eine Entschleunigung des Denkens und erarbeitet einen fixen, nicht durch Delete, Copy & Paste spurlos veränderbaren Arbeitstext, der als ein Unikat das Denken sicht- und beobachtbar macht – und daher von wesentlichem Wert für den Erkenntnisprozess ist: „Wenn ein Feuer im Labor ausbricht, *retten Sie Ihr Laborbuch!* Lassen Sie den Computer stehen" (Barker 2006: 81).

Literatur

Barker 2006: Das Cold Spring Harbor Laborhandbuch für Einsteiger. München.

Baumann, Klaus-Dieter (2009): Sprache in Naturwissenschaft und Technik. In: Fix, Ulla/Gardt, Andreas/Knape, Joachim (Hrsg.): Rhetorik und Stilistik. Ein internationales Handbuch historischer und systematischer Forschung. 2. Halbband. Berlin, New York, 2241–2257.

Brinker, Klaus/Cölfen, Hermann/Pappert, Steffen ([8]2014): Linguistische Textanalyse. Eine Einführung in Grundbegriffe und Methoden. Berlin.

Brockhaus Wissensservice (2014): Denken. Verfügbar unter https://duisburg-essen-ub.brockhaus-wissensservice.com/ (Zugriff am 01.04.2015).

Buckingham, Steven/Zähringer, Harald (2011): Für die Nachwelt. Richtige Protokollführung. Verfügbar unter http://www.laborjournal.de/rubric/methoden/methoden/v113.lasso (Zugriff am 01.04.2015).

Deutsche Forschungsgemeinschaft (DFG) (2013): Sicherung guter wissenschaftlicher Praxis. Memorandum. Empfehlungen der Kommission „Selbstkontrolle in der Wissenschaft". Weinheim.

Ehlich, Konrad (1983): Text und sprachliches Handeln. Die Entstehung von Texten aus dem Bedürfnis nach Überlieferung. In: Assmann, Aleida/Assmann, Jan/Hardmeier, Christof (Hrsg.): Schrift und Gedächtnis. Beiträge zur Archäologie der literarischen Kommunikation. München, 24–43.

Ebel, Hans F./Bliefert, Claus/Greulich, Walter ([5]2006): Schreiben und Publizieren in den Naturwissenschaften. Weinheim.

Feilke, Helmuth (1993): Sprachlicher Common sense und Kommunikation. Über den ‚gesunden Menschenverstand', die Prägung der Kompetenz und die idiomatische Ordnung des Verstehens. In: Der Deutschunterricht 45/1993, Heft 6, 6–21.

Fischer, Ernst Peter (2000): Das Spiel, bei dem jeder verliert. Der „Fall Baltimore". In: Forschung und Lehre 6/2000, 284–286.

Fix, Martin (2006): Texte schreiben. Schreibprozesse im Deutschunterricht. Paderborn.

Goldhahn, Sabine (2015): Wenn Forscher kalte Füße kriegen. Verfügbar unter http://www.deutschlandfunk.de/wenn-forscher-kalte-fuesse-kriegen.676. de.html?dram:article_id=222986 (Zugriff am 27.5.2015).

Hagmann, Johannes-Geert/Rehn, Susanne (2011): Heute vor 100 Jahren. Chemie-Nobelpreis für Marie Curie. Verfügbar unter http://www.deutsches-museum. de/blog/blog-post/2011/12/09/heute-vor-100-jahren-chemie-nobelpreis-fuer-marie-curie/ (Zugriff am 25.5.2015).

Harris, Daniel ([8]2014): Lehrbuch der quantitativen Analyse. Aus dem Englischen übersetzt und herausgegeben von Gerhard Werner und Tobias Werner. Heidelberg.

Hartl, Gerhardt (1979): Dem Radium auf der Spur. In: Kultur und Technik 4, 42–46. Verfügbar unter: http://www.deutsches-museum.de/fileadmin/Content/data/ Insel/Information/KT/heftarchiv/1979/3-4-42.pdf (Zugriff 25.5.2015).

Jakobs, Eva-Maria (2009): Schlüsselqualifikation Rede und Schreiben in der universitären Ausbildung. In: Fix, Ulla/Gardt, Andreas/Knape, Joachim (Hrsg.): Rhetorik und Stilistik. Ein internationales Handbuch historischer und systematischer Forschung. Berlin, New York. 2. Halbband, 2377–2387.

Johannes_M./Leonie1990 (2014): Unterschied zwischen Versuchsprotokoll und Laborbuch. Verfügbar unter http://www.studentenseite.de/threads/unterschied-zwischen-versuchsprotokoll-und-laborbuch.595/ (Zugriff am 28.5.2015).

Johannes, Paul C. u.a. (2013): Beweissicheres elektronisches Laborbuch. Anforderungen, Konzepte und Umsetzung zur langfristigen, beweiswerterhaltenden Archivierung elektronischer Forschungsdaten und -dokumentation. Baden-Baden.

Kleist, Heinrich von (1805/2002): Über die allmähliche Verfertigung der Gedanken beim Reden. Verfügbar unter http://www.kleist.org/index.php/downloads-u-a-werke-im-volltext/category/16-heinrich-von-kleist-aufsaetze (Zugriff am 28.5.2015).

Knorr-Cetina, Karin (1991): Die Fabrikation von Erkenntnis. Zur Anthropologie der Naturwissenschaft. Mit einem Vorwort von Rom Harré. Frankfurt/Main.

Knorr-Cetina, Karin (2002): Wissenskulturen. Ein Vergleich naturwissenschaftlicher Wissensformen. Frankfurt/Main.

Kremer, Bruno P. (^{3}2010): Vom Referat bis zur Examensarbeit. Naturwissenschaftliche Texte perfekt verfassen und gestalten. Heidelberg.

Kretzenbacher, Heinz L. (1998): Fachtextsorten der Wissenschaftssprachen III: Abstract und Protokoll. In: Hoffmann, Lothar/Kalverkämper, Hartwig/Wiegand, Herbert Ernst (Hrsg.): Fachsprachen. Berlin, New York, 133–142.

Kulke, Ulli (2011): Bücher der ersten Atomforscher strahlen noch heute. Verfügbar unter http://www.welt.de/12922665 (Zugriff am 28.5.2015).

Leder, Helmut (2005): Zur Psychologie der Rezeption moderner Kunst. In: Graf, Bernhard/Müller, Astrid B. (Hrsg.): Sichtweisen. Zur veränderten Wahrnehmung von Objekten in Museen. Wiesbaden, 79–90.

Lieke, Thorsten 2014: Elektronisches Laborbuch. Mit Echtheitsgarantie. In: Laborjournal 4/2014, S. 24 f.

LikEaStar94 (2015): Antwort auf die Frage: Muss man viel im Labor sein, beim Chemiestudium auf Lehramt? Verfügbar unter http://www.gutefrage.net/frage/muss-man-viel-im-labor-sein-beim-chemiestudium-auf-lehramt-gymnasium (Zugriff am 28.5.2015).

Marina_B/reobase/stwe (2014): Unterschied zwischen Versuchsprotokoll und Laborbuch. Verfügbar unter http://www.computerbase.de/forum/showthread.php?t=1335946 (Zugriff am 28.5.2015).

Mietchen, Daniel (2012): Wissenschaft zum Mitmachen, Wissenschaft als Prozess: Offene Wissenschaft. In: Herb, Ulrich (Hrsg.): Open Initiatives: Offenheit in der digitalen Welt und Wissenschaft. Saarbrücken, 55–64.

Moll, Melanie (2003): Protokollieren heißt auch Schreiben lernen. In: Der Deutschunterricht, 55/2003, Heft 3, 7–80.

Ortner, Hanspeter (2000): Schreiben und Denken. Tübingen.

Ordine, Nuccio (2014): Von der Nützlichkeit des Unnützen. Ein Manifest. Warum Philosophie und Literatur lebenswichtig sind. Mit einem Essay von Abraham Flexner. München.

Pfalz, Maike (2001): Muster ohne Wiederkehr. Den Chemie-Nobelpreis 2011 erhält der israelische Physiker Daniel Shechtman für die Entdeckung der Quasikristalle. In: Physik Journal 10/2011, Heft 11, 7.

Rehn-Taube, Susanne (2013): 75 Jahre Kernspaltung. Verfügbar unter http://www.deutsches-museum.de/blog/blog-post/2013/12/17/75-jahre-kernspaltung/ (Zugriff am 25.5.2015).

Rheinberger, Hans-Jörg (2006): Zettelwirtschaft. In: Ders.: Epistemologie des Konkreten. Studien zur Geschichte der modernen Biologie. Frankfurt/Main. 350–361.

Roth, Klaus (1992): Der Fall des Nobelpreisträgers Baltimore. In: Nachrichten aus Chemie, Technik und Laboratorium 40/1992, Heft 3, 303–308.

Röthlein, Brigitte (2013): Marie Curie – Ein Leben gegen alle Widerstände. In: Pascher, Ute/Stein, Petra (Hrsg.): Akademische Karrieren von Naturwissenschaftlerinnen gestern und heute. Wiesbaden, 27–45.

Steets, Angelika (2003): Die Mitschrift als universitäre Textart – Schwieriger als gedacht, wichtiger als vermutet. In: Ehlich, Konrad/Angelika Steets (Hrsg.): Wissenschaftlich schreiben – lehren und lernen. Berlin/New York, 51–64.

Zauner, Hans (2014): Reproduzierbarkeit von Forschungsergebnissen – Gründe für die schlechten Erhebungsresultate. In: Laborjournal 3/2014, 18–23.

ZSB Uni-Oldenburg (2015): Das Laborbuch. Verfügbar unter https://www. uni-oldenburg.de/fileadmin/user_upload/studium/download/lernwerkstatt/ MaterialienArbeitsblaetter/Textsorten/ (Zugriff am (Zugriff am 28.3.2015).

Marlen Fies (Essen)

Vom Lesen zum Schreiben in der Wissenschaftssprache Deutsch

Abstract The didactic concept introduced in this paper is tailored to the special preconditions and requirements of students who are not native German speakers. It aims to convey basics of academic writing practices and typical features of academic texts. The seminar teaches students to learn how to write and use German appropriately and thus intends to support them in the foundation and (further) advancement of their reading and writing competences. In the seminar and its integrated writing course, the stages of the writing process and characteristics of scientific texts are introduced on a theoretical level while complementary exercises allow students to practice their newly acquired knowledge and reflect on it.

The paper's focus is on the transition from reading to writing. It is shown how the interplay of instruction and writing assignments, on the one hand, can facilitate the students' basic grasp of how reading and comprehending academic texts are central to the conception of their own texts while, on the other, their personal experience and reflection supports their awareness of the process. In this context it becomes clear that the strategies may also prove useful in many professional fields beyond academic contexts.

1. Ein praxisorientiertes Seminar für internationale Studierende

„Lesen, schreiben und argumentieren in der Wissenschaftssprache Deutsch" ist der Titel eines Seminars, das im Kontext der Schreibwerkstatt der Universität Duisburg-Essen konzipiert und durchgeführt wird.

Das Seminar richtet sich vornehmlich an internationale Studierende[1], die unterschiedliche Fächer studieren. Sie haben zumeist bereits einen Hochschulabschluss an ihrer Heimatuniversität erlangt, zumindest aber mehrere Semester studiert und dabei bereits akademische bzw. wissenschaftliche Texte in ihrer Erstsprache geschrieben. Die Studierenden mit einem Hochschulabschluss haben die Deutsche Sprachprüfung für den Hochschulzugang (DSH) erfolgreich bestanden und damit

---

1 Da es im vorliegenden Aufsatz nicht um die Genderspezifik der Aneignung und Vermittlung von Lern-, Lese- und Schreibstrategien geht, sondern Studierende, Lernende, Seminarteilnehmerinnen und -teilnehmer, Lesende, Schreibende sowie die Lehrperson stets als handelnde Individuen gemeint sind, wird im Folgenden auf Doppelnennungen verzichtet.

nachgewiesen, dass ihnen grundlegende wissenschaftssprachliche Strukturen vertraut sind. Während diese zuletzt genannten Studierenden in Deutschland zumeist
ein anderes Fach als ihr ursprüngliches studieren, studieren die Teilnehmer im
Auslandssemester überwiegend Germanistik.

Das Seminar möchte Hilfestellung bieten, so dass die Studierenden grundlegende Kenntnisse und Kompetenzen erwerben, um wissenschaftliche Texte auf
Deutsch zu lesen, zu verstehen und entsprechend den Konventionen und Standards
mittels Wissenschaftssprache mündlich und vor allem auch schriftlich zu kommunizieren und zu argumentieren. Dabei werden Transferprozesse in fachliche,
akademische und auch außerakademische (berufliche) Kontexte mit thematisiert.

Die Unterrichtssequenz des Seminars, in der theoretisch und praktisch handelnd das Lesen und Verstehen von Texten sowie der Übergang von Textrezeption zur Textproduktion bewusst gemacht und eingeübt werden sollen, steht im
Mittelpunkt des vorliegenden Aufsatzes. Eng verknüpft mit dem Seminar ist
ein Schreiblehrgang. Das Zusammenspiel von theoretischem Input im Seminar,
Leseübungen und Schreibaufgaben wird am Beispiel einer Unterrichtssequenz
nachvollziehbar gemacht.

2. Das Schreiben von akademischen und wissenschaftlichen Texten

Akademisches Schreiben bedeutet *Schreiben in der Domäne Wissenschaft* bzw. *im
Kontext der Institution Universität*.[2] Im Seminar werden die Charakteristika der
deutschen „alltäglichen Wissenschaftssprache"[3] (Ehlich 1999) sowie deutscher
wissenschaftlicher bzw. akademischer Texte thematisiert.

Zu berücksichtigen und zu betonen sind dabei neben Gemeinsamkeiten vor allem die Unterschiede: In unterschiedlichen auch internationalen Wissenskulturen
und wissenschaftlichen Fächern agieren unterschiedliche Diskursgemeinschaften
mit unterschiedlichen Arbeitstechniken, Kommunikationsweisen, Publikationsformen und -organen. Auch die Textsorten, deren Charakteristika bis hin zur

---

2   Zur Unterscheidung *akademisches Schreiben/wissenschaftliches Schreiben* siehe Jakobs
    (2003: 173). Jakobs stellt fest, dass im Studium nicht wissenschaftliches, sondern eher
    akademisches Schreiben verlangt wird, „das sich an den Regeln der wissenschaftlichen
    Textproduktion *orientiert*" (Herv. im Orig.).
3   Alltägliche Wissenschaftssprache bezeichnet nach Ehlich „die alltäglich-wissenschaftliche Nutzung einer alltäglichen Formulierung" (Ehlich 1999: 14). Durch ihre Benutzung im wissenschaftlichen Kontext erhalten Formulierungen der alltäglichen Sprache
    Bedeutungsveränderungen, -erweiterungen oder -spezifizierungen.

jeweiligen Sprache als Ausdrucksform und -mittel all dessen sind jeweils spezifisch (vgl. Schmidt 2010: 184f., Jakobs 2008: 264). Genau diese Gesichtspunkte
sind den internationalen Studierenden, die bereits über Erfahrungen in ihrer
eigenen Wissenschaftskultur verfügen, bewusst und werden durch Übungen und
Reflexionen im Seminar zum Gegenstand.

Akademisches und wissenschaftliches Schreiben bedeutet, mit Blick auf die
wissenschaftliche Vorgehensweise, insbesondere diskursives Schreiben als ein Be-
zugnehmen auf andere Texte und ein In-Beziehung-Setzen von unterschiedlichen
Texten mit unterschiedlichen, oftmals kontroversen Positionen und Argumenten.
Nicht nur zeichnet der Schreibende wissenschaftliche Diskurse (kontroversen-)
erläuternd und kommentierend nach, sondern er konstruiert durch ein eigenes
Anordnen von zitierten und eigenen Aussagen und Kommentaren entsprechend
eigenen Fragestellungen und Zielsetzungen Diskurse auch selbst (vgl. Steinhoff
2008).

Das Schreiben folgt dem Lesen von Texten – sowohl fremden, auf die implizit
oder explizit Bezug genommen wird, als auch eigenen, z.B. bereits (vor-)formu-
lierten Textpassagen. Ebenso werden die eigenen Texte sowie fremde Texte bei
und nach dem Schreiben gelesen, um den Text in der Überarbeitungsphase kri-
tisch zu überdenken oder noch weiterzudenken und schließlich, um ihn bezüglich
Ausdruck, Grammatik, Rechtschreibung zu korrigieren.

Was die Studierenden für den Kontext *Wissenschaft* erlernen, d.h. grundlegende Kompetenzen, die sie im Seminar „Lesen, schreiben und argumentieren in
der Wissenschaftssprache Deutsch" erwerben, sollen sie bewusst auf andere auch
außerakademische Kontexte und Schreibanlässe übertragen können. Sie sollen
also in der Lage sein, Texte in jeder Domäne zu lesen und zu verstehen, dabei
jeweils spezifische Charakteristika zu identifizieren und diese beim Verfassen der
eigenen Texte zu berücksichtigen. Im Bewusstsein um die komplexen Anforderungen, mit denen Studierende während ihres Lernprozesses sowohl im Studium
als auch in weiteren (beruflichen) Schreibsituationen konfrontiert sind, werden
Strategien und Methoden betont. Im Schreibwerkstatt-Seminar „is time to equip
them with some tools to aid their own self-education in the demands of specific
writing situations" (Beaufort 2005: 213).

3. Das Seminarkonzept

Bei der Konzeption des Seminars, das Studierende unterschiedlicher Fächer an-
sprechen möchte, war die Frage zentral, anhand welcher Inhalte und Texte und in
welcher Arbeitsatmosphäre Lese- und Schreibfertigkeiten thematisiert und trai-
niert werden können und sollen. Fächerübergreifend relevante und interessante

Themen für Lese- und Schreibaufgaben sind selbstredend die Inhalte des Seminars. Also werden Texte über das Lesen von Texten und Lesekompetenz sowie
Texte über das Schreiben von Texten ausgewählt.[4] Daneben gibt es Aufgaben, die
es erfordern, mit Texten des eigenen Faches zu arbeiten, beispielsweise indem darin nach speziellen Sprachstrukturen gesucht oder ein Leseprotokoll zu einem im
Fach gerade zu lesenden Text angefertigt werden soll. Im Seminar-Schwerpunkt
Argumentieren, der sich dem Schwerpunkt *Lesen* anschließt, gilt es, das von allen
gleichermaßen als relevant eingeschätzte Thema *Schnell-Lesen-Methode* lesend
und schreibend selbst zu erarbeiten. Damit sind Texte im Seminar „Lernmittel
und Lerngegenstand und auch Lernprodukt" (Riemer 2007: 163).

Integriert in das Seminar ist ein Schreiblehrgang mit Übungen, die einzelne
Komponenten des wissenschaftlichen Textes fokussieren und zugleich die (Weiter-)
Entwicklung der Schreib- und Textroutinen (vgl. Feilke 2012: 10) des Schreibenden
befördern wollen. Damit wird ein bestehendes Schreiblehrgangs-Konzept (Pospiech
2005) auf das Seminar bzw. seine Zielgruppe hin adaptiert. Die enge wechselseitige
Verknüpfung von *Sprache*, *Lesen* und *Schreiben* soll durch Übung und Reflexion
bewusst gemacht werden. Es ist nicht nur ein Lese- und Schreiblehrgang, sondern
ein Lern- und Sprachlern-Lehrgang, der Studierende dazu ermutigt, Nachschla-
gewerke zu benutzen.

3.1 Die vier Elemente des Seminarkonzepts

Vier Elemente bilden das konzeptionelle Fundament des Schreiblehrgangs:

a) Zunehmende Komplexität und schrittweise Progression

Anhand der mit einem jeweils speziellen Fokus konzipierten Schreibaufgaben
werden die Anforderungen an wissenschaftliche Texte, die Charakteristika der
Wissenschaftssprache sowie das Lesen und Verstehen von Texten und das Schreiben als Prozess bewusst und erfahrbar gemacht. Die Inhalte und insbesondere die
Schreibaufgaben beinhalten entsprechend eine schrittweise Progression, wobei
immer etwas bereits Geübtes weiter angewendet werden soll und mit jeder neuen
Aufgabe eine neue Komponente hinzukommt. Damit wird jede Schreibaufgabe
selbst zum Hilfsmittel im Lese- und Schreib-Lernprozess.

---

4   Siehe zur Förderung der Lesemotivation Möller/Schiefele (2004: 123): „Die Interventi-
    onsstrategie besteht darin, zunächst über eine persönliche Relevanz der Texte themati-
    sche Interessen und situative Interessiertheit zu wecken und dann reale Begegnungen
    mit dem Textgegenstand zu ermöglichen. Durch dieses Vorgehen konnten beachtliche
    Steigerungen von Lesemotivation und Leseleistung erzielt werden."

b) Vermittlungs- und Lernweg: rezeptiv => rezeptiv-produktiv => produktiv[5]
Der Vermittlungs- und Lernweg erfolgt von rezeptiv (d.h. lesend, dabei den Text beobachtend und reflektierend) zu vornehmlich produktiv (d.h. selbständig lesend und schreibend und dabei den entstehenden Text beobachtend, überdenkend und selbständig überarbeitend). Auf diesem Weg wird der Seminarteilnehmende zu einem stetig selbstaktiveren, selbstbewussteren Lesenden und Schreibenden.

c) Schriftliche Reflexion über Aufgaben und deren Bearbeitung
Zu jeder Schreibaufgabe soll jeweils auch eine schriftliche Reflexion erfolgen – hier ist der Schreibende angehalten, anhand seines Textproduktes nochmals dessen Entstehensprozess zu rekapitulieren und zu beurteilen: Leitfragen für die Reflexion lenken das Überdenken der Aufgabenstellung, des eigenen Vorgehens, des Erfolgs der Vorgehensweise und des Schreibproduktes. Nicht selten überarbeitet der Schreibende beim oder nach dem Schreiben der Reflexion seinen Text nochmals.

Die Reflexionen geben der Lehrperson Hinweise für eventuelle Schwierigkeitsbereiche, seien diese nun durch die Auswahl der Hilfsmittel oder durch die Strategie des Vorgehens bedingt oder Spiegel des jeweiligen Lern- und Sprachkenntnisstandes respektive des Vermögens, Texte zu lesen und Inhalte zutreffend wiederzugeben. Damit wird ein individuelles Feedback möglich, das nicht nur das Textprodukt, sondern auch den Sprachlern- und Schreibprozess betrifft. Zudem können Lehr- und Lerninhalte noch bedarfsgerechter konzipiert werden.

d) Feedback am Textrand, im Seminar und im persönlichen Gespräch über den Text
Die Schreibaufgaben und Reflexionen werden per E-Mail an die Lehrperson gesendet. Intention ist es zum einen, dass die Lehrperson sehen kann, wie die Studierenden mit dem Text umgegangen sind, und zum anderen, dass die Studierenden mit dem Feedback eine Rückmeldung darüber erhalten, ob das, was sie gelesen und für sich verstanden bzw. als mitgeteilten Textsinn rekonstruiert haben, tatsächlich explizit oder implizit im Text ausgedrückt sein könnte.

Lesen in der Fremdsprache bedeutet für den Rezipienten, einen Text und das darin explizierte Wissen übersetzend so aufzuschlüsseln, dass es für ihn verständlich oder zumindest nachvollziehbar ist. Eine Wort-für-Wort-Übersetzung ist dabei oftmals nicht möglich oder – auch mit Blick auf wissenschaftliche Texte und die alltägliche Wissenschaftssprache – nicht zielführend. Nicht nur die syntaktische

---

5   Siehe zu dieser Vorgehensweise auch Schiedermair/Spreen (2010: 33f.).

Verwendung und die Wortnachbarschaft, sondern auch der Satzkontext, die Textsorte und das wissenschaftliche Fach bestimmen über die jeweilige Bedeutung und Funktion von Wörtern und Wortgruppen (vgl. Schierholz 2013: 5, Erk 1972: 14ff., Erk 1975: 10ff.). Zudem ist es möglich, dass Wörter zwar fachlexikalisch äquivalent erscheinen, jedoch in anderen Sprachen unterschiedliche Bedeutungen tragen (vgl. Roelcke 2010: 150f.).

Mit dem Feedback der Lehrperson erhält der Schreibende außerdem Auskunft darüber, ob sein Formuliertes auch für den Leser nachvollziehbar ist. Das Feedback am Textrand enthält Optimierungshinweise und Tipps zu Wortschatz und Grammatik mit jeweiligen Begründungen und oftmals Ratschlägen, in welchem Nachschlage- und Lehrwerk dazu jeweils nachgelesen werden könnte.

Anhand des Feedbacks sollen die Texte überarbeitet werden. Neu erworbenes Wissen und Erkenntnisse können bei der Bearbeitung der nächsten Aufgabe eingebracht werden. Das Feedback ist somit Teilkomponente des gesamten Lern- und Schreibübungsprozesses, den die Studierenden mit jeder Schreibaufgabe neu durchlaufen, und die Lehrperson ist integrativer Bestandteil der – mit Blick auf das Schreibprozessmodell von Hayes/Flower (1980) – Komponente *Überprüfen*.

Für eine umfassende Schreib- und Sprachlernberatung ist das Feedback am Textrand zumeist allerdings nicht ausreichend. Daher wird der Schreibende zusätzlich zu einem persönlichen Gespräch über den Text eingeladen. Die Studierenden schätzen diese individuelle Betreuung, bei der sowohl der Text als Produkt als auch dessen Autor und sein Schreibprozess berücksichtigt werden. Um allen Lernenden aber ein großes Spektrum an Möglichkeiten der Vorgehensweise und Aufgabenbewältigung anzuzeigen, werden einige davon auch im Seminar thematisiert.

Das Lesen und Verstehen von Texten sowie das Schreiben von Texten wird als Problemlöseprozess verstanden, den jeder – zunächst unter Anleitung, zunehmend aber selbständig – mit eigenen Strategien, Hilfsmitteln, Materialien und entsprechend Vorgaben durch Textsorte und Schreibaufgabe allein oder, wie auch in vielen Berufskontexten üblich, in Kooperation mit anderen bewältigen kann.

3.2 Die Zielsetzungen

Ziel des gesamten Seminars und Schreiblehrgangs ist das Verfassen einer Pro-Contra-Argumentation zum Thema *Schnell-Lesen-Methode* und dabei der Erwerb und die Weiterentwicklung von

- Lesekompetenz als „Fähigkeit, schriftliches Textmaterial zu verstehen, zu nutzen und darüber zu reflektieren, um eigene Ziele zu erreichen, das eigene

Wissen und Potenzial weiterzuentwickeln und am gesellschaftlichen Leben teilzuhaben" (OECD 2005: 18), sowie

- Schreibkompetenz als Fähigkeit, zielorientiert Texte zu produzieren, die den Anforderungen der jeweiligen Situation und Aufgabe entsprechen und für einen Leser nachvollziehbar sind.

Im Kontext *Studieren an einer Universität* beziehen sich diese Kompetenzen vorrangig auf das Lesen und Schreiben von fachspezifischen sowie fachübergreifenden akademischen und wissenschaftlichen Texten.

Intendiert ist ebenfalls, dass sich die heterogene Gruppe der Seminarteilnehmer zu einer Lerngruppe entwickelt, in der miteinander und voneinander gelernt werden kann. Tatsächlich konnte folgende Beobachtung bisher in jedem Seminardurchlauf gemacht werden: Obwohl die Studierenden unterschiedliche Fächer studieren und unterschiedliche Erfahrungen mit dem Verfassen von Texten haben, sind es der Kontext Seminar und das gemeinsame Thema, das von allen lesend, schreibend und miteinander kommunizierend verfolgt und entwickelt wird, was die Seminargruppe zu einer Lerngruppe bzw. Forschungs- und Diskursgemeinschaft werden lässt. In den Hausaufgaben und Reflexionen der Studierenden zeigt sich, dass und wie das im Seminar gemeinsam mündlich Diskutierte und dabei bereits Vorformulierte mit einfließt.

Genau diese Situation ist derjenigen im – auch außerakademischen – Berufsleben ähnlich, denn gemäß Efing (2011) entstehen

„[b]erufliche Texte [...] oft im Rahmen eines Prozesses, der durch den Wechsel von schriftlicher und mündlicher Interaktion und/oder von Lesen und Schreiben geprägt ist. D.h., dass berufliche Texte oft in Vernetzung mit anderen auftreten, die Anknüpfungspunkt oder Fortführung des aktuell zu produzierenden Textes sind" (Efing 2011: 45).

4. Der Lernweg vom Lesen zum Schreiben

Im Seminar werden schrittweise Charakteristika von Texten und von Wissenschaftssprache sowie Lese- und Schreibstrategien thematisiert und in Schreibaufgaben praktisch eingeübt und reflektiert.

4.1 Schritt 1 – Textsorten bestimmen und Lesemotivation reflektieren

Texte weisen textsortenspezifische Merkmale auf, die bereits anhand von Textfragmenten erkennbar sind. Darauf will die erste Einheit im Seminar aufmerksam machen:

Auf einem Arbeitsblatt sind ein Ausschnitt einer Pro-Argumentation zum Thema *Schnell-Lesen,* eine Wörterbuchdefinition des Wortes *argumentieren* und die ersten Zeilen einer Einleitung zum Thema *Schreiben* zusammengestellt. Dazu gibt es den Arbeitsauftrag:

> *Bitte lesen Sie die Texte. Arbeiten Sie zu zweit. Bitte beantworten Sie die Fragen: Was ist Thema des Textes? Wer ist als Leser angesprochen? Zu welcher Textsorte gehört der Text?*

Wenn die Studierenden den Arbeitsauftrag erfüllen und sich dabei über Layout und Sprache, beispielsweise verwendete Lexik und Komplexität der Sätze, sowie mögliche Adressaten austauschen, wird ihnen bewusst, dass sie selbst diese Kriterien zur Textsortenbestimmung heranziehen und dass sie in ihrer Begründung häufig Vergleiche mit Texten der bisher kennengelernten Wissens- bzw. Fachkulturen ziehen.

Die komplexe Definition des Begriffs *Textsorte* von Thim-Mabray (2009: 35) wird anschließend im Seminar vorgestellt, da sie auch den Aspekt der kulturellen Geprägtheit beinhaltet:

> „Textsorten sind in einer Sprachgemeinschaft herausgebildete kulturspezifische konventionell geltende historisch gewachsene Muster für komplexe sprachliche Handlungen; sie lassen sich als jeweils typische Verbindungen von kontextuellen (situativen), kommunikativ-funktionalen und strukturellen Merkmalen – hinsichtlich von Thema, inhaltlichem Aufbau und sprachlichen Mitteln – beschreiben."

Beim gemeinsamen Lesen und Erläutern der Definition können die Seminarteilnehmer und die Lehrperson nun auch die Aussagen und Begründungen der Studierenden einbeziehen. Dabei wird, wie bereits beim Lesen und Besprechen der Textfragmente, zudem deutlich, dass derselbe Text von verschiedenen Personen aus unterschiedlichen Perspektiven gelesen, interpretiert und beurteilt werden kann. Denn das Lesen ist ein bewusster Kommunikationsprozess zwischen Leser und Text, in dem der Leser bzw. des Lesers Vorwissen und Text(-Information) wechselseitig aufeinander wirken und so Informationen re- oder auch neu konstruiert werden (vgl. Christmann/Groeben 2001: 146). Grundvoraussetzung auf Seiten des Lesenden dafür ist die Motivation, einen Text zu lesen und zu verstehen und die Art des Lesens jeweils entsprechend den inhaltlichen und sprachlichen Anforderungen des Textes anzupassen. Darauf will die zweite Einheit aufmerksam machen.

Die zweite Leseübung will es ermöglichen, dass die Studierenden sich darüber bewusst werden, was sie zum Lesen motiviert, was sie für das Verständnis als wichtig erachten und welche Möglichkeiten sie erwägen oder bereits nutzen, um Texte zu verstehen. Dazu gibt es im Seminar ein Arbeitsblatt, auf dem vier Absätze zum Thema *Lesen*, *Lesekompetenz* und *Lesestrategien* zusammengestellt sind. Es sind Absätze aus Texten unterschiedlicher Textsorten, die in ein einheitliches Layout überführt wurden. Sie stammen von einem im Internet veröffentlichten Informationsblatt (Bundesgymnasium & Bundesrealgymnasium GRG 19), aus

Aufsätzen in einer medienpädagogischen (Bischof/Heidtmann 2002) und einer psychologischen Zeitschrift (Spörer u.a. 2008) sowie aus einer Monographie (Linnemann 2007).

Bereits die Absätze aus den Texten veranschaulichen, wie unterschiedlich dieselben Themen entfaltet werden können – da sie z.b. andere Schwerpunkte setzen, aus unterschiedlichen Perspektiven argumentieren, auf unterschiedliche Weise Bezug auf andere Texte nehmen oder sprachlich anders gestaltet sind. Die Absätze sollen innerhalb von ca. 20 Minuten gelesen werden. Dabei sollen sich die Lesenden selbst beobachten, und zwar bezüglich der eigenen Motivation und Vorgehensweise beim Lesen und Verstehen der einzelnen Absätze.

Im Anschluss werden die Leseerfahrungen besprochen. Es zeigt sich, dass die Motivation, die Herangehensweise und das Lesetempo der Studierenden abhängen von: der Neuheit und Interessantheit der Textinhalte; dem Erkenntnisinteresse; der sprachlichen Schwierigkeit der Texte auf Wort- und Satzebene; den eigenen Sprachkenntnissen und auch der Verfügbarkeit eines Wörterbuchs; den allgemeinen Arbeitsbedingungen im Seminar sowie dem Layout oder der Länge der Texte. Damit treffen die Teilnehmer, was in der Ratgeberliteratur aufgegriffen wird, bspw. in Lange (2013).

Gemeinsam werden anschließend Textverständnisschwierigkeiten besprochen und verschiedene Möglichkeiten und Wege für das Enkodieren von Wörtern ausprobiert, z.B.:

- gemeinsame Internetrecherche zur Aufschlüsselung der Abkürzung *PALS* (Peer-Assisted-Learning-Strategie) mit Hilfe von Aufsätzen, in deren Einleitungen diese Lesestrategie knapp und verständlich vorgestellt wird
- Übersetzungsversuche des Wortes *reziprok*, für die auf eigenes Fachwissen oder auf den Erstsprachwortschatz zurückgegriffen wird; anschließend erfolgt eine absichernde Überprüfung anhand der Internetseite des Dudens (www.duden.de)

Es ist intendiert, dass die Lernenden aus der Vielzahl der im Seminar aufgezeigten und bei Hausaufgaben ausprobierten Möglichkeiten auch in anderen Kontexten die gerade angemessene auswählen können und so stets kompetent und flexibel agieren. Als Hausaufgabe sollen die Studierenden anhand von leitenden Fragen eine Reflexion zur Sitzung verfassen und darin auch auf die Erfahrungen bei der Leseübung eingehen.

4.2 Schritt 2 – Effektiv lesen und Textzusammenhänge erschließen

Um ein Thema wissenschaftlich aufarbeiten und darüber schreiben zu können, ist es notwendig, zunächst eine Mehrzahl an themenrelevanten wissenschaftlichen

Texten zu lesen. Bereits das Auswählen von Texten in der Recherchephase erfordert eine effektive Vorgehensweise und effektives Lesen. Die nächste Leseübung will darum für effektives Lesen von unbekannten Texten sensibilisieren.

In der Sitzung wird nun mit einem längeren (Teil-)Text gearbeitet. Es handelt sich um die Einleitung der Publikation von Linnemann (2007), deren Thema die Entwicklung eines Lesekompetenztests ist. Aus diesem Text wurden die Absätze entfernt. Gemäß Arbeitsauftrag gilt es zunächst, den Text zu überfliegen und trotzdem anschließend möglichst prägnant benennen zu können, worum es geht. Als Vorgabe wird die Lesezeit auf drei Minuten begrenzt. Dazu sei betont: Die Studierenden werden absichtsvoll durch die enge Zeitvorgabe auf die Dauer des Lesevorgangs fokussiert, sodass sie nicht in der für sie normalen Weise vorgehen können, sondern ggf. Strategien entwickeln müssen. Sie sollen aus ihren eigenen Erfahrungen und den Erfahrungen ihrer Kommilitonen lernen können.

Es stellt sich heraus, dass einige Leser in den drei Minuten gerade das erste Drittel haben lesen können, zum Inhalt dieses Drittels aber schon konkretere Angaben machen können. Zum Inhalt des gesamten Textes können sie nichts sagen.

Andere haben in Einleitung und Schluss etwas gründlicher gelesen und den Rest des Textes überflogen und können stichwortartig Textthema und Unterthemen benennen. In allen ihren Aussagen wird offensichtlich, dass die Studierenden auf bisher bekannte und bewährte Strategien zurückgreifen. Zumeist übernehmen sie das Vorgehen bei erstsprachigen Texten auch für fremdsprachige Texte.

Am Ende sollte sich allen Seminarteilnehmern erschließen, dass es generell sinnvoll ist, einen Text erst zu überfliegen – mit Hauptaugenmerk auf die Informationen in Einleitung und Schluss –, um einen Überblick zu gewinnen. Dabei ist zu entscheiden, ob der Text erneut, und zwar entweder gründlich (mit dem Ziel, ihn sowohl in seiner gesamten Argumentationsstruktur als auch bis ins Detail zu verstehen) oder selektiv (mit dem Ziel, einzelne Informationen und Aussagen herauszulesen) gelesen werden soll – oder, was bei (fremdsprachigen) Lesern nicht selten ist, ob das gründliche Lesen dem selektiven doch noch vorgeschaltet werden muss.

Der nächste Leseauftrag fokussiert die Gestaltung des Textes auf Absatz- und Satzebene. Beim Lesen sollen die Studierenden nun in denselben Text Absätze einfügen und ihre Wahl anschließend begründen.

Für Zusammenhänge innerhalb der Absätze geben sie sowohl inhaltliche als auch grammatische Gründe an, und sie können ebenfalls benennen, woran sie erkennen, dass ein neuer Absatz beginnt. Ein Blick auf die Absatzstruktur im Originaltext zeigt den Studierenden, dass sie die Absätze oft richtig gesetzt haben. Sie können aber auch – vornehmlich mit Blick auf inhaltliche Zusammenhänge – plausibel erklären, warum sie an einer Stelle noch einen oder keinen Absatz mehr eingefügt hätten.

Die Struktur eines Absatzes sowie die Möglichkeiten der Verknüpfung zwischen Sätzen – Wiederholung, Ersatz, Bezugnahme, Verbindung, Textkommentar – werden anhand von Präsentationsfolien der Lehrperson veranschaulicht. Im Anschluss werden beim gemeinsamen Lesen die Verknüpfungen innerhalb von Sätzen und Absätzen im Text genauer untersucht und es werden dabei Beispiele für die auf den Präsentationsfolien gezeigten Verknüpfungsmöglichkeiten gesucht. Eine der genutzten Folien wird auf das Thema des Textes bezogen gemeinsam umgestaltet.

In dieser Übung steht also im Vordergrund: die Sensibilisierung für Kohärenz, d.h. inhaltliche Zusammenhänge der Texttiefenstruktur, sowie für Sprachmittel der lokalen Kohäsion an der Textoberfläche. Diese zu identifizieren und ihre Bedeutungen zu kennen, ist nicht nur für das Verstehen einzelner Textstellen und Absätze wichtig, sondern Voraussetzung dafür, dass auch der Gesamtzusammenhang erschlossen werden kann (vgl. Schnotz/Dutke 2004: 64, 86f.). Sich die jeweiligen in einem Abschnitt behandelten Themen präsent zu halten, ist gerade für fremdsprachige Leser oftmals eine große Herausforderung. Darum werden auch Möglichkeiten besprochen, wie im und am Text Inhalte, Zusammenhänge und Argumentationsstrukturen sichtbar und nachvollziehbar gemacht werden können.

Das gemeinsame Lesen und Interpretieren des Schaubildes „Schaltplan zum Knacken deutscher Texte" (Mummert/Krumm 2001: 947), in dem Ratschläge zum effektiven Umgang mit fremdsprachigen Texten gegeben werden, dient dem Rekapitulieren der bisherigen Übungen und Tipps zum Lesen.

Die Hausaufgabe verlangt es dann, selbst einen Absatz zu schreiben. Dazu wird der erste Satz vorgegeben: „Lesen ist eine Schlüsselkompetenz". Nach dem Schreiben sollen die Verknüpfungen markiert und benannt werden.

In der darauffolgenden Sitzung werden zunächst beispielhaft Absätze, die typische Auffälligkeiten der Studierenden-Texte enthalten, für die Lehr-Lern-Situation jedoch anonymisiert und inhaltlich leicht verändert wurden, gelesen und zunächst zu zweit kommentiert und ggf. überarbeitet. Im Anschluss wird im Seminargespräch erörtert, warum welcher Absatz als gelungener beurteilt wird als ein anderer. Damit wird das Korrekturlesen und Überarbeiten eines Textes angeleitet und geübt. Außerdem wird bewusst gemacht, worin die Chancen und Grenzen des Peer- bzw. Gruppen-Feedbacks liegen.

Nachdem mit den bisherigen Übungen alle Etappen des Schreibprozesses vom Lesen bis zum Überarbeiten praktisch erfahrbar gemacht wurden, sind der Schreibprozess und der Schreibende selbst Themen des Textes, mit dem anschließend im Seminar gearbeitet wird.

4.3 Schritte 3 und 4 – Aktiv lesen und exzerpieren sowie reflektieren des Verstehens- und Schreibprozesses – als Voraussetzungen für die Konzeption eines eigenen Textes

Das Leseprotokoll wird als eine Form des aktiven Lesens vorgestellt, die, mit Blick auf den Übergang vom Lesen zum textbasierten Schreiben, bereits eine das Lesen unterstützende Schreibstrategie ist. Es wird erläutert, welche Funktion es beim Lesen erfüllen kann oder sollte und wie man es anfertigt: Mit dem Aufschreiben von Gedanken, die sich auf das Gelesene beziehen, protokolliert der Leser nicht nur die Struktur des Textes, sondern zugleich die Ergebnisse des eigenen Textverständnisses und des Text-Mit-und-Weiterdenkens.

Nach dieser Einführung soll ein Leseprotokoll zum Text: „Strukturieren statt formulieren" von Lang (2010) verfasst werden. Der Text ist erschienen in der hochschul- und wissenschaftspolitischen Zeitschrift „Forschung und Lehre". Bereits der Sprachstil zeigt an, dass es sich um einen Text handelt, der ein breites Lesepublikum auf unterhaltsame Weise informieren und ihm zugleich ernsthaften praktischen Rat geben möchte – es ist kein wissenschaftlicher Text, wenngleich er das Thema *Schreiben von wissenschaftlichen Texten* behandelt. In kompakter Form werden Tipps zum Verfassen eines Textes und seiner Gliederung gegeben.

In zweifacher Hinsicht ist dieser Text als Gegenstand ausgewählt: als Lerngegenstand, um Strategien des aktiven Lesens zu erproben, sowie inhaltlich als Reflexionsgegenstand, um Stolpersteine im Verstehensprozess zu eruieren und bisherige Schreiberfahrungen, die auch Schreibprozesserfahrungen sind, zu erinnern und zu hinterfragen.

Wissenschaftliches Schreiben erfordert die Auswahl prägnanter, eindeutiger (Fach-)Wörter und Formulierungen. Dass bereits auf der Wortebene Missverständnisse verursacht werden können, die sich auf den weiteren Verstehensprozess auswirken können, dafür gibt der Text bzw. geben die Reaktionen der Seminarteilnehmer ein anschauliches Beispiel.

Der Autor erklärt, wie ein Text in vier Schritten erstellt werden soll: Zielsetzung, Geschichte, Rohfassung und Überarbeitung. Lang (2010: 118) schreibt: „Jeder Leser, egal ob er sich mit einem literarischen oder wissenschaftlichen Text beschäftigt, will eine ‚Geschichte' lesen. Doch keine Geschichte wächst aus einzelnen Worten und Sätzen – sie will geplant werden."

Da die Studierenden das von Lang verwendete Wort *Geschichte* mit Belletristik und nicht mit dem wissenschaftlichen Schreiben assoziieren, sind sie verunsichert und fragen nach. Ihre Irritation zeigt: Sie haben also ein Vorwissen über die Textsorte *Geschichte* – als etwas Fiktives und im Erzählstil Verfasstes – und dieses Vorwissen deckt sich nicht mit dem von Lang Gemeinten. Was hier allen offensichtlich erscheint, kann auch im alltäglichen Studien- und Berufsleben vorkommen. Nicht immer werden Textsorten eindeutig definiert – so ist ein Essay nicht gleich ein Essay und ein Protokoll nicht gleich ein Protokoll, sondern immer das, was die Diskursgemeinschaft – manchmal auch eine einzelne Person, z.b. der Dozent oder der Vorgesetzte im Betrieb – als solches bestimmt. Hieran wird auch noch einmal deutlich, wie gewichtig Textsortenwissen für den Textverstehensprozess und die Textproduktion ist.

Einen weiteren, ebenso bedeutsamen Gesprächsanlass bietet die Grundaussage des Autors: Die Gestaltung des Argumentationsgangs hat Vorrang vor dessen sprachlicher Ausgestaltung. Erst im letzten Schritt, dem Überarbeiten, gilt das Hauptaugenmerk den Formulierungen. Dies zu lesen, ist insofern für die internationalen Studierenden interessant, als sie selbst ihre Schwierigkeiten beim Verfassen von Texten oder ihre Hemmungen, überhaupt anzufangen, oftmals in erster Linie auf die Sprache – ihre, wie sie meinen, unzureichenden (Fach-) Sprachkenntnisse und Formulierungsroutinen – zurückführen (vgl. Grieshammer/Peters/Theuerkauf 2009: 2). Jedoch sind die Schwierigkeiten und Sorgen der Studierenden nicht nur durch zu geringe Sprachkenntnisse begründet, sondern oftmals auch durch „ganz generelle Defizite im schreibstrategischen Bereich" (Schmidt 2005: 147).

Im Seminargespräch über die von Lang (2010) vorgeschlagene Vorgehensweise wird deutlich (gemacht): Der Fokus auf die Sprache vernachlässigt, dass ein Text Produkt des komplexen, rekursiven Schreibprozesses ist. Ein Text basiert auf Wissen und Erfahrungen des Schreibenden bezüglich Inhalten und dem Schreiben selbst. Der Schreibende benötigt Kenntnisse über die jeweilige Textsorte mitsamt Charakteristika und Anforderungen. Der Text muss geplant werden und dabei sollten die Argumente ausgewählt und die Argumentationsstruktur festgelegt werden, Gelesenes und Gedachtes in Schriftform übersetzt und stetig überarbeitet werden. Für all diese Komponenten und Etappen im Schreibprozess erarbeiten sich die Studierenden im Seminar durch Übungen inklusive Reflexionen Lese- und Schreibstrategien bis hin zu Formulierungs- und Überarbeitungsstrategien.

Beim anschließenden gemeinsamen Lesen des Textes wird auf Verständnisschwierigkeiten eingegangen. Dabei werden einzelne Begriffe erklärt und nachgeschlagen sowie Formalia des Zitierens besprochen.

Zum Ende der Seminarsitzung gibt die Lehrperson eine Einführung zum themen- bzw. fragestellungorientierten Exzerpt. Es werden Funktion und Vorgehensweise beschrieben und dabei ein wichtiger Unterschied zum Leseprotokoll herausgestellt: Das Leseprotokoll enthält Ideen und Gedanken zum Text und dient dem Verstehen und Reflektieren des Textes und dessen Kontextes sowie dem Nachvollzug von Textstruktur bzw. Argumentation. Das themen- bzw. fragestellungorientierte

Exzerpt setzt all das voraus und denkt noch einen Schritt weiter in Richtung der
Verwendung des Gelesenen und der Einarbeitung in eine eigene Argumentation:
Exzerpieren bedeutet, zielgerichtet Aussagen als Antworten auf eine vorgegebene
(bzw. selbst gestellte) Frage aus einem Text herauszusuchen, dazu eine kurze Hinführung zu schreiben, die Angaben zum Verfasser und zum Kontext des Zitierten
enthält, und die zitierte Aussage um eigene Kommentare und Fragen zu ergänzen.

Die Hausaufgabe besteht nun darin, den Text zu folgender von der Lehrperson
vorgegebenen Fragestellung zu exzerpieren: *Was bedeutet es, einen Text wie eine
Geschichte zu schreiben?* Die Aufgabenstellung enthält zugleich eine Anleitung
zur schrittweisen Vorgehensweise beim Exzerpieren.

Im Seminar werden im vierten Schritt die Exzerpte und die Erfahrungen beim
Exzerpieren besprochen. In den Fokus gerückt werden dabei die Formulierungen
zur Redeeinleitung ebenso wie Überlegungen zur weiteren Verwendung der ausgewählten Zitate und der eigenen Kommentare in einem eigenen Text mit einem
eigenen Argumentationsgang. Das Exzerpieren stellt also einen Arbeitsschritt
im Schreibprozess dar, in dem von der Rezeption fremder Texte zur Produktion
eigener Texte übergegangen wird:

> „Themenorientiertes, fokussierendes Exzerpieren will Sie darin unterstützen, den Zusam-
> menhang, den Sie beim Lesen eines Aufsatzes oder Buches zu Ihrem Thema und Ihrem
> Erkenntnisinteresse hergestellt haben, festzuhalten, d.h. das Gelesene auf Ihren Gedan-
> kengang hin mit- und auch weiterzudenken".

Erläutert Pospiech (2012: 103) den Nutzen dieser Methode im Hinblick auf den
Erkenntnis- und Schreibprozess.

Mit der Exzerpierübung wird im Seminar der Übergang zum Themenkomplex
Argumentieren und Schreiben gleichsam vorbereitet und vollzogen, denn die Komponenten des Exzerpts – Hinführung zum Zitat, Zitat und dessen Kennzeichnung
entsprechend fachspezifischer Konvention, weiterführender Kommentar – sind
wesentliche Komponenten eines diskursiven wissenschaftlichen Textes. Diese
werden in den nachfolgenden Sitzungen schrittweise systematisch bewusst gemacht und eingeübt.

5. Fazit und Ausblick

Die Weiterentwicklung von Lese-, Schreib- und Sprachkompetenz der Stu-
dierenden ist Ziel des Seminars „Lesen, schreiben und argumentieren in der
Wissenschaftssprache Deutsch". Fünf Aspekte in ihrem Zusammenspiel hat die
Unterrichtssequenz im Blick: den Schreibprozess, Textsortencharakteristika,
Lese- und Lerntechniken, die (Wissenschafts-)Sprache und das Argumentieren
respektive diskursive Schreiben.

Durch das Interesse an den Inhalten der Texte und die Möglichkeit, theoretisch Besprochenes schreibpraktisch umzusetzen, sind die Studierenden motiviert, die Schreibaufgaben anzufertigen. Das Feedback durch die Lehrperson und im Seminargespräch sowie die Beobachtung und Reflexion der eigenen Entwicklung von Schreibroutinen dienen zugleich dem Bewusstmachen der Etappen des Schreibprozesses.

Textsortencharakteristika sowie Lese- und Lerntechniken werden thematisiert und durch eigene Erfahrung anhand von verschiedenen, auch jeweils fachspezifischen, Text(sort)en bewusst gemacht. Texte werden auf Absatz-, Satz- und Wortebene untersucht, die Bedeutung einzelner Wörter wird nachgeschlagen und auf ihre Angemessenheit im jeweiligen Kontext hin betrachtet und beurteilt. Sprachmittel für Satz- und Textzusammenhang sowie zitateinleitende und -kommentierende Formulierungen werden im Seminar besprochen und beim Schreiben selbst verwendet.

Dass das wissenschaftssprachliche Vokabular Formulierungen enthält, die fächerübergreifend geläufig, aber auch fachspezifisch sein können, wird beim Lesen der Texte im Seminar deutlich gemacht und zeigt sich in den von den Studierenden verfassten Texten. All diese Aspekte sind Voraussetzungen dafür, dass argumentative Texte gelesen und eigene Argumentationen ausformuliert werden können.

Wissenschaftliches Arbeiten, Schreiben und (Wissenschafts-)Sprache sind wechselseitig miteinander verknüpft, denn wenn es gilt, den Arbeits- und Denkprozess für Leser nachvollziehbar zu dokumentieren, richtet sich die Aufmerksamkeit auf die Wissenschaftssprache als Form und Medium. Das Suchen nach prägnanten Formulierungen erfordert eine Reflexion des wissenschaftlichen Vorgehens – damit erweitert der wissenschaftlich Schreibende zugleich Erkenntnis und Wissen. Wenn ein Seminar genau diese Verknüpfung bewusst machen will, sollte diese bereits bei der Konzeption Leitidee sein. Dann gelingen sowohl die Auswahl an Themen und Texten als auch die Formulierung darauf abgestimmter Schreibaufgaben – und dann gelingt es auch, implizit und explizit deren fächerübergreifende Relevanz und die Transfermöglichkeiten in außerakademische Bereiche immer wieder aufzuzeigen.

Literatur

Beaufort, Anne (2005): Adapting to New Writing Situations. How Writers Gain New Skills. In: Jakobs, Eva-Maria/Lehnen, Katrin/Schindler, Kirsten (Hrsg.): Schreiben am Arbeitsplatz. Frankfurt a. M., 201–216.

Bischof, Ulrike/Heidtmann, Horst (2002): Lesen Jungen ander(e)s als Mädchen? Untersuchungen zu Leseinteressen und Lektüregratifikationen. In: medien praktisch 2002/3. Verfügbar unter http://www.nwsb.ch/dokumente/unters_bischof_heidtmann.pdf (Zugriff am 8.5.2015).

Bundesgymnasium & Bundesrealgymnasium GRG 19: Informationsblatt zum Lesetraining. Verfügbar unter http://www.billroth73.at/zdf/BibliothekNEU/LESEN/lesetraining2.htm (Zugriff am 8.4.2015).

Christmann, Ursula/Groeben, Norbert (2001): Psychologie des Lesens. In: Franzmann, Bodo/Hasemann, Klaus/Löffler, Dietrich/Schön, Erich (Hrsg.): Handbuch Lesen. Baltmannsweiler, 145–223.

Efing, Christian (2011): Schreiben im Beruf. In: Schneider, Hansjakob (Hrsg.): Wenn Schriftaneignung (trotzdem) gelingt. Literale Sozialisation und Sinnerfahrung. Weinheim/München, 38–62.

Ehlich, Konrad (1999): Alltägliche Wissenschaftssprache. In: Info DaF 26/1, 3–24.

Erk, Heinrich (1972): Zur Lexik wissenschaftlicher Fachtexte. Verben – Frequenz und Verwendungsweise. München.

Erk, Heinrich (1975): Zur Lexik wissenschaftlicher Fachtexte. Substantive. München.

Feilke, Helmuth (2012): Was sind Textroutinen? Zur Theorie und Methodik des Forschungsfeldes. In: Feilke, Helmuth/Lehnen, Katrin (Hrsg.): Schreib- und Textroutinen. Theorie, Erwerb und didaktisch-mediale Modellierung. Frankfurt a. M. u.a., 1–31.

Grieshammer, Ella/Peters, Nora/Theuerkauf, Judith (2009): MasterYourThesis – Integrierte Schreib- und Sprachlernberatung für ausländische Masterstudierende an der TU Berlin. In: Zeitschrift Schreiben. Schreiben in Schule, Hochschule und Beruf, 1–6. Verfügbar unter http://www.zeitschrift-schreiben.eu/Beitraege/grieshammer_MasterYourThesis.pdf (Zugriff am 8.4.2015).

Hayes, John R./Flower, Linda S. (1980): Identifying the Organization of Writing Processes. In: Gregg, Lee W./Steinberg, Erwin R. (Hrsg.): Cognitive processes in writing. Hillsdale, New Jersey, 3–30.

Jakobs, Eva-Maria (^{2}2003): Normen der Textgestaltung. In: Kruse, Otto/Jakobs, Eva- Maria/Ruhmann, Gabriele (Hrsg.): Schlüsselkompetenz Schreiben. Konzepte, Methoden, Projekte für Schreibberatung und Schreibdidaktik an der Hochschule. Bielefeld, 171–190.

Jakobs, Eva-Maria (2008): Textproduktion und Kontext: Domänenspezifisches Schreiben. In: Janich, Nina (Hrsg.): Textlinguistik. 15 Einführungen. Tübingen, 255–270.

Lang, Stefan (2010): Strukturieren statt formulieren. In: Forschung und Lehre 2/2010, 118–119. Verfügbar unter http://www.forschung-und-lehre.de/wordpress/?p=3795 (Zugriff am 8.4.2015).

Lange, Ulrike (2013): Fachtexte lesen – verstehen – wiedergeben. Paderborn.

Linnemann, Markus (2007): Entwicklung und Validierung eines Tests zur Erfassung der Lesekompetenz von Berufsschülern und -schülerinnen. (= Kölner Beiträge zur Sprachdidaktik. Reihe B I/2007). Verfügbar unter http://www.koebes.uni-koeln.de/koebes_1_2007.pdf (Zugriff am 8.4.2015).

Möller, Jens/Schiefele, Ulrich (2004): Motivationale Grundlagen der Lesekompetenz. In: Schiefele, Ulrich/Artelt, Cordula/Schneider, Wolfgang/Stanat, Petra (Hrsg.): Struktur, Entwicklung und Förderung von Lesekompetenz. Vertiefende Analysen im Rahmen von Pisa 2000. Wiesbaden, 101–124.

Mummert, Ingrid/Krumm, Hans-Jürgen (2001): Textarbeit. In: Helbig, Gerhard/Götze, Lutz/Henrici, Gert/Krumm, Hans-Jürgen (Hrsg.): Deutsch als Fremdsprache. Ein internationales Handbuch. 2. Halbband. Berlin/New York, 942–955.

OECD (2005): Definition und Auswahl von Schlüsselkompetenzen. Zusammenfassung. Verfügbar unter http://www.oecd.org/pisa/35693281.pdf (Zugriff am 8.5.2015).

Pospiech, Ulrike (2005): Schreibend schreiben lernen. Über die Schreibhandlung zum Text als Sprachwerk. Frankfurt a. M.

Pospiech, Ulrike (2012): Wie schreibt man wissenschaftliche Arbeiten? Alles Wichtige von der Planung bis zum fertigen Text. Mannheim/Zürich.

Riemer, Claudia (2007): Textrezeption und Textproduktion als fremd-/zweitsprachliche Kernkompetenzen. In: Bausch, Karl-Richard/Burwitz-Melzer, Eva/Königs, Frank G./Krumm, Hans-Jürgen (Hrsg.): Textkompetenzen. Tübingen, 161–166.

Roelcke, Thorsten (³2010): Fachsprachen. Berlin.

Schiedermair, Simone/Spreen, Kathrin (2010): Die wissenschaftliche Schreibwerkstatt. Ein Angebot für internationale DoktorandInnen und PostdoktorandInnen verschiedener Disziplinen an der Ludwig-Maximilians-Universität München. In: Brandl, Heike/Duxa, Susanne/Leder, Gabriela/Riemer, Claudia (Hrsg.): Ansätze zur Förderung akademischer Schreibkompetenz an der Hochschule. Göttingen, 27–51.

Schierholz, Stefan (2013): Wörter – Wissen – Wörterbücher. In: Zeitschrift für angewandte Linguistik 58/1, 1–12.

Schmidt, Claudia (2010): Textsortenwissen und Lesekompetenz. In: Lutjeharms, Madeline/Schmidt, Claudia (Hrsg.): Lesekompetenz in Erst-, Zweit- und Fremdsprache. Tübingen, 175–187.

Schmidt, Isolde (2005): Schreiben im Fremdsprachenunterricht. In: Abraham, Ulf/Kupfer-Schreiner, Claudia/Maiwald, Klaus (Hrsg.): Schreibförderung und

Schreiberziehung. Eine Einführung für Schule und Hochschule. Donauwörth, 142–151.

Schnotz, Wolfgang/Dutke, Stefan (2004): Kognitionspsychologische Grundlagen der Lesekompetenz. In: Schiefele, Ulrich/Artelt, Cordula/Schneider, Wolfgang/ Stanat, Petra (Hrsg.): Struktur, Entwicklung und Förderung von Lesekompetenz. Vertiefende Analysen im Rahmen von Pisa 2000. Wiesbaden, 61–100.

Spörer, Nadine/Seuring, Vanessa/Schünemann, Nina/Brunstein, Joachim C. (2008): Förderung des Leseverständnisses von Schülern der 7. Klasse. Effekte peer-gestützten Lernens in Deutsch und Englisch. In: Zeitschrift für Pädagogische Psychologie 22/3–4, 247–259.

Steinhoff, Torsten (2008): Kontroversen erkennen, darstellen und kommentieren. Verfügbar unter http://www.festschrift-gerdfritz.de/files/steinhoff_2008_kontroversen_ erkennen_darstellen_und_kommentieren.pdf (Zugriff am 8.5.2015).

Thim-Mabrey, Christiane ([2]2009): Stilnormen als Textsortennormen. Korrektur und Beratung zu Texten von Schülern und Studierenden. In: Adamzik, Kirsten/ Krause, Wolf-Dieter: (Hrsg.): Textarbeiten. Tübingen, 33–45.

Verzeichnis der Autorinnen und Autoren

Marleen Clauss (geb. Häußler) ist seit September 2015 Sonderschullehrerin an der Janusz-Korczak-Förderschule in Welzheim. Während des Studiums der Sonderpädagogik an der Pädagogischen Hochschule in Heidelberg und einer Anstellung in einem Forschungsprojekt des BIBB arbeitete sie in wissenschaftlichen Projekten zu sprachlich-kommunikativen Anforderungen in der Berufsausbildung.

Dr. **Christian Efing** ist Professor für Didaktik der deutschen Sprache und Literatur (Sprachdidaktik) an der Bergischen Universität Wuppertal. Initiator des Netzwerkes „Sprache und Kommunikation in der Beruflichen Bildung – SKiBB" (www.berufsbildungssprache.de). Seine Arbeits- und Forschungsschwerpunkte: Sprache und Kommunikation in Ausbildung und Beruf, Lesediagnose und -förderung, Variationslinguistik (v.a. Sondersprachen).

Marlen Fies, M. A., ist wissenschaftliche Mitarbeiterin der Schreibwerkstatt im Institut für Optionale Studien der Universität Duisburg-Essen. Ihre Arbeitsschwerpunkte: akademisches Schreiben in der Fremd- und Zweitsprache Deutsch, Durchführung fachspezifischer Schreiblehrgänge, Schreib- und Textberatung für Studierende aller Fächer in allen Studienphasen.

Dr. **Margot Kahleyss** ist wissenschaftliche Mitarbeiterin im Sven Walter Institut (SWI) der Gesellschaft für Berufsbildende Maßnahmen (GFBM) gGmbH Berlin. Ihre Arbeitsschwerpunkte: Projektkoordination und Lehrkräftefortbildungen zu integrierter Sprachbildung in der beruflichen Bildung und berufsbezogenem Deutsch

Dr. **Ulrich Nill** leitet den Bereich Sprachen am Staatlichen Seminar für Didaktik und Lehrerbildung (Berufliche Schulen) Stuttgart. In dieser Funktion ist er in erster Linie mit der zweiten Phase der Lehrerausbildung (Referendariat) befasst. Seine Arbeitsschwerpunkte sind dabei einerseits die kompetenzorientierte Lehrerbildung, andererseits eine standardbasierte Deutschdidaktik, die sich vor allem an den KMK-Bildungsstandards orientiert. Außerdem unterrichtet er seit vielen Jahren an der Werner-Siemens-Schule, einer gewerblichen Schule in Stuttgart.

Dr. **Maik Philipp** ist wissenschaftlicher Mitarbeiter an der Pädagogischen Hochschule der Fachhochschule Nordwestschweiz, Windisch. Seine Arbeits- und Forschungsschwerpunkte: Sozialisation, Motivation und Förderung im Umgang mit Schriftsprache.

Dr. **Ulrike Pospiech**, M. A., lehrt und forscht seit 1992 an der Universität Duisburg-Essen im Fach Deutsch (Sprachwissenschaft und Sprachdidaktik). Als wissenschaftliche Mitarbeiterin leitet sie die Schreibwerkstatt im Institut für Optionale Studien der Universität Duisburg-Essen, die sie 1997 gegründet hat. Ihre Arbeitsschwerpunkte liegen in den Gebieten Textlinguistik, Schreibdidaktik, wissenschaftliches und berufliches Schreiben.

Nina Pucciarelli (geb. Bocksrocker), ausgebildete Diplom-Handelslehrerin mit den Fächern Betriebswirtschaftslehre und Germanistik und Doktorandin am Institut für Wirtschaftspädagogik der Universität Hohenheim. Sie ist Projektleiterin von „Gemeinsam stark durch Sprache". Ihre Arbeits- und Forschungsschwerpunkte: Sprachkompetenz, interkulturelle Kompetenz, Förderdiagnostik, Diversity Education, Lernortkooperation.

Dr. **Margit Riedel (geb. Häring)**, Akademische Oberrätin am Lehrstuhl für Didaktik der deutschen Sprache und Literatur und des Deutschen als Zweitsprache an der Ludwig-Maximilians-Universität München; Schwerpunkte sind Multimedia, neuere Literatur und Film im Deutschunterricht, Deutsch an beruflichen Schulen.

Petra Schappert ist Fachleiterin für Deutsch und Lehrbeauftragte für Englisch am Staatlichen Seminar für Didaktik und Lehrerbildung (Berufliche Schulen) in Stuttgart. Arbeitsschwerpunkt: Sprachförderung.

Anke Settelmeyer, wissenschaftliche Mitarbeiterin im Bundesinstitut für Berufsbildung, Arbeitsbereich Kompetenzentwicklung. Arbeits- und Forschungsschwerpunkte: Sprache und Ausbildung, migrationsbedingte Mehrsprachigkeit und Beruf, Ausbildung Jugendlicher mit Migrationshintergrund.

Felix Steffan, M. A., ist wissenschaftlicher Mitarbeiter am Institut für Deutsch als Fremdsprache der Ludwig-Maximilians-Universität München. Er promoviert im Rahmen des durch das Mercator-Institut für Sprachförderung und Deutsch als Zweitsprache geförderten Forschungsprojektes „Bildungssprache Deutsch für berufliche Schulen". Seine Arbeits- und Forschungsschwerpunkte liegen im Bereich der Anforderungsdiagnostik, der Berufsbildungsforschung und der Schreibdidaktik.

Dr. habil. **Paweł Szerszeń** ist wissenschaftlicher Assistent am Lehrstuhl Fachsprachenlinguistik und Bevollmächtigter für pädagogisch-didaktische Praktika am Institut für Fach- und Interkulturkommunikation an der Universität Warschau. Seine Arbeits- und Forschungsschwerpunkte: Angewandte Linguistik: Glottodidaktik der Fach(fremd)sprachen, frühes Fach(fremd)sprachenlernen, Translatorik, Textlinguistik, E-Learning: Analyse, Entwicklung und Einsatz von

Lernplattformen im Fach(fremd)sprachenunterricht, linguistisch intelligente Softwaresysteme für die Sprach- und Translationsdidaktik.

Dr. **Birgit Werner** ist Professorin für Sonderpädagogik, Förderschwerpunkt „Lernen" (Lernbehindertenpädagogik) an der Pädagogischen Hochschule Heidelberg. Ihre Arbeits- und Forschungsschwerpunkte: Diagnose und Förderung schriftsprachlicher und mathematischer Kompetenzen im Kontext herkunftsbedingter und sozialer Benachteiligung und Behinderung, Analyse alltags- und berufsbezogener schriftsprachlicher und mathematischer Anforderungen bei Jugendlichen ohne Schulabschluss, individuelle Förderung schriftsprachlicher und mathematischer Kompetenzen in integrativen/inklusiven Settings, theoretische Grundlegungen eines kompetenz- bzw. grundbildungsorientierten Bildungsangebotes.

Magdalena Wiażewicz, Germanistin und Komparatistin, Leiterin des Sven Walter Instituts (SWI) der Gesellschaft für Berufsbildende Maßnahmen (GFBM) gGmbH Berlin. Konzeptentwicklung und Koordination von Projekten zur berufsbezogenen Sprachförderung und Diversity. Ihre Arbeitsschwerpunkte: Konzepte und Qualifizierung der Lehrkräfte zur integrierten Sprachbildung in der beruflichen Bildung sowie zur Kompetenzfeststellung (Sprachdiagnostik), Sprachförderung und Berufsberatung für Neuzugewanderte u.a. Geflüchtete, Mehrsprachigkeit.

Dr. **Christina Widera**, wissenschaftliche Mitarbeiterin im Bundesinstitut für Berufsbildung, Arbeitsbereich Forschungskoordination. Arbeits- und Forschungsschwerpunkte: Sprache und Ausbildung.

Dr. **Veronika Zimmer**, wissenschaftliche Mitarbeiterin am Deutschen Institut für Erwachsenenbildung – Leibniz Zentrum für Lebenslanges Lernen im Programm „Programme und Beteiligung". Ihre Arbeits- und Schwerpunkte: arbeitsplatzorientierte Grundbildung, Deutsch als Zweitsprache am Arbeitsplatz, Diversität in den Weiterbildungseinrichtungen, Programmforschung.

Wissen – Kompetenz – Text

Herausgegeben von Christian Efing / Britta Hufeisen / Nina Janich

www.peterlang.com